Zwerenz · Kurt Tucholsky

Gerhard Zwerenz

Kurt Tucholsky

Biographie
eines guten Deutschen

C. Bertelsmann Verlag

Gesamtherstellung Mohndruck Reinhard Mohn GmbH, Gütersloh
Printed in Germany · ISBN 3-570-01836-9

Inhalt

Viertes Buch: Nachwirkungen 215

Anhang 279

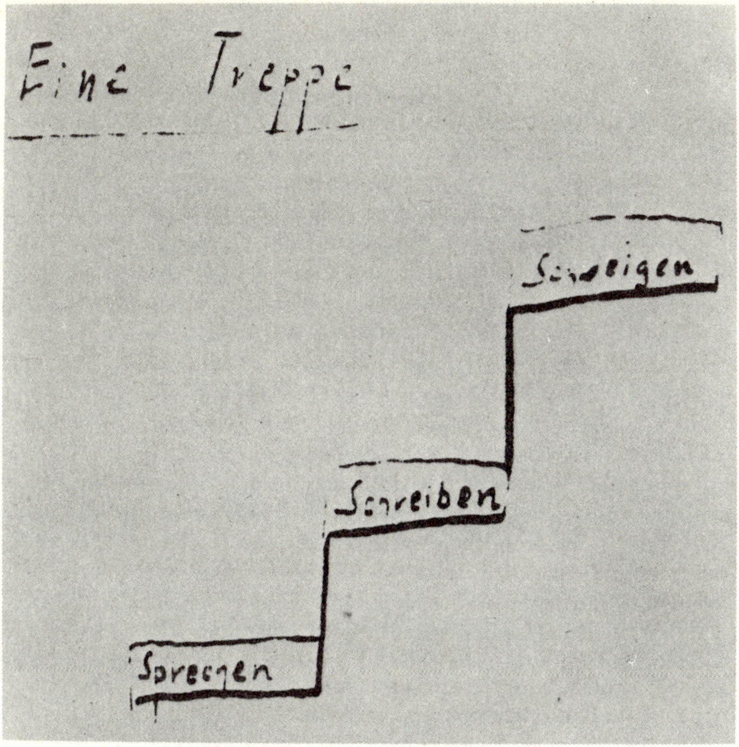

Handzeichnung einer dreistufigen Treppe
in Tucholskys SUDELBUCH

Erinnerungstafeln

Kurt Tucholskys Geburtshaus in Berlin-Moabit, Lübecker Str. 13, hat die Bombennächte des Zweiten Weltkrieges überstanden und ist recht gut erhalten. Die Häuser ringsum verfallen. Die Deutschen, die es sich leisten können, verlassen die Gegend. Gastarbeiterfamilien, meist Türken, ziehen zu. Früher galt das hier als bürgerliche, wenn nicht großbürgerliche Adresse. Bei Renovierungen verschwinden die reichverzierten Fassaden unter gleichförmig aufgeworfenem Putz. Für Stuckkunstwerke, Zierplatten, vorspringende Fenstersimse mit Gesichtern und Köpfen erübrigt in dieser Gegend niemand mehr Zeit und Geld. Die Nachbarhäuser links neben der Nr. 13 weisen noch die alten Balkone auf. Zurückgezogen, von Säulen gestützt oder über die Straße vorspringend. An manchen Fassaden wurden die Balkone ebenso abgeschlagen wie der vielfältige Zierat. Die Gebäude verkommen seit langem, Stuckbrocken und Steine fielen aufs Pflaster, verletzten Menschen, beschädigten geparkte Kraftwagen. Bei einigen Häusern wurden die offenen Mauerstellen frisch verputzt, bei anderen geschah nichts. Sie zeigen ihre offenen Wunden vor. Gerüchte gehen um. Die ganze Straße soll saniert werden. Die noch hier lebenden deutschen Mieter protestieren. Nirgendwo könnten sie so billige Wohnungen finden. Die Eigentümer der gepflegteren Gebäude sind ebenso dagegen. Von den Besitzern der Abbruchhäuser hört man nichts. Sie würden ihre Halbruinen wohl gern günstig losschlagen.

Rechts neben der Tür des Geburtshauses ist eine Erinnerungstafel angebracht. Die Straßenpassanten kennen den Namen Tucholsky. Es sind Anwohner. Fremde verirren sich selten hierher. Das großbürgerliche Zeitalter ist vergangen. Vom bürgerlichen Zeitalter blieben nur Spuren zurück. Etwa die mächtigen Marmorsäulen im Treppenhaus mit ihrer vorgestrigen Pracht.

Von den Hausbewohnern weiß niemand, wo die Familie Tucholsky gelebt hat. In der Familie des Besitzers heißt es, die Tucholskys hätten eine Wohnung im Hinterhaus innegehabt. Sicher ist nichts. Von fünf Hausbewohnern, die ich frage, hat keiner jemals eine Zeile Tucholsky gelesen.

Der also Geehrte wurde 1933 vom Dritten Reich ausgebürgert und starb 1935 in Schweden, wahrscheinlich durch Selbstmord. Bis 1945 galt er als einer der gefährlichsten Feinde des Deutschen Reiches. Dann dauerte es noch einmal fünfzehn Jahre, bis zum 70. Geburtstag des toten Schriftstellers an seinem Geburtshaus in Westberlin die Erinnerungstafel angebracht wurde.

Mary Gerold und Kurt Tucholsky heirateten 1924 und ließen sich

1933 scheiden. Mary lebt seit 1949 in Rottach-Egern am Tegernsee. Da sie von Tucholsky als gesetzliche und rechtmäßige Erbin eingesetzt worden ist, begann sie sofort nach Kriegsende mit der Herausgabe seiner Werke. Ihr Wohnsitz, also auch der Sitz des von ihr begründeten Kurt-Tucholsky-Archivs, liegt ein ganzes Stück vom Tegernsee ab am Fuße des das Tal beherrschenden Wallbergs. Im Jahre 1977, als ich mehrfach dort zu Besuch war, um einen Fernsehfilm zu drehen, befand sich das Archiv bereits in Auflösung. Einiges kam nach Hamburg an das Büro der Kurt-Tucholsky-Stiftung, das meiste nach Marbach ins Deutsche Literaturarchiv.

Mary Gerold-Tucholsky ist nicht wegzudenken aus der Tucholsky-Literatur. Sie gibt, zusammen mit Fritz J. Raddatz, sein Gesamtwerk heraus und ist Seele, Motor und organischer wie organisierender Mittelpunkt von allem, was den Autor betrifft.

Unser heutiges Urteil über Kurt Tucholsky ist nicht zuletzt bedingt durch das Wirken seiner Erbin.

Mary Tucholsky ist nicht frei von Berührungsangst, die sich zuletzt noch in der strikten Weigerung äußerte, gefilmt zu werden. Die Weigerung hat System und Konsequenz. Im Lauf der Jahre und Jahrzehnte sind viele Anfragen gekommen. Frau Tucholsky lehnte stets ab. Im Jahre 1977, nach einem schweren Herzinfarkt, den die Achtundsiebzigjährige eben erlitten hatte, verwies ich darauf, daß sie ja nun ihr reichhaltiges Archiv auflöse und es nur recht und billig sei, sie und ihr Werk jetzt mit der Kamera festzuhalten. Sie gab die Dreherlaubnis fürs Haus, sprach auch Erklärungen aufs Tonband, wollte sich aber nicht filmen lassen.

Einerseits imponiert die Verweigerung in einer Zeit, da alle vor die Kamera drängen, andererseits ist sie bedauerlich, weil kaum noch Zeitgenossen von Tucholsky leben. Menschen, die ihn kannten. Immerhin freute es mich, daß Mary Tucholsky uns wenigstens ein Ton-Interview gab.

Berührungsangst kennzeichnete schon das junge Mädchen. Wie die ersten Briefe Tucholskys an die achtzehnjährige Mary verraten, suchte sie ihm anfangs sogar das Kennenlernen zu verweigern. Der von den Frauen gern gesehene und verwöhnte Tucholsky reagierte mit brillanten Briefen, seine Verwunderung nicht verschweigend. Das Zögern und die Zurückhaltung Marys gingen durch viele Phasen. Auch unschuldiges Berühren blieb untersagt. Tucholsky: »...ich möchte gerne lernen, Sie zu lieben...« Hier folgt die bedeutsame Stelle: »...daß Sie mit Recht eine bis zur Raserei gehende Abneigung gegen handgreifliche Liebenswürdigkeiten haben – die zwischen uns wegfallen – nein: wir zanken uns nicht.« Er war sich klar darüber, was bevorstünde: »Ich bin mir genau bewußt, am Anfang eines sehr steilen, sehr schwierigen Weges zu stehen. Weil ich aber weiß, daß am Ende etwas sehr Hübsches liegt – allons! Ich will ihn gehen...«

Der frühe und junge Liebhaber – so jung war er 1917 mit 27 Jahren allerdings auch nicht mehr – formulierte gezielt. Die Neue Sachlichkeit hatte einen ihrer Größten schon ereilt, als es sie noch gar nicht gab, oder es wuchsen ihr in solchen Männern die späteren Jünger zu. Die lässig-läßliche Bezeichnung »etwas sehr Hübsches« mit ihrer gezielten Doppeldeutigkeit und Nonchalance zeigt an, wie hier im anscheinend flüchtig hingeworfenen Liebesbrief absichtsvoll vorgearbeitet wird.

Mary, die verwundbarste aller Frauen Tucholskys, hielt die Strapazen am wenigsten aus; das erklärt ihr anfängliches Zögern, ihre Fluchtbewegungen. Hinzu kam, daß sie schon von Natur dazu neigte, sich zu verweigern. Sie entzog sich lieber als daß sie sich näherte.

Tucholsky blieb diese Seite der Frau nicht unbekannt, doch war er außerstande, sich zu ändern – hier kann man wohl sagen – seinen Charakter zu ändern. Er vermochte es nicht, auch wenn er gewollt hätte. Aber er wollte auch nicht. Seine Persönlichkeit drängte nach einem reinen Ausdruck – rein nicht im Sinne von herkömmlich verstandener Reinheit, sondern voll der Epoche entsprechend. Noch bevor die Situation heranreifte und die Weimarer Republik in ihrer Hauptstadt Berlin inkarnierte, fühlten, dachten und lebten Frühgeborene vor, was die nachfolgende Generation dann breit und massiv auslebte. Die goldenen zwanziger Jahre zeigten sich im Alltag und in der Kunst einer ganzen Generation. Doch es hatte schon im ersten und zweiten Jahrzehnt des 20. Jahrhunderts welche gegeben, die so lebten, also vor-lebten, als sei man bereits mitten drin.

Kurt Tucholsky gehörte zu ihnen. Er ist Vorwegnahme des nachfolgenden republikanischen Lebensgefühls. Wenn er spöttisch-ironisch bestimmt hatte, auf seinem Grabstein solle der Spruch stehen »Goldenes Herz und eiserne Schnauze«, so vermittelt das exakt seine Gefühle und Gedanken. Die Zeit formulierte sich in einigen wenigen Malern, Musikern, Autoren: mit Tucholsky buchstabierte sich schon vor dem Ersten Weltkrieg das »Weimarer« Nachkriegsberlin.

Gerade das Schnodderige, Flatterhafte und demgegenüber die geheime Sehnsucht nach Bindung mag Tucholsky bestimmt haben, in Mary etwas zu suchen, das ihm fremd war und das er doch benötigte. Dies erklärt seine anhaltende Beziehung zu seiner zweiten Frau, der er schließlich, obgleich seit 1928 getrennt von ihr lebend, 1935 sein Werk testamentarisch vermachte, was, wie wir heute abschätzen können, eine durch Wirkung und Erfolg bekräftigte Entscheidung gewesen ist. Zwar steht Tucholsky mit seiner Produktivität und Genauigkeit einzig da, doch ist keineswegs sicher, ob wir heute das Riesenwerk zur Verfügung hätten, gäbe es nicht die zähe Sammelarbeit der Testamentsvollstreckerin. Mancher bewährte und höchstinteressante Autor der Weimarer Republik ist bei uns kaum präsent und wirksam, obwohl seine Bücher es verdienten. Es fehlte aber die Kraft eines hellwachen, emsigen, engagierten Herausgebers und Bekanntmachers.

Wer heute Kurt Tucholsky liest, muß wissen, er verdankt diesen Gewinn zum großen Teil dieser aktiven, unermüdlichen Frau, die unmittelbar nach dem Ende des Zweiten Weltkriegs mit Energie daranging, Tucholskys Schriften zu sammeln, zu ordnen, zu publizieren.

Erstes Buch: Sprechen

Der Vater starb früh

Kurt Tucholsky wurde am 9. Januar 1890 als Sohn des Kaufmanns Alex Tucholsky und seiner Frau Doris geboren. Seine Kindheit und frühe Entwicklung sind noch weniger aufgehellt als seine späteren Jahre. Vom Erwachsenen wissen wir die entscheidenden Fakten und Daten, für das Kind und den sehr jungen Tucholsky mangelt es auch an solchen Informationen.

Die Familie Tucholsky wechselte innerhalb Berlins oft die Wohnung, und schon das Kind wuchs in den Wechsel-Rhythmus hinein, der dann bis ans Lebensende bestimmend blieb. Einige Jahre verbrachte sie in Stettin. Hier kam der sechsjährige Kurt zur Schule. Seine lebenslange Vorliebe für die Ostsee, für nördliche Länder und Strände wurzelt in den frühen Stettiner Kindheitseindrücken.

Der Vater war 35 Jahre bei der Geburt seines ersten Sohnes und, wie Fritz Raddatz schreibt, »ein erfolgreicher Kaufmann ... für diesen Beruf im Grunde zu weich und zu musisch. Er stammte aus Greifswald ...«

Beim Tucholsky-Biographen Klaus-Peter Schulz heißt es dazu: »Der Vater bringt es schließlich als Direktor der Berliner Handelsgesellschaft zu einer sehr geachteten kaufmännischen Position ...« Schulz spricht ebenfalls von den musischen Interessen des Vaters, der Sohn »rühmte in späteren Jahren, wenn die Rede auf den Vater kam, stets dessen ungewöhnlich schönes Klavierspiel«.

Schulz schreibt auch, der Vater »hing zärtlich an seinem Ältesten ...« Hans Prescher teilt in seiner Studie »Kurt Tucholsky« mit, der Vater sei »Direktor zweier Firmen in Berlin gewesen«. Weiter lesen wir: »Über seinen Vater äußerte Tucholsky: ›Mein Vater starb, als ich 15 Jahre alt war. Ich kann mich nicht besinnen, daß er mit mir viel über Politik, über Krieg und Frieden gesprochen hat; sicherlich haben solche Unterhaltungen stattgefunden, aber eine starke Einwirkung ist mir nicht im Gedächtnis geblieben. Mein Vater stammte aus kleinen Verhältnissen. Politisch ist er niemals tätig gewesen.‹«

Das Zitat umfaßt Tucholskys Prolog für einen Text, der 1932 in der »Weltbühne« abgedruckt worden ist und sich in Band 10 der GESAMMELTEN WERKE (Taschenbuch-Ausgabe) befindet. Er zitiert darin einen Brief seines Vaters vom 14. 12. 1894, ohne zu verraten, an wen der väterliche Brief adressiert war, dessen erste Zeilen lauten: »Ich reiße mich nicht danach, mich als Futter für die Kater-Ideen der hohen Herren herzugeben, im Gegentheil, mir tut heute schon unser Junge leid, wenn ich daran denke, daß er mal als Vaterlandsverteidiger figurieren soll. Wenn ich Schriftsteller wäre, würde ich die Suttner noch übersuttnern. Krieg heißt doch schließlich auf Deutsch privilegierter Mord.«

Als der Vater dies schrieb, zählte Kurt gerade vier Jahre. War der Brief an Doris Tucholsky gerichtet oder an einen Freund des Vaters? Erstaunlich ist die Parallelität der Antikriegspolemik, auch die Sprach-Bilder erinnern an den späteren Pazifisten Kurt Tucholsky. So heißt es bei Alex Tucholsky: »... wenn die Leute an der Spitze in Verlegenheit sind und nicht mehr aus noch ein mit der Politik und ihren Finanzen wissen, dann wird aus der Rumpelkammer die Puppe Patriotismus herausgeholt und ihr Kleid und Mantel – Erbfeind und Heldenmuth – umgehangen, und dann ist der Popanz fertig.«

Die altertümliche Orthographie »Gegentheil« und »Heldenmuth« mit »h« kann nicht über die moderne Aussage hinwegtäuschen, fast ist man geneigt, an eine Mystifikation zu glauben, sollte Kurt Tucholsky diesen Vater-Brief erfunden haben? Er liebte dergleichen, wie die dem Roman SCHLOSS GRIPSHOLM vorangestellte fingierte Korrespondenz mit seinem Verleger Rowohlt zeigt.

Dem widerspricht der Ton tiefer Betroffenheit, in dem der Sohn an den Vaterbrief anschließend die folgenden Sätze schreibt:

»Ehre seinem Andenken. Jetzt darf Goebbels den Mann beschimpfen, und das Kriegsministerium darf einen Strafantrag gegen den Toten stellen: wegen Herabwürdigung des Krieges, wegen Staatsverleumdung und wegen Störung der Belange der deutschen Holzkreuz-Industrie.«

Bot Tucholsky damals, 1932, bedroht von Einsamkeit, Krankheit, Geldmangel, den toten Vater auf im Kampf gegen die braunen Barbaren? Der emsig Schreibende veröffentlichte bald nichts mehr. Mag sein, er brauchte diese Worte des Vaters als Liebesdienst, nicht so allein zu sein, eine Nähe suchend, die im Abstand von fast vierzig Jahren nichts von ihrem Trostcharakter eingebüßt hat.

Wie Schulz erwähnt auch Raddatz die Aufsteiger-Situation von Alex Tucholsky, allerdings vorsichtiger: »Wir wissen nur, daß der Wohlstand der Familie wohl auf die Tüchtigkeit des Vaters zurückzuführen ist; diese Arbeit muß den Vater reichlich verbraucht haben.«

Der Vater starb 1905 nach längerer Krankheit. Lisa Matthias meint in ihrem Erinnerungsbuch »Ich war Tucholskys Lottchen«, der Tod sei durch eine Lues verursacht worden, die den Mann zuvor jahrelang an den Rollstuhl fesselte. Sie hat recht mit dem Hinweis, der letale Verlauf dieser Krankheit sei damals nicht ungewöhnlich gewesen, weil die Mittel zu ihrer Bekämpfung noch fehlten. Tucholsky äußert sich nicht darüber, wenigstens ist nichts dazu veröffentlicht. Zwar sprach sich der Autor wiederholt anhand der Beispiele bekannter Persönlichkeiten aus Geschichte und Kunst dagegen aus, Syphilis zu verschweigen, doch ist durchaus denkbar, daß er die Todesursache seines Vaters bewußt unerwähnt ließ. Es wäre verständlich, wenn Kurt Tucholsky die Krankengeschichte seines Vaters jenem Intimbereich zuzählte, über den die Öffentlichkeit, vor allem die zahlreichen politischen Feinde, nichts zu erfahren brauchten.

Von Tucholsky aus betrachtet, ist dieses Verhalten völlig legitim. Die Biographen können sich mit Unklarheiten nicht abfinden, ohne ihren Beruf zu verfehlen. Art und Verlauf wie Länge der Erkrankung ließen Rückschlüsse zu auf das Familienleben in jenen Jahren. Die Verehrung Kurts für den Vater kontrastiert grell mit seiner Abneigung gegen die Mutter. Wir wissen nicht, ob Kurt den Vater nach dessen Tod idealisiert hat. Auch wissen wir nicht, ob die Mutter, während ihr Mann dahinsiechte, ihn so behandelte, daß es den Sohn gegen sie aufbrachte.

Lisa Matthias deutet etwas an: »Mit seiner Mutter stand Tucholsky ausgesprochen schlecht. Er machte mir gegenüber kein Hehl daraus, daß er ›ihre Härte‹ gegenüber dem Vater nicht verzeihen konnte.«

Es ist nur zu vermuten, worin die »Härte« bestanden hat. Lisa Matthias schreibt dann: »Ich stand diesen Anklagen immer etwas skeptisch gegenüber. Schließlich konnte man es der Frau nicht übelnehmen, daß sie das Leben an der Seite des schwer syphilitischen Mannes bedrückte. Ihr Los muß schwer gewesen sein – ganz gleichgültig, ob sie es verstanden hat, ›sich beliebt‹ zu machen, oder ob sie schroff war.«

Davon muß man den Haß der Frau Matthias gegen Kurt Tucholsky und ihre Formulierungsschwäche abziehen. Doch bleiben einige bedenkenswerte Mitteilungen. Wie stand es um Tucholskys Vater in den letzten Jahren? Gesundheitlich? Materiell? Was ergab sich daraus für seine Ehefrau und spätere Witwe? Zwar betonen alle Biographen den geschäftlichen Erfolg von Alex Tucholsky. Wie der nach Mark und Pfennigen zu veranschlagen ist, wird jedoch nicht gesagt. Da er ein Aufsteiger war, dürfte das Vermögen nicht allzu groß geworden sein. Die Krankheit verhinderte wohl die weitere Mehrung des Kapitals. Immerhin erbte Kurt soviel, daß er davon sein Jurastudium finanzierte, was aber blieb für die Mutter und die zwei jüngeren Geschwister?

Wenn die Mutter den ältesten Sohn später mehrfach um Geld bat, kann ihre Lage nicht gut gewesen sein. Möglicherweise ist ihr Vermögen in der Inflation verlorengegangen.

Weil wir über die wirklichen Verhältnisse der Familie Tucholsky wenig wissen, können wir auch nur äußerst vorsichtige Schlüsse ziehen. Sicher ist, Tucholsky neigte so stark dem Vater zu, wie er die Mutter ablehnte. Es wäre zu überlegen, ob nicht der Mutter-Sohn-Konflikt die Stelle des Vater-Sohn-Konfliktes eingenommen hat. Nach dem Tode des Vaters hatte die Mutter die Hosen an und Kurts Aggressionen richteten sich voll gegen das weibliche Familienoberhaupt.

Ich neige allerdings dazu, Tucholskys Mißtrauen gegen allzu geschwinde psychologische, gar psychoanalytische Verallgemeinerungen zu teilen. Bei differenzierten Charakteren läuft nichts nach dem Lehrbuch.

Der nie überwundene Konflikt mit der Mutter

Die Mutter, Doris Tucholsky, eine geborene Tucholski – ihre Familie schrieb sich mit »i« – und mit ihrem Manne Alex Tucholsky als Cousine zweiten Grades verwandt, beherrschte offenbar die Familie. Schulz berichtet allerdings: »Doris Tucholsky wird von allen, die sie kannten, als eine durchaus amüsante, gesellige, geistvolle und schlagfertige Frau geschildert, die selber gerne lachte.« Das stimmt wenig mit der Rolle einer Mann und Kinder bedrückenden Tyrannin überein. Schulz schließt einen Satz an, der möglicherweise eine Erklärung späterer Differenzen liefert: »Also dürfte sie auch an den tapsigen literarischen Versuchen ihres Ältesten vorwiegend einen intellektuellen Spaß gehabt haben.«

Gemeint sind Kurts kindliche Hervorbringungen in Vers und Prosa. Der Knabe, nicht gerade ein fleißiger Schüler, wurde schon früh von einem übermächtigen Schreibdrang gepackt. Dazu findet sich bei Schulz ein seltsamer Satz: »Zum Glück hat aber die Mutter, die ihrem ältesten Sohn und ihren Kindern überhaupt sonst wenig Verständnis bewies, gerade die Kritzeleien des Knaben, die nicht für den Schulgebrauch bestimmt waren, der Nachwelt durch sorgfältige Abschriften erhalten.«

Ich frage mich, ob nicht auch hier die späteren Konflikte zwischen Mutter und Sohn wurzelten. Angenommen, die Mitteilung von Schulz stimmt, dann neigte Doris Tucholsky dazu, die »tapsigen« literarischen Versuche zu belächeln. Sie begegnete ihnen mit intellektuellem Hochmut. Bei einem so sensiblen Jungen wie Kurt mußte das beleidigend wirken.

Tucholskys Knabenpoesie ist ein Widerschein seiner frühen Schulerfahrungen und so naiv-kindlich wie patriotisch verkitscht. Der Schreibende ist noch viel zu jung, als daß er hätte eigene Erfahrungen verarbeiten können. Der ungestüme Mitteilungs- und Schreibdrang nutzte das vorgegebene Material. Es gab kein anderes als den Unterrichtsstoff der Schule, die er besuchte. Und wieder merkt Schulz an: »Natürlich wirkt die unfreiwillige Komik dieser Kinderpoesie als recht stürmische Zwerchfellmassage.« Das bezieht sich auf Verse dieser Machart: »Am Abend, am Abend in dunkler Nacht, / Vernehm ich im Wald eine blutige Schlacht / ...« Die letzten beiden Zeilen lauten: »Nun haut auf den Feind / Er flieht ja schon –« Man erkennt, es handelt sich um jene Art vaterländischer Lyrik, wie sie damals im Schwange war. So reimten auch erwachsene Dichter. In der literarischen Qualität bestehen keine gravierenden Unterschiede zwischen dem poetisierenden Dreikäsehoch und den hohenzollernschen Hofpoeten. Weshalb also pointiert Schulz derart das Lächerliche an den frühen Schreibübungen? Der Verdacht liegt nahe, er identifiziert sich unbewußt mit Doris Tucholsky. Immer vorausgesetzt, Schulz berichtet korrekt über diese Muttergefühle, so zeigte diese Frau ein Unverständnis, das den tiefen Konflikt zwischen dem Sohn Kurt und ihr zwar nicht erklären, aber doch signalisieren kann.

In Tucholskys Werk finden sich verschlüsselte Belege. 1919 veröffentlicht er DAS ELTERNHAUS. Es ist, im Zoo, eine Abteilung neben Raubtierkäfig und Voliere. Manche Eltern demonstrieren ihre »Affenliebe«, es gibt in einem Käfig den »kleinen Haustyrann (pater tyrannicus)« und vor allem ist da die »alleinstehende Hausmegäre (mater terribilis)« zu besichtigen, die schreckliche Mutter, das ist allerdings bitter:

»Hurr – wie sauste da hinter dem Gitter jemand durch die Stube! Laut knallten die Türen, und wir hörten einen schrillen Sopran. ›Marie! Marie! Habe ich Ihnen nicht schon tausendmal gesagt, daß die Staublappen nicht in die rechte Schublade gehören? Marie! Wo ist mein Schlüsselkorb? Marie! Der Korb! Wo ist Bubi?‹... Und aus einer Ecke kroch, mit totentraurigen Augen, ein kleines, verwahrlost aussehendes Geschöpf: ein Kind. Nein, ein Opfer.«

Wie genau ist die Abfolge gesetzt. Zunächst moniert die Megären-Mutter die falsche Position des Staublappens, dann ordert sie den Schlüsselkorb und erst danach fällt ihr ein, nach dem Buben zu fragen, dem »verwahrlost aussehenden Geschöpf mit totentraurigen Augen«.

Doris Tucholsky, früh verwitwet, war eine alleinstehende Hausfrau, und ihre Energie empfand der Sohn offensichtlich als die Gewalt eines Putzteufels, der die Wohnung pflegte und die Kinder vernachlässigte. Verweigerte Zuneigung, zurückgewiesene Liebe schlägt um in Haß, wer ist mit solchen starken Emotionen noch zur Klarsicht fähig. Eine Frau ohne Mann hatte es damals nicht leicht und setzt sich auch heute nur schwer durch, vielleicht tut Tucholsky der Mutter Unrecht, immer angenommen die Elternhaussatire überspitzt nicht nur genregemäß, sondern gestattet auch einen zulässigen Bezug auf des Autors tatsächliche Kindheitserfahrungen. Aber da ist dieser lapidare Satz vom »Geschöpf mit totentraurigen Augen« – so etwas, nicht nur als literarisches Stilmittel angewandt, deutet auf stark verletzte Gefühle. Und der Verfasser des ELTERNHAUSES schließt eine utopische Szene an, in der er seine Wunschfamilie skizziert: »›Sagen Sie‹, fragte ich, während wir hinausschritten, den Führer, ›Sie haben uns da nun soviel gezeigt – aber... wie soll ich mich ausdrücken...‹ – ›Sie meinen, ob es nicht auch vernünftige Eltern gibt?‹ – ›So etwas Ähnliches wollte ich allerdings sagen.‹ – ›Kommen Sie!‹ sagte er ruhig. Und zog mich an der Hand aus dem Elternhaus fort, in den Park. Der Abend dämmerte, die Bäume rauschten im Winde. ›Kommen Sie!‹ sagte er. Und wir gingen, bis wir an ein kleines weißes Häuschen kamen. Wir schlichen uns heran und wurden nicht gesehen und nicht gehört.

Vor dem Haus saß ein blondes, junges Weib mit ungemein lustigen Augen. Vor ihr im Sande raffte ein kleiner Junge seine Spielsachen zusammen; er hatte einen frech gedrehten Haarbusch auf dem Kopf und einen kleinen dicken Bauch. Er schnaufte erschrecklich, weil er so viel zu tun hatte. Die junge Frau ging ins Haus. ›Peter!‹ rief sie. ›Peter!‹ und Peter wackelte aufjauchzend hinterdrein.

Ich sah den Führer an. Er nickte. ›Das sind meine‹, sagte er leise. ›Die werden nicht eingesperrt!‹ «

Therapie durchs Schreiben? Hat Tucholsky in der Idylle abreagiert, was ihm in der Realität durch die Mutter zugefügt worden ist? So idyllisch sind die Forderungen gar nicht, er zeichnet eine normale Kind-Eltern-Beziehung und nennt den glücklichen Jungen mit dem »kleinen dicken Bauch« bezeichnenderweise »Peter« – um diese Zeit benutzt er schon das Pseudonym Peter Panter. Verschaffte sich Tucholsky in der Literatur mit 29 Jahren Genugtuung für etwas, was dem kleinen Jungen verweigert worden war?

Im Sand sitzen zu dürfen und nicht in einer staublappenregierten Wohnung, seine Spielsachen zusammenzuraffen, der Frau mit den ungemein lustigen Augen folgen. Am fast Dreißigjährigen war nicht mehr gutzumachen, was dem Dreijährigen zugefügt oder nicht gewährt worden war. Daß der Satiriker das Elternhaus nicht in der Verneinung beläßt, sondern die freundliche Vision und Version anschließt, deutet auf die tiefe Sehnsucht nach dem Glück in der Familie. In einer schweren Kindheitsstörung dürfte die Ursache für alle späteren Konflikte mit Frauen liegen. Oder, wenn wir nicht so scharf von Konflikten sprechen wollen: Hier zeigt sich die frühe Prägung.

Tucholsky blieb es erspart, vom elenden Ende der Mutter zu erfahren. Sie kam acht Jahre nach seinem Tod ums Leben, im Mai 1943 als Vierundsiebzigjährige in Theresienstadt. So vernichteten die Nazis die Mutter des Mannes, den sie 1933 nicht hatten erreichen können.

Der Tod von Doris Tucholsky im Konzentrationslager Theresienstadt hat alle Biographen bewogen, das gespannte Verhältnis zwischen Mutter und Sohn lediglich anzudeuten. Mit Sicherheit geht der Konflikt auf Erziehungsschwierigkeiten zurück. Nach dem Tod des Vaters 1905 nahm die Mutter den fünfzehnjährigen Kurt von der Schule und gab ihn später auch außer Haus in Pension. Vermutlich hätte dem so Gemaßregelten in dieser Zeit mehr mütterliche Zuwendung gut getan. Möglicherweise war es aber schon zu spät dazu. Kurt war das Lieblingskind des Vaters gewesen, und er hatte diese Liebe erwidert. Wahrscheinlich litt er darunter, daß ihn mit der Mutter nicht eine ähnliche Zuneigung verband. Fritz J. Raddatz deutet dies mit einer interessanten Interpretation an, wenn er auf einen Schulaufsatz des sechzehnjährigen Kurt über Rousseaus »Retournons à la nature« verweist: Das »Zurück zur Natur« wird von dem Schüler als »Sehnsuchtsschrei eines verlorenen Kindes nach der Mutter« bezeichnet.

Vom Wesen der deutschen Schule

Auf die Kunst, sich selbst den Scheiterhaufen zu errichten, verstand sich schon das Kind. Der spätere große Publizist bereitete sich manches Autodafé. Lebenslang kämpften in ihm die gegensätzlichen Kräfte Produktivität und Selbstvernichtung, demokratisch-revolutionärer Elan und pessimistisch-stoische Grundhaltung. »Denn noch niemals haben Menschen aus der Geschichte gelernt, und sie werden es auch in Zukunft nicht tun«, schrieb er 1926 und veröffentlichte doch Hunderte von Artikeln, in denen er den Lesern historische Lektionen nahebrachte, damit sie die auf ihre Gegenwart anwendeten. Er lebte so gern und war doch meist traurig. Er hätte gern lange gelebt und ging mit fünfundvierzig Jahren in den Tod.

Diese Paradoxien lassen sich gewiß nicht auflösen, packt man sie mit dem spießbürgerlichen Unverstand an, den Tucholskys Rowohlt-Monographie-Verfasser Klaus-Peter Schulz in so reichem Maße aufzubringen weiß, wenn er von dem die deutsche Schule kritisierenden Tucholsky schreibt: »Er zuckt die Achseln über den Lehrbetrieb, er ironisiert, er klagt an, aber der Gedanke liegt ihm fern, zu untersuchen, ob und warum er es vielleicht selbst an Bereitwilligkeit, Entgegenkommen, in erster Linie an Systematik des Lernens hat fehlen lassen.«

Das nenn' ich nun einen verständnisvollen Biographen, der einem derart prinzipiell Oppositionellen nichts anderes als die fehlende Bereitschaft zum Opportunismus anzukreiden weiß. Wie anders sonst wären »Bereitwilligkeit« und »Entgegenkommen« einzuordnen, deren Mangel Schulz konstatiert, ganz als handle es sich dabei um charakterliche Defekte. In der Tat, wären es welche, so könnte man alle großen kritischen Geister der Weltgeschichte auf anlagenbedingte Deformationen einschrumpfen lassen. An ihren Verweigerungen, Idiosynkrasien und Faulheiten sollt ihr sie erkennen! Auf diese exemplarische Dummheit laufen die Vorhaltungen hinaus, und um das Maß vollzumachen, wird der Vorwurf mangelnder Lern-Systematik flink angefügt, ganz als sei die Welt in Ordnung zu bringen, hätten sich ihre Kritiker nur als Knaben in brave Schüler verwandelt, die eifrig pauken und schön stillsitzen, im übrigen aber nur reden, wenn sie gefragt werden.

Dermaßen wird durch einen Biographen der freiheitliche Geist, den der Mann, der hier beschrieben wird, ins Land zu holen suchte, gleich wieder ins Exil getrieben. Man schildert Tucholsky als einen, der er nie war; unterlegt falsche Gründe, um zu falschen Aussagen zu kommen; interpretiert fehl, was endlich richtig interpretiert werden müßte. Torheit dieser Art vorausgesetzt, läßt sich Kurt Tucholsky trefflich tadeln.

Nun könnte man über diese lächerlichen, gewollten Mißverständnisse hinweggehen, kündigte sich darin nicht eine verhängnisvolle neue Systematik an. Die offenen, erklärten Feinde Tucholskys können weniger Unheil anrichten, weil ihre so unübersehbar unwahre Haltung sich selbst denunziert. Vom Biographen aber erwartet der Leser schon unbewußt, und das ist seine Vorgabe, wenn nicht Zustimmung für die zu beschreibende Person, so doch wenigstens Vorurteilslosigkeit.

Zu beidem ist unser Biograph außerstande, was sich zeigt, wenn er etwa Tucholskys Texte gegen die Schule dadurch zu entkräften sucht, daß er Stimmen zitiert, die die gleiche Schule loben.

Man wird sich damit etwas ausführlicher beschäftigen müssen, weil hier eine weitverbreitete Fehlinterpretation vorliegt, die gegen Tucholsky ausgebeutet werden soll.

In der Tat genoß das Staatliche Französische Gymnasium, das Tucholsky in Berlin anfangs besuchte, weithin den Ruf einer ebenso anspruchsvollen wie liberalen Anstalt. Schulz verweist, ohne Namen zu nennen, auf zwei ehemalige Mitschüler Tucholskys, die das Gymnasium ausdrücklich gegen dessen Angriffe in Schutz nehmen. Zur Bekräftigung wird mitgeteilt, daß der eine Mitschüler Tucholskys »Lebensweg noch später gelegentlich kreuzte« und der andere gar »Professor der Humboldt-Universität« sei, also Professor in Ostberlin. Man sieht allerdings nicht ein, wieso diese Informationen Qualität und Wert der Aussagen heben könnten. Schließlich bedeutet der Umstand, daß einer gelegentlich Tucholsky begegnete, noch gar nichts, und die vagen Floskeln »Lebensweg«, »gelegentlich«, »kreuzen« deuten eher auf Unsicherheit ihres Autors hin.

Dasselbe muß von dem unbekannten Ostberliner Professor gesagt werden. Auch ist ein Lehrstuhl an der Berliner Humboldt-Universität noch keineswegs eine Garantie dafür, daß die Erinnerungen des Inhabers frei von Irrtum und absolut zutreffend sind. Immerhin ist ja denkbar, der spätere Professor sei eben schon als Kind mit einer dickeren Haut gesegnet gewesen als sein Mitschüler Tucholsky, weshalb diesem Jungen die, wenn auch liberale, so doch noch immer preußische Gymnasialzeit weniger zusetzte als Tucholsky, dem sogar Herr Schulz starke Verletzbarkeit zugesteht. Darauf aber kommt es an. Robuste Naturen registrieren manche Beleidigungen gar nicht, an denen weniger robuste Naturen zugrunde gehen können.

»Tucholsky… vermittelt seinen Lesern ein zwar eindrucksstarkes und temperamentvolles, aber sicher in vielem verzerrtes Bild seiner Schulzeit«, schreibt der Biograph, und diesen Satz muß man sich auf der Zunge zergehen lassen und dann ausspeien.

Bis zum Beweis des Gegenteils jedenfalls sollte der Leser mehr auf Tucholsky als auf dessen Biographen vertrauen, wenn es um die Schulzeit geht. Was diese Schulzeit, die eben auch laut Schulz »seine Schulzeit«, also Tucholskys Schulzeit ist und nicht etwa die Schulzeit des Klaus-Peter Schulz, was sie also betrifft, so verbürgt uns der, der sie erlebt und geschildert hat, gewiß mehr Wahrhaftigkeit als die namenlos bleibenden Mitschüler, von denen wir, selbst wenn wir ihre Namen erführen, immer noch nicht sicher wüßten, wer und wie sie sind. Es kommt ja nicht nur auf die Bekundung an, sondern es ist wichtig, wer was bekundet.

Hinge das Urteil davon ab, könnte jemand alle Millionenmassen als Gegenbeweis aufbieten, die in den kaiserlichen Schulen sich wohlzufühlen wußten, hernach als Frontkämpfer im Krieg und hinterher als nationale »Patrioten« in der Weimarer Republik antraten. Sie haben gewiß in den Schulen weniger gelitten als der sensible Kurt Tucholsky. Vielleicht haben sie gar nicht gelitten, weil sie sich sogleich unterwarfen. Der Parteigänger versteht die Kasernenhofzucht als notwendig. Ihm wird der weniger brutale Druck in den als liberal geltenden Anstalten auch als wirkliche Liberalität gegolten haben.

Mit solchen Argumenten ließe sich schnell das gesamte Hohenzollernreich als Hort der Freiheit und Bildungsfreundlichkeit darstellen, man verstünde dann auch nicht mehr, weshalb sich die kritischen und freien Geister des Landes und die Arbeitermassen in Gewerkschaften und sozialistischen Parteien dagegen erhoben haben.

Den Gipfel der Logik erreicht unser Biograph aber, wenn er endlich nach allen falschen Einwänden die Krönung seiner Fehlinterpretation vorbringt, wonach Tucholskys Kritik an seiner Schulzeit und der kaiserlich-deutschen Bildungspolitik niemand »schlagender widerlegt« habe als Kurt Tucholsky selbst, »der sich zeitlebens als exzellenter Praktiker des Humanismus hervortat, und in diesem Zusammenhang dürfte von der Schule weit mehr hängengeblieben sein, als er es sich eingestand, ja, als ihm vielleicht bewußt war«.

Wir skandieren: »...dürfte weit mehr hängengeblieben sein... als ihm vielleicht bewußt war...« Besonders das »vielleicht« hat es in sich, unterstellt es doch: vielleicht auch nicht. Dann war Tucholsky nach Klaus-Peter Schulz sich möglicherweise sogar bewußt, daß er die Schule unberechtigt kritisierte.

Was heißt, hier wird die Aufrichtigkeit des Publizisten in Frage gestellt. Und das, nachdem er auf die übliche ungute Manier zum Zeugen wider Willen für diese Schule aufgerufen worden ist. Der Folgerichtigkeit dieses Unsinns folgend, könnte es gar keine schlechte Schule geben, weil jeder, der sich gegen sie wendet, mit dem Maße seiner Produktivität eben doch die Güte der von ihm angegriffenen Schulbildung beweise. Mit welcher Methode alle kritischen Geister von Marx bis Bebel und von Thomas und Heinrich Mann über Hermann Hesse bis zu Ernst Bloch zu glühenden Apologeten deutscher Schulsysteme umgewertet werden können. Daß sie was wurden, verdanken sie ihren Schulen, auch wenn sie es gegen sie wurden. Wahrlich, das nenne ich die späte Rache preußischer Schulmeister. Wen sie nicht brechen und zu Produkten ihres Drills machen konnten, den diskreditieren sie im Nachhinein noch, indem sie frech behaupten, diese Schüler verdankten ihre kritische Größe und ihr zivilcouragiertes Leben solchen Lehrern.

Tucholskys Absage an seine Schuljahre endet mit den Worten: »Ich denke nicht mit Haß an meine Schulzeit zurück – sie ist mir völlig gleichgültig geworden. Schultragödien haben wir nie gehabt, furchtbare Mißstände auch nicht. Aber schlechten Unterricht.«

Ein vielsagendes Fazit. Ganz ohne Übertreibung. Gerade deshalb gewichtig.

Weshalb sein Biograph es auch sofort zu entkräften sucht: »Die Lehrer von heute, die dieses lesen, sollten sich in erster Linie von den Vorwürfen getroffen fühlen, mit denen Tucholsky den Unterricht in Deutsch, Geschichte und Geographie bedenkt. Noch immer geht häufig gerade in diesen Fächern das Ganze zugunsten einer Summe kaum genießbarer Teile verloren und damit jeder, aber auch jeder *Schimmer von Schönheit.* Was dagegen den altsprachlichen Unterricht anbetrifft, hat Tucholsky mit seiner Feststellung *Es wurde gepaukt. Ich habe nie einen lateinischen Schriftsteller lesen können*, in aller Naivität einen sehr charakteristischen Widerspruch hingeschrieben. Er konnte eben keine lateinischen bzw. griechischen Schriftsteller lesen, weil er sich seinerseits an dem nun einmal unerläßlichen Pauken, das ihm zuwider war, nicht beteiligte.«

Da haben wir es wieder. Die undifferenzierte Kritik des Biographen an seinem Objekt ist mit Händen zu greifen. Wie beflissen er voraussetzt, man müsse eben alte Sprachen »pauken«. Auch da gibt es bei verständnisvollen Lehrern durchaus Moderationen. Geschickte Pädagogen können ihren Schülern Vokabeln und Grammatik in einer Weise vermitteln, die wenig mit Pauken zu tun hat. Aber Schulz setzt den Drill als selbstverständlich voraus. So kann er Tucholsky gut vorwerfen, ihm hätten eben Maß, Fleiß und guter Wille gefehlt. Weil er nicht pauken wollte, lernte er auch nichts. Also ist Tucholsky selber daran schuld, daß er Tucholsky war.

Die leichtfertig-kurzschlüssige Interpretation von Tucholskys Schulzeit durch Klaus-Peter Schulz ist unentschuldbar, doch gibt es Gründe dafür, die verständlich werden lassen, wie so etwas zustandekommen mag. Das Kindheitsmuster Tucholskys besteht aus lauter Abweichungen. Die Vehemenz, mit der der Schriftsteller sich später gegen die preußische Schule wandte, legt natürlich den Schluß nahe, der Kritiker habe als Schüler unter ihr gelitten, was Tucholsky auch bestätigt. Da sich nun schwerlich die Begabung des Jungen in Zweifel ziehen läßt, sucht man die Ursachen für den Schulhaß in mangelndem Fleiß und fehlendem guten Willen. Auf diese Weise werden die obrigkeitlichen Kategorien eingeschmuggelt. Fehlender guter Wille und Fleiß können aber eine oppositionelle Manifestation sein, Kennzeichen jungenhafter Widersetzlichkeit, deren Gründe zu erforschen wären.

Wahrscheinlich wäre Klaus-Peter Schulz anders vorgegangen, hätten sich Kindheit und Jugend Tucholskys nach einem bekannten psychologischen Schema deuten lassen. Am einfachsten ist immer der Autoritätskonflikt, ein Generationsstreit üblicher Art. Doch gibt es keine Anhaltspunkte dafür. Zumindest zwischen dem jungen Kurt und seinem Vater bestanden keine Differenzen. Es klingt wie ein Witz der Psychologie, daß wir bei Kurt Tucholsky, einem der größten Kritiker deutscher Autoritäten, auch nicht den Schatten einer Auseinandersetzung zwischen ihm und dem Vater finden. Im Gegenteil. Eitel Harmonie herrschte.

Studium, Krieg und erste Veröffentlichungen

Schon der junge Kurt hatte zielbewußt auf seinen späteren, ob seiner Ungebundenheit und Unsicherheit heiklen Beruf hingearbeitet. Was man ihm als fehlenden Fleiß und mangelnden guten Willen ankreidete, war das nicht. Viel interessanter ist denn auch das politische Verhalten des jungen Autors, der seine schriftstellerische Laufbahn 1907, zwei Jahre vor der Reifeprüfung, mit einem Paukenschlag, dem MÄRCHEN, begonnen hatte. Schon in dieser ersten gedruckten literarischen Arbeit, die in der Berliner satirischen Zeitschrift »Ulk« erschien, schlägt er den Ton an:

»Es war einmal ein Kaiser, der über ein unermeßlich großes, reiches und schönes Land herrschte. Und er besaß wie jeder andere Kaiser auch eine Schatzkammer, in der inmitten all der glänzenden und glitzernden Juwelen auch eine Flöte lag. Das war aber ein merkwürdiges Instrument. Wenn man nämlich durch eins der vier Löcher in die Flöte hineinsah – oh! was gab es da alles zu sehen! Da war eine Landschaft darin, klein, aber voll Leben: Eine Thomasche Landschaft mit Böcklinschen Wolken und Leistikowschen Seen. Reznicekscke Dämchen rümpften die Nasen über Zillesche Gestalten, und eine Bauerndirne Meuniers trug einen Arm voll Blumen Orliks – kurz, die ganze moderne Richtung war in der Flöte.

Und was machte der Kaiser damit? Er pfiff drauf.«

Klaus-Peter Schulz vermerkt dazu: »Das Märchen ist in seiner Kürze ungemein repräsentativ. Eine Handvoll Zeilen genügt, um die zeitgenössische Kunst von 1907 nicht nur aufzuzählen, sondern lebendig zu machen. Ausgerechnet die Flöte des *Märchens* ist nicht für musikalische Zwecke, sondern zum Sehen bestimmt. Man muß nur die Intuition haben, die dem Besitzer leider fehlt. Er macht mit der Flöte, was man normalerweise mit einer Flöte macht, *er pfeift drauf.* Kaiser Wilhelm II., der in allen musischen Dingen ein genauso ungestümer Dilettant war wie leider auch in der Politik, hatte seine getreuen Untertanen soeben mit ein paar herabsetzenden Äußerungen über die modernen Kunstrichtungen bedacht. Der siebzehnjährige Tucholsky antwortet mit einer kleinen Satire, die Stil, Einfall und Pointe zu einer fast klassisch wirkenden Einheit verbindet.«

Schulz' Analyse ist hier stimmig. Erstaunlich ist, wie perfekt schon der siebzehnjährige Autor gearbeitet hat. Er sieht in den Personen, die er zu Gestalten seiner Texte macht, die Gespaltenheit und dringt von der Oberfläche augenfälliger Erscheinung in das innere Wesen ein. Der Einblick gewährt die Durchschau. Märchenhaft literarisiert, wird der zu treffende und damit getroffene Gegenstand nicht bei seinem wirklichen Namen genannt, sondern erscheint als luftiges und lustiges Phantasiegebilde. Der Leser kann, ist er klug genug, im Kaiser des Märchens den Kaiser des Deutschen Reiches sehen. Ist dies erst einmal geschehen, wird die Folgerung, der Märchen-Schluß zum Tatsachen-Schluß: Der Kaiser pfeift auf die Kunst seiner eigenen Epoche.

1907 setzten die sanften, tastenden Versuche ein, in denen sich der Satiriker und politische Schriftsteller in ersten Ansätzen formulierte und der Humorist, Feuilletonist, Verfasser erotisch beschwingter Geschichten und Gedichte überwog. Dies alles sollte der 5-PS-Mann weiter schreiben, doch wurde es fortan durch den politischen Analytiker, Satiriker, Polemiker überragt. Liest man aufmerksam die Texte seines ersten Schreiberjahrzehnts, gewinnt man den Eindruck, als wisse einer hier noch nicht hinreichend über sich und die Welt Bescheid, als halte er sich mitunter bewußt zurück.

Im Rückblick auf Tucholskys gesamte Gymnasial- und Studienzeit wird deutlich, der junge Mann lernte tatsächlich ganz ernsthaft für das Leben, nur suchte er, während er lernte, schon zu leben, was bei ihm vor allem hieß: schreiben. Kein Wunder, wenn er es in der Schule schwer hatte. Das Französische Gymnasium verließ er nach der Obertertia. Am Königlichen Wilhelms-Gymnasium, wohin er wechselte, hielt es ihn nicht lange. Ein Hauslehrer bereitete ihn aufs Abitur vor, das er 1909 am Königlichen Luisen-Gymnasium ablegte. Ein erstes Jura-Semester in Berlin schließt sich an. Dann studiert er ein paar Monate in Genf, hernach wieder in Berlin. Der Student lebt in wirtschaftlich guten Verhältnissen, mit seiner Volljährigkeit ist ihm das väterliche Erbteil ausgezahlt worden. Materiell so abgesichert wie jetzt wird er nie wieder sein.

Das Studium nimmt er so auf die leichte Schulter, daß die Universität 1913 die von ihm eingereichte Dissertation »Die Vormerkung aus § 1179 BGB und ihre Wirkungen« als »wissenschaftlich nicht hinlänglich beachtenswert« ablehnt. Die umgearbeitete und vertiefte Fassung bringt ihm im Februar 1915 dann den akademischen Grad: Dr. jur. Kurt Tucholsky.

Über die Studienjahre hat sich Tucholsky später nicht ganz so kritisch geäußert wie über seine Schulzeit, höchstens selbstkritisch: »Ich war damals gar kein blutjunger Referendar, doch besinne ich mich noch sehr genau, einmal, als das Studium schon vorbei war und die Examensbüffelei und alles, in der Universität gesessen zu haben, zu Füßen eines großen Lehrers, und ich schand sein Kolleg – schund? schund sein Kolleg. Da ging mir manches auf. Da verstand ich auf einmal alles, was vorher, noch vor drei Jahren, dunkel gewesen war; *da* sah ich Zusammenhänge und hörte mit Nutzen und schlief keinen Augenblick; *da* war ich ein aufmerksamer und brauchbarer Student. Da – als es zu spät war. Und darum möchte ich noch einmal Student sein. Das Unheil ist, daß wir zwischen dreißig und vierzig keinen Augenblick Atem schöpfen. Das Unheil ist, daß es hopp-hopp geht, bergauf und bergab – und daß doch gerade diese Etappe so ziemlich die letzte ist, in der man noch aufnehmen kann; nachher gibt man nur noch und lebt vom Kapital, denn fünfzigjährige Studenten sind Ausnahmen. Schade ist es.«

So Tucholsky 1929, also mit neununddreißig Jahren. Er sieht sich hier selbst zu negativ, denn die Zeit, da er die Jura-Kollegs »schund«, war nichts weniger als verloren. Er erarbeitete sich die Grundlagen jener Rechtskenntnisse, die ihn später zum brillanten Justiz- und Gerichtskritiker werden ließen und in die Lage versetzten, über Verbrechen und Strafzumessung wie Strafvollzug fachmännisch zu urteilen.

Ein Glück, daß er nicht Germanistik studiert hat. Nie wäre er imstande gewesen, den Richterroben so guten Wissens und Gewissens entgegenzutreten. Wenn Tucholsky die Juristerei anfangs mehr nebenbei betrieb, weil er viel Zeit und Kraft an seine literarischen Arbeiten wandte, so rüstete das Jurastudium den jungen Schriftsteller doch hinlänglich mit allem aus, was er später für seine Angriffe auf die Unrechtspflege der Gerichte und zur Verteidigung der Opfer brauchte.

Überdies faßte er an der Universität eine nie endende Abneigung gegen den Typ des deutschnationalen Studenten, aus dem folgerichtig der deutschnationale Talarträger wuchs.

Mag Tucholsky das Pauken der Paragraphen nicht leichtgefallen sein, es hat sich gelohnt.

Schließlich veröffentlichte der schriftstellernde Student 1912 das epochemachende RHEINSBERG; im Jahr darauf begegnete er Siegfried Jacobsohn, dem Herausgeber der »Weltbühne«, damals noch »Schaubühne«. Tucholsky hatte ihm einen Artikel gesandt, Jacobsohn ließ den jungen Mann in die Redaktion kommen. Das Gespräch begründete ein Lehrer-Schüler- und Vater-Sohn-Verhältnis, das erst mit dem Tod Jacobsohns endete. Unter der väterlich-kritischen, kollegialen und mitunter strengen Anleitung durch Siegfried Jacobsohn wuchs der Jurastudent zum vielseitigsten politischen Analytiker und Satiriker seiner Zeit heran. Er zählte ganze 23 Jahre, als er bei der »Schaubühne« begann.

Die Kriegszeit, in der Tucholsky glücklicherweise Muße zu Lektüre und ausgedehntem Briefwechsel fand, ließ ihn auch zur Reflexion seiner eigenen ungefestigten Position kommen. 1918 war er 28. Das Kriegsende trifft auf einen nur scheinbar plötzlich Verwandelten. Die mißgünstigen Gegner höhnen, Tucholsky sei ein Konjunkturritter, der seinen Pazifismus und die Liebe zur Republik erst nach 1918 entdeckt habe. Tatsächlich lief die Entwicklung der Persönlichkeit hier mit der Geschichte parallel, wie Tucholsky durch die Produktion der darauffolgenden vierzehn Jahre bewies. Über so lange Zeiträume brennt kein Strohfeuer, einen solchen Atem bringt kein bloßer Trittbrettfahrer historischer Ereignisse auf.

Der radikale, revolutionäre Pazifist bewahrheitete sich durch Jahrzehnte in seinen Schriften und Aktionen.

Frühe Liebe und schwierige Moral

Von einer unwichtigen Kinderschwärmerei abgesehen wissen wir nichts über das Verhältnis des sehr jungen Kurt Tucholsky zu den Mädchen. Ob es, vergleichbar den erhaltenen pubertären Patriotismus-Versen, Pubertierendes und Naives auch in Eroticis gegeben hat, entzieht sich unserer Kenntnis. Weder von Primaner- noch Studentenlieben Tucholskys gibt es Zeugnisse. 1912 verlobte sich der Zweiundzwanzigjährige in Berlin mit Kitty Frankfurter, das Verlöbnis wurde in der Militärzeit von ihm gelöst. Ebenfalls 1912 erscheint RHEINSBERG – EIN BILDERBUCH FÜR VERLIEBTE, das als Widmung drei Initialen trägt: »M. W. – K. F. – C. P.«; sie stehen unter dem großzügig dedizierenden Satz: »Unsern lieben Frauen«.

Tucholsky spielt hier schon die spätere Camouflage durch, die es sehr erschwert, aus dem Werk tatsächlich existierende Personen zu erkennen, soweit sie den intimen Freundinnen- und Bekanntenkreis betreffen. Aus den Anfangsbuchstaben K. F. läßt sich ohne viel Scharfsinn Kitty Frankfurter herauslesen; C. P. ist schon ein Spaß, es sind die Initialen einer berühmten Romanfigur Heinrich Manns aus seinem Buch »Im Schlaraffenland« und sie stehen für Claire Pimbusch; so nannte Tucholsky seine spätere erste Ehefrau, die Ärztin Dr. Else Weil. Schaut man nach, wie Heinrich Mann seine Claire Pimbusch schildert, kann man nur anerkennen, daß Else Weil viel Humor zeigte, wenn sie diesen Spitznamen auf sich sitzen ließ. Es heißt über Claire »Im Schlaraffenland«: »Eine scharfe Falte schloß die knochige Ecke des Kinnes ein und darunter bauschte sich die schlaffe Haut des Doppelkinns über dem engen, langen Halskragen. Der Kopf saß wie eine farbenprächtige gedunsene Giftblume auf einem zu dünnen Stengel.«

Verheiratet ist die Dame Pimbusch mit einem Schnapsfabrikanten, der glaubhaft versichert, seine Frau sei von jeher außerstande gewesen zum Vollzug körperlicher Liebe, ersatzweise erleidet sie im Theater immer mal hysterische Lach- und Schreikrämpfe oder delektiert sich daheim an einem halben Teelöffel Äther, der ihr in wirren Träumen beschert, was ihr in Wirklichkeit versagt bleiben muß.

Es bedarf also schon eines starken und heiteren Charakters, mit dem

Namen dieser Heinrich-Mann-Figur bedacht zu werden; soviel zu Claire Pimbusch.

Die Initialen K. F. und C. P. in der Widmung zu RHEINSBERG sind also klar; »M. W.« endlich bezeichnet die Anfangsbuchstaben des Namens der damaligen Freundin und späteren Frau von Kurt Szafranzki, der das »Bilderbuch für Verliebte« illustriert hatte.

Die fröhlich-blasphemische Verschiebung der alten religiösen Formel »Unser lieben Frau«, der Mutter Maria zu »Unsern lieben Frauen« ist ein schöner Einfall, zudem grammatikalisch völlig einwandfrei, der Dichter und der Zeichner widmeten ihr Werk ganz realistisch »Unsren lieben Frauen«.

Else Weil kommt unter ihrem Schlaraffenland/Rheinsberg-Namen Claire auch in Tucholskys Buch FROMME GESÄNGE vor.

Höchstwahrscheinlich gab es auch andere frühe Lieben des Autors.

Die Briefe Tucholskys an Mary Gerold signalisieren dann einen Mann, der sich mit Frauen auskennt und nicht aufs Hörensagen angewiesen ist. Wenn es also Lücken in der Biographie gibt, so bestanden die erfreulicherweise für den realen Tucholsky nicht. Sein Problem war keineswegs die Verbindung mit einem Mädchen, sondern die Dauer einer solchen Beziehung. Das negative Mutterbild wirkt nach. War nicht zu fürchten, daß sich jede junge Frau nach einiger Zeit als »Mutter«, also als brachial und niederdrückend entpuppte? Durch seine individuelle Erfahrung in der Kindheit belastet, tut sich Tucholsky schwer mit Partnerbeziehungen. Der sensible junge Mann, stets unter explosivem Produktivitätsdruck, wendet seine Widersprüche ins Innere. Er lernt, zu verarbeiten. So allein, wie er jetzt ist, wird er bis ans Ende seines Lebens arbeiten, also schreiben. Kollektive Schaffensprozesse, dem Zeitgenossen Bertolt Brecht Selbstverständlichkeit und Bedürfnis, bleiben ihm fremd. Sein erstes gedrucktes Manuskript, das MÄRCHEN vom Kaiser und seiner Flöte, war eine politische Satire. Tucholsky veröffentlicht weiterhin Justiz- und Zeitkritisches, kann sein beachtliches Talent entwickeln. Dennoch schafft er nicht als Analytiker und Satiriker den Durchbruch, sondern als Autor einer exemplarischen Liebesgeschichte, dem Kurzroman RHEINSBERG. Da ist er der Mann des Jahres, des Jahrzehnts. Er hat damit einen tiefen Konflikt ausstehen müssen, in seinem späteren Leben kommt er erstaunlich oft und in ganz bestimmten Wiederholungen darauf zurück: Der Liebe durfte man nicht zu viel und nicht zu wenig Bedeutung beimessen. Das hat ihm zu schaffen gemacht, ist seine Crux gewesen, zwischen Mutter-Ablehnung und Frauen (Partnerinnen)-Liebe die Mitte zu finden. Er deutet dies schon in seinem ersten Buch an, und das wurde ein Erfolg.

Die erotische Zugkraft Tucholskys war mit RHEINSBERG zur öffentlichen Attraktion geworden. Der Zweiundzwanzigjährige genoß im literarischen Ruhm jene Prominenz, die einem zur Schau gestellten auflagenstarken Autor und Zeitgenossen zuteil wird. Das Buch, das auf reale Erlebnisse seines Verfassers schließen ließ – tatsächlich verarbeitete er ja Autobiographisches –, machte Tucholsky zur bekannten Figur in Deutschland, besonders aber in Berlin. Er wurde im folgenden Jahrzehnt immer wieder mit schriftlichen und telefonischen Anfragen genervt, was denn nun wirklich in »dem Paket« gewesen sei; man erinnert sich der berühmten RHEINSBERG-Szene, wo Wölfchen seiner Claire einen verschnürten Karton schenkt, den sie erst bei der Abreise öffnen dürfe. Natürlich ist das Mädchen neugierig und fragt ständig: »Wölfchen, was isn in dem Paket?« Diese Frage bleibt unbeantwortet, schließlich wird das ominöse Geschenk im Hotelzimmer vergessen. Der Inhalt des Kartons interessiert Tucholskys Leser noch über Jahre hin. Er selbst erklärt die Paket-Story in einem Brief an Mary als literarischen Trick, um RHEINSBERG abzuschließen, die Geschichte wäre sonst nie zu einem Ende gekommen.

Über lange Zeit hin identifizierte man den Verfasser mit dem anziehenden Wölfchen aus dem Kurzliebesroman, ganze Generationen liebten danach, wie er selbst schreibt, »vom Blatt«, die allgemeine Wirkung kam dem Schriftsteller und Mann Tucholsky zugute, er war, zumindest in der kurzen Spanne von 1912 bis zum Beginn des Ersten Weltkrieges, in der Metropole Hahn im Korbe.

Das freute Tucholsky einerseits, andererseits mochte er sich nicht für ewig aufs »Wölfchen« festlegen lassen. RHEINSBERG setzte die Veränderung erotischer Maßstäbe, eine Veränderung, die Tucholsky durch das Buch zugleich konstatierte und vorantrieb. Klaus-Peter Schulz sieht das sehr genau, wenn er feststellt: »Im Jahre 1912 jedoch bedeutet ›Rheinsberg‹ wirklich so etwas wie eine Revolution der Natürlichkeit. Ein kollektiv längst vorhandenes gesundes Lebensgefühl, bisher hinter tausend Schleiern verborgen, bricht sich endlich befreiend Bahn. Vor der Veröffentlichung dieses ›Bilderbuchs‹ war das Erotische in einer Epoche modischer und sonstiger Unnatur entweder nur in verkitschter und verlogener Form oder – im Stil Strindbergscher, Wedekindscher oder Weiningerscher Problematik – in zugespitzter dramatischer Düsternis dargestellt worden.«

Tucholsky decouvriert in RHEINSBERG den gängigen Liebeskitsch und distanziert sich klar von der üblichen Zweierbeziehungs-Dramatik. Hier reden die Liebenden wie ihnen der Schnabel gewachsen ist, unkonventionell, unromantisch, nicht literarisch »foin«. Weder raspeln sie Süßholz noch schwören sie, »immer« zusammenzubleiben.

Tucholsky und die Frauen

Tucholskys Unsicherheit kommt weniger aus der Situation, in der er gerade lebt, sondern mehr aus ihm selbst. Die Schwierigkeiten und

Konflikte resultieren aus seinen frühen Erfahrungen mit der ungeliebten Mutter.

Mary gegenüber sprach Tucholsky von diesem gespannten Verhältnis, ohne näher darauf einzugehen. Er verhinderte ein Zusammentreffen zwischen seiner zweiten Frau und seiner Mutter.

In seinem Werk finden sich keine offenen, direkten Entsprechungen. Statt der Mutter wird häufig das angegriffen, was sie für den jungen Tucholsky in dominanter Form darstellte: die Familie.

Sie wird immer wieder ironisiert und attackiert, so in diesem Text:

»Als Gott am sechsten Schöpfungstage alles ansah, was er gemacht hatte, war zwar alles gut, aber dafür war auch die Familie noch nicht da. Der verfrühte Optimismus rächte sich, und die Sehnsucht des Menschengeschlechtes nach dem Paradiese ist hauptsächlich als der glühende Wunsch aufzufassen, einmal, nur ein einziges Mal friedlich ohne Familie dahinleben zu dürfen.«

Tucholsky flüchtet bei dieser Erkenntnis in den Trost, den ihm Frauen spendeten und in die Traumlandschaft einer nie endenden Kindheit.

Der Topos, daß einer bei einer Frau sich als Mann zu erweisen habe, kehrt nur die halbe Wahrheit hervor und verbirgt die andere. Die Liebe, die im Bett stattfindet, geleitet in die Geborgenheit frühester Tage zurück. Gerade weil Tucholskys Kinderjahre durch die Ungestalt des Mutterbildes überschattet waren, suchte er die Erinnerung mit Hilfe vieler Frauenbilder zu korrigieren. Die Erotomanie erweist sich als ritualisierter Rückzug in die zärtliche Sicherheit oder sichere Zärtlichkeit des Kindes, das Vertrauen und Zuwendung durch eine Frau erhält. Sie soll besser, mütterlicher, fraulicher sein als Doris Tucholsky, weshalb die Suche und der Versuch immer neu begonnen werden.

Hernach sinkt man befriedigt, gesättigt, angenehm schläfrig in die schützenden Decken und weichen Kissen zurück. Auch eine Form der Weigerung, erwachsen zu sein.

Sein ganzes kurzes Leben lang war er nicht nur ein homme de lettres, er war auch ein homme à femmes. Das Wort faszinierte ihn ebenso wie das Weib, an beiden verzweifelte er mitunter, konnte aber nicht davon lassen. Die Prioritäten waren klar gesetzt. Es gibt, so Tucholsky, keine Frau, die ich nicht mit meiner Schreibmaschine betrüge. Das ist verständlich, schließlich war er hauptberuflich Autor und nicht Frauenfreund. Mitunter war er skeptisch gegenüber seinen Manuskripten, das Mißtrauen gegen Mädchen und die vielfältigen Komplikationen mit ihnen waren stärker und steigerten sich an trüben Tagen bis zur Frauenfeindschaft. Ein homme à femmes also, der die Frau verneint. Er spricht glattweg einer Frau, die ihm wirklich imponierte, das Frausein ab: »Außerdem aber kann sie [Mechtild Lichnowsky] schreiben. Und denken. Und sehen. Kurz: keine Frau.« Das ist 1913 geschrieben worden, doch in Variationen kommt Tucholsky immer wieder darauf zurück. Jahre später heißt es bei ihm: »Frankfurt hat zwei große Männer hervorgebracht: Goethe und Gussy Holl.« Gussy Holl war eine berühmte Sängerin. Der liberale Tucholsky sah sich außerstande, intellektuelle Fähigkeiten beim Weib zu akzeptieren, ohne die Frau zugleich zu maskulinisieren. Das geschieht nicht nur in der oben zitierten Formulierung von den beiden »Männern« Goethe und Gussy Holl, daß läßt sich auch nachlesen in vielen Briefen an seine zweite Frau Mary. Tucholsky nennt das Mädchen Mary nahezu konsequent: »Er«.

Die Vermännlichung behält er auch in Varianten bei: »Und ich soll Ihm keine Briefe schreiben, mit ›wippen‹ und so.« Oder: »Er ist doch der dikkkke Mann.«

»Sein letzter Brief hat mich sehr gefreut«, heißt es an anderer Stelle. In diesem Vermännlichungsverfahren, dem die geliebte Mary unterworfen wird, steckt mehr als Sprachspielerei, es ist seine größte Geste des Respekts gegenüber einer Frau, wenn er sie von Mann zu Mann behandelt. Das mag nicht nur für radikale Feministinnen die schlimmste Provokation sein, die denkbar ist, damit will er der Frau einfach nicht die geistige Ebenbürtigkeit zum männlichen Geschlechtspartner zugestehen. Angenommen, Tucholsky hätte sich nicht 1935 umgebracht, er wäre in der Auseinandersetzung mit unseren heutigen Emanzipierten wohl kaum mit heiler Haut davongekommen. Noch 1931 konstatiert er: »Der Mensch zerfällt in zwei Teile: In einen männlichen, der nicht denken will, und in einen weiblichen, der nicht denken kann.« Könnte man bei den frühen frauenfeindlichen Bekundungen noch entschuldigend einwenden, er habe sich eben von Erziehungsfehlern lösen müssen, so spricht das späte Verdikt gegen die intellektuellen Potenzen der Frau diesen Erklärungsversuchen Hohn. Abgesehen davon, daß ja auch die nicht denkenwollenden Männer attackiert werden, bleibt der Nachsatz in aller Rigidität stehen, die Frau *kann* nicht denken. Da ist nichts zu retten, der Mann Tucholsky vermochte nicht über seinen Schatten zu springen.

Machte er eine Frau, deren geistige Produktivität ihn begeisterte, unverzüglich zum Mann, gibt es andere Textstellen, wo er das unverständliche, zugleich anziehende und abstoßende Weib so definierte: »Da steht etwas von den Frauen – das hört an: ›Gerade, daß sie ihm so fremd war, daß sie, durch alle Dinge der sogenannten Bildung von ihm getrennt, seine Fragen kaum verstand und also mehr ein gezähmtes Tier als einen Menschen für ihn vorstellte, das löste ihm die Sprache: wie das überhaupt von allen Geheimnissen der Frau das tiefste und für den Mann erlösende ist, ihn auf den Sinnengrund des Lebens zurückzuführen, oder – wie Johannes es später in Worte brachte – aus einem denkenden Menschen für Minuten seliger Vergessenheit ein fühlendes Tier zu machen...‹

Ein fühlendes Tier – kann man das besser sagen? Und was ersehnen wir denn weiter als dieses?«

Tucholsky nutzt hier, wie sehr oft, die Gelegenheit einer Rezension, eigene Ansichten an den Leser zu bringen. Er bespricht »Die unterbrochene Rheinfahrt« von Wilhelm Schäfer und identifiziert sich voll mit der animalischen Sicht des Autors auf die Frau. »Ein fühlendes Tier« wird der Mann im Zusammenhang mit einem Wesen, das mehr ein gezähmtes Tier als einen Menschen für ihn vorstellt, Triumph des Körperlichen, kein Eros, nur Sexus: die animalische Frau, weil sie aus mangelnder Bildung zu sprachlicher Artikulation nicht fähig ist und ein Mann, der sich des Denkens begibt und seinen Trieben folgt.

Zweifellos zeigt dieser frühe Text von Tucholsky nicht nur ein gebrochenes Verhältnis zur Frau als Mensch: Er kann sich ihr erst nähern, wenn er sie als Tier betrachtet. Es läßt sich aus diesen Sätzen aber auch eine sonderbare Auffassung von Sexualität ableiten, die in die unteren Regionen verbannt und tunlichst vom Kopfe getrennt wird. Die Harmonie von Leib und Seele, Kopf und Bauch, Gefühl und Gehirn ist dem jungen Tucholsky Hekuba, deshalb zitiert er mit großer Zustimmung eine Notiz von Otto Weininger, dem Verfasser des berühmten Buches »Geschlecht und Charakter«, dessen Werk laut Tucholsky oft fehlgedeutet wurde. Nicht in »Geschlecht und Charakter«, sondern in anderen Aufzeichnungen Weiningers findet sich eine Bemerkung, der Tucholsky voll zustimmt: »Wie kann ich es schließlich den Frauen vorwerfen, daß sie auf den Mann warten? Der Mann will auch nichts andres als sie. Es gibt keinen Mann, der sich nicht freuen würde, wenn er auf eine Frau sexuelle Wirkung ausübt. Der Haß gegen die Frau ist nichts andres als der Haß gegen die eigne, noch nicht überwundene Sexualität.«

Man haßt also die Frauen, weil man die eigene Sexualität haßt, die überdies auch noch überwunden werden soll, statt integriert ins menschliche Wesen. Da zeigt sich ein Konflikt, der Tucholsky lebenslänglich zu schaffen machte, das Hirn-Wesen kommt mit den Forderungen des Körpers nicht zurecht, sie behalten, weil rational nicht zu bewältigen, etwas Dunkles und Drohendes und folgerichtig wird das auf den leiblichen Gegenpol – die Frau – projiziert. Sie ist nicht intellektuell zu erfassen, in ihr bricht das Tierische auf und ins Leben des geistigen Mannes ein, der will den »Flug in die Sonne. Flieg du, wenn die Bleiklumpen der Frauen dich zur Erde ziehen. Nieder! nieder! nieder! Du sollst nicht zu den Wolken...«

Die zuletzt zitierten Sätze stammen aus der 1914 geschriebenen Theaterkritik Tucholskys mit dem Titel ROSA BERTENS. Der Text ist außerordentlich aufschlußreich, weil Tucholsky darin mit seiner Mutter abrechnet. Er beschrieb anscheinend die Rolle einer Schauspielerin und schildert zugleich Eigenschaften und Verhaltensweisen, die ihn bei seiner Mutter gepeinigt hatten. Zudem finden sich hier auch Tucholskys damalige Ansichten über die Ehe, die er als »niederträchtigen Kleinkrieg« zwischen den Verheirateten definiert.

Aber, fährt er fort: »...in all den heißen Schlachten mochte vor dem gequälten Mann wie eine Lufterscheinung das friedliche Bild jener andren so seltenen Frau auftauchen, die nicht brauchte, was seiner so bitter nötig tat: eine harte Faust und einen eisernen Willen. Diese andre gab sich so zufrieden, sie strich mit ihren schlanken Fingern dir durch das Haar, verachtete es, sich einen Sklaven zu halten, und liebte den Starken auch ohne die schimmernde Rüstung. Vielleicht war das gar keine Frau mehr? Um so besser: dann war es der beste Lebenskamerad. Und wohl dem, der eine solche Hand halten darf! Er halte sie ganz fest, denn sie ist ein Schatz, den nicht jeder findet.«

Wieder taucht hier das Tucholsky-Motiv auf: Eine Frau, die sich wie ein Mensch benimmt, ist keine Frau mehr, vielmehr ein Kamerad, der offensichtlich als geschlechtlich indifferent zu betrachten ist, denn sonst käme ja wieder die mit negativen Affekten belegte Sexualität ins Spiel, die laut Weininger/Tucholsky überwunden werden muß.

Tucholsky zeigt sich als ein Zerrissener, er trennt Eros und Sexus, Körper und Geist, braucht als Autor nicht nur die Aufspaltung in die berühmten fünf Namen, kann auch im allerprivatesten Bereich, dem Geschlechtlichen, die Einheit auseinanderstrebender Empfindungen nicht leisten.

Aus diesem Konflikt heraus zitiert er mit großer Zustimmung die Verse des von ihm hochgeschätzten Dichters Christian Wagner:

»Ist dies nicht ein frevles Schicksalswalten,
Menschtum in zwei Teile zu zerspalten?
In zwei blutige Hälften zu zerreißen,
Eine Mann, die andre Weib zu heißen?
Beide voll von heißem Sehnsuchtsdrange,
Sich zu finden auf des Lebens Gange,
...
Selige Blume, die nichts weiß vom Fluche
Lebenslanger und vergebner Suche!«

Betrachtet man Tucholskys frühe Ansichten über Frauen, kann man sich des Verdachtes nicht erwehren, daß da nicht nur das »Schicksal zerspalten« hat; der überaus sensible Dichter hat sein Teil zu dieser Kluft zwischen Mann und Frau beigetragen, indem er das Weib entweder ins Tierreich katapultierte oder als »Er« und Kamerad für die Männerwelt reklamierte. Der 1890 geborene Kurt Tucholsky wirkt in seinen Auffassungen ungeheuer modern, die Schlacken seiner Generation trägt er nur in seinem Urteil über Frauen. Fritz J. Raddatz bemerkt dazu im Vorwort zur Taschenbuchausgabe der GESAMMELTEN WERKE, Tucholsky habe die Frauen »als so ›unten‹ empfunden, »daß gelegentlich der Ton ins Kasinohafte rutscht«.

Nicht im Kasinoton, aber doch im Dunst des besoffenen brabbelnden

Mannes legt er diese Meinung einer seiner Figuren in den Mund: »Diß mit die Weiber – ick habe imma jefunden, am Tage is es nischt mit sie.«

Die Frau höchstens gut fürs Bett, am besten nur für eine Nacht.

Wenn sich die Mädchen aber anders als im Akt auszudrücken suchten, schien Tucholsky dies auch wieder nicht recht zu sein, denn dazu bemerkt er: »Ich bin schon oft wirklich satt gewesen – als mein Freund Wrobel damals seine Geliebte los geworden war – sie war eine Individuelle [verballhornt von Intellektuelle, G. Z.] und redete den ganzen Tag, gab er seinen Bekannten ein Festessen –, damals war ich wirklich satt.«

Hier zeigt er sich so kaltschnäuzig, daß man fast die große Verletzlichkeit zu übersehen geneigt ist, die den Autor sonst charakterisierte. Da ist es gut, daß uns heute außer seinen Werken auch die Briefbände vorliegen, vor allem die vielen Seiten, die er an Mary Gerold schrieb und die den sensiblen Mann zeigen, der nichts so ersehnte wie das Zusammenleben mit Mary, das beiden nach einigen Irrungen und Wirrungen dann für ein paar Jahre gelang.

Dieser Tucholsky artikulierte sich so: »Begehren, was ist Begehren! Weit, weit darüber hinaus bindet zwei Menschen mehr als jedes dumme Bettabenteuer eine Zusammengehörigkeit, die in einem Streicheln der Hand ausgedrückt ist, in einem Blick, einem Zusammenschauern: wir beide. Das wußtest du damals, wie du es heute weißt... Wenn aber zwischen Mann und Frau ein ganzes Leben lang diese Feinheit, diese Zartheit und dieser Zusammenklang herrscht, sie fest umfängt und bindet, wie damals in den ersten Stunden –: dann ist es gut.«

Zwar wird hier immer noch das »Bettabenteuer« als »dumm« charakterisiert, während wir aus anderen Briefen entnehmen, daß sein Verhältnis zu Mary nicht nur geistig, kameradschaftlich und erotisch, sondern auch sexuell harmonisch verlief, aber man spürt aus dem oben angeführten Zitat, wie schwer Tucholsky sich tat, den weiblichen Partner als Kopf- und Körperwesen zu akzeptieren.

In Mary begegnet er endlich dem Menschen, der beide Bereiche harmonisierte, aber nun kam dem ruhelosen Autor wieder eine andere Seite seines Wesens in die Quere: der Hang zur Promiskuität. Vorbeugend schrieb er schon der zwanzigjährigen Freundin: »Liebe kleine Mély, Liebende, die sich eeewige Treue schwören, sind eine etwas lächerliche Angelegenheit. Denn die Zeit ist mächtiger als man ahnt. Aber wenn nicht alles täuscht: wollen wir dabei bleiben, zusammenzugehören?«

Es gibt auch andere Botschaften von Tucholsky an Mary. Als er sie zwei Jahre lang nicht mehr gesehen hatte, schrieb er: »Und weil du über all die weiten Strecken weg wirkst – weil jetzt alles so anders ist – und mir Frauen keinen Spaß mehr machen – ganz im Gegensatz zu früher – deshalb laß mich die Augen zumachen und Seine Hand küssen...«

Das ist der private Tucholsky, der Mary gesteht, daß er nie eifersüchtig war, nur ihretwegen, und auch das scheint ihm ein Indiz für die Einmaligkeit ihrer Verbindung.

Es ist ein wenig gefährlich, von den Briefen auf das offizielle Werk zu schließen, doch einige Panter-Tiger-Gedichte scheinen, wie Kennworte signalisieren, deutlich an Mary adressiert, Mary lacht gern, und so lese man die folgenden Verse mit dem zulässigen Bezug:

»Daß man nicht alle haben kann –! / Das läßt sich zeitlich auch nicht machen... / Ich weiß, jetzt wirst du wieder lachen! / Ich komm doch stets nach den Exzessen / zu dir und kann dich nicht vergessen. / So gib mir denn nach langem Wandern / die Summe aller jener andern. / Sei du die Welt für einen Mann... / weil er nicht alle haben kann.«

Im spielerischen Tucholsky-Ton behandelt er das Thema der Beziehungen zwischen Mann und Frau häufig in Gedichten, hier kommt dem Satiriker der Durchblick zur Hilfe, der ihm die Relativität der bloßen privaten Beziehung deutlich macht und das verbindet ihn mit Brechts Auffassung, der einmal sagte, was sich zwischen Mann und Frau abspielt, gebe ihm keinen Stoff mehr her für ein Theaterstück. Ähnlich urteilt Tucholsky über schreibende »junge Herren, die das Verhältnis zwischen Mann und Frau so aufplustern wie ein Hahn ohne Hennen sein Gefieder«.

Das alles war nicht so entsetzlich wichtig, ein wenig Souveränität der Partner, ein wenig Selbstironie und heraus kam ein Gedicht, betitelt CONFESSIO:

»Wir Männer aus Berlin und Neukölln,
wir wissen leider nicht, was wir wölln.
... Immer an eine Frau gebunden?
So sollen uns alle Lebensstunden
verrinnen? Ohne boshafte Feste?
Liegt nicht draußen das Allerbeste?
Mädchen? Freiheit? Frauen nach Wahl –?
...Und sind überhaupt sehr polygam
Wie das so kam...
...Wir piesacken uns und unsre Fraun;
uns sollten sie mal den Hintern aushaun.
Bileams Esel, ich und du.
Gott schenke uns allen die ewige Ruh.
Amen.«

Die Aufspaltung des Menschen in »Seele« und »Sinnlichkeit« machte selbst einem so kühlen und kühnen Autor wie Heinrich Mann schwer zu schaffen. Immer mußte sich der Kopf dessen schämen, was der Körper verlangte. Sein Roman »Zwischen den Rassen«, erschienen 1907, bringt die augenscheinlich unabweisbare Unvereinbarkeit von Geist und Geschlecht auf die Formel einer Figur: Lola, die Heldin des Buches, zerbricht fast am Zwiespalt ihrer Empfindungen. Die Begierde stillt sie mit ihrem Mann, dem sexuell anziehenden, brachialen, italienischen Grafen Pardi, die intellektuellen Bedürfnisse richtet sie auf den gehemmten, aber ungemein sensiblen Deutschen Arnold. Was im Bett geschieht, scheint ihr schmutzig, befreien von den »schwülen, erfüllten« Nächten kann sie sich nur im hellen Tagesgespräch mit dem »reinen« Freund.

Zwei so extrem rationale und satirische Schriftsteller wie Heinrich Mann und Kurt Tucholsky kasteiten sich und ihre Protagonisten wegen einer Libido, die vom Eros unendlich weit entfernt war.

Für Pardi »hatte sich Lola zu den letzten Würzen des Vergnügens herbeigelassen... sie warf sich, mit gierigem Ekel dem Spiegel entgegen. Da waren diese Augen, die endlose Züge unzüchtiger Träume erblickt hatten... da war dieser entweihte Mund...«

Was für ein Aufwand wegen der Fellatio mit dem Ehemann. Das Jahrhundert und seine besten vorurteilslosesten Köpfe lösten sich, trotz Freud, nur unter Schmerzen von der Verteufelung der Sinnlichkeit. Der Mensch, so intellektuell wie sexuell, war offenbar außerstande, beide Hemisphären zu versöhnen. Heinrich Mann zeichnet als Romancier das nach, was ihm daran tragisch dünkte, Tucholsky suchte die Welten zwischen Gehirn und Geschlecht mal ernst, mal heiter zu überwinden. 1926 dichtet er die Leute folgerichtig auseinander:

ZWEI SEELEN

Ich, Herr Tiger, bestehe zu meinem Heil
aus einem Oberteil und einem Unterteil.

Das Oberteil fühlt seine bescheidene Kleinheit,
ihm ist nur wohl in völliger Reinheit;

...Aber, Dunnerkeil,
das Unterteil!
Feige, unentschlossen, heuchlerisch, wollüstig und verlogen;
zu den pfinstersten Pfreuden des Pfleisches fühlt es sich hingezogen –
dabei dumpf, kalt, zwergig, ein greuliches
pessimistisches Ding: etwas ganz und gar Abscheuliches.
Nun wäre aber auch einer denkbar – sehr bemerkenswert! –,
der umgekehrt.
Der in seinen untern Teilen nichts zu scheuen hätte,
keinen seiner diesbezüglichen Schritte zu bereuen hätte –
ein sauberes Triebwesen, ein ganzer Mann und
bis in seine tiefsten Tiefen klar und gesund.
Und es wäre zu denken, daß er am gleichen Skelette
eine Seele mit Maukbeene hätte.

Was er nur andenkt, wird faulig-verschmiert;
sein Verstand läuft nie offen, sondern stets maskiert;
sogar wenn er lügt, lügt er; glaubt sich nichts, redet sichs
aber ein –
und ist oben herum überhaupt ein Schwein.

Vor solchen Menschen müssen ja alle, die ihn begucken,
vor Ekel mitten in die nächste Gosse spucken!
Da striche auch ich mein doppelkollriges Kinn
und betete ergriffen: »Ich danke dir, Gott, daß ich bin, wie ich
bin!«

Was aber Menschen aus einem Gusse betrifft in der schönsten
der Welten –:
der Fall ist äußerst selten.

Wenn Tucholsky ins Berlinische ausweicht, geht ihm meist etwas sehr nahe. Die »Seele mit Maukbeene« ist die erleichternde Zuflucht zum Dialekt, wo er dialektisch etwas nicht hinkriegt, die Harmonie von oben und unten.

Der Körper schien ihm immer »mit Maukbeene« behaftet, also leise lächerlich, unklar, diffus, eben »maukig«, wie die Berliner sagen.

Den Fall, daß ein Mann »sauberes Triebwesen« und sauberes Denkwesen zu sein vermöchte, findet Tucholsky »äußerst selten«. In sich selbst hat er die glückliche Konstellation offensichtlich nicht angetroffen, er dankt Gott, daß ihm die reinlich-unreinliche Scheidung in oben und unten erhalten blieb.

Tucholsky kehrt sich dann in vielen großen Artikeln ab vom bloß privaten Aspekt sexueller Beziehungen, ihre gesellschaftliche Bedingtheit und Perversion beschäftigte ihn stark, deshalb widmete er zahlreiche Texte diesen Fragen. Wie weit werden ökonomische Faktoren, gegenseitige Abhängigkeit von Mann und Frau bedeutsam für ihr Verhalten im Alltag? Sind sie da überhaupt noch eigner Entschlüsse und Entscheidungen fähig? Werden sie nicht vielmehr konditioniert von ihren Arbeits- und Einkommensverhältnissen? Ein Exempel für diese Betrachtungsweise ist seine Große Eloge für Larissa Reissner:

»Wir haben so viel alte Weiber unter den Journalisten – eine so kluge, eine so kräftige war noch nicht dabei. Ihre ausgewählten Schriften liegen nun unter dem Titel ›Oktober‹ im Neuen Deutschen Verlag... vor.

Ich... schätze das Buch als eins der besten Revolutionsdokumente... Aber es ist eben kein Fremder, der es geschrieben hat, es ist die Freundin des internationalen Proletariats, gleich ausgebeutet in allen Ländern... Das Kapitel, von dem ich hier spreche, heißt *›Er, Kommunist – Sie, Katholikin‹*.«

Der Mann ist arbeitslos, sie ist Aufwartefrau in einem wohlhabenden Haus. Er wird Tagelöhner und Waschfrau bei ihr, er darf noch bei ihr schlafen. Die Kinder werden nach ihrem Willen katholisch erzogen. Der Mann bäumt sich wegen seiner alten kommunistischen Anschauung dagegen auf, aber sie sorgt für Essen und Wohnung. »Keine Prostituierte ist so erfinderisch, wie diese fromme, tugendhafte Frau, die sich hinter verhängten Fenstern ausleben will, die sich auf das Gesetz stützt und von ihrem Mann verlangt, daß er sie wenigstens liebe und befriedige, wenn er seiner idiotischen kommunistischen Ideen wegen zu nichts anderem taugt. Wer nicht arbeitet, der soll auch nicht essen. Je zügelloser der Bettkampf, desto größer die Niederlage. Wie eine gesättigte Milbe fällt die befriedigte Frau auf ihre Kissen zurück. Um sofort, noch ehe sie sich das Haar und die verknüllten Röcke geordnet, unzweideutig zu verstehn zu geben, daß dies an ihren Beziehungen natürlich nichts zu ändern vermag. Alles bleibt beim alten. ›Erinnre mich morgen daran, Hans, daß ich die Bibel für Lieschen kaufe! Hörst du? Das alte und das neue Testament...‹«

Tucholsky faßt seine Hochachtung für Larissa Reissner in den Sätzen zusammen: »Und nun will ich euch einmal etwas sagen. Diese fast genialen Enthüllungen, die uns die Frau über Krupp und über Junkers, über die Russen und die Afghanen hinterlassen hat, sind schon selten genug. Dies hier aber, diese Schilderung aus dem Lager der Armut, liefert in Deutschland keiner, weil es bei uns kaum Ansätze einer großen gesinnungsvollen und scharfen Reportage gibt.«

Hier ist bei Tucholsky eine Umwertung zu spüren. Plötzlich wird klar: Ein Großteil seiner Aggressionen gegen Weibliches gilt weniger der Frau als dem Weibchen. Das ist deutlich zu sehen, wenn man die beiden folgenden Zitate einander gegenüberstellt. Das erste lautet: »Frauen aus einer bestimmten Schublade (ja nicht: die Frau – aber viele Frauen): Snobismus der Mode und bösartiger Klatsch; Medisance [Verleumdung, Schmähsucht, G. Z.] bis zur Tödlichkeit; wenig Kinder; Erotik des Kostümballs; Versachlichung gewisser Beziehungen; Lärm; Eile; Telefon; ein Heim wie eine Menschenschachtel.«

Nun das zweite Zitat: »Wie bei dem Gesetz über die Fürstenabfindung, wie bei der schändlichen Kommissionsberatung über den neuen § 218, wo Sozialdemokraten immer munter für den Gebärzwang ihrer Arbeiterwählerinnen stimmen, wie beim Gesetz über die Filmzensur rollt sich immer, immer dasselbe Schauspiel ab: Die G'schaftlhuberei siegt.«

Im ersten Zitat kritisiert Tucholsky bestimmte Frauen, nämlich die auf Äußerlichkeiten versessenen und abhängigen Weibchen. Was die »Frau auf der Straße« bekümmert, durchschaut der realistische Tucholsky im zweiten Zitat sehr wohl: der Gebärzwang, die Abhängigkeit von ökonomischen Faktoren auch von Fesseln, die eine konservative Erziehung selbst der Proletarierin auferlegt. Sie beugt sich den Glaubenssätzen einer Kirche, obwohl ihr Heil und das ihrer Familie auf ganz anderen Wegen zu suchen und zu finden wäre. Geradezu beschwörend klingen die FRAGEN AN EINE ARBEITERFRAU in einem Gedicht, das er 1928 veröffentlichte:

»Bist du sein guter Kamerad / und stehst an seiner Seite –? / Und bist du ihm auf jedem Pfad / im Kampf mit diesem Klassenstaat / Gesellschaft und Geleite –?
Hat er die Frau, die ihn versteht? / Ist euch *ein* Lied erklungen? / Und weißt du auch, warum er spät / noch abends in Versammlung geht: / für dich und deinen Jungen –?
Und ist dein Herz denn auch dabei? / Seid ihr die richtige Zweiheit? / Und machst nicht nur die Kocherei? / und tust auch was für die Partei? / Für Licht und Luft und Freiheit –?
Und hilfst du ihm auch für und für / im Wirken und im Schaffen? / Und bildest du dich nach Gebühr? / und stehst nicht an der Kirchentür? / und hörst auf keinen Pfaffen –?
Und hältst du ihn auch nicht zurück, / wenn rote Fahnen rufen –? / Er kämpft für euer Lebensglück! / Geh mit ein Stück! / Empor zu neuen Stufen –!
Du Mutter, halt den Alten jung: / es kann ihm gar nichts schaden. / Du, Frau, trägst viel Verantwortung.
Und hoch ertönt im neuen Schwung / das Lied – das Lied / vom guten Kameraden –!«

Selten verwendete Tucholsky derart zahlreiche Gedankenstriche und Fragezeichen wie im eben zitierten Gedicht. Das Fragezeichen steht, laut Duden, nach einem direkten Fragesatz, nach einzelnen Fragewörtern, nach Angaben, denen man keinen Glauben schenkt. Setzte Tucholsky, über die gängigen grammatikalischen Vorschriften hinaus, hier auch ein Fragezeichen nach Angaben, die er bezweifelte, *denen er aber gern Glauben schenken wollte*? Vertraute er einer anfeuernden optimistischen Skepsis: Ich bezweifle leise, ob du die entsprechende Leistung bringst, aber wenn ich dich vorsichtig frage, raffst du dich vielleicht zusammen und lieferst, was ich insgeheim von dir erwarte. Die Arbeiterfrau also als Symbol gesetzt für die unabdingbare Übereinstimmung mit den Zielen des klassenkämpferischen Mannes, die sie nicht nur passiv dulden sollte, sondern ihr Teil dazu beitragen, daß das Familienoberhaupt sie im Interesse der gesamten Familie nicht aus den Augen verlor. Und die vielen Gedankenstriche – Platz für Überlegungen des Lesers, Ort, wo er seine Erwägungen über das gedruckt vor ihm Liegende hinausgehen lassen konnte.

Schrieb Tucholsky die Frauen der kleinbürgerlichen und bürgerlichen Schichten im großen und ganzen ab, suchte er wenigstens Halt bei den Vertreterinnen der proletarischen Klasse. Blinder Optimismus war nie sein Charakteristikum, aber er raffte sich in diesem Gedicht zu etwas auf, das man Hoffen wider die Hoffnung nennen könnte. Das Lied vom guten Kameraden, der die Frau dem Mann sein sollte, es sollte sich zumindest bei den Ärmsten der Armen verwirklichen.

Der Bürger Tucholsky machte ja sonst unter den Leuten seinesgleichen eher deprimierende Erfahrungen und daraus die folgenden traurigen Verse:

FRAUEN VON FREUNDEN

Frauen von Freunden zerstören die Freundschaft.
Schüchtern erst besetzen sie einen Teil des Freundes,
nisten sich in ihm ein,
warten,
beobachten,
und nehmen scheinbar teil am Freundesbund.

Dies Stück des Freundes hat uns nie gehört –
wir merken nichts.
Aber bald ändert sich das:
Sie nehmen einen Hausflügel nach dem andern,
dringen tiefer ein, haben bald den ganzen Freund.

Der ist verändert; es ist, als schäme er sich seiner Freundschaft.
So, wie er sich früher der Liebe vor uns geschämt hat,
schämt er sich jetzt der Freundschaft vor ihr.
Er gehört uns nicht mehr.
Sie steht nicht zwischen uns – sie hat ihn weggezogen.

Er ist nicht mehr unser Freund:
er ist ihr Mann.

Eine leise Verletzlichkeit bleibt übrig. Traurig blicken wir ihm nach.
Die im Bett behält immer recht.

Die Frauen der Arbeiter sollten nicht nur klaglos und ohne Eifersucht den Freund des Mannes, sondern auch den Genossen akzeptieren. Der seinerseits viel forderte, die knapp bemessenen Feierabende des Werktätigen zum Beispiel, die er in politischen Versammlungen statt mit der Familie verbrachte. Da wünschte Tucholsky eine ganze Menge, nicht im eigenen Interesse, sondern dem der Gesellschaft.

Besuch bei Kafka und die Vorliebe für Maßanzüge

Franz Kafka schildert Tucholsky, der Max Brod und ihn mit dem Zeichner Kurt Szafranski im September 1911 in Prag aufsuchte, als »ganz einheitlichen Menschen von einundzwanzig Jahren«. Das Urteil erstaunt erst einmal, denn die Einheitlichkeit ist nicht vorhanden, wird nur vorgetäuscht. Kafka selbst widerspricht sich dann auch im Fortgang der Schilderung, hebt den ersten oberflächenhaften Eindruck wieder auf, wenn er fortfährt: »Will Verteidiger werden, sieht nur wenige Hindernisse gleichzeitig mit der Möglichkeit ihrer Beseitigung: seine helle Stimme, die nach dem männlichen Klang der ersten durchredeten halben Stunde angeblich mädchenhaft wird – Zweifel an der eigenen Fähigkeit zur Pose, die er sich aber von größerer Welterfahrung erhofft – endlich Angst vor einer Verwandlung ins Weltschmerzliche, wie er es an älteren Berliner Juden seiner Richtung bemerkt hat, allerdings spürt er vorläufig gar nichts davon.«

Kafkas Notiz nahm, wie Hans Prescher in der schon erwähnten Studie feststellt, »vorweg, was zwanzig Jahre später eintreten sollte, als Tucholsky ein Verwandelter war; ein Dichter hatte hinter der forsch-optimistischen Attitüde die verwundbare Seele gesehen.«

Tucholsky war wohl zwanzig Jahre später nicht so sehr ein Verwandelter, als einer, in dem die Nachtseite seines Wesens obsiegte. Diese dunkle Seite hatte Kafka erkannt, als sie bei dem jugendlichen Elegant noch kaum spürbar gewesen sein mochte. Das seltsame Zwillingshafte prägte schon den jungen Tucholsky. Nur betonte er die hellen, optimistischen Züge seines Charakters.

Er gab sich als Dandy. Das war zugleich Wesen und Maske. Der äußere Habitus war ihm wichtig. Zustimmend zitiert er einen Satz des Ur-Dandy Oscar Wilde: »Die Tragik des Alterns liegt nicht darin, daß man alt wird, sondern daß man jung bleibt.«

Angst vor dem körperlichen Verfall peinigte schon den knapp Dreißigjährigen. Einerseits machte sich der Satiriker Tucholsky lustig über den Dandy par excellence – »Seit Oscar Wilde mit seiner Blume im Knopfloch ganz Wien verpestet hat« – andererseits macht er sich die Mühe, in seinem PYRENÄENBUCH eigens darauf hinzuweisen, daß Oscar Wilde zu seinem berühmten Roman »Das Bildnis des Dorian Gray«, dieser Bibel des Dandytums, »angeregt« wurde durch eine Erzählung von J.-K. Huysmans mit dem Titel ›A rebours‹. Wilde und dessen Dorian Gray müssen ihn stark beeindruckt haben.

Eine gewisse Stutzerhaftigkeit, den Blick und die Bewunderung für Modisches behielt Tucholsky sein Leben lang bei. Das mag erstaunen bei einem Autor, dessen Liebe zur ungeschminkten Wahrheit an Besessenheit grenzte und der in manchen Texten die später aufkommende Underground-Literatur vorwegnimmt, weil er sich mit Oberfläche und Vordergrund nicht bescheiden wollte.

Der elegante Tucholsky favorisierte den schönen Schein, den erlesene Stoffe und erstklassige Maßarbeit teurer Schneider dem Kunden verleihen. Sein Embonpoint inspirierte ihn zu vielen Pointen, aber alle Selbstironie kann nicht die nahezu an Don Juan gemahnende Eitelkeit verdecken.

Man sieht es nicht nur selbst – auf Photos –, man kann es auch mit eigenen Ohren von Zeitgenossen hören, Kurt Tucholsky war stets überaus korrekt gekleidet. Die wenigen von ihm vorhandenen Bilder zeigen ihn meist mit Krawatte, das weiße Kavalierstüchlein lugt ihm vom Jackett und selbst aus der Brusttasche des Wintermantels. Er bekämpfte die Ordnungen des Militärs, der Justiz und des Staates, die Herrschaft der Beamten und Kunst-Zensoren; der bürgerlichen Kleiderordnung unterwarf er sich jedoch gern und freiwillig, der absolute Kontrast zum Bohemien.

Angenommen, Tucholsky hätte die 60er Jahre miterlebt, so wäre es ihm nicht schwergefallen, sich dem inneren Habitus der Revolte anzupassen, wie aber hätte er sich zum äußeren Erscheinungsbild der Jeans-Generation gestellt? Ein Libertin in sexueller Hinsicht, zeigte er seinen inneren Freiheitsdrang doch nie in legerer Kleidung. Da hatte Bert Brecht, der Lederjacken-Fan und Schiebermützen-Träger, dem Kollegen einiges voraus. BB wäre in Zeiten konsequenter Schlipslosigkeit überhaupt nicht aufgefallen, für K. T. dagegen hätten sich bei aller Nähe zur umstürzlerischen Jugend in Fragen von Krawatte und korrektem Anzug Differenzen ergeben.

Tucholsky, der Bürger, noch als von den Nazis Ausgebürgerter und materiell auf dem Nullpunkt, schleppte, laut Bericht des Schweizers Gustav Huonker »zwei Schrankkoffer voller Anzüge und feiner Wäsche« durchs schweizerische und schwedische Exil. »In Comologno«, schreibt der Tucholsky-Kenner im Vorwort zu den BRIEFEN AUS DEM SCHWEIGEN, »hatte es der starken Männer des Dorfes bedurft, sie [die Schrankkoffer] in die obern Räume des Castello zu stemmen. Ein Mann von Welt – ...«

Eine merkwürdige Seite im Leben dieses vielseitigen Autors, er scheute geistige und finanzielle Bindungen wie der Teufel das Weihwasser und verzichtete nicht auf den »Kulturstrick« um den Hals. Anschreibend gegen alle geheiligten Institutionen, die Verbeamtung der Zeitgenossen rücksichtslos analysierend, klammert sich der liberale, spielfreudige Spötter an Äußerlichkeiten wie weißes Hemd, Schlips und Maßanzug.

Laisser faire, laisser aller gegenüber staatlichen und erotischen Zwängen, doch der korrekten Kleidung immer unterworfen. Der Freigeist, nicht frei von äußerer Eitelkeit, fand sich oft zu dick, seine Leibesfülle plagte ihn zu Zeiten arg, er machte sich nach Kräften darüber lustig und tapfer daran, etwas dagegen zu unternehmen. Die strapaziösen Abmagerungskuren im »Salatorium«, Tucholskys einleuchtende Definition von Sanatorien, die Stätten für Schlankheit und Fitness, werden immer wieder beschrieben. Und wenn das Übergewicht dann erneut drauf war, meinte er wohl, es wenigstens repräsentabel kaschiert durch Schneiderkunst darbieten zu müssen. »Dick sein ist eine Weltanschauung«, sagte er zum Freund Siegfried Jacobsohn. Tucholsky, selbstkritisch bis zur Selbstvernichtung nicht nur an der Schreibmaschine, sondern auch vor dem Spiegel, wäre sich in legerer Kleidung wohl eher lächerlich vorgekommen. Anzug-Fragen beschäftigten ihn sogar im Urlaub. 1926, beim Ende der geliebten Ferien an der Ostseeküste, notiert er: »Vier Wochen lang bin ich hier so bunt wie ein Gockelhahn herumgelaufen, mit gestreiften Strandjacken und ultravioletten Jacketts und weißen Hosen – mitunter trug ich auch den hellgrauen Anzug, den ich mir einst von einer Weihnachtsgratifikation des Herausgebers [der ›Weltbühne‹] zugezogen habe, das Ding sah schon am zweiten Tag aus wie ein stark benutzter Sack...«

Da hat er dem armen Jacobsohn aber eins reingewürgt, bei aller Liebe zwischen den beiden, doch der Sack-Anzug muß Tucholsky sehr gegrämt haben.

K. T. wäre nicht K. T., ironisierte er nicht die oft eingestandene Abhängigkeit vom Kleider-comme-il-faut. Also schickt er sein alter ego, Peter Panter, zum Schneider, und der denkelt vor sich hin, während ihn der Haute-Couture-Meister mit Stecknadeln piekt: »Was den neuen Anzug betrifft, so gibt es zweierlei Arten von Menschen. Ich gehöre zu der andern. Die einen meinen nämlich, nun käme das große Glück, sehen verächtlich auf ihren alten herunter, und ersehnen gierig den neuen. Ich für meinen Teil umfasse den treuen, alten Anzug mit zärtlichen, ja, liebenden Blicken – der sitzt, Gottseidank. Aber was wird das mit dem neuen werden? Er wird hinten an der Achsel eine Falte werfen, und vorn wird er sich spannen... Mißtrauisch sehe ich an mir herunter... Ich habe nichts in den Taschen, der Anzug tut so, als säße er wie angegossen, das hat ihm der Schneider vorher beigebracht. Kaum bin ich draußen, stopfe ich eine dicke Viehhändler-Brieftasche in die Brust, ein Portemonnaie über den Popo links, einen riesigen Gefängnisschlüsselbund rechts, in die Seitentaschen ›L'Europe‹, ›L'Europe Nouvelle‹, ›L'Intransigeant‹ und, selbstverständlich die ›Weltbühne‹. Und nun sehe ich aus wie ein Filmdirektor, als er noch *soo* klein war, bei einem Anzug darf man nicht sehn, daß er neu ist, meiner sieht schon, wie ich nach Hause komme, aus, als sei ich in ihm auf die Welt gekommen, und ich werde mir wohl bald einen neuen Anzug anmessen lassen.«

Um ein beliebtes Tucholsky-Wort zu variieren: Meine (Kleider-) Sorgen möchte ich haben!

»Die Linkskurve«, das Organ des »Bundes Proletarisch-Revolutionärer Schriftsteller«, geleitet von Johannes R. Becher, lieferte 1930 Stoff für eine ausnehmend groteske Pointe in Bekleidungsfragen. Sie nannte es »haarsträubend«, daß man in der Pause einer Tucholsky-Lesung eine Modenschau veranstaltet habe.

Der Autor dementiert dies in einem Brief an die Redaktion, hält es jedoch für möglich, daß bei dem Abend in Breslau »einige Damen in neuen Kleidern herumgegangen seien«.

Die Zeitschrift korrigierte ihre Fehlmeldung nicht, vielmehr betonte sie in einem zweiten Artikel, wenn das Publikum selbst als Modenschau erscheine, so sei das noch schlimmer, als hätten dort Mannequins tatsächlich erlesene Modelle vorgeführt.

Mahnend teilt man dem Autor mit: »Jeder Schriftsteller ist für sein Publikum und die auftretenden Mißverständnisse verantwortlich.«

Tucholsky trug also nicht nur an eigenen Kleidersorgen, ihm wurde auch noch angelastet, in welcher Garderobe die Zuhörer zu seinen Lesungen erschienen.

Moniert wird auch die Zahlungsfähigkeit der Besucher dieser K.-T.-Veranstaltungsreihe, sie hätten alle hohe Eintrittspreise entrichtet. Wie viele Abende es gab, wo Tucholsky-Texte vor proletarischen Jugendgruppen und Arbeitervereinen vorgetragen wurden und der Verfasser keinen Pfennig Honorar dafür sah, scheint den Proletarisch-Revolutionären Schriftstellern entgangen zu sein. Bei diesen Abenden saßen »Blaumänner«, auch Leute mit Metzger-, Bäcker- und Spediteurs-Jakken; Frauen und Mädchen, die nichts weniger als Modellkleider vorführten, und bezahlt hatte keiner. Nie klagte Tucholsky seine Tantiemen an solchen Veranstaltungen ein, er leistete seinen Beitrag zur Bildung des Werktätigen, den Proletkult überließ er den Redakteuren der »Linkskurve«.

Keinesfalls soll hier der Eindruck entstehen, Tucholsky sei zur höheren Ehre der Weltrevolution in Sack und Asche gegangen. Er verdiente Geld und gab es mit vollen Händen aus, investierte viel in die modischen Erfordernisse des Tages, dachte und prophezeite für Deutschland weit über die Gegenwart hinaus, vergaß allerdings die finanzielle Seite der individuellen Zukunft: Der Autor zahlte in keinen Rentenfonds, der ihm im Alter ein festes Einkommen garantiert hätte. Galanterie für befreundete Damen und Ausgaben für die eigene Garderobe verschlangen große Teile der von 1928–32 beachtlichen Honorare. Sein Lebenszuschnitt schloß den Pariser Schneider ein und noch die materiell herabgeminderten Lebensumstände des schwedischen Exils verraten den Mann von Welt, wenn er am 24. 11. 1934 den Hilferuf ausstößt: »Nunchen, hast du den Knopf? Ich frage das nur deshalb, weil ich so sehr ungern an Knitsche schreibe, ich habe doch da in letzter Minute abbestellt, und so mag ich nicht. Und hier gibts den nicht. Und ohne den kann ich das Dschakett nicht tragen. Tack.«

Knitsche ist der französische Schneider Tucholskys gewesen, bei dem er wegen seiner mißlichen finanziellen Lage Anzug-Aufträge stornieren mußte. Nun hat er von einer Knitsche-Jacke einen Knopf verloren, verständlich, daß er dafür in Schweden keinen Ersatz findet. Ein Mensch mit nicht ganz so hohen Haute-Couture-Ansprüchen wäre vielleicht auf den Ausweg verfallen, sämtliche Knöpfe durch schwedische Produkte zu ersetzen, schließlich konnten auch die Leute im hohen Norden nicht ohne Knöpfe auskommen, aber das war dem Autor vermutlich eine stillose Methode, an ein französisches Sakko gehören keine schwedischen Knöpfe, hat Nunchen den Knopf nicht, kann Tucholsky das »Dschakett nicht tragen«.

Aber letztlich war dann doch nicht die äußere Aufmachung entscheidend für den Eindruck, den er auf seine Zeitgenossen machte. Axel Eggebrecht erinnert sich:

»Ich hab mal darüber geschrieben, wie das war, als ich Tucholsky kennenlernte, ich schrieb also: Da saß ein kleiner dicker Mann... Also das ist nicht so ganz richtig, ich bin dabei der Suggestion dessen erlegen, was man über Tucholsky sagte. Natürlich war er nicht dünn, später übrigens nahm er noch zu, er hatte einen hübschen Embonpoint, wie man sagt, aber als ich ihn kennenlernte, 1925, war er wohl gar nicht so furchtbar dick, klein ja. Das Interessanteste, das sich mir am festesten eingeprägt hat, waren seine Augen, schöne, dunkle, zugreifende Augen, eine gewisse Verwandtschaft mit den Augen Siegfried Jacobsohns, der nun wirklich die schönsten Augen hatte, die ich bei einem Mann je gesehen hab... Tucholskys Augen legitimierten den Mann. Man hat so oft gesagt, daß er ein Zyniker gewesen ist, wer von uns ist nicht manchmal ein Zyniker, aber diese Augen waren ein Paß, sie zeigten, was für ein Kerl das war, bis zum Schluß.«

Kafka, der in seinen »Tagebüchern« den jungen Tucholsky schildert, hatte noch ein beziehungsvolles Nacherlebnis. Klaus-Peter Schulz, Tucholskys Biograph, zitiert die Stelle, weiß aber nichts weiter damit anzufangen. Die beiden Kafka-Sätze heißen: »Gestern abend auf dem Nachhauseweg hätte ich mich als Zuschauer mit Tucholsky verwechseln können. Das fremde Wesen muß dann in mir so deutlich und unsichtbar sein wie das Versteckte in einem Vexierbild, in dem man auch niemals etwas finden würde, wenn man nicht wüßte, daß es drin steckt.«

Dieses exemplarische kafkaeske Bild signalisiert Kafkas tiefe Betroffenheit durch die Bekanntschaft. Der selbst Gespaltene konstatiert die Gespaltenheit des anderen und verlegt sie zugleich in sich selbst.

Die beiden Autoren faszinierten sich gegenseitig, von Tucholsky stammen die frühesten und klügsten Rezensionen der Kafka-Romane, geschrieben in existentieller Betroffenheit und dabei von völliger rationaler Klarheit. Über den »Prozeß« bemerkt er: » Also ein Traum? Nichts ist für mein Gefühl verkehrter, als mit diesem verblasenen Wort Kafka fangen zu wollen. Dies ist viel mehr als ein Traum. Das ist ein Tagtraum.«

Das ist 1926 publiziert, 1929 bespricht er Kafkas Buch »Amerika«: »Am schönsten an diesem großen Werk ist die tiefe Melancholie, die es durchzieht: hier ist der ganz seltene Fall, daß einer ›das Leben nicht versteht‹ und recht hat... Nie läßt sich der ganze Apparat völlig übersehen; in allen Büchern Kafkas gibt es solch einen ungeheurn, umständlichen, endlosen Apparat, der keine Allegorie ist, sondern Niederschlag des Lebens in einem sieghaft Wehrlosen.«

Tucholsky beschließt seine Kafka-Hymne mit den Sätzen: »Ich bin mit Max Brod der festen Meinung, daß die Zeit dieses wahren Klassikers der deutschen Prosa noch einmal kommen wird.«

Eine Voraussage, die ebenso eingetroffen ist, wie Kafka früh die Janushaftigkeit des jungen Kurt Tucholsky notierte. Ihnen sind ihre Ahnungen und Ängste gemeinsam und zumindest die Methode, sie nicht durch verblasene Symbole zu bewältigen, sondern in realen Tagträumen. Was da dunkel und drohend vor dem Menschen steht, wird nicht unerforschlichen Schicksalsmächten zugeschoben, sondern nachvollziehbaren Mechanismen, dem »Apparat« bei Kafka, der keine »Allegorie ist, sondern Niederschlag des Lebens«.

Geldnöte

Der brillante Stilist, der phantasievolle, ingeniöse Autor und kritische Realist Tucholsky litt, ein paar Studienjahre und die Zeit von 1928–32 ausgenommen, zeitlebens unter Geldmangel.

Dieser glänzende Schriftsteller, ein Meister der deutschen Sprache, erhielt keinen einzigen deutschen Literaturpreis. Der nationale Klüngel schob den eigenen Parteigängern die hochdotierten Auszeichnungen zu und die Linke versorgte ihre Adepten, da blieb für den Mann in der linken Mitte nichts übrig, er hatte keine Organisation und keine Claqueure, die sich für ihn hätten stark machen können. Die Arbeit am »Blättchen«, der »Weltbühne«, kam Tucholsky teuer zu stehen. 1926 schreibt er an Siegfried Jacobsohn: »...habe an Dich einen großen Teil meiner literarischen Freiheit abgegeben... Ich arbeite fast jeden Tag von morgens bis abends, ich gebe mir Mühe, und man kann gewiß nicht mehr Skrupeln und Selbsthaß haben als ich. Aber ich verlange von meiner Arbeit, daß sie – bei ihrem Marktwert – mich in die Lage setzt, nicht von einem Pfennig auf den andern zu hüpfen, es nicht immer als ein Freudenfest zu begrüßen, wenn ich überhaupt Geld bekomme.«

Tucholsky weiß, wie schwierig die finanzielle Lage der unabhängigen »Weltbühne« ist und daß der persönlich bescheidene Jacobsohn nicht »in zwei Autos zum Geschäft fährt«, aber, resümiert er: »Wogegen ich mich mit aller Macht stemme, ist die Anschauung, als sei in meinem Alter und bei meinem rein äußerlichen Erfolg das Verhungern, Geldpumpen, die Zahlungsschwierigkeiten – als sei das alles ein Normalzustand...«

So ging manches, das nach außen hin anders aussah, auf das Konto Geldmangel, die anfänglichen Schwierigkeiten im Zusammenleben mit Mary etwa, die nach dem Krieg aus dem Baltikum nach Berlin kam. Tucholsky brauchte Mary und freute sich auf die Gemeinschaft mit ihr, jahrelang hatte das Paar herzlich und ausführlich miteinander korrespondiert, als sie miteinander leben wollten, lief alles schief. 1922 schreibt er an Mary: »Er ist damals vier Monate zu früh nach Berlin gekommen – ich hatte gar kein Geld und wußte nicht weiter.«

Auch die Pariser Zeit war anfangs von Geldknappheit gezeichnet, lange Zahlungsfristen der »Weltbühne« entwerteten während der Inflation die Honorare bis zur Lächerlichkeit. Zeitweise lagen 40 Manuskripte beim »Blättchen«, Jacobsohn war gutwillig, aber er konnte in der winzigen Zeitschrift einfach nicht soviel drucken, wie Tucholsky schrieb. Schließlich nahm Tucholsky in Berlin einen Job als Privatsekretär (er nennt das »Privatsekretin«) bei einem großen Bankier an, eine Einbuße an persönlicher Freiheit, aber ein großer literarischer Gewinn. In diesem Milieu machte er die Studien zu seinen »Wendriner-Geschichten«.

Der schwer arbeitende Tucholsky wurde überdies von vorn bis hinten beklaut. Kabaretts bemächtigten sich seiner Songs und Gedichte, ohne einen Pfennig Entgelt zu bezahlen. Während der Autor nichts dagegen einzuwenden hatte, daß mittellose Arbeitervereine und Jugendgruppen seine Texte kostenlos benutzten und damit agitierten, empörte ihn die Frechheit, mit der sich gutgehende Kleinkunstbühnen an seinen Liedern und Versen gesundstießen, weil ihnen nicht im Traum einfiel, die entsprechenden Tantiemen zu überweisen.

Wohnsitz im Ausland hatte Tucholsky schon 1924 genommen, seit Herbst 1929 lebte er in Schweden. Spätere Zwischenaufenthalte in der Schweiz unterwarfen Tucholsky dem strengen Verbot, politisch tätig zu werden, auch als Angehöriger eines freien Berufes – dem des Schriftstellers – gab es keine Möglichkeit für ihn, zu arbeiten und Geld zu verdienen.

Am Ende saß dieser Mann, Schreibmaschinensklave während seines ganzen Lebens, ohne Einnahmen da und war auf die Zuwendungen von Freunden angewiesen. Die Schweizer Ärztin, Dr. Hedwig Müller, von Tucholsky Nuuna genannt, half finanziell, wo sie konnte. Sie war eine verständnisvolle Freundin, doch kam es Tucholsky bitter an, von Almosen zu leben. Nuuna ließ das nie fühlen, sie erhielt auch nach dem Krieg die Gelder zurück, insgesamt etwa 10000 Schweizer Franken, doch hat nicht zuletzt die prekäre materielle Lage Tucholskys letzte Lebensjahre verdunkelt. Die Erkrankung der oberen Luftwege, virulent seit dem Jahr 1921, plagte ihn nicht nur körperlich, sie brachte mit sich, daß er im Lauf der Jahre ein Vermögen zu den Ärzten schleppen mußte. Zuerst zahlte er selbst und dann zahlte Nuuna. Immer wieder mußte er neue Überweisungen erbitten, um die Chirurgenrechnungen begleichen zu können.

So blieb er, einer der größten Schriftsteller deutscher Sprache und während seines ganzen Lebens auf Unabhängigkeit und Selbständigkeit bedacht, gegen Ende auf mildtätige Freunde angewiesen. Ein exemplarisches deutsches Literatenschicksal.

Zweites Buch: Schreiben

Tucholsky in mancherlei Gestalt

Das Buch MIT 5 PS erschien 1928 bei Rowohlt. Genaugenommen schrieb Tucholsky unter 4 PS = Pseudonymen und seinem Namen. Doch der »Mann mit den 5 PS« wurde zum geflügelten Wort und zu einem weiteren nom de plume, den Tucholsky zwar nie benutzte, aber man nannte ihn oft so.

Die Pseudonyme hatten ursprünglich einen technisch-taktischen Grund, denn, berichtet Tucholsky, »Eine kleine Wochenschrift mag nicht viermal denselben Mann in einer Nummer haben, und so erstanden, zum Spaß, diese homunculi... Pseudonyme sind wie kleine Menschen; es ist gefährlich, Namen zu erfinden... – ein Name lebt.«

Tucholsky erfreute sich der »heiteren Schizophrenie«, die das Versteckspiel mit sich brachte, ein Leser der »Weltbühne« liebte Ignaz Wrobel und verabscheute Peter Panter, der, merkt der Zeitschriftenabonnent ärgerlich an, »wohl das Gnadenbrot« von der Redaktion bekommt.

Der Sprach-Spiel-Tucho hat sich die Alliterations-Pseudonyme nicht selbst ausgedacht, zwei übernahm er von einem »juristischen Repetitor aus Berlin... Der pinselblonde Mann... erfand für die Kasperlebühne seiner ›Fälle‹ Namen.«

Auf diesen Repetitor gehen Peter Panter und Theobald Tiger zurück. Den nom de plume Ignaz Wrobel erklärt Tucholsky so: »Wrobel – so hieß unser Rechenbuch; und weil mir der Name Ignaz besonders häßlich erschien, kratzbürstig und ganz und gar abscheulich, beging ich diesen kleinen Akt der Selbstzerstörung und taufte so einen Bezirk meines Wesens. Kaspar Hauser braucht nicht vorgestellt zu werden.«

Im Sog der Gleichklangnamen wurde dem Autor Tucholsky manch einer untergeschoben, den er nicht zu verantworten hatte. In einem Brief an Mary Gerold schreibt er dann auch: »... Ladislaus Löwe bin ich nicht.«

Auch dieses Dementi ein Indiz dafür, wie sehr angenommene Pseudonyme weiterwirken, als wären sie von Fliehkräften getrieben. Das Publikum dichtet dem Verfasser mehr PS an als die, unter denen er wirklich dichtet. Der Autor mag sich anfangs aus taktischen Überlegungen, Spieltrieb, Laune das eine oder andere Pseudonym zugelegt haben. Indem er es tat, mußte er sich ständig als eine Mehrzahl von Personen denken und darstellen. So gerät das Ich unter den Druck der Fliehkräfte. Die Schizophrenie ist bald nicht mehr heiter. Sie und die tatsächliche Aufsprengung des Ich in mehrere Personen auszuhalten ist anstrengend. Bestenfalls kann der Autor sich als ein Theaterensemble verstehen, und wenn die Mimen ein und dasselbe Stück spielen, darf er, als

Regisseur seiner PS-Darsteller, zufrieden sein. Wehe aber, wenn sie undiszipliniert in verschiedene Richtungen auseinanderstreben. Auch ist einer mit mehreren PS nicht dagegen gefeit, daß sein Ego sich abschwächt und einer seiner noms de plume die Übermacht gewinnt, das Ich demolierend und dominierend. Tucholsky mußte Zeiten durchstehen, in denen er sich weniger als Kurt Tucholsky und mehr als eines seiner Pseudonyme erlebte. Gern sah er sich als Peter Panter. Manch einer, der den Dr. Kurt Tucholsky zu sprechen glaubte, traf den Dr. Peter Panter.

Wer heute Tucholsky liest, begreift, daß die Notwendigkeit der Aufspaltung in Peter Panter, Theobald Tiger, Ignaz Wrobel und Kaspar Hauser im Laufe der Jahre entfallen ist. Die GESAMMELTEN WERKE verzichten auf die PS und zeigen den einzigen Kurt Tucholsky. Sie führen die Texte in zeitlicher Abfolge auf. Den Leser stören dabei die unterschiedlichen PS-Schreibhaltungen nicht. Auch nicht die verschiedenen Tonarten. Ob Essay oder Erzählung, Rezension oder Reportage, Song oder Sittenbild, psychologische Betrachtung oder Posse, Reisebericht oder Rechtskritik, Erotik oder Erbitterung, Appell oder Affront, Camouflage oder Couplet, Justizschelte oder Joke, Gedicht oder Geschichtslektion, Travestie oder Tragik – die Mischung erhöht Kunstgenuß und Aufklärungsgewinn. Man wird nie nur belehrt. Man wird auch nie nur unterhalten. Welch hohe Kunst der Schriftstellerei.

Wer sich ein tieferes und genaueres Verständnis von Tucholsky verschaffen will, ist allerdings gut beraten, sich den genialen Mann in seine verschiedenen Pseudonyme auseinanderzudenken und in noch viel mehr Gestalten. Tucholsky, das ist der Widerspruch vieler Menschen in einem einzigen, der Konflikt eines Ensembles, und der Streit wurde noch dadurch verschärft, daß der Satiriker den kämpfenden Seelen in seiner Brust nicht gebieterisch Einhalt gebot, sie durch ein Machtwort disziplinierte, nein, der Mann der Moderne verhielt sich modern, also gespalten und vieldimensional.

Suchen wir nach Konstanten in seinem Charakter und in seiner Psyche, so finden wir einige wenige. Die Liebe zum Vater währte lebenslang, ebenso die Ablehnung der Mutter. Dazu kamen zwei Zwänge, der eine Zwang trieb ihn zu schreiben, der andere zu den Frauen. Vielleicht liegt beiden Zwängen der gleiche Trieb zugrunde. Kurt Tucholsky konnte ebensowenig aufs Schreiben verzichten wie auf Frauen. Noch als er nichts mehr veröffentlichte, schrieb er unentwegt weiter. Selbst als er gesundheitlich elend dran war, blieb er erotisch und sexuell aktiv. Lebenslang dauerte die stilistische Brillanz an, die Liebe zur Sprache und die Fähigkeit, sie geschmeidig zu halten, das Allgemeine wie das Besondere individuell zu sagen.

Noch eine Konstante erkennen wir in diesem vielgestaltigen Autor: seine Weigerung, erwachsen zu werden, sich des Spielerischen zu begeben. Er sah sich selbst gern und immer von neuem als Kind. Viele seiner umwerfenden phantastischen Einfälle sind die erfreuliche Folge.

Tucholsky griff nicht an. Er schlug zurück. »Du bist«, sagte der Mann, der ihn am besten kannte, Siegfried Jacobsohn, »du bist kein Polemiker!« Friedrich Luft meinte dagegen am 10. 1. 1960 in der »Welt« über Tucholsky: »Er war immer im Angriff.« Das ist grundfalsch.

Der aggressive Tucholsky war nur scheinbar aggressiv. In Wirklichkeit verteidigte sich hier ein Mensch, dessen Verletzlichkeit die seiner Zeitgenossen überstieg. Es mag paradox klingen, wenn man sagt, Tucholsky sei wehrloser gewesen als seine Zeitgenossen. Doch entspricht es den Tatsachen, wie schon die Schulzeit des Knaben zeigt.

Andere Wesensmerkmale Tucholskys sind nicht für das ganze Leben charakteristisch: In den Sekundär-Schriften gilt es als ungelöstes Rätsel, daß der spätere Linkspublizist anfangs vaterlandstreu und patriotisch dachte und dichtete. Man verweist auf die frühen lyrischen Ergüsse während der Schulzeit. Noch im Ersten Weltkrieg kam es zu einer nationalen Entgleisung. Wenn sich Tucholsky dabei nicht von der Mehrheit der Leute ringsherum unterschied, so unterschieden ihn doch die Antriebe. Seine patriotischen Texte verdanken ihren Überschwang innerer Unsicherheit. Auf jeden Fall verharren die Chauvinisten aller Länder und Parteien ewig in diesem trüben Zustand, während Kurt Tucholsky die antreibenden Geister bald bändigte, indem er sie durch das Feuer der Aufklärung schickte. So lernte er hinzu.

Der Antimilitarist erklärte sich konsequent erst Ende des Ersten Weltkriegs. Als politischer Schriftsteller und Aufklärer verstand Tucholsky sich von 1918 bis 1932, vierzehn Jahre lang. Mitunter ermüdete er in diesem Kampf, aber er gab nicht auf. Als die Nazis erstarkten, näherte Tucholsky sich Ende der zwanziger Jahre den Kommunisten an, ohne ihre Dogmen und Blindheiten mitzuvollziehen. Nachher distanzierte er sich heftig von ihnen. Der politische Tucholsky ist stets ein Reflex gesellschaftlicher Verhältnisse und politischer Situation. Aber er hing sein Mäntelchen nie nach dem Wind und war das strikte Gegenteil eines Opportunisten.

Als politischer Schriftsteller folgte er einer Kampfmoral. Er war ein Mann der Linken und Todfeind der Rechten. Als Hitler gesiegt hatte, sah Tucholsky darin die endgültige Niederlage der Linkskräfte und sagte sich von ihnen los.

So falsch es ist, die Vielgestalt Tucholskys auf den linken politischen Schriftsteller zu reduzieren, so falsch wäre es, den differenzierten und differenzierenden Autor der Jahre 1918 bis 1932 auf eine eindeutige Linie festzulegen. Die Zeitschrift »Weltbühne« und ihr wichtigster und intensivster Mitarbeiter sind aus der Geschichte, Literaturgeschichte und Wirkungsgeschichte der Weimarer Republik nicht wegzudenken. Sie sind vielleicht nicht der reinste Ausdruck dieser ersten Deutschen Republik, aber doch der exemplarische Gegensatz zu Hitler.

Die Gegner Tucholskys lassen sich in zwei große Klassen einteilen – in solche, die ihre Feindschaft offen als politisch bekennen, und in die andern, die ihre politische Feindschaft ästhetisch tarnen. Letztere arbeiten meist mit dem Verweis auf Tucholskys Feuilletonismus. Die vorausgesetzte, soufflierte Minderwertigkeit dieser literarischen Spezies soll suggerieren, dem Autor mangle die Kraft zum epischen Werk; ihm gehe die Gabe der Imagination ab; er habe keine eigene Sprache, sondern müsse sie »nehmen«, sei also kein Dichter. Alle diese Vorwürfe enthalten einen Kern von Wahrheit, wie jede gefährliche Lüge durch ihren Wahrheitskern erst gefährlich wird. Das Intrigantentum liegt im gezielten Aufbauschen einer kleinen Wahrheit zur großen Lüge. Tucholsky fehlte literarisch wirklich der lange Atem, und er litt gegen Ende seines Lebens darunter. Wären die Nazis nicht in Deutschland an die Macht berufen, wäre Tucholsky nicht ausgebürgert und ausgestoßen worden, hätte er vielleicht eine neue Dimension erreichen können und die Romane, die er wünschte, schreiben zu können, auch geschrieben. Aber nicht sein eigener Wunsch, das zu können und nicht die Feststellung, daß er nur die kleine, kürzere Form meisterte, darf als abqualifizierend verstanden werden. Der Aphoristiker Lichtenberg ist nicht etwa ein minderer Schriftsteller als der Romancier Fontane, weil die Aphoristik als kleine Form minderwertiger ist und der Roman als epische Form höherwertig. Aus solchen Urteilen kommt nichts als der Unverstand der Beurteiler heraus. Überhaupt ist es dumm, die verschiedenen literarischen und künstlerischen Gattungen gegeneinander abzuwägen. Es ist maßgebend, was einer innerhalb einer Gattung zu leisten vermag. Der Einwand, ein Autor sei nur ein Feuilletonist, läuft darauf hinaus, dem Lyriker vorzuwerfen, er sei nur Lyriker, dem Kurzgeschichtenerzähler anzulasten, er könne nur Kurzgeschichten erzählen. Dabei hängt doch alles davon ab, was der Autor eben in seinem Metier schafft, ob er die überkommenen Erzählweisen beherrscht oder nicht, und wenn ja, ob er sich damit begnügt oder der neuen Realität neue Ausdrucksweisen abringt. Das eben trifft auf Tucholsky exemplarisch zu, und insofern »hatte« er keine Sprache, sondern er »nahm« sie. Dies ist das wichtigste Kriterium für die Modernität und den Realismus eines Schriftstellers, ob er in der Lage ist, die sich ständig verändernde Sprache, die *gesprochen* wird, auch aufzunehmen.

Der Traditionalist nimmt keine Sprache, er schreibt wie es verordnet wird, also wie der verbindliche Duden Grammatik und Orthographie reglementiert. Diese Hochsprache ist das Papieridiom der jeweils herrschenden Papiertiger. Die Realität tritt nur gefiltert und vielfach gereinigt auf. Der Realist dagegen entfernt die Filter. Tucholsky hielt es nach dem Ende des Ersten Weltkriegs nicht länger als sechs Jahre in Berlin aus und wohnte dann im Ausland. Aber er reiste so oft es nur anging zurück nach Berlin, und in Berlin suchte er den Mutterboden, wo die Sprache wuchs und gedieh, die seine Muttersprache und zugleich seine

Kunstsprache war. Man kann den Grad seiner Verbindung mit dieser Muttersprache besonders an der Tucholskyschen Lyrik ablesen. Den schwächeren Gedichten und Chansons liegt entweder der angestrengte politische Vorsatz zugrunde oder es ist ihnen eine zu lange Abwesenheit des Autors von Berlin anzumerken. Seltsamerweise bedurfte gerade der Mann, der Berlin auf die Dauer nicht ertragen konnte, und den es mit Naturkräften davon wegtrieb, der fortwährenden Rückkehr nach dort. Auch hier schuf seine Haß-Liebe zugleich Leben und Werk. Der Realist »hat« keine Sprache im Sinne von »besitzen«, denn das wäre ein Anti-Realismus. Vielmehr braucht er ihren ständigen Nachschub und ihre Erneuerung. Er muß sie »nehmen«, also immer erneut in Besitz nehmen können. Deshalb traf die Ausbürgerung und Aussperrung Tucholsky tödlich. Wir dürfen uns hier nicht dadurch verwirren lassen, daß er schon vorher davongegangen war, sich auch 1932 bereits weigerte, Berlin zu betreten. Der Vormerker reagierte auch vorher. Er fühlte die Geschehnisse, noch bevor sie geschahen. Er reagierte allergisch auf die feinsten Vor-Zeichen. Bevor er ausgebürgert wurde, bürgerte er sich selbst aus. Bevor er ausgesperrt wurde, sperrte er sich selbst aus. Als ihm aber die Berührung mit dem Mutterboden der heimatlichen Sprache verboten war, versagte er sie sich noch mehr, las keine deutschen Zeitungen, mied den Umgang mit Deutschen, lernte in immer erneuten Anläufen fremde Sprachen, für die er doch nachhaltig unbegabt war; oder war er es nicht, stand vielmehr sein Wissen und Wille dagegen? Er war viel deutscher als er sich's eingestehen durfte, wollte und konnte. Ein Sprach-Nehmer bis auf den Tod.

Die Republik

Tucholsky, nach dem Tode Siegfried Jacobsohns kurze Zeit für die »Weltbühne« verantwortlich, bat den Präsidenten des Deutschen Reichstages, Paul Löbe, um Karten, die zwei »Weltbühne«-Mitarbeiter zum Betreten des Reichstages berechtigten. Die wurden ihm verweigert mit dem Hinweis, daß ein »dringendes Bedürfnis zum Besuch des Reichstages für die Redaktion der ›Weltbühne‹ nicht bestehe«. Da existierte die politische Wochenschrift immerhin schon 23 Jahre und Tucholsky antwortete dem Sozialdemokraten Löbe: »... daß heute 354 nicht dem Reichstag angehörende Personen im Besitz von Zutrittskarten sind, zeigt, in welchem Sinne die Ausgabe der Karten gehandhabt worden ist. Die behördlichen Stellen des Reiches und der Länder beklagen so oft die mangelnde Mitarbeit von Intellektuellen. Ich glaube nicht, daß man sie auf diese Weise fördert.«

Wen kann es wundern, wenn Tucholskys Fazit im selben Jahr so und nicht anders lautet: »Jede Nation hat einige Kassandren, die es gleich gesagt haben, die man, weil sie unbequem sind, links liegen läßt, und die sich nicht einmal den kleinen Triumph gönnen dürfen, auf die Erfolge ihrer Prophezeiungen hinzuweisen. Ich gehöre seit dem Jahre 1913 zu denen, die den deutschen Geist für fast unwandelbar vergiftet halten, die nicht an eine Besserung glauben, die die verfassungsmäßige Demokratie für eine Fassade und für eine Lüge halten, und die auch heute noch, entgegen allen Zusicherungen und optimistischen Anwandlungen, einen hohlen Stahlhelm für lange nicht so gefährlich halten wie einen seidigen Zylinder.«

Angesichts des Reichstags-Briefwechsels und sonstiger Bekundungen, die von dort herrühren, verläßt Tucholsky verständlicherweise »die gemessene Würde, die ihn auszeichnet, wenns schiefgeht«. Besser paßte da seine Selbstbeschreibung: »furchtbar prustend und entsetzlich wütend«. Diesmal war der Schuldige auch mit Namen und Adresse bekannt, und das bezieht sich nicht nur auf Paul Löbe, von dem Tucholsky mitteilt: »... er ist rettungslos in seinen ›Bestimmungen‹ verhaspelt und hat längst vergessen, daß er einmal, bis zu Gefängnisstrafen, mit Typen gekämpft hat, deren einer zu werden er auf dem besten Wege ist.«

Was sollte eine Republik, die sich von Anfang an aufgab, mit den Schreibern, die nicht aufgeben wollten? Kritik war nie die Sache der deutschen Republik. Sie denunzierte jeden Einwand als Zersetzung, die Warnung als Gefährdung, und stand dann entsetzt vor den Trümmern, die ihr Hitler bereitete.

»Ich bin kein Männchen und kein Weibchen –/ ich bin ein deutscher Demokrat«, höhnte Tucholsky. Und genau so kurz und schlagend: »Wir haben in Deutschland keine Revolution gehabt – aber wir haben eine Gegenrevolution.«

Woraus gefolgert wird: »Wir leben in keiner Republik. Wir leben in einem verhinderten Kaiserreich...«

Er kommt mehrfach auf sein Programm der Konsequenzen zurück, bleibt damit aber allein. Im Rückblick auf frühere Äußerungen in seinen Schriften und seiner Korrespondenz entschlüsselt sich der tiefere Konflikt. Am 13. 10. 1926 schon hatte er in einem Brief an A. Klemich rigide festgestellt: »Diese Republik ist nicht die meine.« Das wird begründet mit »Millionen von Arbeitern«, die »sich mit Recht fragen: ›Was hat uns, den Unterdrückten, die Republik Besseres gebracht?–‹ Gerechtigkeit statt Justiz? Nein. Saubern Schulunterricht statt Verdummung? Nein. Änderung der deutschen Denkart? Nein. –«

Dem »Diese Republik ist nicht die meine« folgt: »Ich verachte die Verfassung dieser Republik nicht – ich verachte aber jene, die da glauben, dieser Lappen Papier würde irgendwo in Deutschland auch nur annähernd befolgt. In Wahrheit ist diese Verfassung weniger als eine Polizeiverordnung – sie hat den praktischen Wert einer moralischen rein abstrakt gebliebenen Vorschrift, durchdringt aber nirgends Judikatur, Verwaltung, Exekutive. Vielleicht lesen Sie einmal die Rechte der Deutschen daraufhin durch – können Sie das ohne bittres Lächeln, wenn Sie das Leben um sich herum sehen? Hat der Deutsche seine sogenannten verfassungsmäßig begründeten Rechte wirklich?«

Das sind früh geäußerte Zweifel an der Legitimität der politischen Zustände in Deutschland. In zwölf Zeilen bringt Tucholsky seine Kritik massiv vor: »... keine Geschichtsklitterung kann aus der Welt schaffen, daß Fritz Ebert mit den Generalen, Noske mit den Offizieren, Heine mit den übelsten Reaktionären gemeinsame Sache gemacht haben, aus Angst, aus Charakterlosigkeit, aus Unfähigkeit, zu begreifen, was eigentlich ›Revolution‹ ist. Revolution ist: Luftreinigung – ist: von vorn anfangen – ist: ›wohlerworbene Rechte‹ über den Haufen werfen – ist genau das Gegenteil von dem, was diese Republik in der Nachkriegszeit hat tun lassen. Und gegen die paar Leute, die sich – oft mit falschen Mitteln – dagegen aufbäumten, hat sie Maschinengewehre auffahren lassen – und ich weiß, daß viele der SPD-Schlafmützen, die damals versagt haben, heute noch der Meinung sind, sie hätten den Staat gerettet. Das haben sie auch. Für wen –?«

Es folgt die Zustandsbeschreibung:

»Liegt die Republik nicht machtlos *unter* dem wirtschaftlichen Finanzkoloß, der sie bedrückt – kann sie denn überhaupt etwas tun? *Kann* sie denn Fürsorgeerziehung, Schule, die überflüssige Reichswehr, die Landgüter, die Schande der polnischen Saisonarbeiter, die Gefängnisse, die verbürgerten Amts- und Landrichter – *kann* sie das alles bessern? Ja, *will* sie denn überhaupt? Züchtet sie nicht neuen Gruppenstolz, nimmt sie nicht den Faden genau da auf, wo ihn der Ausreißer aus Doorn hat fallen lassen? Hat nicht nur das Vokabularium gewechselt?«

Am 10. 1. 1923 hatte Tucholsky an Hans Schönlank geschrieben:

»... dieses Land ist durch und durch krank.« Kurz darauf folgten die Worte: »Ich habe Erfolg. Aber ich habe keinerlei Wirkung.«

Das konnte als allgemeine Definition aufklärender Literatur in Deutschland dienen. Der Gegenspieler Adolf Hitler hatte Erfolg *und* Wirkung. Am 5. 5. 1931 im Brief an Franz Hammer variiert Tucholsky die Klage: »Das, worum mir manchmal so bange ist, ist die Wirkung meiner Arbeit. Hat sie eine? (Ich meine nicht den Erfolg; er läßt mich kalt.) Aber mir erscheint es manchmal als so entsetzlich wirkungslos ...«

Es lassen sich zahlreiche Belege dafür auffinden, daß der politische Schriftsteller für die weitere Entwicklung der Weimarer Republik schwarz sah. Seine Kritik an ihr und der Linken, der Sozialdemokratie ganz besonders, gipfelt in dem sich ständig verstärkenden Vorwurf opportunistischer Prinzipienlosigkeit und mangelnder Verteidigung der Demokratie gegen rechts. Insofern war Tucholsky die Weimarer Republik nicht demokratisch, nicht sozial und links genug. Anders gesagt, ihm war die revolutionäre Erneuerung nicht weit genug gegangen. In seinem mehrfach gebrauchten Beispiel vom Unterschied zwischen seinem persönlichen Erfolg und der dennoch ausbleibenden politischen Wirkung zeigt sich eben diese pessimistische Einschätzung. Zugleich liegt hier die Quelle für Mißverständnisse, hat es für den oberflächlichen Betrachter doch den Anschein, als bekämpfte Tucholsky die Weimarer Republik. In Wirklichkeit bekämpfte er die demokratische Schwäche, die Weigerung der Republik, demokratisch und sozial zu werden, kurzum er bekämpfte die fatale konservativ-reaktionäre Grundhaltung der besitzenden Klassen und die sich anpassende Sozialdemokratie. Tucholsky sah darin die Gefahr eines Rückfalls in vergangene Zeiten, und er erkannte in den Nazis die treibende und gefährlichste Kraft. Politisch ging Tucholsky mit dem Erstarken der Nazibewegung immer mehr nach links. Anfang der dreißiger Jahre hatte er sich aus taktischen Gründen den Kommunisten am weitesten angenähert, ohne ihrer Partei anzugehören. Aber er veröffentlichte genau gezielte Agitationstexte in ihrer Presse. Privat allerdings war es ihm nicht gegeben, sich Zwängen zu unterwerfen, vielmehr lebte er so, wie es ihm seine Gefühle, seine Neigungen und Idiosynkrasien nahelegten. Der politische Pessimismus, der ihn für Deutschland nichts Gutes erwarten ließ, brachte Tucholsky dazu, jenseits der Grenzen viel zu reisen, monatelang in Frankreich und Schweden zu wohnen. Die Zeiten der Abwesenheit summieren sich. 1926 bemerkt er bei einem Aufenthalt in Garmisch: »Ich war seit zwei Jahren zum ersten Male wieder in Deutschland; in der Heimat kann ich nicht sagen, weil es sich ja um Bayern handelt – wir würden uns das beide verbitten.«

Vierundzwanzig Monate lang keinen Fuß ins Vaterland gesetzt, sei es nun das immer mißtrauisch beobachtete Bayern oder das vertrautere Preußen, was für Tucholsky vor allem heißt – Berlin, das sind ausgedehnte Perioden von Heimatflucht. Den Feinden Anlaß zur Erleichterung, den Freunden Grund zur Sorge. Sie gönnten Tucholsky die Erholung vom Vaterland, fürchteten aber, die Länge der Abwesenheit brächte auch eine gewisse Entfremdung von Deutschland mit sich. Der Publizist handelte sich von ihnen eine Menge Vorwürfe ein, verdeckt oder offen. Sehr unmißverständlich formulierte Carl von Ossietzky: »Wenn man den verseuchten Geist eines Landes wirkungsvoll bekämpfen will, muß man dessen allgemeines Schicksal teilen«, und, wer von jenseits der Grenzen sich äußert, der »spricht bald hohl ins Land herein«. Diese Gefahr bestand für Tucholsky kaum, er hatte Deutschland auch außerhalb verinnerlicht, die räumliche Distanz, die er zwischen sich und die Heimat legte, war für ihn eine Überlebensbedingung, auch schon in der Frühzeit, ehe der Faschismus in Deutschland kulminierte, den er beizeiten vorausgesagt hatte. Der Untergang der Weimarer Republik und das Heraufziehen des »Dritten Reiches« überraschte den Publizisten nicht, wohl aber den privaten Tucholsky. Obwohl abzusehen war, daß Hitler seine Gegner erbarmungslos austreiben und ihnen auch alle Verdienstmöglichkeiten in Deutschland abschneiden würde, war der Autor 1933 darauf nicht vorbereitet. Er hatte stets zur Miete gewohnt, unterhielt keine Auslandskonten, hatte seine zu Zeiten erheblichen Honorare nicht angelegt, sondern stets mit vollen Händen ausgegeben. Der Besitzlose, der sich in Schweden auch kein Geld mehr erschreiben konnte, verarmte in kurzer Zeit völlig. Es war Tucholsky nicht gegeben, in vollkommener logischer Übereinstimmung mit seinen eigenen Einsichten zu leben. Schon Mitte der zwanziger Jahre hatte er den Sieg der nationalen Reaktion über die Weimarer Republik prophezeit, aber der Privatmann und Libertin zog daraus nicht die notwendigen materiellen Schlüsse.

»Haben Sie Fränkli?« fragten Schweizer Beamte den berühmten jüdischen Tenor Joseph Schmidt, der der Gestapo gerade noch über die Grenze entkommen war. Schmidt, in Deutschland einer der bestverdienenden Sänger, konnte so wenig ein Auslandsguthaben aufweisen wie der frühe Emigrant Tucholsky. Der Sänger mußte ins Schweizer Internierungslager und starb aus Verzweiflung darüber, daß er nicht mehr arbeiten durfte; der Autor hatte es ein wenig komfortabler, sein Leben endete in dem von Nuuna finanzierten Haus im schwedischen Hindås.

Freilich hat es manchmal den Anschein, als sei Tucholskys Kampf gegen Hitler so heftig geführt worden, weil es ganz real um Tod oder Leben ging. Wenn Hitler siegte, wollte Tucholsky nicht überleben. Zwar schrieb er das nicht so ausdrücklich, doch sein Verhalten in den letzten Jahren legt den Schluß nahe, das Endgültige in diesem Kampf sollte wirklich am Ende gültig sein. Insofern wäre Tucholsky der Weimarer Republik enger verbunden gewesen als selbst seine besten Freunde annahmen – auf Tod und Leben. Zweifellos übt denn auch die Hitlers Sieg folgende Verzweiflung Tucholskys eine starke und im besten Sinne reinigende Wirkung auf Nachgeborene aus. Gerade dem spielerischsten Schriftsteller dieser zwei Jahrzehnte war sein Schreiben nichts weniger als ein Spiel. Gegenüber Hitler wollte Tucholsky kein Satiriker und kein Humorist sein. »Einer, mit dem man lacht, wird leicht einer, über den man lacht.« So hatte er noch 1932 zu Otto Reutter angemerkt und hinzugefügt: »Irgendein Generalanzeiger schrieb neulich: ›Kästner, Mehring und Tucholsky nehmen sich selbst nicht ernst, haben also auch kein Anrecht darauf, ernst genommen zu werden.‹«

Tucholsky wollte als Antifaschist ernst genommen werden.

Auf das deutsche Gemüt, das sich ästhetisch nur in feierlicher Langeweile repräsentiert glaubt, reagierte der Autor gern mit satirischen und humoristischen Mitteln. In der Verachtung dieser literarischen Genres sah er den Grund dafür, »weshalb es so wenig deutsche Humoristen gibt«.

Für den Satiriker und Humoristen Tucholsky war das Reich der Blut-und-Boden-Ideologie der falsche Boden. Anfangs suchte er sich dagegen noch mit seinen Methoden zu wehren: »Chaplin hat Hitler um leihweise Hergabe seines Schnurrbarts gebeten. Die Verhandlungen dauern an.«

Das amüsierte die Leser der »Weltbühne«, sie spürten mit ihrem Autor die sublime Lächerlichkeit »Adofs«, wie Tucholsky den Vornamen des großen Diktators zu schreiben pflegte. Die große Masse der »Weltbühnen«-Nicht-Leser dagegen nahm den Schnurrbartträger bitter ernst.

Der 1932 publizierte Chaplin-Hitler-Schnipsel gehört mit zu den letzten von Tucholsky veröffentlichten Sätzen.

Danach verstummte der Satiriker.

Aber das konnten die Leser der »Weltbühne« 1932 nicht wissen.

Pazifistische Wandlungen

Zu Kriegsanfang im Jahre 1914 bespricht Tucholsky die Broschüre eines Medizinalrates und Stabsarztes, der den Haß als kriegsförderndes Stimulans lobt. Für Tucholsky ist der Fall klar – »eine Verherrlichung der Nationalbesoffenheit, der niedrigsten Stufe aller Leidenschaften«. Der Patriotismus des seltsamen Mediziners wird als offener Sadismus diagnostiziert. Am Schluß heißt es lapidar: »Daß aber der Medizinalrat operabel ist, steht fest. Er soll sich kastrieren lassen.«

Andererseits läßt Tucholsky 1918 bei Kriegsende sein Pseudonym Peter Panter an sein Pseudonym Theobald Tiger einen Bekennerbrief schreiben: »...Lieber Herr, zum Märtyrer habe ich nicht das Zeug... Ich habe einen dicken Bauch und bringe das Pathos nicht auf... Die ersten Kriegsjahre war ich verstummt. Ich glaube heute, daß es erlaubt ist, – aber mit diesem stillschweigenden Vorbehalt – über Nebensachen zu sprechen... Sie werden begreifen, lieber Herr Tiger, daß es von mir nicht Weltabgewandtheit oder Snobismus war, im Kriege dauernd von allem zu ›plaudern‹, nur von dem einen nicht.«

Das eine, das wäre die Hauptsache gewesen, der Krieg. Nicht von ungefähr schließt der erste Band der GESAMMELTEN WERKE mit dem Gedicht SILVESTER, in dem es heißt: »Vier lange Jahre./... Der Mensch war Material und Heeresware.«

Das war die Schlußfolgerung und Nutzanwendung Tucholskys. Für große Worte und Theorien fehlte es ihm ebenfalls an Pathos. Immerhin sagt er:

»Das ist vorbei. / Was ist uns nun geblieben? / Wo ist das Deutschland, das wir ewig lieben? / Wofür die Plackerei?«

In einem anderen Vers die Frage: »Vergeßt ihr das?« Tucholskys Lehre heißt: Nicht vergessen.

Anfangs befand er sich in Übereinstimmung mit den Volksmassen.

In dem Maße, in dem diese vergaßen, vereinsamte er, weil er sich weigerte, zu vergessen. Er hatte vor dem Krieg manches nicht oder falsch gesehen. Nach dem Kriege blieb er, was und wer er geworden war: Kurt Tucholsky, Antimilitarist.

Das Jahr 1919 beginnt mit dem Gedicht EIN DEUTSCHLAND, in dem er verspricht: »Feierlich treten wir nunmehr in das Jahr 1919,/ und es freut uns, daß wir allhier versammelt Feind und Freund sehn; / unserm tierischen Gehaben entsprechend wollen wir sie beschnuppern und betrachten, / und, je nachdem, beißen oder auf den Popo klapsen oder schweigend achten.«

Das ist die Methode: Runter vom hohen Roß. Einfach beschnuppern und betrachten. Beißen oder klapsen oder wortlos achten.

Im zweiten Gedicht des Jahres, Titel ACHTUNDVIERZIG, deuten sich politische Konturen an: »Die treusten deutschen Herzen pochen / im Proletariat. / ... Der Feind steht rechts! / ... Wollen wir nicht endlich Weltbürger werden?«

Die erste Feststellung bleibt so stringent nicht bestehen. Die zweite bleibt für Tucholsky unwandelbar.

Die dritte, Frage und Aufgabe, ebenso.

Damit ist sein Nachkriegsprogramm klar.

Sein Pazifismus erhält sogleich durch den Mordprozeß in Sachen Liebknecht und Luxemburg eine Wendung ins Aktive und Militante. Die Prozeßschilderung mündet in die programmatische Erklärung: »Nichts gleichgültiger als das Urteil. Blut kann nicht durch Blut gesühnt werden, das ist ein Wahn.«

So die Voraussetzung, der Glaubensartikel des Humanisten und Pazifisten, die Absage an die Todesstrafe. Wie aber gegen die unverbesserlichen Mörder von gestern, die sich erneut regen, bestehen?

»Wir wollen bis zum letzten Atemzuge dafür kämpfen, daß diese Brut nicht wieder hochkommt... Der Helm muß und wird heruntergeschlagen werden. Hetzen wir? Sind wir nicht sachlich genug? Nur einmal noch, nur dieses eine Mal noch erlaubt mir, daß mein Herzblut spricht, und nicht das Gehirn... Aus ihren Gräbern rufen zwei Tote. Ihr könnt die Schreie nicht hören, denn ihr seid taub. Wir aber hören sie. Und vergessen sie nicht... Das Ding liegt so: da steht der Militarismus, da stehen wir. Und weil die Welt nicht in Staaten, wohl aber in Fortstrebende und Zurückzerrende zerfällt, müßt ihr beiseite gehen, in voller Uniform, in Feldbinde, Ordensschmuck und Helm. Und was die Toten rufen, ruft unser Herz: Ecrasez l'infâme!«

Damit war für den Rest der Republik von Weimar der Riß im Pazifismus vorgezeichnet.

Einerseits: keine Waffen.

Andererseits: Die Rechte hat Waffen.

Einerseits: keine Todesstrafe, keine Morde.

Andererseits: Die Rechte mordet und straft zu Tode.

So wandelt sich der Pazifist zum antifaschistischen Widerstandsbefürworter. Er schließt sich der militanten Linken als Bündnispartner zeitweise an, schaudert aber zurück, weil die Konsequenzen schrecken, die Einbindungen in Programme und Dogmatisierungen.

Zum anderen waren ihm die Prinzipien zu verschwommen, nach denen viele Friedensbewegte antraten. 1924 kritisiert er: »Der sentimentale Pazifismus, der die wirtschaftlichen Voraussetzungen dieses Greuels [des Ersten Weltkrieges, G. Z.] nicht sieht, hat keine Zukunft.«

Er fordert eine Partei, die mutig genug wäre, die allgemeine Wehrpflicht als unzulässig zu erklären und den Arbeitern, die stets an allen Fronten den größten Anteil von Kanonenfutter liefern, eine Erkenntnis nahezubringen: »Du schießt drüben immer den Kamerad Werkmeister tot – niemals den einzigen Feind, den du wirklich hast. Dein Blut verströmt für Dividende.«

Was fehlt, ist eine gezielte Propaganda, die den Pazifismus als »Selbstverständlichkeit« in die Köpfe der Leute hämmert. Mit vornehmer Zurückhaltung, Weinerlichkeit, schafsmäßiger Geduld ist da nichts zu erreichen. Der Hauptsatz lautet: »Da es keinen Staat gibt, für den es zu sterben lohnt...«

Das schreibt Tucholsky 1927, im vollen Bewußtsein dessen, daß es zur Realisierung solcher Prinzipien schon wieder zu spät ist, man hätte sofort nach der Niederlage 1918 damit beginnen müssen, als breite Kreise der Bevölkerung dafür aufgeschlossen waren.

Statt dessen erhielt zum Beispiel Adolf Hitler in der Presse- und Propagandaabteilung des bayerischen Reichswehrgruppenkommandos den Posten eines »Bildungsoffiziers«. Seine Hauptaufgabe war, und das schon ab 1918, »die Soldaten vor einer Ansteckung durch gefährliche Ideen zu bewahren, worunter die Reichswehr, die der demokratischen Republik den Eid geschworen hatte, Pazifismus, Sozialismus und Demokratie verstand«.

Pazifismus als Hauptfeind, und das unmittelbar nach dem Ende des Ersten Weltkrieges.

Die aufopferungsvolle Kriegstreiberarbeit des »Bildungsoffiziers« Hitler trug nicht sofort reiche Früchte. Jedenfalls malt der amerikanische Korrespondent Shirer noch 1928 ein recht positives Stimmungsbild: »Man saß mit jungen Menschen nächtelang... und diskutierte über das Leben. Es war eine gesunde, unbekümmerte, lebenshungrige, von Freiheitsdrang erfüllte Schar. Der alte, autoritäre preußische Geist schien tot und begraben. Die meisten Deutschen, denen man begegnete – Politiker, Schriftsteller, Verleger, Künstler, Professoren, Studenten, Geschäftsleute, Arbeiterführer –, waren auffallend demokratisch, liberal, ja pazifistisch gesinnt. Von Hitler oder der NSDAP hörte man kaum etwas, es sei denn in Form von Witzen...«

Die soziologische Aufzählung Shirers ist nur auf den ersten Blick vollständig, es fehlen Richter und Offiziere, auch Arbeiter, genannt werden nur Arbeiterführer. In unserem Zusammenhang ist jedoch besonders die Nicht-Notierung von maßgeblichen Militärs und Juristen wichtig. Denen Friedenswillen zu unterstellen, geht sehr weit an der Realität vorbei, und da wohl trifft eher das skeptische Urteil Tucholskys zu: »Daß Berufssoldaten berufsmäßige Gegner des Pazifismus sind, darf uns nicht wundern und ist verständlich; das ist immer so gewesen.«

Übrigens verfällt auch Shirer nicht in blinden Optimismus, an anderen Texten läßt sich sein tiefes Mißtrauen gegen das Heer beweisen. So, wenn er ein Wort von Mirabeau zitiert: »Andere Staaten haben eine Armee. In Preußen hat die Armee einen Staat.«

An dieser Tatsache hat auch die Weimarer Republik nichts zu ändern vermocht, Deutschland hatte nicht eine Reichswehr, die Reichswehr hatte Deutschland. Mit deren Angehörigen, ihren Majoren und Leutnants zu sprechen, betrachtete Tucholsky schon lange als sinnlos, »man kann sie deshalb nicht überzeugen, weil sie nicht lesen können«.

Höchstens waren sie zur Lektüre gewisser Heeresanleitungen bereit und in der Lage, und in denen stand zum Beispiel: »›Wohl gibt es viele, die von allgemeinem Völkerfrieden und Abrüsten sprechen, aber die Geschichte lehrt, daß kriegerische Zusammenstöße der Völker unvermeidlich sind.‹ Das ist ja eine schöne Geschichte! ›Wir Deutschen brauchen ein besonders starkes Heer, da wir keine natürlichen Grenzen haben, und da wir Nachbarvölker haben, die uns unsre Weltstellung, die ständige Aufwärtsbewegung unsres Volkes in Industrie und Handel, in Kunst und Wissenschaft und unsern Wohlstand nicht gönnen.‹«

Tucholsky kommentiert: »Für diesen Satz verdient der Verfasser, an eine solide Laterne gehängt zu werden. Ist es denkbar, daß man, nur, um seinen Machtgelüsten eine Position zu schaffen, vernünftigen Menschen einredet, es gebe auf Gottes weiter Erde auch nur ein vollsinniges Wesen, das ›aus Neid‹ in den Krieg zieht? In Deutschland war so etwas denkbar, und mit Erfolg.«

Dieser Text ist in mehrfacher Hinsicht interessant. Zum einen fordert Tucholsky, der entschiedene Gegner von Todesstrafen, Kriegstreiber aufzuknüpfen, der Pazifist greift zum Mittel der Gewalt. Nun wurde die ja nicht wirklich angewandt, der Verfasser dieser Heeresanleitung blieb am Leben. Realisiert wurden seine Parolen, von Hitler erweitert um das Schlagwort »Volk ohne Raum«. Er redete den Deutschen nicht nur ein, daß die anderen Länder ihren vorhandenen Wohlstand bedrohten, er wendete die Verteidigung in die Aggression, Deutschland mußte sich bereichern, brauchte die Kornkammern der Ukraine und die Bodenschätze Sibiriens, und wenn die Russen das nicht freiwillig hergaben, mußten sie ausgerottet werden.

Die revolutionäre Gewalt, die der Pazifist Tucholsky als Instrument gegen die Kriegshetzer empfahl, blieb bloßer gedruckter Appell. Gehandelt haben die Gegner von der deutschen Rechten.

Da stand der lediglich »predigende« Pazifist auf verlorenem Posten, an ihm tadelt Tucholsky »tantenhafte« Züge Der nur passive Pazifismus ist zu wenig. Er hält einen aktiven Friedenskampf für nötig, der eine »Frage der geistigen Kraft« sei, die zu oft durch Herz und Gefühl ersetzt werde.

Woran Tucholsky noch 1930 festhält, steht in diesen Sätzen: »Der Pazifist hat jedoch in seinem Kampf gegen den Krieg recht, weil er es ablehnt, über das Leben andrer Menschen zu verfügen. Ich fühle in keiner Hinsicht vegetarisch: es mag Situationen geben, in denen Blut zu vergießen kein Unrecht ist.«

Dasselbe Motiv klang schon im Jahr 1927 an: »Der Kniff... nur scheinbar Bluttaten zu tadeln, die man ja durchgehen ließ, als sich die Mörder vorher uniformiert hatten – in Wahrheit aber die Sache zu meinen, die hinter diesen revolutionären Bluttaten steht. Hier ist eine falsche Sittlichkeit am Werk. Gemeint ist die Angst vor der Beraubung des Kassenschrankes. ›Du sollst nicht töten!‹ heißt es nur; gemeint ist: ›Du sollst die Dividende nicht antasten.‹

Ich für mein Teil halte revolutionäre Bluttaten für gerechtfertigt. Revolution kann – im Gegensatz zum Krieg – Elementarereignis sein.«

In diesem Elementarereignis fehlten im Deutschland von 1918 einige entscheidende Elemente, denn »Kriege sind über uns hereingebrochen, Volksbelustigungen, denen man in Deutschland den Namen ›Revolution‹ anhängte...«

Eine wirkliche Umwälzung hätte Hitler nicht im selben Jahr die Position eines Bildungsoffiziers verschaffen dürfen, gestützt vom Militär, das unangetastet blieb in der »Ablehnung der geistigen Welt, der Friedenswelt überhaupt, weil es in ihr für diesen Menschenschlag langweilig ist, zu leben... Der Schauspieler will spielen. Der Soldat will Krieg führen.«

So katapultierte die Verlegenheitslösung Novemberrevolution den Soldaten und »Schauspieler« Adolf Hitler ein gutes Jahrzehnt später in eine Machtstellung, die ihn sein Prinzip verwirklichen ließ: »Immer wird der Prozeß Geist gegen Kraft zugunsten der Kraft entschieden.«

Auf der Strecke blieb Tucholsky: »Nur der Geist kann die Streitaxt begraben! / Aber freilich: man muß einen haben.«

Der Überbau stimmte nicht, weil die Basis nicht verändert war; wo Hitler sich ideologisch fleißig betätigt hatte, wurde ihm kräftiger ökonomischer Beistand zuteil: »Ende der Zwanziger Jahre begannen einige bayerische und rheinische Großindustrielle, die sich von Hitlers Opposition gegen Marxisten und Gewerkschaften angezogen fühlten, der Partei [der NSDAP – G. Z.] Gelder zu stiften. Erhebliche Beträge kamen von Fritz Thyssen und Emil Kirdorf.«

Der Feind der Pazifisten und Weltverbrüderer, der »Zerbrecher des Marxismus« (Hitler) hatte zwar die schlechteren ideellen, aber die besseren materiellen Voraussetzungen für seinen Kampf. Noch in seinen letzten Jahren verwies Tucholsky immer wieder auf die Memmenhaftigkeit eines lediglich emotional argumentierenden Pazifismus. Nicht aus dem Gefühl, auch aus dem kalkulierenden Verstand müßte der Krieg widerlegt werden. Frühe Verbündete werden noch in der Spätzeit zitiert, so am 21. 9. 1934 in den Q-TAGEBÜCHERN der Friedens-Nobelpreisträger Norman Angell, »... der vor dem Kriege ein ausgezeichnetes Buch geschrieben hat ›Die große Illusion‹, das ich schon als Student begeistert gelesen habe. Er wies darin fast prophetisch nach, daß Kriege weder für den Sieger noch für den Besiegten heute ein Geschäft seien. Nun, also...«

Diese Erkenntnis wurde dem Engländer Angell zwar durch den Friedens-Nobelpreis honoriert, sonst aber hatte sie in der jüngeren und jüngsten Geschichte wenig Wirkung. Die Aussage, nach dem Ersten Weltkrieg aus einer klaren Zustandsanalyse gefiltert, hielt keine der Kulturnationen davon ab, zu testen, ob sich die Völkerschlachten nicht doch zum Geschäft für den Sieger ummünzen ließen. Im Zweiten Weltkrieg taten sich bei diesem Experiment besonders die Deutschen hervor, und sie verbargen ihre Absichten vor dem Kriegsausbruch 1939 nicht, mochte sich Hitler auch bei der internationalen Presse gern als Friedenserhalter gerieren. Daß ihm das abgenommen wurde, ist ein Anlaß mehr zu Tucholskys Verzweiflung. Am 17. 4. 1935 faßt er die Eindrücke seiner »Esprit«-Lektüre für Nuuna zusammen, wonach die Franzosen etwa so dächten: »Ja, die Deutschen sind gefährlich. Ja, die deutschen Generale und die deutsche Industrie bereiten den Krieg vor. Ja, gewiß. Aber:

Man muß doch auch Vertrauen haben... Das letzte Manifest Hitlers sei, an denen Mussolinis gemessen, geradezu pazifistisch...«

Ob dieser kurzschlüssigen Interpretation grauste es den wirklichen Pazifisten Tucholsky. Der die Aggression verabscheut, sieht sich zu ihr gezwungen: »Seit 1933 ist aus Frankreich von offizieller Seite auch nicht ein einziger Satz für die Demokratie gesprochen worden, wie wenn sie sich dieser Demokratie schämten... Ich schliefe gut, wenn Frankreich zerstampft würde – früher hätte ich das nie für möglich gehalten. Ich schliefe gut. Wer nicht leben kann, wer nicht um sich beißt, der soll untergehen. Das ist das Gesetz der Natur.«

Dieser Affektsturm gegen das Land, das er nach seiner Heimat am meisten liebte, in dem er viele Jahre seines Lebens verbrachte, bemüht, die Schranken zwischen den »Erbfeinden« abzubauen, was ihm den Haß der deutschen Nationalisten und ewigen Revanchisten eintrug, hat politische und persönliche Ursachen. Tucholsky war tief gekränkt, von Frankreich nicht spontan die Ehrenbürgerschaft angeboten zu bekommen, nachdem ihn sein »Vaterland« verstoßen hatte. Nicht zuletzt deshalb, wie er bitter anmerkt, weil er seine mißliche Lage vor allem den vielfältigen Verständigungs-Anstrengungen zu verdanken hat, die er im Interesse beider Völker unternahm. Auch die Schweiz oder Schweden

Oben links: Der Vater Alex Tucholsky. *Oben rechts:* Die Familie 1898, v. l. Kurt, Fritz, die Mutter, Ellen, der Vater und die Großmutter. *Unten:* Das Geburtshaus in Berlin-Moabit, Lübecker Straße 13.

Moellendorf & Bachmann
SILBERNE MEDAILLE
BRÜSSEL 1868

Links: Der einjährige und der sechsjährige Kurt Tucholsky. *Unten:* Mit den Geschwistern im Jahr 1904, v. l. Ellen, Fritz, Kurt. *Außen rechts:* Die Schauspielerin Rose Bertens. *Rechts:* Kurt Tucholsky im Jahr 1915. *Unten rechts:* 1915 als Armierungssoldat in Kurland, v. l. Kurt Tucholsky, Professor Gruner, Dr. Pinner.

Kurt Tucholsky:

Rheinsberg

Ein Bilderbuch für Verliebte

Bilder von Kurt Szafranski

Axel Juncker Verlag Berlin Charlottbg.

[1912]

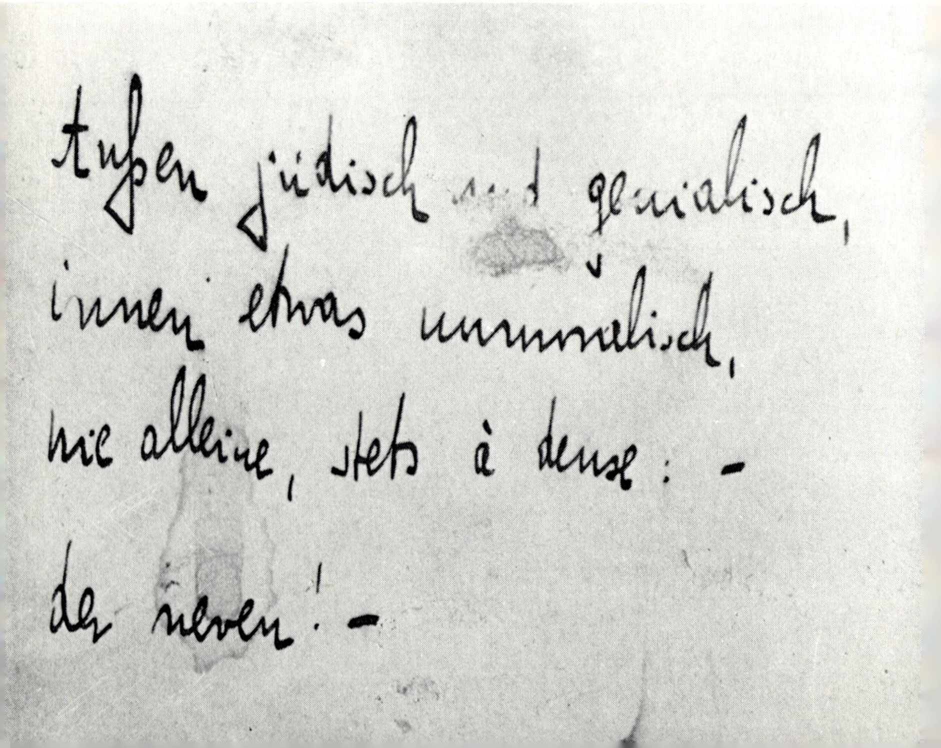

Außen jüdisch und genialisch,
innen etwas unmoralisch,
nie alleine, stets à deux: –
der neveu! –

Links: Titelseite von »Rheinsberg«.
Unten: Widmung auf Tucholskys Porträtphoto, das er seiner Tante schickte.

verfielen nicht auf die Idee, dem europäischen Schriftsteller durch die Ehrenbürgerschaft die verdiente Genugtuung zu verschaffen.

Von Hanns Johst gibt es einen zynischen Ausspruch, der nicht nur das Prinzip deutscher Anti-Demokraten umfaßt: »Wer an das Volk glaubt, den züchtigt das Volk, wer das Volk aber züchtigt, an den glaubt es.«

Ob der über weite Strecken pessimistische und skeptische Tucholsky je an ein Volk geglaubt hat, sei es das deutsche oder französische, steht dahin, zumindest wurde er nicht müde, durch seine Arbeiten breite Schichten zu informieren und zu aktivieren, bis er die Vergeblichkeit seines Schreibens und Lebens konstatierte und ringsum nur lauter Völker wahrnahm, die an einen Mann glaubten, der sie züchtigte.

Tucholsky, der sich selbst nicht schonte, schont auch frühere Kampfgenossen nicht: »Hingegen untersucht Hiller im Blättchen mit strohener Scholastik die Frage, ob der Pazifismus zur Durchsetzung seiner Ziele Gewalt anwenden dürfe. Die Frage ist alt und berechtigt. Nur: ist den Herren noch nicht aufgefallen, daß sie noch nie in die Lage gekommen sind, von dieser Gewalt Gebrauch zu machen? Daß sie sie noch nie gehabt haben? Woher mag das wohl kommen? Aber diese Frage ist taktlos... Ich fühle mich nicht kräftig genug, aber wie kann man, wie kann man...!« So notiert in den Q-TAGEBÜCHERN.

Der Pazifismus und seine Möglichkeiten in der Realpolitik beschäftigen Tucholsky bis zum Ende. Die Defensive wird zum wiederholten Male verworfen; »... man kann sich aber *nur aggressiv verteidigen*, das ist so...«, schreibt er am 9. 10. 1935 an Hedwig Müller. Selbst sah er sich zu keiner Aktion mehr in der Lage, was aber ein Weiterdenken und Weiterhandeln in diesem Sinne nicht verwehrt. Allerdings wird das nicht leicht fallen in einer Bundesrepublik, die zwar die Publikation von Tucholskys Q-TAGEBÜCHERN erlaubt, doch in Meinungsumfragen herausfindet, daß jeder zweite Westdeutsche die heutigen Wehrdienstverweigerer für Drückeberger hält, ungeachtet der Tatsache, daß eine Reihe sozialer Einrichtungen ohne diese fleißigen Drückeberger schon zusammengebrochen wären, darunter Institutionen wie Krankenhäuser, Altenheime, Behinderten-Stätten...

Es ist eine Frage der Perspektive. Einiges davon zeichnet Tucholsky 1935 auf: »Nichts als Pazifist zu sein – das ist ungefähr so, wie wenn ein Hautarzt sagt: ›Ich bin gegen Pickel.‹ Damit heilt man nicht. Ich weiß Bescheid, denn ich habe diese Irrtümer hinter mir. Die kapitalistische Gesellschaftsordnung hat scharf und genau einen Teil der Kriegsgründe begriffen, die immer da sind, wenn Absatzgebiete geschaffen werden sollen. Das ist – gegen die rosenroten Idealisten – eine sehr gute Lehre. Aber sie ist nicht vollständig. Ein Teil liegt im Wesen der Menschen. ›Es wird immer Kriege geben.‹ Es wird auch immer Morde geben. Es fragt sich nur, wie die Staatsordnung Krieg und Mord bewertet. Den Mord bewertet man als Rechtsbruch – den Krieg als Naturereignis, mehr:

als eine heroische Sache. Er ist, oft und in vielem, eine Schweinerei. Also –?«

Die Haltung der »Weltbühne« wurde stark durch die »Gruppe revolutionärer Pazifisten« bestimmt, als deren wichtigster Wortführer der Schriftsteller Kurt Hiller gilt. Die hochinteressante und wechselhafte Geschichte dieser Gruppe wurde bisher nirgendwo ausreichend erforscht und dargestellt. Ihre Anhänger trugen schwere Konflikte untereinander aus wegen der Frage, wo der Pazifismus enden müsse, ob er überhaupt Grenzen haben solle, wie man zu Interventionskriegen stehe, zu revolutionären Kriegen und Klassenkämpfen, zur Vaterlandsverteidigung, zur Unterdrückung von Minderheiten durch Mehrheiten; lauter hochbrisante Probleme und heute noch aktuell.

Ein weiteres Thema war das der Gewaltanwendung, die der Friedenserhaltung dient. Wie hätten Pazifisten denen zu begegnen, die einen Krieg anstrebten? Was hier zunächst theoretisch durchdiskutiert wurde, weitete sich mit dem erstarkenden Nationalismus zur unmittelbaren Praxis aus. Mußte die aggressive faschistische Politik nicht jede Art von Pazifismus diskreditieren, weil es nunmehr bloß noch die Alternative gab: Unterwerfung oder Widerstand?

Wenn die Frontlinie derart klar zwischen Faschismus und Antifaschismus gezogen ist, haben die Waffenlosen keine Chance mehr.

Tucholsky, der sich stets den revolutionären und radikalen Pazifisten zuzählte, hatte sein eigenes pazifistisch-publizistisches Programm entwickelt, für das er arbeitete und schrieb. Man müsse, sagte er, jeden einzelnen Bürger und Arbeiter bei seinem ganz persönlichen und menschlichen Interesse packen: nicht totgeschossen werden, nicht als Krüppel vegetieren, nicht als Untertan preußischen Drillgeistes sein Leben fristen zu wollen. Aber: »So tief duckt kein Knecht sich – wie diese Nation –«. Gleichwohl vertraute Tucholsky über Jahrzehnte hin der Vernunft des betroffenen Bürgers, seinem Selbsterhaltungstrieb und nüchternen Realitätssinn. Alle diese Hoffnungen wurden durch die Ereignisse zuschanden gemacht, die breite Masse setzte auf Revanche, nicht auf Verständigung, ließ sich durch Siegesparolen blenden und einlullen; viel Feind, viel Ehr' sei's Panier, die Panik der Niederlage im Ersten Weltkrieg war vergessen. Die Rationalisten erwiesen sich als naiv, die Anhänger primitivster Gewalt als realistisch.

Tucholsky durchschaute das vor Ende seines Lebens; die qualvolle Selbsterkenntnis war eine der Ursachen für die Abrechnung und den Bruch mit alten Freunden und Ansichten. Angesichts des Hitlerschen Triumphes nach 1933 schien sich jeder Pazifismus von selbst zum Irrsinn zu verurteilen.

Tucholskys Buch DEUTSCHLAND, DEUTSCHLAND ÜBER ALLES verübelt ihm auch sein Biograph Klaus-Peter Schulz. Die Abneigung entspringt einer wesentlichen Differenz, die sich schon darin zeigt, daß der Biograph seinem Helden nicht in dessen Antimilitarismus folgen will. Allerdings darf Schulz teilweise mildernde Umstände geltend machen. Als er seine Monographie schrieb, die 1959 erschien, befand sich der Kalte Krieg zwischen Ost und West auf dem Höhepunkt. Inmitten der wuchernden Wiederaufrüstungsprogramme in beiden deutschen Staaten war Tucholskys Pazifismus so fehl am Platze wie eine Sonnenuhr im Bergwerk. Verständnis zu zeigen für den Eckpfeiler seiner Weltanschauung, die Radikalität der Abrüstung, überanstrengte den Biographen, mindestens hätte er ein wenig vom Geist und der Standfestigkeit Tucholskys gebraucht. Statt dessen verkannte Schulz auf die übliche Weise den tatsächlichen Charakter der geforderten Friedenspolitik, wenn er schreibt: »Tucholsky, sonst nur ein Fanatiker der Wahrhaftigkeit, wird im Hinblick auf alles Militärische stets zu einem Fanatiker der Ideologie, und noch dazu einer falschen.«

Aber der zum Pädagogischen neigende Schulz weiß noch mehr: »Vor lauter Abneigung gegen den Dünkel der Offiziere, den Ungeist der Kasinos und den ganzen dumpfen Drillbetrieb des üblichen preußisch-deutschen Kasernenhofs übersieht er zunächst und leugnet schließlich jede eigenständige Tugend des Soldatischen überhaupt... Die geschichtlich beweisbaren und wahrlich unermeßlichen Sünden des deutschen Soldatenstandes verführen Tucholsky zu der irrigen Überzeugung, diesem Stande nicht nur jede Besserungsfähigkeit abzusprechen, sondern dessen Existenzberechtigung überhaupt zu leugnen.«

Überhaupt zu leugnen – mich wunderte nicht, zuckte Tucholskys Hand aus dem Grab im fernen Schweden und langte seinem Biographen eine. Das ganze Aufrüstungsgeschwätz der späten fünfziger Jahre ist hier geduckte Formulierung geworden: auf Kosten Tucholskys. Da gibt es kein Wenn und Aber. Worin bestand die »irrige Überzeugung« des K. T.? Darin, daß er schrieb: »Ich glaube nicht, daß die Zahl der gefallenen Offiziere ein Argument gegen die Behauptung ist, daß ihr Geist nichts taugte. Tausende haben ihre Pflicht getan, und fast alle haben sie sie dem Mann gegenüber vernachlässigt. Die ungeheure Wut der Soldaten auf die Offiziere, die jetzt überall mit Recht zutage tritt, ist sonst gar nicht erklärlich. Was der deutsche Offizier taktisch in dem Kriege geleistet hat, steht dahin – zum Volkserzieher ist sein bisheriger Typ nicht berufen.«

Das also geht Klaus-Peter Schulz zu weit. Man mag mit Soldaten diskutieren, mit Offizieren irgendwelche Abschreckungstheorien erörtern, den Ewigen Frieden als blanke Utopie abtun, dies alles ist aber zugleich unendlich fern von Tucholsky.

Herauskommt nicht Mißverständnis, sondern Gegen-Verständnis, Feindschaft bis aufs Blut und in den Tod.

Das Unverhältnismäßige der Demontage ist glatter Mord an Sinn und Lebenskampf des Kurt Tucholsky. Billige Argumente zur jeweiligen Aufrüstung und erneuten Vorbereitung von Massentod gibt es immer genug. Wer sich auf diesem Felde hervortun will, sollte die Finger von einem Autor lassen, der sich angesichts des Ersten Weltkrieges geschworen hatte, nie wieder mitzuhalten. Dieser Mann wurde im absurden Gemetzel des Krieges zum Pazifisten. Wer dagegen polemisiert und diese Lebensfrucht als ideologischen Irrtum, gar Unwahrhaftigkeit abtut, hat von Kurt Tucholsky nichts und gar nichts begriffen oder opferte sein Begreifen der Pression erneuter Aufrüstungshysteriker. Schulz: »Immer wenn Tucholsky sich mit dem Wesen des Militärischen auseinandersetzt, wird seine Kritik, die sonst genau gezielt ist, selbst wenn sie massiv übertreibt, leicht schrill und mißtönend.«

In den Ohren des Biographen – wäre hier anzufügen, in den Ohren des typischen deutschen Mitläufers und Untertanen, der nicht die Charakterstärke aufbringt, Tucholsky gegen Umdeutungen und Militarisierungen in Schutz zu nehmen, wie saubere und ehrliche Haltung es verlangten.

Tucholsky, in weiser Prophetie dazu: »Leute, bar jedes Verständnisses für den Willen, der über die Tagesinteressen hinausheben will – man nennt das hierzulande: Realpolitik – bekämpfen uns, weil wir im Kompromiß kein Heil sehen, weil wir in neuen Abzeichen und neuen Aktenstücken kein Heil sehen... Und – das eben scheint unsern Gegnern eine Gefahr und ist auch eine – ...«

Schulz zitiert diesen Text und kreidet ihn Tucholsky als Unwahrhaftigkeit an. Dermaßen wird seine Überzeugung systematisch verkannt oder verkennbar gemacht, jedenfalls deutet der Biograph seinen Mann um, der ist ja wehrlos.

Der Skandal liegt nicht bloß in der schmählichen Verkleinerung aus Opportunitätsgründen, er reicht tiefer, verstellt die Erkenntnis der tatsächlichen Größe Tucholskys. Denn dies heißt den Autor derart verdrehen, daß das Gegenteil herauskommt. Schulz liefert damit den Prototyp des Nachkriegsmodells zur politischen Umdeutung Tucholskys. Die Ziehkinder dieser Verlogenheit treten in allerhand komischen Fernsehsendungen auf, bei denen blödsinnig lächelnde Schauspieler Tucholsky-Verse zitierend schafsdumm einherwandeln, Schlager-Stars Tucholsky-Lieder runterorgeln – die Integration des toten Satirikers in den Schmäh konventioneller Unterhaltungsindustrie.

Tucholsky zum Abgewöhnen.

Jetzt hatten sie wahrlich aus einem Feuerkopf einen »Schaumkopf« (K. T.) gemacht. Für diesen Tucholsky zum Übelwerden leistete sein Biograph tüchtige Vorarbeit. K. T., der sich mit Tagesfragen beschäftigte, wird eben auf die Tagesschriftstellerei verkleinert als irgendeiner, der schrill und mißtönend sich irrte.

Dabei klingen in Artikeln wie WIR NEGATIVEN – Töne an, die jeden, der nur Ohren hat zu hören, aufmerken lassen müßten, etwa: »... wir kämpfen aus Liebe für die Unterdrückten... und wir lieben in den Menschen den Gedanken an die Menschheit.« Rechten wie linken Dogmatikern wird »der Gedanke an die Menschheit« wie Humanitätsduselei vorkommen. Die »Unterdrückten« aber, die »nicht immer notwendigerweise Proletarier sein müssen«, weisen über alle ideologischen Komponenten hinaus.

Bertolt Brecht nannte sie einmal, in stringenter Abtrennung von den Unternehmern, die »Unternommenen«, und meinte damit alle Schichten, die ökonomisch abhängig dahinvegetieren, auch Angestellte, kleine Beamte und Kaufleute, eingeschlossen das unter wirtschaftlichem Druck stehende akademische Proletariat und die Intellektuellen.

Tucholsky als Meister der kurzen Andeutung ist gerade in diesen wichtigen Anmerkungen ernst zu nehmen. Die sechs Worte erhellen sein Verhältnis zum Marxismus, das Proletariat als unterdrückte Klasse wird in seinem Befreiungskampf akzeptiert, die Einengung der Unterdrückung allein auf die Arbeiter aber nicht. Der Publizist läßt sich nicht einseitig vereinnahmen. Dafür hielt er zu sehr die Augen offen und auf allgemeine Gerechtigkeit.

Wer das nicht sehen will, kann gewiß nicht zu denen gerechnet werden, die einen lebenden Tucholsky geachtet hätten. Schulz nennt das 1929 bei einem kommunistischen Verlag erschienene DEUTSCHLAND, DEUTSCHLAND ÜBER ALLES Tucholskys »aggressivstes Buch« und stützt sich dabei auf Herbert Ihering, der K. T. vorgeworfen hatte, »er schreibe immer wieder dieselben Aufsätze«. Tucholsky antwortet Ihering in einem Brief vom 18. 10. 1929: »...ich will lieber den Vorwurf auf mir sitzen lassen, künstlerisch nicht befriedigt oder aus Empörung über das Ziel hinausgeschossen zu haben, als ein Indolenter zu sein. Und glauben Sie mir –: wenn ich immer dasselbe schreibe, tue ich das bewußt. Es ist vielleicht langweilig, Jahr und Jahr Salvarsankuren zu machen; Kamillentee wäre vielleicht abwechslungsreicher – aber man muß das wohl. Auch die Spirochäten bleiben ewig dieselben.«

Klaus-Peter Schulz nimmt das Bild auf und fügt, monographiebeckmesserisch und medizinisch besorgt an: »...es ist ein großer Unterschied, ob man das Salvarsan durch eine Injektionsnadel oder eine bessere Klistierspritze verabfolgt.«

Der empfindliche Biograph mäkelt weiter: »... die Anlage ist verfehlt, weil das oft reißerisch wirkende Gemisch von Wort und Bild die Wucht der Anklage und damit die Glaubwürdigkeit zersetzt«. Da zersetzt Tucholsky zur Abwechslung mal die eigene Glaubwürdigkeit, also sich selbst, und zur weiteren Abwechslung kriegt nun auch John Heartfield, der die meisterhaften Bilder zum Buch lieferte, eins ab: »In dem umkämpften Buch werden zum erstenmal die Möglichkeiten der Fotomontage angewandt, und Tucholskys Mitarbeiter John Heartfield benutzt diese ebenso geschickt wie oft geschmacklos. Tucholskys Texte sind infolgedessen auch dort überall am schwächsten, wo er notgedrungen lediglich die Bilder oder Montagen Heartfields beschreibt bzw. kommentiert.«

Was hätte Tucholsky sonst mit Heartfields Montagen machen sollen? Sich vielleicht davon distanzieren? An diesen Schulz-Schlußfolgerungen stimmt nun rein gar nichts mehr. Die Photomontage wurde schon vorher angewandt, sieht man großzügig davon ab, daß man ihre Möglichkeiten nicht »anwenden« kann, sondern nur ihre Wirklichkeiten. Möglichkeiten kann man realisieren, aber das steht nicht da.

Daß Heartfield die Photomontage (respektive ihre Möglichkeiten) laut Schulz »ebenso geschickt wie oft geschmacklos« benutzte, ist das übliche rechte Klischee gegen Heartfield und alle Satiriker des Wortes oder des Bildes. Die notwendige karikierende Verletzung des herrschenden Geschmacks wird als persönliche Geschmacklosigkeit der Produzenten denunziert. So reagieren Feinde und die Fronten sind klar. Inwiefern diese Montagen, die »ebenso geschickt wie oft geschmacklos« gewesen seien, Tucholskys Texte schwächen mußten, bleibt des Biographen Geheimnis.

Wenn es ein politisches Skandalbuch gibt, dann ist es DEUTSCHLAND, DEUTSCHLAND ÜBER ALLES«, in dem die Wucht der Heartfield-Montagen und der genau gezielte Zorn der Tucholsky-Texte zusammentreffen und einander steigern. Man darf sicher sein, wer Tucholsky politisch bekämpft, der wird hier ebenso ansetzen wie derjenige, der ihm privat übel gesonnen ist. Kein Wunder deshalb, daß auch Lisa Matthias das Buch als Nestbeschmutzung einstuft. Einesteils läßt sie nicht ohne Stolz wissen, Tucholsky habe das von kommunistischer Seite kommende Angebot sowie den ganzen Buchplan »nach reiflicher Überlegung – nicht zuletzt mit mir...« angenommen. Zugleich läßt sie aber anklingen, Tucholsky habe dabei seinem guten Ruf abträgliche Wirkungen in Kauf genommen. Denn: »SIEBENTAUSENDFÜNFHUNDERT MARK... auf den Tisch des Hauses bezahlt zu bekommen, war damals keine Kleinigkeit...« Großes Geld und freie Hand bei der Auswahl von Bild und Text hätten demnach Tucholskys Bedenken überwunden. Übrigens wurde der Umstand, daß diese ätzende politische Satire bei einem kommunistischen Verlag erschien, verschiedentlich als Annäherung Tucholskys an die Kommunisten gedeutet. Man verwechselte dabei dessen Taktik mit Strategie. Die Volksfront gegen rechts war für ihn wie Ossietzky ein Gebot der letzten Stunde. Man mußte zusammenstehen, um nicht vereinzelt zu unterliegen. Daß man dann doch unterlag, zeigt, man hatte sich nicht früh und nicht eng genug verbündet. Die Volksfront scheiterte an den Differenzen derer, die sich hätten zusammenfinden müssen. Zu dieser Gemeinsamkeit kam es erst in den Zuchthäusern und Konzentrationslagern. Und auf dem Schafott.

Mit seinem Deutschlandbuch hatte Tucholsky allerdings tatsächlich heimlichen Kummer. Darüber äußerte er sich in einigen Briefen. Das Blatt TIERE SEHEN DICH AN, eine Montage von Generälen, hatte am meisten Aufsehen erregt. Auch Freunde verübelten Tucholsky diese

Satire. Er schrieb am 25. 7. 1933 an Walter Hasenclever: »Daß die Seite... mit den Generalsköpfen gar nicht von mir ist, nebenbei – ich muß natürlich die Verantwortung tragen. Sie stammt von John Heartfield, und er hat sie knapp vor der Drucklegung eingefügt, er hatte das Recht, es zu tun.«

Zwei Jahre früher heißt es in einem Brief an Jakob Wassermann, ebenfalls mit der Bitte um Diskretion: »Das Blatt TIERE SEHEN DICH AN ist nicht von mir ... Herr Heartfield hatte, was vereinbart war, auch selbständig einige Bilder mit Unterschriften montiert, wie man sagt – und als ich die Druckbogen bekam, war noch nicht alles fertig. Dann hielt ich das fertige Buch in der Hand, sah jene Seite und bekam einen Klaps vor den Magen.«

War also dem Satiriker die Unterschrift zu hart? Ging er zurück? Hören wir, was er im Brief an den Kollegen dazu schreibt: »Mein erster Gedanke war: ›Schade, daß dir das nicht eingefallen ist‹ – mein zweiter war: ›Hm...‹ Das ist nicht meine Satire. Es ist mir zu klobig; ich habe mit Ihnen [gemeint ist Jakob Wassermann, G. Z.] nicht das leiseste Mitgefühl für die dargestellten Typen, die mir in ihrer Wirksamkeit hassenswert erscheinen – aber ich hätte das nie so formuliert. Die Beleidigung der Tiere schmeckt mir nicht...«

Eine ironische Pointe des Polemikers? Mehr als das. Tucholsky fühlte mit der beseelten und unbeseelten Kreatur, was er verabscheute, waren die aggressiven, uniformierten Kreaturen, eroberungssüchtige Heerführer, die in den Schlachten des Ersten Weltkrieges an der Vernichtung von Millionen Menschen mitgewirkt hatten. Denen gegenüber entfallen humanistische, moralische Bedenken, sie konnten nicht scharf genug angegriffen werden, wo sie darauf aus waren, eine Streitmacht zu formieren, die dann im Zweiten Weltkrieg mehr als 50 Millionen Tote produzierte. Dies ist der Standpunkt, von dem aus der Moralist Tucholsky urteilte und von dem aus er und sein Werk beurteilt werden müssen. Seine Schlußfolgerungen aus dem Ersten Weltkrieg waren so richtig wie seine Warnungen vor dem Zweiten Weltkrieg. Die Heartfield-Montage war ihm nach Form und Mitteln zu »klobig«; inhaltlich identifizierte er sich mit ihr. Er hatte sich stets lieber des Floretts bedient und nicht des Holzhammers.

Im Endeffekt hat beides wenig ändern können. Die »Weltbühne« ebenso wie das Buch DEUTSCHLAND, DEUTSCHLAND ÜBER ALLES mögen auf einzelne Menschen gewirkt haben, angesichts der realen Machtverhältnisse in Staat und Heer war alle Anstrengung ein Spucken gegen den Wind. Der Moralist und Satiriker machte sich da keine Illusionen und ein Opportunist hätte danach beschlossen, sich aus dem ungleichen Kampf zurückzuziehen. Nicht so Tucholsky, er attakkierte weiter. Der Polemiker an Hasenclever voller Selbstkritik über sein Deutschlandbuch: »...als künstlerische Leistung klobig. Und schwach. Und viel zu milde.«

Satire verträgt sich nicht mit den Geboten des Proporzes. Sie übertreibt, das ist ihr Stilmittel und ihre Naturform. Der Satiriker ist so größenwahnsinnig, sich den Gegnern, die er bekämpft, als ebenbürtig entgegenzustellen, wobei er ihre materielle Übermacht dadurch auszugleichen sucht, daß er taktisch klug angreift, wie Ziethen aus dem Busch kommt und allerlei neue Kampfmethoden erfindet und erprobt. Er verletzt dabei die gängigen Moralgesetze ebenso wie den Korpsgeist, und er läuft Gefahr, juristisch belangt und moralisch geächtet zu werden. Ja er kann in Gefahr für Leib und Leben geraten.

Justizkritik des Doktor jur.

Tacheles geredet mit den Talarträgern hatte der Dr. jur. Tucholsky seit gut einem Jahrzehnt. In den zwanziger Jahren beginnt er im wörtlichen Sinne mit ihnen abzurechnen.

»1 deutscher Richter sperrt in 1 Tag 1 Kommunisten ein. Wieviel deutsche Richter sperren alle deutschen Kommunisten in wieviel Tagen ein –?«

Diese ironische Mathematikaufgabe ist das Resultat vieler Prozeßbeobachtungen. Summa summarum ergibt sich auch: deutsche Richter sperren Kommunisten ein, »bevor die noch etwas ausgefressen haben«.

Den Eindruck, daß Worte nicht mehr ausreichen, gegen die Juristen zu polemisieren, hatte nicht nur der Polemiker Tucholsky. Die Rechtsbrüche der Rechtspfleger anzuprangern, bedarf es anderer Methoden und Materialien. Was Buchstaben offenbar nicht vermögen, müssen Zahlen dokumentieren und beweisen. Der Mann der Feder bedient sich des Statistikers und Mathematikers Emil J. Gumbel aus Heidelberg. Gumbel hatte 1921 die Auflistung politischer Todesfälle in der Weimarer Republik unter dem Titel: »Zwei Jahre Mord« veröffentlicht und 1922 eine erweiterte Fassung folgen lassen: »Vier Jahre politischer Mord«.

So nehmen sich die nüchternen Zahlen 1921 aus: »Für 314 Morde von rechts 31 Jahre 3 Monate Freiheitsstrafe, sowie eine lebenslängliche Festungshaft.

Für 13 Morde von links 8 Todesurteile, 176 Jahre 10 Monate Freiheitsstrafe.«

Was sich aus solchen Ziffern und Fakten ablesen läßt, heißt Klassenjustiz. Da kann niemand einwenden, hier werde ideologisch oder demagogisch argumentiert, diese Zahlen sprechen für sich und gegen die Rechtsprechung in der Weimarer Republik.

Tucholsky rezensiert die Gumbel-Publikation 1921 unter der Überschrift DAS BUCH VON DER DEUTSCHEN SCHANDE. Eine emotionale Wertung, die abgesichert ist durch statistisch belegte Untersuchungen des Mathematikers Gumbel. Die Schlußfolgerung des Rezensenten in der »Weltbühne« heißt kurz und knapp: »Das ist alles Mögliche. Justiz ist das nicht.«

Es sei denn, eine pervertierte Form von Judikatur, eben Klassenjustiz.

Tucholsky zieht in den folgenden Jahren die Konsequenz und fordert 1926 in seinem großen Abrechnungsartikel DIE EBERT-LEGENDE die Abschaffung dieser Klassenjustiz.

Mangelnde Objektivität der Richter hatte Tucholsky in unzähligen Prozeßberichten nachgewiesen. Sein Resumé aus demselben Jahre heißt: »Das Gericht spricht in einer politischen Strafsache seine ebenso politische Meinung aus. (Wir sollten nicht mehr den Fehler machen, diese Veranstaltungen als Rechtsprechung anzusehen – damit hat diese rein administrative Betätigung nichts zu tun.)«

Der Bürger Tucholsky sieht sich angesichts der Fakten zu dem Eingeständnis gedrängt: »Ich habe nichts gegen Klassenjustiz; mir gefällt nur die Klasse nicht, die sie macht.«

Die Umschreibungen für die juristischen Berufskollegen sind Legion. Er nennt sie die »Unabsetzbaren«, spricht von der »Talarvereinigung Reichsgericht«, attackiert in Versen, Prosa und Sketchen die Paragraphendiener, die allem möglichen zu Diensten sind, nur nicht dem Recht. »Justitia! Ich wein bitterlich: / Du gehst auf einen langen——— ——.« Wird hier durch das Druckbild dem Leser drastisch vorgeführt, was von der richtenden Kaste zu halten ist, findet sich der sonst eher kamerascheue Autor sogar bereit, in eigener Person für eine schlagende Bild-Polemik zu posieren. Er sitzt am Tisch, um ihn herum stehen viele wunderschöne leere Stühle, die Unterschrift zum Photo heißt: »Kurt Tucholsky im Kreise der nicht reaktionären Mitglieder des Reichsgerichts.«

Eine Ablichtung, bei der dem Betrachter ein Licht aufgeht. Sinnfällig fürs Publikum, daß es nicht-reaktionäre Mitglieder des Reichsgerichts überhaupt nicht gab. Das Original des Fotos liegt im Kurt-Tucholsky-Archiv, Reproduktionen befinden sich in K. T. -Bildbänden, auch in der preiswerten Rowohlt-Monographie.

Tucholsky bediente sich in seinem Kampf gegen die eindeutige »Unrechtssprechung« vieler Genres und Gelegenheiten, er prangert sie in Prosa und Poesie an. Mit seiner Kritik steht er nicht allein. Selbst ein so wenig nach links überschäumender Mann wie Stefan Zweig spricht im Zusammenhang mit dem Fall Max Hölz von »Klassenjustiz«.

Max Hölz organisierte 1920 den bewaffneten Kampf der Arbeiter im Vogtland gegen den Kapp-Putsch, 1921 führte er den Mitteldeutschen Aufstand an, im selben Jahr wurde er zu lebenslänglichem Zuchthaus verurteilt. Tucholsky schreibt immer wieder über den eingekerkerten kommunistischen Genossen, den die DDR-Ausgabe einen »Revolutionär mit anarchistischen Tendenzen« nennt. 1925 berichtet K. T. über einen Besuch auf der französischen Gefängnisinsel Château d'If und dabei überwältigen ihn Impressionen ganz eigener Art: »... während ich den braunen Hof so vor mir sehe, muß ich daran denken... daß in meiner Heimat *einer* sitzt, tagaus, tagein, Monate und Jahre in derselben fürchterlichen kleinen Zuchthausstube, allein, allein, allein. Wie lange ist Einzelhaft bei uns statthaft? Zwei Jahre? So habe ich seinerzeit gelernt. Aber was macht sich eine Republik daraus...«

Die Frankreich-Reportage endet: »Unter Friedrich dem Ersten [Friedrich Ebert, G. Z.] sitzen in der deutschen Republik über siebentausend Kommunisten: Hölz an ihrer Spitze.«

Eingekerkert und gefährdet waren nicht nur Kommunisten, manche kamen nicht mit lebenslänglich davon, denen ging es gleich ans Leben. Der entschiedenste Gegner der Monarchie, Kurt Tucholsky muß 1926 feststellen: »Arbeitermorde kann man ableugnen – aus der Welt schaffen kann man sie nicht... Niemals war das Leben Oppositioneller unter dem Kaiser so wohlfeil – ›sie haben uns doch wenigstens nicht totgeschlagen‹, sagte mir Harden eines Tages. Unter Ebert war es möglich. Lügen hilft da nicht.«

Maximilian Harden, Herausgeber der kritischen Zeitschrift »Die Zukunft«, sprach als Betroffener, wegen seiner pazifistischen und republikanischen Haltung hatten 1922 von Nationalisten bezahlte Mordbuben ein Attentat auf ihn verübt, bei dem er mit knapper Not dem Tode entging.

Drei Jahre später nimmt Tucholsky den schwerwiegenden Vorwurf nahezu wörtlich wieder auf: »... aus allen im ›Tagebuch‹ und in der ›Weltbühne‹ und in großen Zeitungen veröffentlichten Zeugenaussagen geht eines klar hervor –: Unter dem Kaiser ist die Achtung vor dem Menschenleben bei der Polizei größer gewesen als sie das heute unter der republikanischen, von Sozialdemokraten dirigierten Polizei ist –!«

Wer den publizistischen Aussagen über den Polizei- und Justizapparat der Weimarer Republik nicht trauen will, kann beim Historiker nachlesen. William L. Shirer, von 1925-1941 amerikanischer Korrespondent in Berlin, Augenzeuge und Geschichtsschreiber, befindet in seinem hervorragend dokumentierten Werk »Aufstieg und Fall des Dritten Reiches« über das Rechtswesen der Ersten deutschen Republik:

»Ein anderer Fehler war das Versäumnis, die Justiz zu säubern. Die Justizverwaltung wurde eines der Zentren der Gegenrevolution. Richter legten das Recht zugunsten reaktionärer politischer Zwecke aus. ›Man kann sich unmöglich der Schlußfolgerung entziehen‹, schreibt der Historiker Franz L. Neumann, ›daß die politische Rechtsprechung eine der schwärzesten Seiten im Buche der deutschen Republik ist.‹ Nach dem Kapp-Putsch vom Jahre 1920 leitete die Regierung ein Hochverratsverfahren gegen 705 Personen ein; nur einer, der Polizeipräsident von Berlin, wurde verurteilt – zu fünf Jahren ›Festung‹. Als der preußische Staat ihm seine Pension entzog, entschied das Reichsgericht in entgegengesetztem Sinne. Im Dezember 1926 wurde General von Lüttwitz, dem militärischen Führer des Kapp-Putsches, von einem deutschen Gericht die Nachzahlung seiner Pension nicht allein für die Zeit, in der er sich gegen die Regierung erhoben hatte, sondern auch für die fünf Jahre zuerkannt, die er, einem Gerichtsverfahren sich entziehend, in Ungarn zugebracht hatte.«

Wiederum überzeugende Fakten und Zahlen, die hier etwas so Unmathematisches wie Justiz darlegen helfen. Sage mir, wieviel Pension du für welche Leute auswirfst und ich sage dir, was für eine Republik du bist.

Shirer macht auch die Gegenrechnung auf und die Resultate sind gar nicht schön: »Dagegen wurden Hunderte von liberalen Deutschen wegen Hochverrats zu langjährigen Gefängnisstrafen verurteilt, weil sie in der Presse oder in öffentlicher Rede die fortgesetzten Verstöße der Reichswehr gegen den Versailler Vertrag enthüllt oder angeprangert hatten. Der Hochverratsparagraph fand rücksichtslose Anwendung auf Anhänger der Republik, während Leute der Rechten, die die Republik zu stürzen versuchten, entweder frei ausgingen oder mit leichtesten Strafen davonkamen, wie zum Beispiel Adolf Hitler. Selbst Attentäter, wenn sie der Rechten angehörten und ihre Opfer Demokraten waren, wurden von den Gerichten milde behandelt. Häufig kam es auch vor, daß ihnen Reichswehroffiziere oder Rechtsradikale zur Flucht aus der Haft verhalfen.«

Einschätzungen, die Tucholskys frühe Justizkritik bestätigen. Er leistete im Augenblick des Geschehens, was der Geschichtswissenschaftler im Abstand der Zeit genau so kritisch wertete.

Dagegen nehmen sich die Argumente von J. C. Fest in seinem kenntnis- und faktenreichen Buch »Das Gesicht des Dritten Reiches« etwas dünnblütig aus, wenn er schreibt: »Das Versagen der Institutionen [des Weimarer Staates, G. Z.] war weniger in der untauglichen strukturellen Konzeption als vielmehr im Versagen der Menschen begründet, die diese Institutionen handhabten... der eher prinzipielle Fehler lag aber vermutlich in der Überschätzung des Menschen überhaupt, so daß dem Staat schließlich alle guten Ansätze unversehens zum Unglück ausschlugen.«

Die guten Ansätze, die beispielsweise in der Beibehaltung des reaktionären Justizapparates bestanden, der sich von Anbeginn als Zentrum der Gegenrevolution erwies?

Wo handfeste ökonomische und Klasseninteressen wirkten, klingt der Rückzug auf »menschliches Versagen« sonderbar beschönigend.

Tucholsky spürte von jeher abgrundtiefes Unbehagen beim ungehemmten Gebrauch der »menschlich«-Floskeln, die Formulierung »Überschätzung des Menschen überhaupt« hätte er sicher mit Vergnügen in seinen kritischen Katalog aufgenommen.

Die Bundesrepublik setzt sich publizistisch zum Teil mit der Weimarer Republik auseinander, zum Teil von ihr ab, zum Teil mit ihr in Parallele. Verweise auf die Vorgängerin gelingen nicht immer, Genauigkeit scheint hier Glückssache zu sein.

Werner Höfer gab 1975 einen couragierten Sammelband heraus: »Knast oder Galgen«, Untertitel: »Gewaltverbrechen und Strafvollzug zwischen Urteilsfindung und Volksempfinden – Kontroverse zwischen Betroffenen, Beteiligten, Berufenen«. Im Mittelpunkt der aufschlußreichen Anthologie steht die Diskussion über die Todesstrafe, Befürworter und Gegner erhielten ein Forum.

Ein glühender Verfechter der Exekution, Richard Jaeger, vormaliger Justizminister in Bonn, Kopf-ab-Jaeger genannt, verweist in seinem Beitrag auf die Modalitäten der Todesstrafe in der Weimarer Republik, die laut Verfassung in Einzelfällen Todesurteile verhängte.

Jaeger schreibt: »Zudem kam auch in der Weimarer Republik die Mehrheit der Mörder ins Zuchthaus und nicht zur Hinrichtung.«

Die Mehrheit welcher Mörder?

Nach der erweiterten Gumbel-Liste von 1922 betrug die Gesamtzahl der von Linksradikalen begangenen Morde 22 (gegenüber 326 von Rechten an Linken begangenen ungesühnten Morden). Wie sah die Strafzumessung aus? Von den über 300 Tätern aus dem rechten Lager faßte man 28, Dauer der Haft durchschnittlich vier Monate.

Bei den Linken war der Polizei mehr Glück beschieden. Es gelang ihr, von 22 Tätern 18 zu verhaften, acht wurden zu je 15 Jahren Zuchthaus verurteilt, zehn hingerichtet.

Eine eindeutige Mehrheit Linksradikaler also, an denen man die Exekution auch tatsächlich vollzog.

Kurt Tucholskys erste gedruckte justizkritische Arbeit, 1912 unter dem Titel HINRICHTUNG veröffentlicht, ist ein großes szenisches Plädoyer gegen Exekutionen. Er lehnte den Henker gleichermaßen bei politischen und kriminellen Mord-Delikten ab.

Auch die hohe Zahl der Erschossenen und Erschlagenen – Liebknecht, Luxemburg, Kurt Eisner, Gustav Landauer, der Pazifist Hans Paasche, die USPD-Politiker Hugo Haase und Karl Gareis, der Zentrumsmann Erzberger, der demokratische Außenminister Rathenau – läßt Tucholsky nicht von diesem Prinzip abweichen. Klaus-Peter Schulz wertet sehr richtig: »Selbst der überzeugteste Anhänger von Toleranz und Humanität hätte ob dieser furchtbaren Zustände fast zwangsläufig in einen förmlichen Blutrausch geraten und Todesurteile am laufenden Band gegen das Mordgesindel verlangen müssen.«

Tucholsky fordert nicht Rache an den gedungenen, bezahlten Mordbuben, an den von einer reaktionären Presse aufgehetzten Attentätern, ihm geht es vielmehr um die Auflösung der illegalen Femeverbände und eine Reform der mit ihnen paktierenden Justiz, die die Bluttaten von rechts ungesühnt läßt und im Klasseninteresse nur nach links schlägt.

Daß die Massen sich nicht dagegen wenden, erfüllte Tucholsky mit tiefer Trauer, 1922 schreibt er die erschütternden Verse: »Seit vier deutschen Jahren / schießt man uns einen nach dem andern ab. / Allein in Krach und Not und in Gefahren. / Schon liegen unsre Besten still im Grab. / Wo seid ihr, Freunde? Müssens nur wir tragen? / Für wen wird eigentlich dieser Kampf geschlagen. / Bleibt das nun so? Ists nur ein Provisorium? / Wir stellen immer uns allein heraus. / Ein paar acteurs. Ein Riesen-Auditorium. / Sie sehn nur zu. Tun nichts. / Und gehn nach Haus.«

Das Gedicht heißt ZUSCHAUER, es faßt eine Haltung der deutschen Volksmehrheit in Strophen, die der bedeutende Historiker Arthur Rosenberg in seinem Buch »Entstehung der Weimarer Republik« in nüchternen Sätzen so charakterisiert: »Die Parlamentarisierung Deutschlands ist nicht vom Reichstag erkämpft, sondern von Ludendorff angeordnet worden. Diese Art von Revolution ist in der ganzen Weltgeschichte ohne Beispiel.«

Ein paar acteurs also, die den Novemberumsturz trugen, ein Riesenauditorium, das den Aktionen seiner Führer genauso wie ihrer Abschlachtung zuschaute. In späteren Jahren zeigen sich die Folgen der Tatsache, daß die Besten still im Grab lagen und die Übriggebliebenen außerstande waren, der aufkommenden Hitler-Bewegung und ihrem Kampf gegen die »Novemberverbrecher« wirksam zu begegnen. Das Großbürgertum hofierte die Nazis, das Kleinbürgertum applaudierte, die Bauern neigten nach rechts, die Proletarier reagierten anfällig auf reaktionäre Demagogen, weil man sie ihrer besten theoretischen Köpfe beraubt hatte, die Richter sabotierten die Ereignisse von 1918. Das von Shirer und vielen anderen als Geburtsfehler der Weimarer Republik konstatierte Versäumnis, den Justizapparat zu erneuern, verurteilte auch die wenigen korrekten Richter dieser Jahre zur Handlungsunfähigkeit und Unwirksamkeit. So den Rechtsphilosophen Gustav Radbruch, der sich wochenlang hatte einsperren lassen, um am eigenen Leibe zu erfahren, was Freiheitsentzug bedeutet. Radbruch, seit 1921 Justizminister der Ersten Deutschen Republik, »kann«, wie Tucholsky 1922 bitter anmerkt, »nicht helfen – denn was vermag einer gegen so viele? Sie pochen alle auf eine Unabhängigkeit des Richterstandes, die nicht da ist: denn kein Mensch wandelt in der Luft, sondern ist im Fühlen, Denken und Meinen Produkt seiner Klasse.«

Nützliche Aktivitäten wurden schon im Ansatz zunichte gemacht. 1926 berichtet Tucholsky von einer Besichtigungsreise, die Parlamentarier durch die Gefängnisse unternahmen, »...so war die halbe Wirkung selbstverständlich von vornherein sabotiert: die Reise war angekündigt. Kein Volksvertreter hat das Recht, unangemeldet ein Gefängnis zu inspizieren.«

Gleichwohl ergab der Augenschein »die schlimmsten und abscheulichsten Mißstände, anerkannt von Demokraten, ja, selbst von Sozialdemokraten.«

Er zählt auf, was die Volksvertreter antrafen: überfüllte, stinkende, alte Gefängnisse; Beamte, die aus Schikane verhindern, daß die Häftlinge in moderne, kaum zur Hälfte besetzte Häuser überführt werden und niemand zieht die Verantwortlichen dafür zur Rechenschaft.

Abschließend ironisiert Tucholsky: »Was wird nun geändert? Die Volksvertreter treten in Erwägungen ein, und die Eingesperrten abends wiederum in die nach Fäkalien duftende Zelle. Schade, daß man sie nicht austauschen kann.«

»E. E. Kisch«, schreibt Tucholsky 1930, »hat eine Eigentümlichkeit, die ich immer sehr bejaht habe: er sieht sich in fremden Ländern allemal die Gefängnisse an. Denn maßgebend für eine Kultur ist nicht ihre Spitzenleistung; maßgebend ist die unterste, die letzte Stufe, jene, die dort gerade noch möglich ist.«

Der Strafvollzug als Symptom für Zivilisation und Demokratisierung eines Volkes, ein Grundsatz, der durch die Jahrzehnte nichts von seiner Aktualität eingebüßt hat, ebensowenig wie das Prinzip Tucholskys: »Zu fordern ist, immer wieder: das Recht für die Rechtsbrecher.«

Wie verschieden dieses Recht gehandhabt wurde, hat er immer wieder nachgewiesen. Wie verschieden die Judikatur in den einzelnen europäischen Ländern gehandhabt wird, erhellt ein Beispiel aus Frankreich. Dort müssen Richter, die ein Fehlurteil gefällt haben, drei Jahre lang Trauerrobe tragen. Hätte man diesen strengen Maßstab bei den Unabsetzbaren der Weimarer Republik angelegt, wären deren Juristen aus den Trauerroben überhaupt nicht mehr herausgekommen.

Das Exempel der Trauerroben findet sich nicht bei Tucholsky, der indessen auf anderen Gebieten eine Reihe Vergleiche zwischen der deutschen und der französischen Rechtsprechung zieht. 1925 berichtet er von einem Prozeß, bei dem sich der konservative Journalist Charles Maurras (Action Française) vor Gericht zu verantworten hatte: »Welch ein Unterschied zu deutschen Strafkammern! Nichts von diesem albernen Getue, das sich bei uns erhebt, wenn ein geistiger Mensch vor Gericht steht. Hier wissen die Richter selbstverständlich, wer Charles Maurras ist. Hier wird nicht gespielt: ›Sie sind also Schriftsteller – und da schreiben Sie so Artikel gegen Bezahlung, wie?‹ Hier zieht nicht dünkelhafte Ignoranz die Augenbrauen hoch, weil ein nichtbeamteter Bürger an den Maßnahmen eines Ministers Kritik zu üben wagt. Kein Zweifel, daß der Publizist das Recht hat, zu kämpfen – ob er sich strafbar gemacht hat, wird man ja sehen. Nicht diese Eiseskälte, die Ungehörigkeit, die sich als Würde gibt...«

Der Zorn kommt nicht von ungefähr. Tucholsky hat an vielen Strafprozessen teilgenommen, meist als Beobachter, einige Male als Betroffener. Eine Verhandlung schildert er unter dem Titel ERINNERUNG im Jahre 1925, da lag das Justizereignis reichlich zwanzig Monate zurück. Der Autor stand damals gemeinsam mit Siegfried Jacobsohn vor Gericht – »Die Sache lag nicht gut –: wir waren im Unrecht.«

Das »Delikt« war nicht gewaltig. Tucholsky hatte in einem Bericht übers Militär zwei Namen durcheinandergeworfen, »eine Mißhandlung, die nach dem Reichstagsbericht ein Offizier begangen haben sollte, seinem Kommandeur in die Reiterstiefel geschoben«.

Der Autor veröffentlichte eine Berichtigung, sandte sie an den zu Unrecht beschuldigten Obersten und bat ihn um Verzeihung, die Reichswehr erhielt eine Kopie des Entschuldigungsbriefes, gleichwohl nahm sie die Klage nicht zurück. Tucholsky war sein Versehen sehr peinlich, er meinte, es gutgemacht zu haben, doch die Prozeßmaschinerie lief und so saßen der »Weltbühnen«-Herausgeber und sein Mitarbeiter als Angeklagte in Berlin-Moabit.

Ich gebe den Erlebnis-Erfahrungsbericht Tucholskys ausführlich wieder, weil er über den einigermaßen läppischen Anlaß hinausreicht und Typisches über die damalige Rechtspflege enthält, zugleich aber, gespiegelt durch Tucholskys Temperament, sehr farbig ist:

»Auf dem Platz des Vorsitzenden saß ein Greis, mit unangenehm grünlichen Augen, die Hände fielen mir auf, weiche, mißgestaltete, kellerkartoffelweiße Greisenfinger... Im Zuhörerraum saß mein Leibspitzel: fürchterlich, wie immer, anzusehen, in Räuberzivil... Dann begann das Verhör. Nein, es begann gar nicht. Dieser Richter redete ohne Aufhören anderthalb Stunden. Ich hatte so etwas noch nie in Moabit gesehen: ich kannte den ironischen Richter, den bösen Richter, den gleichgültigen Richter (dieser kam am häufigsten vor), den gereizten Richter, den ritterlichen Richter (dieser am seltensten) – hier war der redende Richter. Er redete, redete und redete. Zu Beginn seiner Rede, die abwechselnd ein Plädoyer, ein politischer Leitartikel und ein Monolog war, rügte er die Handhaltung des Herausgebers. Der hatte, weil er seit einer Scharlacherkrankung in der Kindheit auf einem Ohr schwerhörig ist, und weil der alte Mann nicht sehr deutlich sprach, die Hand am Ohr. Das schien durch die Strafprozeßordnung verboten. Er verbot es.«

Das muß man voll auskosten: Es wird Siegfried Jacobsohn in Moabit vor Gericht verboten, seine Hand zwecks besseren Verstehens des anklagenden Juristen an seine Ohrmuschel zu halten.

Nicht grundlos wählt Tucholsky als Motto für seinen subjektiven Erfahrungsbericht mit Berliner Talarträgern diese Sätze aus Kleists berühmtem Theaterstück »Der zerbrochene Krug«: »›Leg die Hände an die Hosennaht wie du es gelernt hast!‹ Deutsches Rechtssprechungsorgan zu einem zwölfjährigen Kinde.«

Zwar verlangte der Berliner Richter nicht, daß Jacobsohn und Tucholsky seine lange Rede mit den Händen an der Hosennaht anhörten, aber er hatte eine Menge Einwände gegen die Haltung der beiden Angeklagten: »...er ließ uns vor die Anklagebank treten... und rügte nun der Reihe nach: Blickrichtung, Gesichtsausdruck und, am schärfsten, daß ich hier und da Stichworte seiner Riesenrede notierte. Ich: ›In einem Presseprozeß wird es sich wohl nicht ganz vermeiden lassen, Notizen zu machen.‹ Er: ›Ich weiß, was Sie damit sagen wollen. Dies ist aber kein Presseprozeß – dies ist ein ganz gewöhnlicher Beleidigungsprozeß!‹ Es war weder das eine noch das andre, sondern ein Strafprozeß. Nein, es war kein Strafprozeß. Es war eine Richterrede.«

Hier spricht der Dr. jur. Kurt Tucholsky und gleichzeitig der Satiriker. Unmöglich war es, über dieses Verfahren keine Satire zu schreiben. Tucholsky gedenkt aber sogleich der Leute, die in die Justizmühle geraten ohne genügend Vorkenntnis und einschlägige Erfahrung: Der Vorsitzende »provozierte... unaufhörlich, ohne Ermatten, stichelte, schlug, kritisierte... Hätte da ein Proletarier gestanden, mürbe gemacht durch Untersuchungshaft, hätte da einer gestanden, der den Rummel nicht kannte –: er hätte sich sicherlich zu irgendeiner guten und treffenden Bemerkung hinreißen lassen. Das wäre eine Freude gewesen...! Wir konnten dem Mann diese Freude leider nicht machen.«

Freilich, beim geringsten Einwurf hätte der »kellerkartoffelweiße Greisenfinger-Vorsitzende« den Angeklagten gar zu gern eine Zusatzstrafe wegen Beleidigung des Gerichts aufgebrummt. Jacobsohn aber, der ohne die helfende Hand am Ohr ohnehin wahrscheinlich nur noch die Hälfte verstand, und Tucholsky aus kluger Einsicht in die Gerichtsmechanismen ließen alles über sich ergehen, so auch noch die Verlesung des inkriminierten K. T.-Artikels. Bei der Schilderung dieser Delikatesse artikuliert sich wieder der Satiriker: »Das ist immer ein ganz besonderer Spaß. Ich habe schon viele Artikel von mir vor Gericht verlesen hören: immer bewunderte ich bei den Rezitatoren den Schmelz der Diktion, den vollendeten Stumpfsinn, mit dem sie über wichtige und unwichtige Stellen stolperten und vor allem den stets neuen Anlauf, den sie vor einem Fremdwort nahmen. Die Augen kugeln langsam aus dem Kopf: was wär denn jetzt dös? hö – ruck! ›Die... die psich... psich... Psichanaliese...‹ – da wären wir glücklich drüber weg.«

Böse? Natürlich böse! Tucholsky hatte nichts weniger als einen Bildungsdünkel, sein Artikel über die HOCHTRABENDEN FREMDWÖRTER beweist das ebenso wie viele andere Arbeiten. Wenn sich aber ein Gericht daranbegibt, mit Intellektuellen zu rechten, sollte man einen Mindestkonsens über den Verhandlungsgegenstand erzielen können, wozu auch gehörte, daß die von juristischer Seite Beteiligten das zugegeben schwierige Wort Psychoanalyse vom Blatt zu lesen vermögen.

Vom deutschen Richter zu verlangen, daß er sich im einzelnen und allgemeinen mit Schriftstellern auskennt und der einfachen Tatsache, daß die ihr Geld durch Schreiben verdienen, hatte Tucholsky um diese Zeit wohl schon aufgegeben. Vergeblich fand er auch die Anstrengung, den Paragraphendienern in Berlin klarzumachen, daß ein Publizist das Recht hat zu kämpfen und sich später eventuell herausstellen kann, daß er sich in Einzelheiten geirrt oder strafbar gemacht hat.

Genau diesen Spielraum gewährten französische Gerichte dem Autor, vor ihnen wäre sicher auch keinem Menschen die kleine Freiheit verwehrt worden, die Hand ans Ohr zu legen. *Ungeist* der deutschen Justiz, wie er sich hier in vielfacher Hinsicht zeigte.

Der Richter monierte denn auch nicht nur die Körper-, sondern auch die Geisteshaltung der Delinquenten. Ihm paßte die ganze Richtung nicht. Längst war die falsche Anschuldigung des einen Reichswehroffiziers außer Betracht, der Greis mit den unangenehm grünlichen Augen war vom Einzelnen ins Allgemeine geraten, er, so Tucholsky, »sprach und sprach ... Ich habe längst wieder vergessen, was er uns alles erzählte – behalten habe ich nur noch: daß wir nicht berechtigt wären, über so große Männer wie Ludendorff zu urteilen, das werde in hundert Jahren die Geschichte für uns tun, wir stünden den Ereignissen viel zu nahe, um über sie aussagen zu können. (Ich beschloß, fortan nur noch Artikel über die viehischen Roheiten der Hexenrichter zu verfassen.)«

Der Prozeß wurde erst einmal vertagt. Tucholsky betont ausdrücklich, daß nicht Ressentiment aus ihm spreche, weil er in Moabit auf die Anklagebank mußte, zumal er im anstehenden Fall tatsächlich kein gutes Gewissen hatte. »... ich fühlte mich schuldig, doppelt: weil ich einen unschuldigen Mann beschimpft hatte, und weil ich den Herausgeber Geld und – was für ihn viel schlimmer ist – Zeit gekostet hatte. Er hat es mir nie vorgeworfen.«

Dafür warf der sonst mit seinem besten Mitarbeiter so vorzüglich harmonierende Jacobsohn ihm ein Jahr später etwas anderes vor: »Ungerechtigkeit im Urteil« – über die Justizbeamten.

Alf Enseling zitiert dies aus einem Brief von Jacobsohn an K. T., in dem er weiter »berichtete, daß von seinen vierzig Richtern nur zwei dem Richterbild Tucholskys entsprochen hätten, die übrigen aber seien ›human, urban, objektiv und nicht unausstehlich‹, ja manche solche Prachtexemplare gewesen, daß er ihnen ›nach dem Tode und zu Lebzeiten Hymnen gesungen‹ habe«.

Das ist nun ein interessanter Aspekt und erinnert ein wenig an die divergierenden Einschätzungen über Schulzeit und Lehrer, die wir einerseits von Tucholsky und andererseits von seinen Mitschülern im Französischen Gymnasium besitzen. Erwies sich der Autor tatsächlich immer als so empfindlich, daß seine Hypersensibilität ihn zu »Ungerechtigkeiten« verführte?

Der Herausgeber fand von 40 Richtern, mit denen er zu tun hatte, nur zwei kritisierenswert, es ist anzunehmen, daß er zu den beiden negativen den Vorsitzenden zählte, der ihm verboten hatte, die Hand ans Ohr zu legen, doch bleibt sein Einwand gegen die zu große Rigorosität des Justizkritikers bedenkenswert. Möglicherweise sah dieser auch den Bereich der Judikatur mit dem scharfen Blick des Satirikers, der Nuancen vernachlässigen muß, um den Typus zu treffen, der Typus aber war zweifellos in dieser Zeit der ungerechte Richter.

Überdies scheint sich Alf Enseling angesichts der Kluft, die er durch das einzige Briefzitat zwischen Jacobsohn und Tucholsky aufgerissen hat, nicht recht wohlzufühlen. Im nächsten Absatz schüttet er die Kluft durch diese Aussage wieder zu: »Einig war man sich allerdings in der Meinung, daß die Verhandlungsmethoden und der Strafvollzug zu reformieren seien.«

Der Substanz nach hat Tucholsky auch nie etwas anderes verlangt. Ihm zur Seite standen für Rechtsprechungs- und Richterkritik in der »Weltbühne« der ebenfalls fachkundige Kurt Hiller und Alfons Goldschmidt (beide Schüler und Doktoranden des berühmten Juristen Franz von Liszt), außerdem Tucholskys früherer Repetitor, der sich für seine Artikel im »Blättchen« des Pseudonyms »Vindex« bediente.

Ihnen allen gemeinsam jedoch gelang es nicht, die von der »Weltbühne« propagierten Ziele für eine wirkliche Änderung im Justizapparat der Weimarer Republik durchzusetzen. Dazu hätte gehört: die Richter wählbar und absetzbar zu machen, die Todesstrafe sowie alle Arten von Sondergerichten abzuschaffen, zudem ein neues und modernes Sexualstrafrecht zu erreichen.

Diese Prinzipien wurden nicht verwirklicht.

So verwundert es nicht, wenn Tucholsky ironisch zusammenfaßt, was den Richtern zu tun bliebe: »Die Kammer schreibt dem Angeklagten eine Postkarte, ungefähr folgenden Inhalts: ›Sehr geehrter Herr, wir haben Sie heute wegen Diebstahls zu drei Monaten Gefängnis verurteilt. Hochachtend Die Strafkammer.‹ Da weiß man doch. Der andre Modus lohnt kaum das Fahrgeld.«

Das Postkartensystem wird von Tucholsky so ironisch wie verzweifelt immer wieder in Betracht gezogen, da die Richter-Riege »... belastet durch einen Wust von Einzelheiten und historischem Wissen, nichts als gegeben hinnimmt, nicht heilt, wenn man sie zu Hilfe ruft, nie aktiv ist, sondern – in der Nase bohrend – geruhig meditiert, einhertrottelt. Jurisprudenz.«

Wenn der Richter sowieso nur nach seinen angeborenen, anerzogenen Vorurteilen urteilt, kann man gleich auf eine Verhandlung verzichten, die konkreten Tatumstände des Delinquenten werden aufgesogen von sturen Paragraphen, also schlägt man nur nach, stellt die Ziffer fest und teilt das Resultat auf einer Postkarte mit.

»Juristerei«, meinte der kritische Dr. jur. schon sehr früh, »ist keine Wissenschaft. Sie ist bestenfalls ein Handwerk. Aber Richten und Entscheiden ist oft mehr: das ist eine Kunst.«

Übrigens scheint nicht nur Tucholsky unter den vielen Stümpern im Talar gelitten zu haben, sie sind und waren wohl auch kein nur deutsches Problem. 1925 stellte ein gewiß unverdächtiger Zeitgenosse Tucholskys, der damals höchste Richter Englands, auf einem Kongreß in London fest: »Lassen Sie uns nicht vergessen, daß die Hälfte aller zu harten Gerichtsurteile in dem mangelhaften Einfühlungsvermögen, d. h. der Unfähigkeit der Richter, sich in die Seele des Täters hineinzuversetzen, ihren Grund hat.«

Diese Aussage aus berufenem Munde entspricht durchaus den Intentionen des Publizisten, der sicher nicht aus Rechthaberei ständig mit den Richtern rechtete und etwa nur Verletzungen seines Rechtsempfindens signalisierte, wenn er sein Linksempfinden tangiert sah, auch in sogenannten politisch neutralen Verfahren blieb ihm nichts übrig als zu konstatieren, daß die Juristen den Karren zielsicher in den Dreck führen.

Ob ziviler oder politischer Prozeß, Tucholsky hatte an den Unabsetzbaren viel auszusetzen. Ich möchte seine Einwände hier in einem U-Katalog zusammenfassen, der sich so ausdrücklich bei K. T. nicht findet, seinen Justiz-Berichten aber zu entfiltern ist. Tucholsky liebte Tabellen, wie die Lektüre seiner Schriften zeigt, manche davon wurden schon zitiert, hier wird eine konstruiert:

Ungeduld (dem Angeklagten gegenüber)	K. T.-Text: »Vor allem wirkt der deutsche Richter wie einer, der seinen Beruf als Berufsstörung auffaßt.«
Unlust	K.T.-Text: »Man hat von diesen zweifellos zu schlecht bezahlten Beamten den Eindruck... daß sie nichts als das eine und einzige Bestreben haben: möglichst rasch fertig zu werden.«
Ungehörigkeit	K.T.-Text: »... während der Aussagen und der Plädoyers nicht zuzuhören, ungeduldig mit den Fingern auf dem Tisch herumzutrommeln, wenn der Verteidiger etwas zu sagen wagt...«
Unart (Die Richter drehen dem Angeklagten das Wort im Munde herum. Fürsorgezöglinge müssen sich vor Gericht verantworten, weil sie einen Heimleiter tätlich angriffen. Der Hauptangeklagte sagt:)	K.T.-Text: »›Es gab zwar genug zu essen, aber es wurde sehr schlecht gekocht.‹ Mit diesem Satz will sich der junge Mann verteidigen und das ist sein Recht. Darauf der Vorsitzende: ›Es gab wohl nicht genügend Delikatessen?‹«
Ungezogenheit	K.T.-Text: »... das charakterisiert nur die Dienstauffassung dieser Juristen ... sie belehren und erzie-

hen mit solch ungezogenen Bemerkungen, die ihnen nicht zustehen, ein ganzes Volk, das sich zuviel gefallen läßt.«

Unwillen
(der Richter, die ökonomische Situation der Angeklagten zu begreifen. Ein Straßenhändler hat seinem Freund 42 Mark geklaut. Das betrachten die Talarträger als strafverschärfend, weil jemand bestohlen wurde, der selbst nicht reich ist.)

K.T.-Text: »Wahrscheinlich glaubt der Richter, daß sich Straßenhändler bei Diebstählen an ein Vorstandsmitglied der Dresdner Bank zu halten haben...«

Unhöflichkeit
(Auf der Zeugenbank sitzt ein Stubenmädchen, das vergewaltigt worden sein soll.)

K.T.-Text: »Bei diesen Juristen gibt es das Prädikat ›Herr‹ und ›Frau‹ nicht... Der Prozeß wird von der Staatsanwaltschaft geführt, um das Rechtsgut einer Verletzten zu schützen... Was aber die gesamte Besatzung nicht hindert, diese zu schützende Zeugin dauernd ›die Heinrich‹ zu nennen.

Umgangsformen
(Bei denen sich die Jura-Absolventen über die Leute täuschen, von denen sie in Wirklichkeit bezahlt werden.)

K.T.-Text: »Kein Talar berechtigt zu Umgangsformen, die einfach eine Ungezogenheit sind und eine Nichtachtung derer, die durch ihren Lohnabzug zum Gehalt der beamteten Juristen beitragen.«

Unfertigkeit
(der Referendare, die frisch in den Beruf eintreten)

K.T.-Text: »Die technische Unfertigkeit des Neuen... und... die Tatsache, daß die andern länger da sind als er, setzen ihn zunächst in die schwächere Position... wobei das ›Wir haben das hier immer so gemacht‹ und ›Ich gebe Ihnen die Weisung‹ dominierende Rollen spielen...«

Ungenügende Universitätsausbildung

K.T.-Text: »Ihr müßtet nur einmal die Vorlesungen eines preußischen Professors über Staatsrecht mitangehört haben... ›Der Staat ist mächtig, allmächtig, heilig, verehrenswert... vor allem: er trägt vor niemand eine Verantwortung!«

Ungleichheit
(vor dem Gesetz) Wilhelm Frick, Oberamtmann, ehem. Leiter der bayerischen Polizei

K.T.-Text: »Bezeichnet Redakteure eines USP-Blattes als ›Schweinehunde‹ – 200 Mark Geldstrafe.«

Der USP-Redakteur Bergholz hat in einem Artikel

K.T.-Text: »...den Ausdruck ›Klassenjustiz‹ gebraucht. [Strafe] 5 Monate Gefängnis.«

Untertanengeist
(Wird erreicht in vier Referendarsjahren, wo der Richtergeselle bei der Staatsanwaltschaft arbeiten darf.)

K.T.-Text: »Dort lernt er... die schneidige Redeweise, die tiefe Verachtung des Pöbels, und weil er niemals aus seiner Klasse, dem Mittelstand, herauskommt, bildet er sich... ein, dessen Ansichten und Gebräuche seien die ewigen Gesetze der Welt. Und dann wird er Richter... Ein Untertan bleibt ein Untertan, auch wenn er den Talar anzieht und sich eine weiße Binde vorklebt.«

Ununterbrochenes Stehen
(der Angeklagten vor dem Richter, wie es in den meisten Verhandlungen verlangt wird)

K.T.-Text: »...soll wohl die Wehrlosigkeit des Angeklagten nach außen so recht manifestieren, seine Subordination... nach der Melodie: ›Vor allen Dingen stehen Sie mal auf, wenn Sie mit mir reden!‹«

Urteile
(sind nicht sachlich begründet, sie sausen auf den Angeklagten herunter, hervorgerufen durch einen wirren Knäuel von Reizworten, die den Richter nicht juristisch, sondern politisch reagieren lassen.) Die Reizworte heißen:

K.T.-Text: »Bolschewismus – Proletarier – Sozialdemokratie – Erzberger – Juden – Gewerkschaften – Streikende – Dadaismus – Republik – Betriebsräte – die neue Zeit.«

Justizkritik war ein ständiges Thema bei Kurt Tucholsky, aber nicht etwa seine fixe Idee. Abnutzungs- und Ermüdungserscheinungen sind dennnoch nicht zu leugnen. Lisa Matthias sagt es im lockeren Lottchen-Ton: »Tucholsky war ein unerhört vielseitiger Skribent und konnte... seine Leser nicht nur mit Frauengeschichten und Anklagen über die verfahrene Justiz unterhalten.«

Hier sind Reihenfolge und Wertigkeit verdreht, die justizkritischen Arbeiten nehmen im Werk viel breiteren Raum ein als alle »Frauengeschichten« und vor diesen hätte bei einem korrekten Themenkatalog noch immer Tucholskys Kampf gegen den Militarismus und für einen radikalen Pazifismus zu rangieren, doch enthält die Matthias-Anmerkung ein Körnchen Wahrheit: Der durch Jahrzehnte anhaltende Wiederholungszwang seiner Justizkritik drängte den Publizisten in die Rolle des Sisyphos. Immer von neuem wälzte er den Stein des Anstoßes, der ihm die deutsche Judikatur war, den Berg hoch und immer von neuem lag ihm dieser Stein im Weg.

Die tiefe Kluft zwischen Gesetz und Mensch beschäftigt Tucholsky noch in seinen letzten Notizen. In den Q-TAGEBÜCHERN findet sich unter dem 27. 9. 1934 dieser Satz: »Es gibt einen Polizeigeist. Kein Wunder. Kein Jurist lehrt auf einer Universität, was gesunder Menschenverstand... ist.«

Zuvor hatte der Dr. jur. in vielen Artikeln geschrieben, wo und wie für ihn die Differenz zwischen Bürger und Bürgerlichem Gesetzbuch manifest wurde. 1927 heißt es in einer großen resümierenden Analyse unter dem Titel: DEUTSCHE RICHTER: »Es gibt kein staatliches Recht des Strafens. Es gibt nur das Recht der Gesellschaft, sich gegen Menschen, die ihre Ordnung gefährden, zu sichern. Alles andere ist Sadismus, Klassenkampf, dummdreiste Anmaßung göttlichen Wesens, tiefste Ungerechtigkeit.«

Der von Tucholsky schon im Jahre 1922 aufs Korn genommene Wilhelm Frick verdient eine Fußnote. Bei Shirer erfahren wir über den bayerischen Oberamtmann: »Er war der Typ des deutschen Beamten. Vor 1923 war er in München einer von Hitlers Spitzeln im Polizeipräsidium gewesen, wofür ihm der Führer stets dankbar blieb... auf Hitlers Anregung hin übernahm er als erster Nationalsozialist ein Ministeramt, und zwar in Thüringen.«

In dieser Funktion (Minister für Inneres und Volksbildung) notiert ihn Tucholsky 1931 noch einmal: »Frick paßt [in Weimar] auf...« Er paßte nicht nur auf, der Herr Minister, er tat auch wirklich etwas für die »Volksbildung«, indem er 1930 an Thüringer Schulen nationalistische Gebete, sogenannte Fricksche Gebete, einführte. Wie früh da die ersten Sprossen der NSDAP-Leiter erklettert wurden, registrierte Tucholsky aufmerksam. Herr Frick nannte USPD-Redakteure nicht nur Schweinehunde, er empfahl dem Betriebsrat schon 1922: »Geht ihnen doch an die Kehle!«

Beide Äußerungen »ahndete« die Republik mit 200 M Geldstrafe. Frick leitete später die Reichstagsfraktion der NSDAP, und machte Karriere als Reichsinnenminister, ein Mann, dessen »Treue zu Hitler nichts erschüttern konnte«. (Shirer) Endlich ging es dem Typ des deutschen Beamten selbst an die Kehle: Er wurde am 16. Oktober 1946 im Nürnberger Kriegsverbrecherprozeß durch die Alliierten zum Tod am Galgen verurteilt.

Der frühe Nazi hatte immerhin ein Alter von fast siebzig erreicht, als man ihn hängte. Der frühe Warner Tucholsky starb an ihm und seinesgleichen schon mit fünfundvierzig Jahren.

Goldene zwanziger Jahre in Berlin

Der Berliner kennt, laut Tucholsky, erstaunlicherweise ein erzählendes Futurum. »Ick komm die Straße langjejangn – da wird mir doch der Kuhkopp nachbrilln... Na, da wer ick natierlich meinen linken Jummischuh ausziehen un ihn an Kopp schmeißn...«

Der Berliner kennt überdies, auf den ersten Blick nicht erstaunlich, eine große erzählende Vergangenheit. Wir alle trauern um das einstige Berlin, die Hauptstadt Deutschlands, kultureller Mittelpunkt, Herz und Schnauze wie Schandschnauze des Vaterlandes. Schandschnauze ist hier durchaus liebevoll gemeint, »wir Berliner«, sagt Tucholsky in schöner Solidarität, »neigen zu einer natürlichen Respektlosigkeit«. Die kann sehr nützlich sein, bringt Individuum und Institution aufs Normalmaß zurück, läßt die Bäume nicht in den Himmel wachsen. »Haben Sies nicht ne Nummer kleiner?« ist nicht nur eine typische Tucho-Frage, sie ist bezeichnend für den schnodderigen Hauptstadtbewohner, der sich so leicht kein X für ein U vormachen, sich nicht lackieren läßt, er durchschaut mit angeborenem Mißtrauen alles, was hochgeschaukelt wurde und wehrt sich dagegen, verschaukelt zu werden. Wo viel Licht ist, ist viel Schatten, Tucholsky, der Berlin liebte, ist nicht blind für dessen Schwächen. »In dieser Stadt wird nicht gearbeitet –, hier wird geschuftet... Der Berliner ist nicht fleißig, er ist immer aufgezogen... Berlin vereint die Nachteile einer amerikanischen Großstadt mit denen einer deutschen Provinzstadt. Seine Vorzüge stehen im Baedeker... Über dieser Stadt ist kein Himmel. Ob überhaupt die Sonne scheint, ist fraglich...«

Was lesen wir da? Frühe Notizen zur Umweltverschmutzung. Kritik am Himmel, der aus Dreck gemacht ist. Noch heute loben alle Leute, die in die anderen BRD-Metropolen katapultiert worden sind, das Berliner Klima, was im wörtlichen Sinn zu verstehen ist. Tucholsky indes beklagt schon 1919 die Abwesenheit von Sonne über der Hauptstadt. Briefe aus demselben Jahr unterzeichnet er mit »... seien Sie vielmals gegrüßt und beten Sie ein Requiem für Ihren in der berliner Hölle brodelnden Tucholsky«. Er sagte es noch deutlicher: »... hier wird in einer Weise Berlin gespielt, daß es einen Hund jammern kann. Es sieht furchtbar glitzernd aus, aber wenn man in die Nähe kommt, ist alles Quarz und Glimmerschiefer – die Soldaten hatten dafür einen etwas kürzeren und klaren Ausdruck.«

Der Ausdruck fängt wie Schiefer auch mit »Sch« an, geht aber in anderer Buchstabenfolge weiter. Nun schön, werden die Zwanziger-Jahre-Fans einwenden, die Luftverschmutzung über der Großstadt ist nicht zu leugnen, was aber hatte Berlin für eine kulturelle Atmosphäre. Auch damit kann Tucho nicht dienen: »Vom ›Ulk‹ gehe ich zum 1. April ab... Hamur herzustellen ist eine böse Sache – wenn man aber nicht einmal einen richtigen Etat hat und solche Ängstlichkeit überall, dann machts gar keinen Spaß... Ja, bei ›Schall und Rauch‹ [berühmtes Berliner Kabarett, G. Z.] arbeite ich, es macht manchmal Spaß, besonders, wenns für Gussy Holl ist. Es ist nur alles so traurig: auch hier die Rücksicht auf die Konsumenten, id est Zuhörer, die meist übel sind. Ein richtiges literarisches Cabaret würde ja auch gar nicht gehen. Es ist sehr, sehr schade.«

Der »Ulk« in Berlin forderte von Tucholsky »Hamur« statt Humor, und die Rücksicht auf die Kabarett-Konsumenten stimmte ihn traurig, wie in den Kleinkunstbühnen waren auch die Erfahrungen mit den großen Berliner Theatern eher deprimierend: »Die Besucher einer berliner Premiere wollen Goethe, plus Dante, plus Brecht, plus Bronnen; die Besucher der 50. Aufführung wollen das Dreimäderlhaus. Nun mach du in Berlin Theater.«

Das ist fast zehn Jahre später angemerkt, 1928. Wesentliches in der Publikumsstruktur scheint sich nicht geändert zu haben. Vom hauptstädtischen Publikum erholte Tucholsky sich auf besondere Weise: »Die Berlinerin ist sachlich und klar. Auch in der Liebe. Geheimnisse hat sie nicht. Sie ist ein braves, liebes Mädel, das der galante Ortsliederdichter gern und viel feiert.«

Nicht schwer zu erraten, wer der galante Ortsliederdichter ist. »Du, die Berlinerin« himmelte er die Berlinerin an, wenn vom Hauptstadthimmel nur dessen Abwesenheit zu bemerken war.

Berlin, sagte Tucholsky, habe die Aristokratie des Durchschnitts erfunden. Das muß nichts Schlechtes sein, die breite Masse ist eben nicht elitär, sie ist »Krethi und Plethi« und schon 1918 antwortete Tucholsky auf eine Klage über die Zusammensetzung des Reichstages: »Denn in diesen durchaus traurigen Verein / kämen ja sogar Krethi und Plethi hinein. / Ich weiß nun nicht genau, wer Krethi und Plethi sind; / vielleicht meint er damit meinen Vater oder dein Enkelkind.«

Gingen Krethi und Plethi ins Kabarett der zwanziger Jahre?

Zwischendurch rang Tucholsky seine Skepsis gegen das »grießbreifressende Publikum« nieder, »O hochverehrtes Publikum«, schrieb er,

»sag mal: bist du wirklich so dumm?« und errichtete das anspornende Gegenbild: Paris, stellt er 1928 fest, läßt keinen was werden ohne Protektion, »... während sich Berlin auf die Dauer nichts vormachen läßt und sich dort ein Talent fast immer durchsetzt – Berlin ist ein guter Boden für die Kunst. Paris ist ein guter Boden für das Kunstgeschäft.«

Unleugbar fühlte sich der Polemiker, Chansondichter, Romancier abwechselnd angezogen und abgestoßen von den Berlinern, er unterliegt immer wieder Zweifeln und Selbstzweifeln und schwankt in seinem Urteil.

1928 hatte er gerade noch die deutsche Hauptstadt als »guten Boden für die Kunst« definiert, als im selben Jahr diese Feststellung folgte: »Berlin aber überschätzt sich maßlos, wenn es glaubt, es sei Kern und Herz des Landes. Der berliner Leitartikler täte gut, inkognito einmal auf ein großes schlesisches Gut zu gehen, auf ein ostpreußisches, in eine pommersche Landstadt – und er wird etwas erleben.«

Der Abstand zwischen Metropole und Provinz ängstigte Tucholsky, ein Jahr zuvor stellte er in einem Artikel mit der Überschrift BERLIN! BERLIN! fest: »Wie da Hunderttausende von Lesern sich selbst ausnehmen, wenn Berlin als radikale Lasterhöhle beschimpft wird, wie gleichzeitig der schlecht gelüftete Amtsgerichtsrat in der Provinz sein Germanentum attestiert bekommt und Berlin als bolschewistisches Judennest angeprangert wird... So weit Hugenberg, der ja wissen muß, wie er mit diesem ungeschickten Geschrei von der ›roten berliner Rotte‹ so ganz nebenbei die Geschäfte seiner Leute stört. Während die Stadt auf der einen Seite etwas komisch anmutende Versuche macht, einen ›Fremdenverkehr‹ zu organisieren, dabei außer acht lassend, daß sich kein Mensch auf dieser Welt für Geld gern unhöflich behandeln läßt (›vorbestraft‹ und ›Ausländer‹ sind für viele Polizeibüros Synonyme) – während Messeamt und Oberbürgermeister miteinander wetteifern, besudelt auf der andern Seite der tüchtige Hugenberg die eigne Stadt und das eigne Eiernest.«

Bolschewistisch, sagt Tucholsky an anderer Stelle, nenne man heute, was früher demokratisch hieß. Weder mit dem bolschewistischen noch jüdischen Einfluß war es in Berlin gar so weit her. Tucholsky abschließend: »Ich liebe Berlin nicht. Seine Wendriners hat Gott in den Mund genommen und sofort wieder ausgespien; seine Festlichkeiten sind sauber ausgerichtet... Ich liebe diese Stadt nicht, der ich mein Bestes verdanke; wir grüßen uns kaum. Aber wenn man diese Kulturtrottel in allen Orten des Reiches sieht, ist zu sagen: ... Wenn *das* Berlin ist: Radikalismus in Militärfragen, Unbedingtheit gegen den Stahl- und Kohlen-Patriotismus; Haß gegen Verblödung durch die Pfarrer Mumm und Pfarrer Heuss; Sabotage der Vorbereitungen zum nächsten Schlachten durch Kriegsminister Geßler, Judikatur und Schule, wenn das alles ›Berlin‹ ist –: dann sind wir und unsre Freunde im ganzen Reich, in Hagen und an der Wasserkante, in der Mark und im sächsischen Industriebezirk, dann sind wir für diese Stadt, in der immerhin Bewegung ist und Kraft und pulsierendes rotes Blut. Für Berlin.«

Anzumerken ist: Reinhard Mumm war evangelischer Pastor, Abgeordneter der Deutsch-nationalen Partei im Reichstag, bekannt wegen seiner muffigen Moralauffassungen. Dem damaligen Theodor Heuss verübelte Tucholsky, daß er sich zusammen mit Gertrud Bäumer zu »Eltern des Reichs-Schund-Gesetzes hatte machen lassen«.

In Tucholskys wechselnder Haltung zur Hauptstadt wird eine typische Reaktion des Polemikers deutlich: Gegenüber der anhimmelnden Bewunderung kritisierte er Berlin von einem links-liberalen Standpunkt aus; sammeln sich aber die »Kulturtrottel«, die Rechten und Reaktionäre zur Attacke, verteidigt er entschieden die Metropole, mag er auch sonst viel an ihr auszusetzen haben.

Die Feinde fanden sich nicht nur in den Scharen der dummen Nationalen, sie formierten sich auch in den Reihen der SPD. 1929 schreibt Tucholsky: »Was zunächst das Verbot der Maifeier angeht, so ist zu sagen, daß es ungerechtfertigt gewesen ist. Der berliner Polizeipräsident hatte die Machtmittel, eine Maifeier, deren Teilnehmer über die Stränge schlagen, zu meistern – er hat das gar nicht erst versucht. Ob der Grund in der vorhandenen Furcht vor der kommunistischen Konkurrenz oder einfach im Machtkoller gelegen hat, der so vielen kleinen zur Macht gekommenen Leuten der SPD zu Kopf gestiegen ist, mag unentschieden bleiben: für die SPD bleibt die beschämende Tatsache bestehen, daß unter ihrer Ägide in der Hauptstadt des Reiches jene Feier unterdrückt wurde, die der Arbeiter seit 40 Jahren als *seine* Feier anzusehen gewohnt ist. Und es ist eine Unterdrückung, wenn den Arbeitern die Straße verboten wird – die Straße, die nicht Herrn Zörgiebel, sondern dem Arbeiter gehört, der sie gebaut hat. Die Erregung der Kommunisten war echt und richtig.«

Nicht nur die Kommunisten und breite Schichten der Werktätigen waren über die Handlungsweise des Berliner Polizeipräsidenten Zörgiebel empört, sondern auch viele Künstler. Einige von ihnen, in diesem Fall die sogenannten Kleinkünstler, suchten sich in der ihnen gemäßen Weise abzureagieren. Tucholsky berichtet wenige Seiten weiter vom Versuch einer Berliner Revue; die Einzelheiten und Eigennamen mögen fingiert sein, doch eignet dem Text eine große innere Wahrheit. Ein Direktor Milbe (als Tier ein parasitäres Ungeziefer) bittet Panter, Mehring und Kästner zu sich, um mit ihnen Szenen und Songs zu besprechen »... also eine Revue, so was hat Berlin überhaupt noch nicht gesehn! Scharf, verstehn Sie mich, witzig, spritzig –«

Berlin wird das auch nicht zu sehen kriegen, denn peu à peu beginnt der Abbau dessen, was die drei Satiriker geliefert haben. Milbe machts möglich oder vielmehr unmöglich: »... die Revue soll natürlich gut sein, aber zu gut soll sie auch wieder nich sein ... Herr Panter ... das mit der Reichswehr, das geht natürlich nicht, und das mit Zörgiebel muß weg...

...ja, Herr Mehring, nehmen Sie mir das nicht übel – ...›Es liegt eine Leiche im Landwehrkanal. / Fischerin, du kleine – /‹ also erstens ist das alt – und außerdem ist das unappetitlich; die Leute wollen doch nachher essen gehn... Also arbeiten Sie mir das um... und das Lied gegen den Reichstag wird gestrichen... Wer ist hier Direktor, Sie oder ich? Diese revolutionären Texte, ich bin ein guter Republikaner... außerdem hab ich nicht Lust, euretwegen meine ganzen Geschäftsverbindungen...«

Schwer muß es gewesen sein, während der Goldenen Zwanziger in Berlin richtiges Kabarett zu machen. 1929 faßt Tucholsky seine jahrelangen Erfahrungen in dem Metier und Milieu in die niederschmetternden Sätze: »Weil die Cabarets von dem merkwürdigen Ehrgeiz gepackt sind, aggressiv sein zu wollen, ohne anzustoßen; und weil das Publikum das angeblich nicht will... Ihr habt das Publikum nicht nur auf diese fatalen Poängten dressiert – ihr habt es auch verdorben. Da kommt irgend so eine bleichgesichtige Nutte heraus und drängt sich, uninteressant wie sie ist, zwischen Text und Hörer...«

Tucholsky zieht Konsequenzen, im selben Jahr heißt es in einem Brief an Kate Kühl, zärtlich Kulicke genannt: »Vom Cabaret habe ich mich – wie vom Theater – fast ganz zurückgezogen... Ich gebe einen Text heraus. Ich höre ihn, sagen wir: leise, gedehnt, ganz zart, fein. Nun kann der Schauspieler sagen: ›Also das will ich nicht. Ich mag solche Texte nicht – außerdem ist der da mißglückt.‹ Das ist sein *Recht*. Noch niemals habe ich mich mit irgendwem zerzankt, weil er was von mir nicht hat haben wollen. Soweit gut.

Aber nehmen, Kulicke, und denn komm ick hin: und da steht einer und hat sich vielleicht eine Ritterrüstung angezogen und bläst den Text durch ein Megaphon... ich muß schon sagen... Und *darum* mag ich kaum noch.«

Hier hat Tucholsky jahrelang runtergeschlucktem Grimm freien Lauf gelassen. Offensichtlich war der Verfasser öfter vergrätzt über die allzu legere Art, in der man mit seinen Texten umging und vor allem über die Abschwächung dieser Texte durch die Direktion. Und so erfolgt dann die rigide Abkehr vom Kabarett, die man aber beileibe nicht als das Verhalten des Fuchses interpretieren sollte, dem die Trauben zu hoch hängen.

Tucholsky war ein außerordentlich erfolgreicher Texter für die Berliner Bühnen in den zwanziger Jahren; mißtrauisch wie er ist, selbstzweiflerisch, merkt er dazu in einem Brief an Mary an: »Ullstein erzählte grade, daß die Leute schon bei Verkündigung des Namens im Kabarett der Komiker geklatscht hätten und so.«

Das »und so« spricht Bände, ein nagendes Gefühl des Ungenügens artikuliert sich da. Es kündigte sich schon ein Jahrzehnt früher an, 1919 lesen wir in einem Brief an Mary: »Diese Woche habe ich wie ein kleines Pferdchen gearbeitet... Wenn ich nicht hier an der Maschine saß... steckte ich bei den Brüdern vom Theater, und nun haben wir glücklich eine ›Nummer‹ fertiggestellt. Mir gefällt es nicht sehr – also wirds wohl hoffentlich was für die Leute sein.«

Tucholsky allein hätte sich sein Publikum schon erzogen, doch die vielgestaltigen Herren Direktoren Milbe, die sich immer wieder zwischen ihn und die Konsumenten drängten, machten dem Satiriker das Leben sauer, auch in Berlin, gerade in Berlin. Lied gegen die Reichswehr gestrichen, Angriff auf Zörgiebel untern Tisch gefallen... Die Frustrationen müssen erheblich gewesen sein und so ist 1928 in der großen Abrechnung BERLIN UND DIE PROVINZ zu lesen: »Soweit das ein einzelner sagen kann, möchte ich behaupten, daß Berlin in vielen mindern und einigen guten Gebieten der äußern Zivilisation die deutsche Provinz sehr stark beeinflußt; zum mindesten geht die Entwicklung der Hauptstadt und der Provinzstädte hier parallel. Die Bar, das dumme Revue-Theater, der Amüsierbetrieb; die ›Aufmachung‹ – das alles findet sich in den größern Provinzstädten fast überall wieder, und sie sind auch noch sehr stolz darauf.«

Das menschliche Gedächtnis besitzt die freundliche Eigenschaft, in der Erinnerung alles zu vergolden, sollte das auch so geschehen sein mit den berühmten Golden Twenties?

Tucholsky beschreibt sie nicht nur als ein Genießer, sondern als ein Gestalter, für ihn war die Decke oft viel zu niedrig gezogen. Der Kabarett-Texte-Macher also als Miesmacher? Nicht nur die Weimarer Republik kaputtgemacht, sondern jetzt auch noch ein Demonteur der blühenden Zwanziger, auf die doch alle Deutschen und nicht nur die Berliner so stolz sind?

»Keine Zeit«, so der polemische Tucholsky, »schreit nach der Satire, so masochistisch ist keine.«

Versuche mit Organisationen

Der wie kaum ein anderer auf seine Unabhängigkeit bedachte Autor gehörte vom Tage ihrer Gründung im Revolutionsjahr 1918 bis zum Zeitpunkt mählicher Selbstauflösung um 1922 einer Partei an – der USPD. Tucholsky also einem Statut und Programm unterworfen? Schwer vorstellbar, auch wenn diese Partei das Wort »unabhängig« in ihrem Namen an die erste Stelle rückte. »Ich hatte keinen Schimmer von politischem Instinkt«, sagt er 1918, rückblickend auf sich selbst im Jahre 1914, und machte sich mit Energie daran, dem abzuhelfen. Der politischen Einsichten in den Artikeln mangelte es zwar auch nicht, als ihr Verfasser sich noch selbst als politisch instinktlos definierte, doch er wollte auch subjektiv an die Quellen, scheute die Arbeit an der Basis nicht. Als die USPD in Splittergrüppchen versickerte, hatte Tucholsky als Ersatz einen breitgefächerten Verband gefunden, dessen Erfordernissen der Individualist sich zu beugen bereit war. »Es ist nicht richtig«, stellt er 1920 fest, »wenn die Laschen und Lauen unsres Standes immer sagen, man könne uns nicht alle unter einen Hut bringen, weil wir zu verschieden seien. Wir sind es, Gott sei Dank, in geistiger Hinsicht. In wirtschaftlicher gar nicht. Ein Verlagsvertrag des Grafen Ernst zu Reventlov und einer von mir sind juristisch und wirtschaftlich der Art nach nicht verschieden. Was wir bei der Lampe machen, ist eine andre Sache. Draußen verkaufen wir Ware.«

Ein früher Verkünder der »Einigkeit der Einzelgänger«, wie das Motto der im Schriftstellerverband vereinigten deutschen Autoren nahezu fünf Jahrzehnte später lautete. Damals hieß der »Hut« »Schutzverband Deutscher Schriftsteller«, Tucholsky gehörte ihm an und konzedierte: er »... wirkt in kleinen Bezirken mancherlei Gutes; er hilft seinen Mitgliedern prompt und rechtschaffen in den Streitfällen des täglichen Lebens –« Dennoch: »Die Organisation der freien Schriftsteller ist mangelhaft... Typisch auch für diese Organisation ist, daß sie das Schriftstellerelend mit Almosen zu heilen glaubt, wo Kardinalbauten am Platze wären.«

Er bleibt auch die Auskunft nicht schuldig, auf welchem Fundament solche »Kardinalbauten« zu errichten wären:

»Ob von diesem Staat etwas zu erwarten ist, weiß ich nicht. Daß von dieser Gesellschaftsform nichts zu erwarten ist, scheint mir sicher. Wenn der Schriftsteller sich nicht sein Recht erkämpft, bekommt ers nie. Der Weg dorthin geht nur über den gewerkschaftlichen Zusammenschluß aller deutschen Schriftsteller mit klaren und festen Tarifverträgen. Der Tarif regelt nicht den Geist – er regelt den Verschleiß der Ware. Und wenn einer beim Verkauf mit Idealen kommt, dann ist das Geschäft faul, und wir werden betrogen. Wir werden betrogen. Wir lassen uns betrügen.«

Aus der Einsicht in die ökonomische Gleichartigkeit der Literaturproduzenten folgt bei Tucholsky die Forderung nach einer Tarife erkämpfenden Gewerkschaft. Ungeheuer weit, der Mann, läßt sich heute sagen, da viele Autoren der Bundesrepublik die ersten tastenden Schritte auf eben diesem Wege tun, fünfzig Jahre, nachdem Tucholsky die Notwendigkeit dazu erkannt hatte. Und er merkt auch gleich noch an, was sich den Zielen entgegenstellen wird: »... wenn ihr nicht alle so viel Solidaritätsgefühl füreinander aufbringt, wenn ihr nicht alle *den* einen Schuft nennt, der den Streik bricht – heute traut ihr euch noch nicht einmal zu streiken, weil ihrs gar nicht könnt –, wenn ihr nicht zusammenhaltet: dann ist es mit dem freien Schriftsteller aus.«

Es wäre übertrieben zu behaupten, wir trauten uns heute zu streiken, der Mut hat eben zum Zusammenschluß in der Industriegewerkschaft Druck und Papier gereicht, schon beim Kampf um die bereits von Tucholsky als unabdingbar bezeichneten Tarifverträge droht die Luft auszugehen. K. T. kannte die Vertreter der Gegenseite: »Neben der großen Zahl anerkannt reeller deutscher Verleger gibt es eine Unzahl kleiner Firmen, von denen die Sage geht, daß sie mehr drucken als verrechnen. Der Autor kann das niemals nachprüfen noch beweisen. Seine Beteiligung am Gewinn ist nicht groß. Sie beträgt heute durchschnittlich fünfzehn Prozent.« Hoppla, da kennen wir aber ganz andere Zahlen. Die schandbaren 5–8 %, zu denen heute noch Kinderbuchautoren ihre Produkte zu verkaufen genötigt sind, scheinen weiterhin gang und gäbe. Die von Tucholsky als nicht groß eingeschätzte Gewinnbeteiligung von fünfzehn Prozent gilt gegenwärtig als Spitze, das handeln die Arrivierten für sich aus, offenbar sind die Anteile der Autoren seit der Zeit erst einmal gewaltig zurückgegangen. 1920 notiert er, was nichts von seiner Richtigkeit eingebüßt hat: »Die Gefahr sind wir selbst. Es gibt zu viele unter uns, die, wenn sie noch nicht arriviert sind, sich geschmeichelt fühlen, mit einem Verleger überhaupt sprechen zu dürfen, und die finanziell nachgeben. Es gibt zu viele unter uns, die nicht begreifen, daß die patriarchalische Stellung des Unternehmers vorbei sein muß, und daß dieses: ›Treue um Treue‹ eine höchst einseitige Geschichte ist, und die finanziell nachgeben. Wir, wir selbst sind die Gefahr. Es kommt kaum vor, daß Leute von Ruf den Preis verderben. (Obgleich ich mich schon oft gewundert habe, für wie wenig Geld selbst die großen Familienblattkanonen zu haben sind.) Der Erfolgreiche hat aber in allen Organisationsfragen wenig oder gar keinen Sinn für seinen Stand, dessen Namen er an hohen Feiertagen tönend im Mund führt.«

Die großen Familienblattkanonen und wie klein sie sich machten beim Verkauf, das erstaunte Tucholsky, er lehnte sowas ab. Sehr deutlich wird er in einem Brief an Mary vom Herbst 1919: »Ich kann nicht klagen – so die kleinen Geschäfte und Verdienste laufen alle – aber was ist das? Das Leben verschlingt alles wieder. Es kommen viele Leute und bitten um Mitarbeit – ich bin ihnen aber zu teuer, weil ich nicht für ein paar Mark schreiben mag. Das geht mir wider den Strich.«

Der Feuilletonist hätte durchaus die Möglichkeit gehabt, zur großen Familienblattkanone zu werden, doch dachte er gar nicht daran, sich so unter Wert zu verschleudern. Was er in dem großen theoretischen Artikel 1920 darlegte, praktizierte er in seinem Schriftsteller-Alltag tatsächlich, er machte es nicht zu billig.

Sehr aufschlußreich eine andere Briefpassage an Mary: »Und drükkend und lastend bleibt das eine; ich stehe wirtschaftlich tiefer, als geistig – ich bin kein Kaufmann, ich habe kein ererbtes Vermögen (was mir mein Vater hinterlassen hat, habe ich für mein Studium aufgebraucht) – und es ist nicht schön, sich mit Literatur Geld zu verdienen. (Man tuts ja auch nicht gern mit der Liebe. Das ist übertrieben, aber irgend etwas ist daran.) Und ich suche nach einer Sache, die mich literarisch nicht kompromittiert, mir aber so viel Zeit läßt, daß ich noch das schreiben kann, was mir Spaß macht. Und das ist schwer, sehr schwer zu finden.«

Dieses Dilemma erkennt Tucholsky früh. Den Ausweg in der Gemeinsamkeit von Autoren, die sich berufsmäßig verkaufen müssen ohne sich gleich völlig zu »verkaufen«, malt er in erstaunlich aktuellen Einzelzügen genau aus, unter Rücksicht auf die eigene und die »Standesehre«. Die führte Tucholsky zum Unterschied von manchen Kollegen nicht nur an hohen Feiertagen im Munde, er hielt auch werktags drauf und mit Konsequenz.

Der Brotberuf war ihm ohne alles Pathos eine sittliche Verpflichtung, es mußte ja nicht gerade das hochfliegende Schillerwort sein: »Der Menschheit Würde ist in eure Hand gegeben, bewahret sie./ Mit Euch sie sinkt, mit Euch wird sie sich heben.« Doch der Sache nach stellt sich Tucholsky voll hinter die Worte von Wilhelm Schäfer, die den Fall etwas nüchterner formulieren: »So ist die Lage des Schriftstellers in Deutschland die einer als Beruf nicht anerkannten Existenz, der trotzdem letzten Grundes keine andre Pflichterfüllung möglich ist als die ihres innern Berufs, und die darum äußerlich in schwierigen und haltlosen Verhältnissen lebt. Diese Verhältnisse bedrohen nicht einen beliebigen Stand, sondern gerade den, der als Hüter der Sprache auch der Träger der deutschen Bildung ist.«

Das schrieb Schäfer 1910. Tucholsky fügt 1920 an: »Das gilt noch heute.«

Jetzt haben wir fast das Jahr 1980.

Jahr um Jahr wird die Hoffnung enttäuscht, die Tucholsky in die Arbeit des Schutzverbandes Deutscher Schriftsteller gesetzt hatte. 1926 kritisiert er das »Reichsschundgesetz«, nicht, weil es wirklichen Schmutz und Schund abwehrte, dagegen hatte Tucholsky keinerlei Einwände, er fürchtete die Ausweitung von Zensur. »Der große Augenblick für das Gesetz«, warnt er, »wird erst gekommen sein, wenn einmal ein wichtiges politisches Werk... mit andern Mitteln nicht gefaßt werden kann.«

Was besagte das am 18. 12. 1926 vom Reichstag (gegen die Stimmen von KPD und Teilen der DDP, der Deutschen Demokratischen Partei) angenommene und verabschiedete Gesetz?

»Schund- und Schmutzgesetz: Bezeichnung für das Gesetz zur Bewahrung der Jugend vor Schund- und Schmutzschriften. Die unter dieses Gesetz fallenden Schriften... dürfen nur beschränkt feilgehalten, angeboten, angekündigt, auch nicht öffentlich zur Schau gestellt und Personen unter 18 Jahren überhaupt weder angeboten noch im gewerblichen Betrieb ent- oder unentgeltlich überlassen werden. Zuwiderhandlungen werden mit Gefängnis bis zu 1 Jahr und mit Geldstrafe oder mit einer dieser Strafen, bei Fahrlässigkeit nur mit Geldstrafe bestraft. Bei vorsätzlicher Zuwiderhandlung sind die Schriften einzuziehen.«

Eine besondere Ironie der Geschichte liegt darin, daß Dr. Theodor Heuss, Staatsparteiabgeordneter und Mitglied des Reichstags seit 1924, der seit diesem Jahr dem Kulturpolitischen Ausschuß und dem Ausschuß zum Schutz der Jugend angehörte, zugleich aber Zweiter Vorsitzender im »Schutzverband Deutscher Schriftsteller« war, für das Gesetz stimmte. Heuss war sich der Schwierigkeit seiner Position bewußt. Zwar sagte er in den Diskussionen über diesen Gesetzentwurf: »Die Geschichte der Zensur ist eine Geschichte der Grotesken von Heine bis Wedekind«, womit er den »Weltanschauungshintergrund« des Gesetzes deutlich machte und die Frage stellte, wie weit ein Staat überhaupt das Recht habe, sich um literarische Produktionen zu kümmern. Die Gefahr der Anwendung des Gesetzes auf Druckwerke, die nicht als Schmutz und Schund zu definieren sind, war ihm klar. Dennoch »sprach er mit aller Schärfe aus, daß er den Grundgedanken des Gesetzes für gesund halte«.

Der sonst eher liberale Mann erkannte, wie sehr seine Haltung die Parteifreunde und vor allem seine SDS-Kollegen irritieren mußte. Betrachteten sie ihn fortan als »bedauerlichen Reaktionär«, werde er, Heuss, das zu tragen wissen.

Was ihn bewog, dem Gesetz in modifizierter Form beizustimmen, war die Lektüre eines Haufens der betroffenen »Literatur«, davon sei ihm eine Woche lang ein übler Geschmack auf der Zunge geblieben. Heuss argumentierte vor dem Reichstag, nachdem sich namhafte Intellektuelle mit einer Eingabe an das Parlament gewandt hatten, der Gesetzesvorlage nicht zuzustimmen: »Bei allem Respekt, den man Namen wie Albert Einstein oder Kandinsky oder Thomas Mann schuldig ist – mich persönlich hat solcher Aufmarsch wie auch der Lärm der Presse keinen Augenblick beeindruckt; denn ich wage zu sagen, daß die namenlose junge Frau, die irgendwo in einem Berliner Vorort des Ostens täglich in der sozialen Fürsorge steht, in dieser Frage, ob ein Schutzgesetz notwendig ist, mir eine größere Autorität ist als die gesamte preußische Dichterakademie.«

Heuss war, wie sein Biograph Hans Heinrich Welchert kommentiert, tatsächlich davon überzeugt, »daß es sich hier um den Schutz der Jugend und somit um ein sozialpolitisches Gesetz handle«.

Tucholsky schreibt 1926 über die Parlamentsrede des Staatsparteiabgeordneten: »Daß Theodor Heuss, der wacker mitgeholfen hat, verführt von dem Beifall kleinbürgerlicher Versammlungssäle, ein ehrlicher, überzeugungstreuer und rechtschaffener Mann ist, verschlimmert die Sache noch. Wäre er politisch begabt, er könnte von mir aus weniger anständig sein. Der leicht säuerliche Knastergeruch eines tübinger Seminars durchzitterte die Luft, wenn der ehemalige Vorsitzende des Schutzverbandes Deutscher Schriftsteller im Reichstage sprach, und wie er, der geistige Arbeiter, die Interessen seines eignen Standes an die Banausen verriet, das war umso übler, als er die Mittel dazu von den Schriftstellern entlehnt hatte. Mit Bildung, Lexikonkenntnis und einer sanften Philosophie wurde hier ein böses Werk getan. Was Bäumer und Heuss für das Gesetz gesagt haben, das uns alle bedrücken wird, ist nachweislich Unfug.«

Gertrud Bäumer war ebenfalls Schriftstellerin, Mitglied des Reichstages, gehörte der Deutschen Demokratischen Partei an und hatte einen Posten als Ministerialrätin im Reichsministerium des Inneren, wo sie sich besonders mit Kultur- und Jugendfragen befaßte, sie und Heuss werden von Tucholsky Mutter und Vater des Schund- und Schmutzgesetzes genannt.

Interessant an seinen Ausführungen nach der Parlamentsdiskussion ist noch sein Verweis auf den »*ehemaligen* Vorsitzenden des SDS«.

Die Berliner Ortsgruppe des »Schutzverbandes Deutscher Schriftsteller« hatte nach Heuss' Reichstagsrede den Rücktritt ihres Vorsitzenden erzwungen.

Die Mitteilung darüber fehlt in der Heuss-Biographie von Hans Heinrich Welchert, der im übrigen recht ausführlich über Heuss und seine Arbeit im Verband berichtet: »... er hat viel Zeit und Mühe dem ›SDS‹ gewidmet. Eine lange Reihe von Jahren vor und nach dem I. Weltkrieg ist er 2. Vorsitzender dieses Verbandes gewesen. Er war ›Zweiter‹, denn der erste Vorsitzende war stets ein Dichter, aber die eigentliche Leistung lag doch zumeist bei ihm, weil die Dichter begreiflicherweise wenig für die Erledigung vereinstechnischer Dinge geeignet waren.«

Hier ist jedes Wort zu unterschreiben und gewiß wirkte dieser Doktor Heuss segensreich für seine Kollegen. Um so verwunderlicher die störrische Reaktion des erfahrenen Kulturpolitikers auf die Warnungen selbst eines Autors wie Thomas Mann, den man sicher nicht eines ausnehmend radikalen Standpunktes verdächtigen kann. Thomas Mann hatte an Heuss geschrieben: Bei diesem Gesetz handele es sich darum, seinen Urhebern »durchschlagende Machtmittel gegen den Geist selbst und seine Freiheit zu sichern«.

Angesichts solcher Befürchtungen, die dann auch durch die Realität der Gesetzesanwendung voll bestätigt wurden, nimmt sich Heuss' Rückzug »auf die namenlose junge Frau, die in einem Berliner Vorort... täglich in der sozialen Fürsorge steht« sehr schwächlich aus. Thomas Mann war keinesfalls gegen den Schutz der Jugend vor Pornographie, genausowenig wie etwa Alfred Döblin, der aus Protest gegen die Annahme des Schund- und Schmutzgesetzes durch die Sozialdemokratie sogar aus der SPD austrat.

Jedenfalls wird klar, daß nicht nur Kurt Tucholsky äußerst kritisch auf den unverständlichen »Umfall« des liberalen und um die Autoren verdienten Theodor Heuss reagierte; K. T. schrieb oft über pädagogische Fragen, und 1929 urteilt er: »Für den Schmutz, den wir alle ablehnen, weil er geistlos ist, genügt das Strafgesetzbuch vollkommen – niemand von uns will, daß in einer Buchhandlung ein fotografierter Coitus ausgeboten wird. Doch übersehen diese stumpfen Banausen, die mit dem Gesetz in der Hand Schaden anrichten, daß man selbst die Pornographie nicht mit dem Paragraphen überwindet – überwunden ist sie erst, wenn sie von der Jugend ausgelacht und als unappetitlich zur Seite gelegt wird. Das allein wäre sauber.«

Hier verdammt der Moralist und Rationalist sogar den normalen »fotografierten Coitus«, nicht etwa nur mögliche sadistische oder sodomitische Komponenten. Die Maßstäbe des angeblich überaus freizügigen Autors waren damals, von heute aus gewertet, sehr streng. Inzwischen haben Psychologie und Soziologie den Weg zur Erkenntnis geebnet, daß es auch dem Jugendlichen eher nutzt als schadet, läßt man ihn den fotografierten Coitus betrachten, und momentan verlangt nicht mal mehr der Gesetzgeber, den abgelichteten Beischlaf als auslachenswert und »unappetitlich zur Seite zu legen«.

Niemand soll das ansehen müssen, aber wer will, sollte das dürfen.

Wenn man sich in den zwanziger Jahren schon so sehr sorgte um die mögliche Sittenverderbnis bei Jungen und Mädchen und das soziale Empfinden von Heuss und Gertrud Bäumer ihren intellektuellen Aufwand weit überwog, drängt sich die Frage auf, wie genau diese zweifelsohne wohlmeinenden Leute über die tatsächlichen Wohnverhältnisse in einem »Berliner Vorort des Ostens« Bescheid wußten. Dort war auch bei Anspannung allen moralischen Willens die drangvolle Enge des Familienlebens so prekär, daß mancher Halbwüchsige zumindest Ohrenzeuge elterlichen Beischlafes werden mußte, nimmt man die übliche Proletarierbehausung mit zwei Zimmern als gegeben an, und das ist realistisch, ein Raum diente als Küche und Stube, der andere als Schlafzimmer, in dem Vater, Mutter und auch die größeren Kinder übernachteten. Diese Jugendlichen waren weiß Gott nicht auf den »fotografierten Coitus« aus der Buchhandlung angewiesen, abgesehen davon, daß sie ihr Taschengeld (wenn überhaupt vorhanden) bestimmt nicht für pornographische Druckwerke hinauswarfen. Vielleicht sollte aber das Jugendschutz-Gesetz eher betuchte Bürgersöhne und -töchter vor seelischem Schaden bewahren, die jedoch wohnten nicht in dem von Heuss ausdrücklich apostrophierten »Berliner Vorort des Ostens«. Die jungen Angehörigen der sozial schwachen Schichten, deren Interessen doch eigens beschworen wurden, klärten einander auf der Straße auf und über die Unterschiede von Männlein und Weiblein wurden Geschwister augenscheinlich belehrt bei der täglichen Waschzeremonie, wenn sie schon nicht, was durchaus gang und gäbe war, aus Raumnot in einem Bett übernachteten. Die Achtung oder das vornehme Übersehen und Überhören selbst intimster Körperbedürfnisse fällt sehr schwer, hat man einfach nicht genügend Platz, sich vom anderen weit genug abzugrenzen.

Das Reinheitsgebot für die Jugend klingt sehr idealistisch, es ließ sich nur so verdammt schwer befolgen, wenn alle materiellen Voraussetzungen dafür fehlten.

Tucholsky durchschaute bei anderen Gelegenheiten sehr wohl, welche Nervenbelastung und Freiheitsbeschränkung die winzigen Wohnungen des Arbeiters und seiner Familie mit sich brachten, »der Proletarier«, schreibt er, »ist nie allein«. Nicht in seiner Behausung, wo er mit den Nachbarn so eng aufeinanderhockt, daß er ihr Leben mitlebt, nicht in der Fabrik, wo er Seite an Seite mit dem anderen Arbeiter schuftet.

Mich hat dieser Satz des Bürgers Tucholsky sehr berührt, ich mußte mir diese Erkenntnis nicht erst durch soziale Analyse und theoretische Schlußfolgerungen verschaffen. Ich war Mitte der Zwanzig, als ich nach Proletarierkindheit und Jugend in einer Zweizimmerwohnung mit meinen Eltern, nach Militärzeit in der Kaserne, nach langjähriger Kriegsgefangenschaft mit Hunderten von Menschen in einer Baracke, zum erstenmal einen Raum für mich hatte: ein Hotelzimmer, für einen Tag und eine Nacht gemietet.

Psychologisch sind dem sensiblen Tucholsky die Folgen des beschränkten Lebensraums für den sozial Unterprivilegierten durchaus einsichtig, nur zieht er gleich dem sozial besorgten Heuss nicht die Verbindungslinie zur Sexualität, die so wenig individuell und geschützt bleiben konnte wie das ganze Leben des Proletariers.

Der nicht nur von Tucholsky hochgeschätzte Heinrich Zille hat einmal gesagt, »man kann den Menschen mit einer Wohnung erschlagen wie mit einer Axt«, gegen diese Bedrohung verblassen alle wohlgemeinten Anstrengungen, die Jugend vor Schmutz und Schund zu bewahren; der Reichstag hätte statt des umstrittenen Schutzgesetzes lieber eines verabschieden sollen, das jedem eine menschenwürdige Wohnung garantierte, doch läßt sich im luftleeren Raum pornographie-theoretischer Diskussionen trefflicher streiten und dekretieren als in der harten Welt der Tatsachen und Immobilien-Interessen.

Nach Ratifizierung des Gesetzes wurde übrigens gar nicht mehr gestritten, da wurde es angewendet, und alle Liberalen standen da wie Goethes Zauberlehrling, der die Geister, die er gerufen hatte, nicht wieder los wird.

1929 befaßt sich Tucholsky mit den prompt eingetretenen Folgen dieses sonderbaren Jugendschutzgesetzes: »Es ist eine Dreistigkeit sondergleichen, einen Wissenschaftler wie [Magnus] Hirschfeld [›Die Aufklärung, Monatsschrift für Sexual- und Lebensreform‹] auf eine Schmutzliste zu setzen. Ich stimme mit dem Mann in vielen Punkten nicht überein; über die Art seiner Propaganda läßt sich manches sagen – aber doch immer mit dem Hut in der Hand, doch immer mit der Anerkennung: Hier hat sich einer für eine vernünftige Sache gegen seine Zeit und die Schande des Strafgesetzentwurfs gestemmt.«

Das bezieht sich auf die Arbeit, die der Wissenschaftler Hirschfeld gegen den § 175 leistete. »Das Schundgesetz ist ein Gesetz des Zentrums« fand Tucholsky und vermutet hinter den Angriffen auf Magnus Hirschfeld den Einfluß der katholischen Kirche, von der er feststellt: »Sie hat kein Recht, uns ihre Sittennormen aufzudrängen.«

Tucholsky kann mit Recht darauf verweisen, wie lange zuvor er gegen das Schund- und Schmutzgesetz polemisiert hatte, aber: »Umnebelt vom Versammlungsbeifall wie Theodor Heuss; hingerissen von der eignen Epigonen-Bildung, wie Gertrud Bäumer, haben sie kühn die Geschäfte des Zentrums besorgt... Inzwischen haben sich namhafte Autoren aus den Ausschüssen zurückgezogen, angeekelt von diesem lächerlichen, geistfeindlichen Treiben.«

1929 fordert Tucholsky: »Es muß systematisch gearbeitet werden, damit dies Schandgesetz verschwinde. Ich halte es für eine Hauptaufgabe unseres Schutzverbandes Deutscher Schriftsteller, ununterbrochen gegen dies Gesetz zu treiben – es muß fort. Heute wird es noch nicht einmal so mißbraucht, wie sein Kautschukrahmen es möglich macht. In wildern Zeiten kann man mit ihm den halben Paragraphen 48 der Reichsverfassung sparen.«

Der Seitenhieb auf den § 48 erfolgt nicht von ungefähr. Es geht dabei um die mögliche Willkür, die die Folge des Paragraphen ist.

Sein Text lautete folgendermaßen:

»Artikel 48

Wenn ein Land die ihm nach der Reichsverfassung oder den Reichsgesetzen obliegenden Pflichten nicht erfüllt, kann der Reichspräsident es dazu mit Hilfe der bewaffneten Macht anhalten.

Der Reichspräsident kann, wenn im Deutschen Reich die öffentliche Sicherheit und Ordnung erheblich gestört oder gefährdet wird, die zur Wiederherstellung der öffentlichen Sicherheit und Ordnung nötigen Maßnahmen treffen, erforderlichenfalls mit Hilfe der bewaffneten Macht einschreiten. Zu diesem Zwecke darf er vorübergehend die in den Artikeln 114, 115, 117, 118, 123, 124 und 153 festgesetzten Grundrechte ganz oder zum Teil außer Kraft setzen.

Von allen gemäß Abs. 1 oder 2 dieses Artikels getroffenen Maßnahmen hat der Reichspräsident unverzüglich dem Reichstag Kenntnis zu geben. Die Maßnahmen sind auf Verlangen des Reichstags außer Kraft zu setzen.

Bei Gefahr im Verzuge kann die Landesregierung für ihr Gebiet einstweilige Maßnahmen der in Abs. 2 bezeichneten Art treffen. Die Maßnahmen sind auf Verlangen des Reichstags außer Kraft zu setzen.

Das Nähere bestimmt ein Reichsgesetz.«

Die Grundrechte, die durch den Artikel 48 außer Kraft gesetzt werden konnten, heißen:

»114: Die Freiheit der Person ist unverletzlich...

115: Die Wohnung jedes Deutschen ist für ihn eine Freistätte und unverletzlich...

117: Das Briefgeheimnis sowie das Post-, Fernsprechgeheimnis sind unverletzlich...

118: Jeder Deutsche hat das Recht, innerhalb der Schranken der allgemeinen Gesetze seine Meinung durch Wort, Schrift, Druck, Bild oder in sonstiger Weise frei zu äußern...

123: Alle Deutschen haben das Recht, sich ohne Anmeldung oder besondere Erlaubnis friedlich und unbewaffnet zu versammeln...

124: Alle Deutschen haben das Recht, zu Zwecken, die den Strafgesetzen nicht zuwiderlaufen, Vereine oder Gesellschaften zu bilden...

153: Das Eigentum wird von der Verfassung gewährleistet. Sein Inhalt und seine Schranken ergeben sich aus den Gesetzen...«

Tucholsky hatte im Schmutz- und Schundgesetz durchaus richtig dessen Funktion erkannt, den halben Artikel 48 zu ersetzen, also die Notverordnung, wie dieser Artikel ja auch genannt wurde. Man schob vor, die Moral der Jugend zu bewahren und beschnitt die Grundrechte erwachsener Bürger, vor allem die in Ziffer 118 festgelegte Meinungsäußerung durch Wort, Schrift, Druck und Bild. Mit Hilfe des sogenannten Jugendschutzgesetzes bekämpfte die Reaktion alle Arten fortschrittlicher Literatur: Romane, Gedichte, Theaterstücke und Filme. Johannes R. Becher wurde angeklagt wegen seiner Lyrik, in der man Gotteslästerung, öffentliche Beschimpfung von Regierungsmitgliedern, sogar Hochverrat zu erkennen glaubte. Der nach dem Roman von Erich Maria Remarque gedrehte Anti-Kriegsfilm »Im Westen nichts Neues« wurde zunächst verboten, weil er die Jugend zu Fatalismus und zur Verachtung aller sittlichen Werte treibe. »Panzerkreuzer Potemkin« fiel erst unter ein Vollverbot und wurde dann mit Kürzungen freigegeben, Jugendlichen jedoch blieb der Filmbesuch untersagt.

Schnittauflagen erhielt auch der Bertolt Brecht/Slatan Dudow-Film »Kuhle Wampe oder Wem gehört die Welt«, der das proletarische Milieu Berlins genau widerspiegelt und im ersten Teil einen jungen Arbeitslosen schildert, der Selbstmord begeht, weil er keine Möglichkeit findet, seinen Lebensunterhalt zu verdienen. Bemäntelt wurden die Zensurmaßnahmen jeweils mit moralischen Erwägungen; so betrachtete man eine Nacktbadeszene in »Kuhle Wampe« als schamverletzend und entsittlichend für das Volk. In Wirklichkeit hätten die Zuschauer im Lichtspieltheater durch die gefilmte Hüllenlosigkeit der Schauspieler weder an Körper noch Seele Schaden genommen, was ihnen dagegen sehr nahe ging, war ihre eigene jahrelange Arbeitslosigkeit. Die Sitten der Satten enthielten viel Verkrampftes der eigenen Leiblichkeit gegenüber. Heimlich lebten die Satten der doppelten Moral und nach außen projizierten sie ihre Prüderie auf Leute, die weiß der Himmel andere und größere Sorgen hatten.

Wo gesellschaftliche Konventionen vorgeblich geschützt wurden, ging es darum, Gesellschaftskritik abzuwürgen. Heinrich Mann schrieb 1929 im »Berliner Tageblatt«: »Die Geistesfreiheit muß verteidigt werden. Um sie zu verteidigen, muß angegriffen werden. Der Gegner muß gezwungen werden, auch das wieder herauszugeben, was er schon errafft hat, besonders das Schmutz- und Schundgesetz... Der Kampf um Geistesfreiheit ist ewig wie der Kampf um das tägliche Brot.«

Im selben Jahr polemisiert Tucholsky mit den Definitionen des Gesetzes gegen diese juristische Mehrzweckwaffe, indem er fragt: »Denn was ist es? ›Eine Schundschrift muß in jeder Beziehung objektiv wertlos sein.‹ – ›Eine Schmutzschrift muß wertlos sein und wegen der Unreinlichkeit des Inhalts Widerwillen erregen.‹ Das ist es. Dieses Gesetz fällt unter sich selbst.«

Das schöne Paradoxon war ebenso vergeblich wie die jahrelange, sachlich begründete Argumentation gegen das Schandgesetz. Nur zwei Jahre später zieht der Publizist die Konsequenz:

Er tritt aus dem Schutzverband Deutscher Schriftsteller aus.

Tucholsky hatte mit viel gutem Willen und vielen guten Worten für den Schutzverband Deutscher Schriftsteller plädiert, sein angeborenes und durch Lebenserfahrung eher größer gewordenes Mißtrauen gegen Vereine, Organisationen, Parteien niederringend. Er war bereit gewesen, subjektive Empfindlichkeiten zu unterdrücken, sich einzuordnen. Um so tiefer trifft ihn die Enttäuschung, als auch der SDS sich als unfähig erweist, die Interessen der Autoren nachdrücklich zu vertreten. Das begann mit der desolaten Analyse von Theodor Heuss' Verhalten, der »die Interessen seines eigenen Standes an die Banausen verriet«. Der nachmalige liberale erste Präsident der Bundesrepublik Deutschland hatte da wohl seine dunkle Stunde.

Der Frustrationsschub, den Tucholsky von den auf Heuss folgenden Vorsitzenden des Schutzverbandes erfuhr, muß so groß gewesen sein, daß er das Handtuch warf. Finanzielle und ideologische Verflechtungen und Abhängigkeiten überwogen, der SDS war ihm kein Interessenvertreter mehr.

1927 ergrimmten die Sozialdemokraten Tucholsky bis aufs Blut. Einmal in den Reichstag gelangt, vergaßen sie ihre gute Vergangenheit, bauten tüchtig mit an der Fassaden-Demokratie, konnten die (kritischen) Freunde nicht von den tatsächlichen Feinden unterscheiden. In diesem Jahr rechnete er mit der SPD ab: »Jetzt wird sich eine Opposition erheben: / Da werden die Mäuler aufgerissen! / Da schlägt das nationale Gewissen, / da schütteln sich Fäuste im ganzen Land, / gegen Hindenburg! Da wackelt die Wand. / Jetzt ist alles freiheitlich und sozial... Auf einmal –? / Auf einmal: Verteilung des Steuergewichts? / Auf einmal taugt der Geßler nichts? / Auf einmal: Freiheit der Denker und Dichter? / Auf einmal: die Schande der deutschen Richter? / Hohn, Satire und Ironie? / Das war doch noch nie... / ›Für die Freiheit der Schule! Der Republik ein Spalier!‹ / Ausgerechnet ihr. /

Im Kampf gegen die Militärschweinerein / standen wir jahrelang ganz allein. / Da war keiner von euch zu sehn.

Wann sind denn die schlimmsten Dinge geschehn? / Als ihr an der Macht wart. Mit euern Leuten. / Das hat auf einmal nichts zu bedeuten. / Jetzt, wo es in euren Parteikram paßt, / tut ihr, als ob ihr mit uns haßt, / ... Ihr habt erst ermöglicht, was heute geschehn. / Ihr laßt Kinder in diese Schulen gehn. / Ihr habt Arbeiterblut vergossen. / Ihr habt auf alles, was frei war, geschossen. / Die sich da die Macht erschoben: / ihr habt sie erst in den Sattel gehoben; / die da lasten auf Arbeitermassen: / ihr habt sie erst in die Ämter gelassen. / Scherz, Satire und Ironie? / Ihr seid genau, genau so wie die: / Untertanen. Zu allem erbötig. / Opposition –? / Ihr habts nötig.«

Die SPD als Partei der Spätmerker, die auch die wichtige Rolle der Propaganda nicht erkannte. Schnipsel von Tucholsky: »Gott schuf Kluge, Dumme, ganz Dumme und Geschäftsführer der SPD-Presse.« Das ist aphoristisch verkürzt. Der erfahrene Journalist sagt's auch ausführlicher: »Über die ›Rote Fahne‹ als journalistisches Erzeugnis ernsthaft zu reden, ist leider nicht möglich – ich sage ›leider‹, weil mir ihre Grundgesinnung sehr nahe ist. Aber wie sieht das aus! Wie ist das geschrieben! – Der ›Vorwärts‹ ist heute noch so verkalkt wie damals, als ich bei ihm anfangen wollte – über ein paar Glossen hinaus habe ich es da nie gebracht, und beim mechanischen Abdruck ist es geblieben. Von Ermunterung war wenig zu spüren.«

Nicht nur keine Ermunterung, sondern schroffe Ablehnung erfährt Tucholsky 1932.

Unter der Überschrift REDAKTEURE handelt er die vielen Beschränkungen und Pressionen ab, denen dieser Berufsstand unterliegt. Vor allem in den bürgerlichen Blättern, doch dann geht es weiter: Die Stellung des Redakteurs »an den Parteizeitungen ist nicht viel anders. Die Fälle, wo auch in der Arbeiterpresse durch den sogenannten Geschäftsführer oder die Pressekommission der schamloseste Druck auf die Redakteure ausgeübt wird, wiederholen sich fortwährend. Von Selbständigkeit ist da keine Rede. Einmal haben sie einen SPD-Redakteur in der Provinz gezwungen, nie wieder etwas von mir zu drucken; der Mann hatte Frau und Kind und gab nach. Und dann muß man die Männer sehen, die solches verordnen!«

Das Verhältnis zwischen Massenorganisationen und geistigen Arbeitern beschäftigt Tucholsky immer wieder. Meist kommt er dabei zu deprimierenden Resultaten, doch erinnert er sich auch positiver historischer Erfahrungen. 1928 heißt es: »Die sozialdemokratische Partei hat in ihrer guten Zeit mit den Intellektuellen zusammengearbeitet, denn Eisner und Landauer und Jogiches und Liebknecht sind keine Metallarbeiter gewesen und haben sich auch niemals so kostümiert. Sie ist gut dabei gefahren, die Partei. In ihrer schlechten Zeit hat sie das getan, was heute so viele Kommunisten tun: sie hat die brauchbaren, anständigen und saubern Intellektuellen zurückgestoßen, sie wollte abstoßen und sie tat es – und das Resultat war bei der SPD eine Versumpfung auf der ganzen Linie, die selbst den klaren Willen der großen Provinzopposition durch die geriebene Taktik ehrgeiziger verkrachter Studenten oder geölter Funktionäre glatt an die Wand spielt.«

Bei der KPD kann Tucholsky keine besseren Methoden entdecken. Dennoch bietet er nachdrücklich Unterstützung an:

»Soweit ich informiert bin, will keiner aus unserm Kreise einen Führerposten in der Partei haben, und wer ihn haben will, ist auf dem Holzwege. Aber helfen wollen wir – wobei denn die Befolgung der notwendigen Parteidisziplin zu fordern und auch zu bekommen ist. So aber stehen wir tatenlos herum; selber eine Partei zu gründen, scheint mir ein Fehler, denn aus Brennholz kann man keinen Ofen bauen, und unsere Kraft verrinnt in sehr vielen Fällen ungenutzt.

Ich halte einen Zusammenschluß der radikalen Intellektuellen mit der KPD für einen Segen und für ein Glück. Dazu gehört: auf unserer Seite der Sinn für Disziplin, für das stetige Arbeiten im Alltag und für politische gesunde Vernunft; dazu gehören auf der Parteiseite guter Wille, Einsicht in die Struktur dieses Landes, das nun einmal nicht Rußland heißt, und die Entfernung von Funktionären, die den Bodensatz dessen darstellen, was wir sind.«

Deutlicher und entschiedener konnte sich der Individualist Tucholsky schlechterdings nicht anbieten.

Die unangenehmen Seiten, die Tucholsky an jeder Art von Verein entdeckte, waren zermürbend. Was er gern »Orrrrrnison« statt Organisation nannte, langweilte ihn tödlich. Der Schnellmerker ertrug nicht die Schwerfälligkeit des Apparates, ein Apparat aber ist schon hergestellt, wenn Vorstand, Kassierer und einige Mitglieder sich an eine wie auch immer geartete Arbeit begeben. In einem sehr frühen Artikel, 1918, drängt sich dem Autor die unabweisliche Schlußfolgerung auf: »Nicht die Deutschen beherrschen die selbstgeschaffenen Apparate zur Vervollkommnung des Lebens – die Apparate beherrschen die Deutschen«.

Das war im Verwaltungsbereich der Fall und bei geistigen Organisationen genauso, wozu auch der bereits 1909 gegründete »Schutzverband Deutscher Schriftsteller« gehört, der sich ab 1920 in Klammern »Gewerkschaft deutscher Schriftsteller« nannte. Was herauskam, war weniger Gewerkschaft als G'schaftlhuberei. Die Perversion, die sich offenbar sofort einstellt, wenn mehrere Leute gemeinsam etwas diskutieren und beschließen wollen, kennzeichnet selbst die wichtigsten, nützlichsten und hochqualifiziertesten Vereinigungen. Ossietzkys Biograph, Kurt R. Grossmann, faßt das in die hintergründig-ironischen und treffenden Sätze, wenn er von Tucholsky mitteilt: »Er war jahrelang Vorstandsmitglied der Liga, [für Menschenrechte, deren Sekretär Ossietzky war, G. Z.] aber für ihn waren Sitzungen nicht dazu da, um Beschlüsse zu fassen, sondern um ›Probleme‹ zu klären. Daraus ergaben sich wohl Folgerungen, die gezogen werden mußten, aber sie zu formulieren oder gar Protokoll darüber zu führen – diesen Formelkram fand er überflüssig. Da er eine Sache sofort begriff, setzte er voraus, daß jeder andere sie auch gleich verstünde, und feierlich niedergelegte Beschlüsse erheiterten ihn.«

Wen wundert es, wenn auch andere »Orrrrrnisonen« außer langen Sitzungen und unendlich vielen Worten nichts erbrachten, erstaunlich bleibt am Individualisten Tucholsky, wie er unverdrossen immer wieder versuchte, einen Verband zu finden, mit dem man doch zu verwendbaren Resultaten kommen könnte.

1925 schloß er sich der in diesem Jahr gegründeten »Gruppe 1925« an, die, um nur einige zu nennen, bewährte und produktive Autoren wie Johannes R. Becher, Kisch, Brecht, Döblin, Leonard Frank, Ehrenstein, Rudolf Leonhard, Toller und eben Tucholsky umfaßte.

»Sie debattierten über ›bürgerliche und die proletarisch-revolutionäre Kunst‹, ohne zielgerichtete Aktivitäten entwickeln zu können.« So befindet ein Autorenteam im 1977 in verbesserter Auflage bei Elefanten Press Berlin erschienenen Sammelband «Weimarer Republik«, einem trotz mancher Einwände sehr lesenswerten Buch. Die mit so erlauchten Namen und umfassenden Zielen gegründete »Gruppe 1925« verschied endgültig, als das Vorstandsmitglied Alfred Döblin 1928 in die Preußische Akademie der Künste gewählt wurde.

Im selben Jahr wurde der »Bund Proletarisch-Revolutionärer Schriftsteller« gegründet, federführend war darin Johannes R. Becher, in dieser Organisation arbeitete Tucholsky nicht mehr mit. Im Kapitel »Besuch bei Kafka und die Vorliebe für Maßanzüge« wurde auf die Auseinandersetzung verwiesen, in die sich der Autor mit dem publizistischen Organ des BPRS, der »Linkskurve«, verwickelt sah. Konnten sich die bürgerlichen und proletarisch-revolutionären Schriftsteller schon nicht einigen, als sie über drei Jahre hin im Dachverband der »Gruppe 1925« vereinigt waren, so häuften sich jetzt Mißverständnisse und Mißhelligkeiten, von denen nicht nur Tucholsky, sondern auch Döblin betroffen war, dem man den fehlenden Klassenstandpunkt in seinem 1929 publizierten berühmten Roman »Berlin Alexanderplatz« übel ankreidete.

Andererseits konnte sich im Lauf der Jahre auch die Redaktion der »Linskurve« nicht der stupenden Erkenntnis verschließen, daß der Klassenstandpunkt zur Herstellung relevanter sozialistischer Literatur nicht ganz genüge und »daß das Schreiben gelernt werden muß«.

Ein Prinzip, das Autoren wie Döblin und Tucholsky auch in den Jahren zuvor schon klar war.

Über solche Selbstverständlichkeiten, »feierlich niedergelegte Beschlüsse zu fassen«, konnte sich Tucholsky tatsächlich nur »erheitern«, wie Grossmann definiert hat. Der Heiterkeit war allerdings eine Menge Bitternis beigemischt.

Schmutzschriften, räumt Tucholsky ein, weigert sich das »Börsenblatt für den deutschen Buchhandel« zu Recht, in seinem Fachorgan anzuzeigen. »Die Anzahl dieser unsittlichen Werke ist groß und kein anständiger Buchhändler gab sich dazu her, die zu vertreiben.«

Nun konstituierte sich im Jahre 1919 ein Kollegium von vier Herren und die wollten den Begriff der Unsittlichkeit nicht ausschließlich auf sexuelles Gebiet beschränkt sehen. Sie wiesen Anzeigen zurück, in denen der Freie Verlag Bern »Ansichten über die Schuld Deutschlands am Weltkriege verbreitete, die sich allerdings nicht mit denen des unseligen Kriegspresseamts decken«.

Tucholsky, äußerst empfindlich gegen jeden Ansatz von Zensur, konnte nicht umhin, den vier Herren nachzuweisen, daß sie den »deutschen Buchhandel und damit das deutsche Publikum bevormunden wollen«. Besonders gefährlich schien ihm diese Haltung, weil das »Börsenblatt« eine Monopolstellung innehatte. Die meisten deutschen Verleger konnten nur in diesem Organ ihre Ware anzeigen, die überaus kostspielige Publikumswerbung in anderen Blättern wäre viel zu teuer gekommen.

Ein Monopol verführt wohl immer dazu, es zu mißbrauchen. Tucholsky kritisiert: »Es ist eine Überheblichkeit, Bücher, deren Niveau weit über der politischen Haltung des ›Börsenblattes‹ im Kriege liegt, mit widerwärtigen Schmutzschriften aus Budapest gleichzustellen. Wenn hier etwas gleichzustellen ist, so muß ich sagen, daß mir das ärgste Dirnenbuch immer noch lieber ist als eine kriegsbegeisterte Sudelei Max Bewers.«

Ein Jahr nach dieser Warnung an das »Börsenblatt«, sich nicht aus eigener Machtvollkommenheit zur Zensurbehörde aufzublasen, ist die Entwicklung nach rückwärts hurtig vorangegangen. 1920 muß Tucholsky konstatieren: »Das sittlichste Organ Deutschlands: das ›Börsenblatt für den deutschen Buchhandel‹, hat sich geweigert, die Anzeige dieses Werks [»Frauen« von Paul Verlaine, übertragen von Curt Moreck, G. Z.] aufzunehmen. Es ist bekannt, daß die Redaktion dieses Monopolanzeigenmarktes die wissenschaftlich-politisch bedeutenden, aber dem Ludendorff-Deutschland nicht genehmen Werke Richard Grellings und andrer unter den Begriff ›Unsittliche Literatur‹ subsumiert. Die Proteste des Schutzverbandes Deutscher Schriftsteller haben bisher an dieser eigenmächtigen Zensur größenwahnsinniger Buchhändler nichts zu ändern vermocht. Ein Appell an die gut und fortschrittlich organisierten Drucker des ›Börsenblatts‹ scheint mir nötig.«

Plötzlich geht es nicht mehr nur darum, daß Anzeigen für kriegskritische Bücher unterdrückt werden, während »Werke des steckbrieflich gesuchten Bauer, des früheren Obersten«, sehr wohl angepriesen sind, mit einem Mal weigert sich das »Börsenblatt«, auch das Werk Paul Verlaines zu annoncieren, das durchaus kein »Dirnenbuch« ist. Tucholsky deckt auf: »Die wahre Antipathie richtet sich nicht gegen den toten Franzosen, sondern gegen den lebendigen Deutschen: der Verleger gefällt den Reaktionären in Leipzig nicht. Paul Steegemann hat mit anerkennenswertem Fleiß eine große Reihe junger moderner Autoren und politischer Radikaler herausgebracht, und weil Kurt Hiller oder Heinrich Vogeler-Worpswede oder Heinrich Mann oder Rudolf Leonhard nicht auf den deutschen Kriegerverein eingeschworen sind, bekommt es Leipzig mit der Angst vor dem Bolschewismus und hat nun ein Ausschlußverfahren gegen den politisch unbequemen Verleger in die Wege geleitet.«

Tucholskys Gespür hatte mal wieder nicht getrogen. Er diagnostiziert Fehlentwicklungen, solange sie noch im Keim sind. Kurze Zeit später wuchern sie wie Krebs, die Metastasen sind deutlich zu erkennen in einem Lied, das »in Lüneburg auf einer Kreisvereinssitzung des Börsenvereins im Chorus vorgetragen wurde – aber es genügt eine Strophe: ›Hoch jetzt des Aufruhrs Feuer loht, / sich lockern alle Bande, / Verrat den deutschen Helden droht, / nichts fehlt zu Deutschlands Schande, / und die Genossen frech und dreist, / bekämpfen Wissen, Fleiß und Geist, / es herrscht nur noch die Straße / sowie die jüd'sche Rasse.‹«

Um keine Mißverständnisse aufkommen zu lassen, dieses schöne Lied sangen Börsenvereinsmitglieder 1920, nicht etwa 1930; ceterum censeo, sagt unverdrossen mancher Tucholsky-Feind, Tucholsky hat die Weimarer Republik zersetzt! Der Arzt ist schuld, der den Krebs im Frühstadium erkennt und heilen möchte, der Arzt ist schuld, wenn der Patient die Therapie verweigert und der Krankheit folgerichtig erliegt.

Durchaus konsequent verhielt sich auch das damalige »Börsenblatt«, als es dem Neuen Deutschen Verlag in Berlin, der Tucholskys Bilderbuch DEUTSCHLAND, DEUTSCHLAND ÜBER ALLES herausbrachte, ein Schreiben zusandte. Der Brief lautet:

»Sehr geehrte Firma!
Gegen den weiteren Abdruck der Anzeige betr. Ihr Verlagswerk Tucholskys ›Deutschland, Deutschland über alles‹ liegt ein Einspruch vor. Unsere vermittelnden Schritte waren ohne Erfolg, so daß sich jetzt die maßgeblichen Stellen des Börsenvereins mit der Angelegenheit beschäftigen werden. Da nicht abzusehen ist, wann eine Entscheidung getroffen wird, gestatten wir uns, Ihnen das Manuskript zurückzugeben...

Hochachtungsvoll ergeben
Schriftleitung des Börsenblatts für den Deutschen Buchhandel.«

Diese Information erreichte den Neuen Deutschen Verlag und seinen Autor Kurt Tucholsky im Jahre 1929, ein Jahrzehnt, nachdem er sich dem wichtigen Periodikum zum erstenmal ausführlich gewidmet hatte.

Zwischendurch hatte der Publizist das Publikationsorgan nicht aus den Augen verloren. 1921 notierte er über das »Börsenblatt«: »...eines der reaktionärsten und interessantesten Blätter Deutschlands«. Dieser Einschätzung nachzukommen, bemühte sich das Presseerzeugnis nach Kräften.

Tucholsky repliziert auf den besagten Börsenvereinsbrief: »Der Einspruch, der in diesem Fall erfolgt ist, hat ein politisches Motiv... Die Haltung des ›Börsenblatts‹ selbst ist politisch niemals neutral gewesen. Über den redaktionellen Teil ist hier öfter gesprochen worden. Im Anzeigenteil wimmelt es von Verlagsanzeigen solcher Bücher, die bis hart an das Strafrecht republikfeindlich sind –, und zwar von rechts her. Diese Anzeigen stehen dort zu Recht. Es ist nicht sauber und des Standes der Buchhändler unwürdig, einen Boykott einseitig anzuwenden... Die reaktionären Buchhändler wissen genau, daß die späte Entscheidung über die Aufnahme des Inserats... den Vertrieb des Buches schädigen kann. Das ist beabsichtigt... Wenn wir unter einer rechten oder einer linken Diktatur leben, so muß ich mir das gefallen lassen. Dies aber ist eine versteckte und hinterhältige Diktatur, die kein anständiger Mensch billigen kann. Was mir gestern geschehen ist, kann morgen jedem unsrer Kameraden geschehen: also den Exponenten einer Gesinnung. Daß wir nicht in einer Demokratie leben, weiß ich; aber dies geht zu weit – wer soll über unsre Bücher abstimmen: der Käufer oder der Verkäufer –?«

Tucholsky betont dann sein Recht darauf, »...mit meiner Arbeit mein Geld [zu] verdienen; ich bin weder Kaiser der Reserve, noch geschlagener General im Ruhestande: mir zahlt die Republik nichts«.

Er signalisiert, daß in der Abweisung seiner Buch-Anzeige »jene schleichende, trockne, giftig-gefährliche Reaktion am Werk [ist]... so ein Vorgang wie dieser hier – nationaler Schuß von hinten, aus Angst vor der Wahrheit... Tatsächlich ist das, was sich heute in Deutschland gegen die Arbeiter vorbereitet, eine sanft dahinkriechende Reaktion, eine Gefahr, die zu wenig beachtet wird. Gegen sie gehen wir an.«

Das »Börsenblatt« raffte sich zu einer lendenlahmen Erklärung auf, nicht gegen das Buch Tucholskys sei man vorgegangen, sondern gegen eine Bildwiedergabe in dem Inserat, »da darin eine Verächtlichmachung der Nationalhymne der Deutschen Republik gesehen wird, die dem ›Börsenblatt‹ zur Unehre gereicht...« Tucholsky antwortet: »Zunächst wird weder im Titel noch auf der Umschlagseite des Buches die Nationalhymne der Republik lächerlich gemacht. Ob eine Verächtlichmachung vorliegt, haben nur die Richter in Anwendung der Gesetze zu entscheiden – nicht die Buchhändler in Anwendung ihrer Satzungen, die gleichgültig sind... Nun muß man aber sehen, was da in ihren Anzeigen gegen diese selbe Republik zusammengeflucht, gedroht und gekreischt wird –! Die Gleichsetzung von Blatt und Anzeige wäre in der Tat ungerechtfertigt, wenn nicht die Mehrzahl der leitenden Männer im deutschen Buchhandel von jener kleinbürgerlichen Rückwärtserei besessen wäre, wie sie von der Industrie und der Landwirtschaft bezahlt und propagiert wird: diese Gehirne sind Matern von Hugenberg.«

Hier werden die Feinde auch ökonomisch festgemacht. Etwas so Hochgeistiges wie der Buchhandel und die Werbung dafür werden zurückgeführt auf wirtschaftliche Interessen, wo die Geldgeber mit Händen zu greifen und die Hintergründe ihres spendablen Verhaltens klar zu definieren sind. Die »Rückwärtserei« kam ja nicht nur aus den Köpfen, sie wurde kräftig angereizt durch die geöffneten Portefeuilles von Leuten, denen Kritik und Analyse der bestehenden Verhältnisse heftig gegen den Strich gingen. Tucholsky war nie orthodoxer Marxist, dafür verengte ihm die Theorie, zum Dogma aufgebläht, zu sehr den Blick auf den Menschen in seinen vielerlei Bezügen und Abhängigkeiten, doch wo die Grundsätze des Zusammenhangs zwischen Basis und Überbau durchleuchtet wurden, bediente sich der Gesellschaftskritiker gern der Prinzipien einer Sicht auf Staat und Kultur, die ökonomische Verflechtungen und handfeste Privatinteressen der Herrschenden nicht unterschlug. Der Leser jedenfalls, stellvertretend für eine breitere Bevölkerungsschicht, sollte vom »Börsenblatt« über den Löffel balbiert werden und dagegen wandte sich der Aufklärer Tucholsky; es ging ihm hier nicht um subjektive Betroffenheit, er machte sich stark, für die »Kameraden einer Gesinnung«, für Autoren, die gleich ihm »nicht auf den deutschen Kriegsverein eingeschworen sind«.

Kurt Tucholsky – ein Antisemit?

Roda Roda hat einmal gesagt: »Der Antisemitismus... eine ganz nette Sache. Aber er wird wohl erst etwas werden, wenn ihn die Juden in die Hand nehmen.«

»Das«, stimmt Tuchlosky zu, »ist ganz richtig, denn jeder kluge Jude, der die Nachteile seiner Rasse durchschaut hat, könnte viel bessere und schlagendere Dinge gegen das Judentum anführen, als alle deutschnationalen Vollbärte zusammen.«

Kluge, kritische Juden, nicht blind gegenüber den Schwächen des eigenen Volkes, gab es von jeher wie auch deutsche Autoren, die Mängel und Fehler ihrer deutschen Landsleute bloßlegten; die Reaktion ist in beiden Fällen ähnlich: Die einen heißt man antijüdisch, die anderen antideutsch. Lion Feuchtwanger wollten die Glaubensgenossen seinen »Jud Süß« nicht verzeihen, Heinrich Mann vergab man den »Untertan« nicht. »Jud Süß« ist ein Porträt der historischen Figur, Feuchtwanger zeichnete sie mit Licht- und Schattenseiten; »Der Untertan« Diederich Heßling wurde von Heinrich Mann mit karikierenden Zügen versehen, so stark typisiert, daß er zur negativen deutschen Symbolfigur geriet, genau nach den Zielen des satirischen Autors. Aus Feuchtwangers differenziert geschildertem »Jud Süß« machten die Nazis ein Schreckbild und Scheusal, die Absichten des Autors rigoros ins Gegenteil verkehrend. Gleichwohl lasteten manche Glaubensgenossen ihrem Mit-Juden Lion Feuchtwanger diese Perversion seiner Romanfigur an, ganz so als sei er selbst an der Abfassung des Drehbuchs zum Goebbelsfilm beteiligt gewesen.

Kein Autor ist dagegen gefeit, daß sich der ideologische Gegner und Todfeind seiner Arbeit bemächtigt. So druckten faschistische Zeitungen einzelne »Wendriner«-Geschichten nach, die Tucholsky-Figur auf ihr Niveau herunterziehend. Wendriner ist eine sehr prominente K. T.-Schöpfung, sein Ruhm ist fast so verbreitet wie die unschlagbare Wo-kommen-die-Löcher-im-Käse-her-Geschichte. Personalisiert wie das »Lottchen«, war er zum Träger der genauen Alltagsbeobachtungen seines Erfinders geworden; wo Lottchen sich im Dialog, meist mit Daddy (das ist Tucholsky), rundum darstellt, trägt der mit unendlicher innerer Suada begabte Herr Wendriner diese Bürde der Eigenpräsentation allein. Bösartige Leute definieren, was Wendriner vollbringt, als »Inneren Monolog« zu ermäßigten Preisen, er ist faßlicher und leichter nachvollziehbar als der »Ulysses« von Joyce, was ihm nichts von seiner Wahrheit und der Realität seiner Reflexionsebene nimmt. Seine Wirklichkeit ist das Geschäft und Berlin, eine Hauptstadt, deutlicher durchschaubar und klarer gegliedert als das poetischere, pittoreskere, in Joyces Sicht auch pornographischere Dublin.

Obzön ist Herr Wendriner nicht, er huldigt mitunter ein wenig der Promiskuität, ist aber im übrigen ein »guter« Ehemann und Familienvater, seine partnerschaftlichen Qualitäten lassen indessen genauso zu wünschen übrig wie seine pädagogischen. Vorgezeigt wird dieser jüdische Geschäftsmann bei lauter alltäglichen Verrichtungen: »Herr Wendriner beerdigt einen – Herr Wendriner diktiert einen Brief – Herr Wendriner betrügt seine Frau – Herr Wendriner geht ins Theater – Herr Wendriner läßt sich die Haare schneiden – Herr Wendriner erzieht seine Kinder – Herr Wendriner kann nicht einschlafen«, im übrigen macht Herr Wendriner Geschäfte, investiert dabei langjährige Erfahrung, unendliche Telefonate und sein Wissen um finanzielle Querverbindungen, weil sonst der Laden eben nicht läuft. Daneben redet er vor sich hin, so exakt wie verwaschen, so individuell wie allgemeingültig, so clever wie bescheuert, ideologisch so eingeschirrt, wie er sich als unpolitisch empfindet.

Dabei ist Herr Wendriner beileibe nicht ungebildet oder uninformiert, er liest sogar die »Weltbühne«.

Ein Paris-Besuch des Berliner Geschäftsmannes bietet Tucholsky Gelegenheit zu einer schönen Hinterfotzigkeit: Wendriner, aus der französischen Metropole heimgekehrt, erzählt: »Wissen Se... also ich hatt doch erst den Doktor Hauser aufgesucht, ja, der immer in der

›Weltbühne‹ diese berliner Sachen schreibt. Jedesmal, wenn ich das lese, sag ich zu meiner Frau: ›Regierer – wie er leibt und lebt!‹«

Regierer ist ein bevorzugter Selbstgesprächspartner Wendriners, und daß der nicht sich selbst identifiziert, sondern seinen Freund Regierer in der ›Weltbühne‹ geschildert zu sehen glaubt, ist ein Übergag seines Autors, wie auch der folgende Ausspruch Wendriners: »Na, er [Kaspar Hauser, G. Z.] war kolossal erfreut, er freut sich wohl immer, wenn er Landsleute sieht. Ja. Na, und den hab ich nach Adressen gefragt. Seh ich gar nicht ein – wozu bin ich auf die ›Weltbühne‹ abonniert? Er hat gesagt, er wüßt keine...«

Hier haben alle Sätze Widerhaken. Die Mitteilung, Tucholsky freue sich immer, wenn er Landsleute sehe, trieft von Ironie. Zeigten die sich daheim allzuoft nicht von ihrer besten Seite, waren sie im Ausland und besonders in Paris überhaupt nicht zu verknusen. Und das Ganze auf den eher besucherscheuen Autor gewendet, der wie alle schreibenden Schriftsteller einen Horror vor Überfall-Visiten hatte und sich jeden dreimal ansah, ehe er ihn einmal zu sich einlud. Tucholsky als Anlaufstelle für deutsche Touristen in Paris, die ihn dann noch wie Wendriner nach Adressen frivoler Etablissements fragten – die Groteske ist nicht zu überbieten.

Tucholsky hätte mit diesen Episoden aus dem Leben eines Geschäftsmannes das Geschäft seines Lebens machen können. Die Leser wurden des Herrn Wendriner nicht müde, anders als sein Autor, der sich hütete, die Figur zu verschleißen, und der an dem von ihm geschaffenen Typ nur Freude hatte, solange er wirklich Typisches in ihm ausdrücken konnte. Herr Wendriner verdient, verdaut, verbraucht und verdichtet mitunter Alltagserfahrungen zu Lebensweisheiten, wobei die einem »Christen« in seinem Milieu und Metier genauso zustoßen könnten wie dem »Juden Wendriner«. Nicht ohne Grund zieht Tucholsky in aller Bescheidenheit die Parallele von seinem Berliner Wendriner zum amerikanischen Businessman »Babbitt« des Sinclair Lewis. Bei der Rezension des berühmten amerikanischen Romans schreibt er noch: »Aber nimmermehr begreift Herr Wendriner, daß auch er ein Babbitt ist; daß auch seine Vorstellungen, Gedanken, geläufigen Begriffe so lächerlich wirken können, wenn man sie still und freundlich aufreiht, ohne etwas dazu zu sagen; daß es grade die Dinge sind, die ihm selbstverständlich erscheinen, über die er gar nicht mehr diskutiert, und die in ihrer Würde so unbegreiflich albern sind; daß seine Dresdner Bank, sein Opernball, seine Literatur, seine Symphoniekonzerte, seine elektrische Wohnungseinrichtung und seine Geschäfte genau, genau, genau dasselbe Maß an Widersinn und Sinnlosigkeiten ergeben, wie es bei Babbitt der Fall ist.«

Bei anderen Gelegenheiten ist der Autor nicht mehr so von seiner Figur überzeugt, da nennt er Wendriner, verglichen mit Babbitt, einen »Nasenpopel«.

Naja, Nasenpopel – das ist zunächst auch eine Frage der Quantität, »Babbitt« ist ein ausgewachsener Roman, während wir bloß sechzehn Wendriner-Geschichten kennen, durchschnittlich zwei Druckseiten lang, insgesamt ergäbe das mit zweiunddreißig Seiten – ein Kürzest-Romänchen; RHEINSBERG allerdings hatte noch weniger mit gut zweiundzwanzig, während SCHLOSS GRIPSHOLM, Tucholskys umfänglichstes zusammenhängendes Werk es immerhin auf knapp hundert Seiten bringt. Einen langen Lauf hat er also gerade nicht, der Herr Wendriner, obwohl er ein »Renner« war in der Publikumsgunst. Anfangs erweckte er mehr Amüsement als Aggressionen, erst in der politisch sich aufladenden Atmosphäre spähten die Feinde nach den Blößen, die Wendriner sich, der Autor seiner Figur, der Jude Tucholsky also dem Judentum zu geben schien.

Selbstkritik wurde mit Selbstkasteiung, ja Selbsthaß und Selbstbeschmutzung gleichgesetzt. Wendriner ist nicht eben ein Philanthrop, aber auch kein Misanthrop, er besitzt den kapitalistischen Geschäftssinn, der ihm sein eigenes Wohl und Wehe zum Maßstab aller Handlungen macht. Seine Moral ist weder besser noch schlechter als die seiner christlichen Konkurrenten, er wirkt bei weitem sympathischer als Heinrich Manns »Untertan« Diederich Heßling. Der verrät wie sein kaiserliches Vorbild Wilhelm Zwo Welteroberungsgelüste, was Wendriner nie einfallen würde, er ist kein Herrenmensch, sondern der Herr Wendriner, er will nicht den Erdball unter seine oder seines Volkes Herrschaft, sondern bloß sein Schäfchen ins Trockene bringen. Gelegentlich läßt er seine Macht spüren – so wenn er einem Schuldner den Aufschub der Zahlung verweigert, den er selbst bei einem Gläubiger mit Redefluß und Raffinesse gerade erreicht hat, aber er tritt nicht prinzipiell nach unten und buckelt nach oben wie der Papierfabrikant Heßling. Wendriner allerdings hat mehr Chuzpe als Charakter, das ist es, was Tucholsky ihm am meisten verübelt. 1930 deshalb das unfreundlichste Feuilleton: HERR WENDRINER STEHT UNTER DER DIKTATUR – »Na, ich kann nicht klagen. In unsrer Straße herrscht peinliche Ordnung – wir haben da an der Ecke einen sehr netten SA-Mann, ein sehr netter Kerl. Morgens, wenn ich ins Geschäft gehe, geb ich ihm immer ne Zigarette – er grüßt schon immer, wenn er mich kommen sieht; meine Frau grüßt er auch. Was hat man Ihnen? Was sagt Regierer? Sie haben ihm den Hut runtergeschlagen? Wobei? Ja, lieber Freund, da heben Sie doch den Arm hoch. Ich finde, wenn die Fahne nu mal unser Hoheitszeichen ist, muß man sie auch grüßen... Der H. – wenn er auch aus der Tschechoslowakei ist – der Mann hat sich doch hier glänzend in die deutsche Psyche eingelebt. Na, jedenfalls herrscht Ordnung... Sowie Sie Staatsbürger sind und den gelben Schein haben, also Schutzbürger, passiert Ihnen nichts... darin sind sie konsequent.«

Irrtümer des Geschäftsmannes Wendriner, die schon an Irrsinn grenzen. Er wiegt sich in lauter Sicherheiten: Daß es möglich ist, das Wohlwollen des SA-Mannes mit ein paar Zigaretten zu erkaufen, daß der gelbe Schutzbürgerschein (»...Ich wohne schon über zwanzig Jahre in Berlin; da habe ich ihn sofort gekriegt«) auch wirklich Schutz für den jüdischen Bürger garantiere. Da ist nicht der Schimmer des Verdachtes, wie schnell der H., also Hitler, den gelben Schutzbürgerschein durch den gelben Judenstern ersetzen würde, der nichts weniger als Schutz verbürgte. Die Blindheit des Assimilierten, der sich als Berliner, nicht mehr als Jude empfand, zwanzig Jahre Bewohner der deutschen Hauptstadt, das ist doch was; dagegen die Verachtung für den nicht arrivierten »Rassegenossen« – »Nu sehn Sie sich mal diesen schwarzen Kerl da unten an! Wahrscheinlich ein Ostjude... wissen Sie, denen gegenüber ist der Antisemitismus wirklich berechtigt. Wenn man das so sieht! Ekelhafter Kerl. Wundert mich, daß er noch hier ist und daß sien noch nicht abgeschoben haben!«

Hochmut, der aus dem hohen Bankkonto herrührt, der Unternehmer kann sich im Traum nicht vorstellen, daß er von den Nazis wenige Jahre später als »Untermensch« eingestuft wird. Der gutbetuchte Kaufmann kennt seinen Wert auf dem kapitalistischen Markt und gibt den armen Ostjuden leichten Herzens antisemitischen Affekten preis, in ihm triumphiert der Klassenstandpunkt über die Rassensolidarität.

Überdies, so merkte Tucholsky in einem Brief an, sehe Wendriner nicht jüdisch aus; noch ein Grund für den Mann, sich in trügerischer Sicherheit zu wiegen. Von allen Irrtümern, die diesem Herrn Wendriner angesichts des sich etablierenden Faschismus unterlaufen, ist noch der geringste die Mitteilung, daß H. aus der Tschechoslowakei stamme, und auch seine Bereitschaft, die Hakenkreuzfahne zu grüßen, wenn sie nu mal das Hoheitszeichen sei, nutzte ihm später gar nichts mehr. Wo Analyse und absolute Abkehr angebracht waren, leisteten »die Wendriners« Anpassung. Auf alle diese Fehlhaltungen ist Tucholskys bitteres Wort gemünzt: »...nicht die Deutschen sind verjudet, die Juden sind verbocht.« So erbittert ihn auch die Argumentation vieler jüdischer Kaufleute: Man kann doch die Stadt und das Land nicht einfach aufgeben, in denen man jahrzehntelang gearbeitet und verdient hat, die Geschäfte sind noch nicht abgewickelt. Wo ein scharfer Trennungsstrich zu ziehen gewesen wäre, suchten sich die Wendriners zu arrangieren. Ihr mangelnder Stolz und die fehlende Entschlossenheit, dem antisemitischen Deutschland so rasch als möglich den Rücken zu kehren, bringen Tucholsky zur Verzweiflung. Was vielen ärmeren Glaubensgenossen verwehrt war, weil sie nicht über das nötige Geld verfügten, wäre den Wendriners leichtgefallen. Ein erschütterndes Beispiel von einem Mann, der geflohen wäre, wenn er nur die Reise hätte finanzieren können, findet sich in Jürgen Serkes hervorragendem Sammelband »Die verbrannten Dichter«: »Wochenlang hatte Erich Mühsam vergeblich nach einem Geldgeber gesucht, der ihm die Reise nach Prag hätte bezahlen können. Am Abend des Reichstagsbrandes hatte er das Geld beisammen. Am nächsten Morgen wollte er Deutschland verlassen. SA-Leute drangen in seine Wohnung am Laubenheimer Platz und brachten ihn ins Gefängnis Lehrter Straße.«

Das geschah 1933, drei Jahre, nachdem Wendriner von dem SA-Mann erzählte, der ihn immer so freundlich grüße und Zigaretten von ihm geschenkt kriegte; vielleicht war so ein SA-Mann im Kommando, das den Anarchisten und Sozialisten Erich Mühsam verhaftete, ihn im KZ folterte, ihn zusammen mit Carl von Ossietzky zwang, sich das eigene Grab zu schaufeln und das schließlich Mühsams Selbstmord vortäuschte. Ein Leidensgefährte aus dem KZ berichtet: »...man fand ihn, an einem Strick hängend, auf dem Abtritt Nummer vier; seine Füße hingen in das Abtrittsloch nieder. Der Knoten war so kunstgerecht geknüpft, wie ihn der halbblinde Mühsam niemals ferigbekommen hätte.«

Die politisch wachen Juden wußten, was sie von den Faschisten zu erwarten hatten. Leute wie Wendriner, saturiert und satt, verschwendeten keinen Gedanken an den hochbegabten Dichter Erich Mühsam, der geschniegelte Geschäftsmann wäre wohl eher peinlich berührt gewesen von einer Begegnung mit dem jüdischen Sozialisten und Anarchisten und dessen ungestümen flammendroten Bart, wahrscheinlich hätte Wendriner gesagt: »ekelhafter Kerl!«

Die Kluft zwischen Intellektuellen und Kapitalisten war unter Juden genauso breit wie auf christlicher Seite und insofern ist Tucholskys »Antisemitismus« nur eine Konsequenz seiner antikapitalistischen Haltung.

Angriffe auf *den* Juden parierte Tucholsky sein Leben lang, schließlich verbrachte er viele Jahre in Deutschland, das, wie er zustimmend einen Kollegen zitierte: »...zwei Leidenschaften kennt, das Bier und den Antisemitismus«.

Die prinzipielle Solidarität mit dem jüdischen Mitbürger kann den Polemiker jedoch nicht hindern, lange vor den Wendriner-Geschichten Einzelzüge zu kritisieren. 1921 schreibt Tucholsky: »Unter den deutschen Juden gibt es bekanntlich (und ganz besonders in Berlin) eine große Anzahl von Leuten, die sich ihres Judentums wie einer Krankheit schämen, und die ihren Kindern bei Tisch in Gegenwart der Dienstboten mit einem ängstlichen ›Stike!‹ das Wort Synagoge verbieten. Diese guten Kaufleute und schlechten Musikanten waren gern bereit, dem Kaiser ihre Söhne hinzugeben – aber sie sind gar nicht bereit, der konkursverwaltenden Regierung, die das Abenteuer des schlechten kaiserlichen Deutschlands auszulöffeln hat, ihre Steuern hinzugeben. Und aus einer sinnlosen Angst vor einem Bolschewismus, den sie immer gefürchet und niemals gefördert haben, sind sie bereit, mit jeder Ordnungsstütze Halbpart zu machen. Wäre die Deutschnationale Partei nicht so hirnlos dumm, antisemitisch zu sein, so würde sich ihr ein großer Teil der von Natur aus konservativen Judenschaft zuwenden; ja, ich kenne sogar Fälle von Juden, die so ehrvergessen sind, deutschnational zu wählen.«

Die gleiche Stoßrichtung zeigen die 1926 veröffentlichten Sätze: »Und als sich gar der jüdische Rechtsanwalt Ludwig Haas erhob und herausdonnerte, ›wir Juden würden, wenn es das Vaterland gebeut, noch einmal...‹ oder so etwas, da habe ich schon zugeschlagen, und ich bin auch heute noch der Meinung, daß die Angst vor dem Antisemitismus etwas viel Schlimmeres verbirgt: eine geistige Minderbemitteltheit, die bei Juden selten, aber wenn vorhanden bodenlos ist.« Das Thema wird variiert in einer anderen Attacke: »Ich kenne... diesen unsäglichen ›Reichsbund jüdischer Frontsoldaten‹ oder wie das Monstrum heißt, wo sich geprügelte Deutsche an prügelnde Deutsche anmeiern: Seht uns an! auch wir sind imstande, die Peitsche zu führen! auch wir wollen Reklamedenkmäler für den nächsten Krieg, Weihegesang und Lüge um die Toten. Und es nützt ihnen nicht einmal. Mit Recht dreht sich der Monokelträger um, läßt das Monokel fallen und feixt. Verachtet und die Aufrechten verachtend, zieht so etwas vom Empfang beim Reichspräsidenten wieder nach Hause: Auch wir sind eine nationale Organisation...! Arme Luder.«

Der Kriegsgegner und absolute Nicht-Nationalist geißelte militaristische Posen, bei wem immer er sie antraf. Wie sollte er die »konservative Judenschaft« ungeschoren lassen, wo er Reaktion und historisch überholte Ansichten unerbittlich kritisierte, bei Franzosen wie bei Engländern, im nahen Vaterland wie im fernen Amerika.

Dabei polemisiert Tucholsky nicht gegen *den* Juden. Die Bedeutung, die er seinem Volk zumißt, erhellt die winzige, aber inhaltsschwere Bemerkung: »Der Jude ist die Zirbeldrüse im Völkerorganismus. Niemand weiß, wozu sie eigentlich da ist – aber herausschneiden kann man sie nicht.«

Erst den Nazis blieb es vorbehalten, diese »Zirbeldrüse« aus dem deutschen Volkskörper herauszuschneiden. Die Folge war eine Verarmung von Wissenschaft und Kultur, des Handels und Wandels, wie sie nachhaltiger und verderblicher nicht sein konnte. Tucholsky notierte die ständige Bedrohung, die von der Nationaille ausging. Die bittere Ironie in den 1924 publizierten Worten zeigt das: »In einer Ecke [des DORFES BERLIN, G. Z.] hat Schlächtermeister Wulle eine kleine Judenschlächterei aufgetan und steht, mit aufgekrempelten Hemdsärmeln, vor der Tür. Dampfend raucht er aus einer ungeheuren Pfeife...« Ein Bild, konsequent weitergedacht, belastet mit makabrer Prophetie. Der Judenschlächter und der Rauch aus den Krematoriumsschornsteinen, die Mordvision bietet sich an. Grauenvoll auch das 1926 veröffentlichte KOCHREZEPT: »*Aus einem völkischen Kochbuch.* Man schneide einen alten Juden in nicht zu dünne Scheiben, wälze ihn in einer Mehlschwitze und überstreue ihn vorsichtig mit etwas gestoßenem ›Berliner Tageblatt‹. Die Mischung lasse man in einem Stahlhelm dreimal aufkochen und serviere heiß. Ein Hakenkreuz aus Mazze wird den Appetit jedes deutschen Gastes anregen.«

1927 erschien ein Gedicht unter der Überschrift SEKTION, das von ebensolcher Härte ist, gewidmet der »Charité in Züchten«: »Ein Mediziner, namens L.,/ zersägte neulich scharf und schnell / Iwan Kutisker. / Der lag da vor ihm hüllenbar, / so wie er aus der Haft gekommen war – / der tote Iwan Kutisker. / Der Mediziner, namens L., / sprach also in des Bauches Fell / des toten Iwan Kutisker: / ›Der Mann, der hier vor Ihnen liegt, / hat lange nicht genug gekriegt: / er hieß Kutisker, war ein Jude – / (Sie sehen das schon an der Zude) – / er war ganz nikotinisiert / und syphilitisch infiziert – / na ja, ein Jude!‹ / Das Messer knirscht. Der Kantus stieg / voll ärztlichen Takts. Die Leiche schwieg. / Laßt uns die Zähne zusammenbeißen: / es kann nicht jeder Lubarsch heißen.«

Zur Verteidigung des armen deklassierten Juden gesellt sich bei Tucholsky immer wieder Polemik gegen arrivierte jüdische Mitbürger. Er war nie im strengen Sinn Marxist, doch hatte er genügend von der Lehre aufgenommen, um manche »Rassenfrage« auf die Klassenfrage zurückzuführen. In den 1928 publizierten GLAUBENSSÄTZEN DER BOURGEOISIE verkündet die »arische« Frau Emmi Pagel aus Guben (Niederlausitz), deren Mann Buchhalter ist und sich in seinen Papieren »Werkbeamter« nennt:

»Schuld an dem ganzen Elend sind die Juden. Die Juden sind schmutzig, geldgierig, materiell, geil und schwarz. Sie haben alle solche Nasen und wollen Minister werden, soweit sie es nicht schon sind. ... Alle Welt ist gegen Deutschland – aus Neid.«

Frau Rechtsanwalt Margot Rosenthal, die sich der Berufsbezeichnung ihres Mannes bedient, schlägt zurück: »Christen sind dümmer als Juden und werden aus diesem Grunde ›Gojim‹ genannt. ... Alle Welt ist gegen die Juden – aus Neid.«

Was die von der Religion her unterschiedenen Damen der herrschenden Klasse eint, ist die nur leicht variierte Erkenntnis (Frau Pagel): »Kommunismus ist, wenn alles kurz und klein geschlagen wird. In Rußland werden die Frauen vergewaltigt, sie haben eine Million Menschen ermordet. Die Kommunisten wollen uns alles wegnehmen.«

Frau Rosenthal: »Kommunismus ist, wenn alles kurz und klein geschlagen wird. Die Kommunisten wollen uns alles wegnehmen, wo man sich Stück für Stück so mühsam zusammengekauft hat. Arbeiter muß es natürlich geben, und man soll sie auch anständig behandeln. Am besten ist es, wenn man sie nicht sieht.«

Bei diesen Bürgerinnen, egal ob jüdisch oder christlich, ist Hopfen und Malz verloren. An anderer Stelle rückt Tucholsky 1928 zumindest die Zahlenverhältnisse wieder zurecht: »Nun hat da neulich irgend so ein Patriot von der ›Judenrepublik‹ gesprochen, damit also zugegeben, er glaube, daß der halbe Prozent Deutscher, der der jüdischen Rasse angehört, fähig wäre, ganz Deutschland zu unterjochen. Herzlichen Glückwunsch!«

Das gleiche Argument findet er sechs Jahre später bei einem Mann, den er als Schriftsteller hochgeachtet hatte und bei dem ihn der offensichtliche Unsinn des Vorwurfs sehr verletzte. Knut Hamsun hatte 1934 in der Osloer Zeitung »Aftenposten« die Entwicklung in Nazi-Deutschland in Schutz genommen und die Weimarer Republik einen Staat genannt, »wo die Kommunisten, die Juden und Brüning dies nordische Land regierten«.

Tucholsky durchschaute den inneren Drang der »konservativen Judenschaft«, sich mit nationalistischen Deutschen für die Erhaltung ökonomischer Privilegien zu verbünden, doch das antisemitische Element war in den rechten Parteien viel zu stark. Hatten die »rechten Juden« dort schon keinen Einfluß, so war die Macht der linken jüdischen Intellektuellen lange nicht so groß, wie immer vorgespiegelt wurde.

Es ist hier auf einen interessanten Aspekt hinzuweisen: Kurt Tucholsky wurde ständig als Pazifist, Polemiker, Satiriker angegriffen und bekämpft, nie als Jude. In dem berühmten Brief an Arnold Zweig, den »Vollblutjuden«, wie Tucholsky den Verfasser des Romans »Der Streit um den Sergeanten Grischa« in einer außerordentlich lobenden Besprechung nannte, schreibt er: »Antisemitismus habe ich nur in den Zeitungen zu spüren bekommen, im Leben nie. Mit dem feinen Instinkt, der die boches auszeichnet, haben mich viele Leute nicht für einen Juden gehalten, was ich nicht geschmeichelt anmerke, sondern belustigt. In dreieinhalb Jahren Militär: nichts... Ich spreche also nicht aus Ressentiment.«

Wenige Zeilen zuvor heißt es: »Ich bin im Jahre 1911 ›aus dem Judentum ausgetreten‹, und ich weiß, daß man das gar nicht kann. Die Formel vor dem Amtsgericht lautete so. Sie wissen, daß damit keine Konjunkturriecherei verbunden gewesen ist – ein Jude hatte es im Kaiserreich erträglich, ein Konfessionsloser nicht... Ich habe es getan, weil ich noch aus der frühesten Jugendzeit her einen unauslöschlichen Abscheu vor dem gesalbten Rabbiner hatte – weil ich die Feigheit dieser Gesellschaft mehr fühlte als begriff...«

Tucholskys lebenslängliche Furcht vor dem Aufgehen in einer Institution, sei sie nun religiös oder weltlich, äußerte sich bereits beim Einundzwanzigjährigen, der sich von der jüdischen Gemeinde formell trennte, aber nicht die Solidarität mit den früheren Glaubensgenossen aufkündigte. Viele Texte zeigen die Verbindung und Teilnahme des aus dem Judentum Ausgetretenen, ob sie nun materiell Arme betreffen, wie den sezierten und im Tode beschimpften Iwan Kutisker oder Berufskollegen, die wegen ihres jüdischen Glaubens vom Literaturgeschichtsverfasser Adolf Bartels diffamiert werden. Elf Jahre nach der amtlichen Trennung von der jüdischen Gemeinde schreibt er über das antisemitische Bartels-Buch: »Die Judenriecherei dieses Mannes darf grotesk genannt werden. Ohne sich über die sehr verzwickte Problematik der Juden auszulassen, unterstellt er, primitiv und kenntnislos, den Unwert jedes Juden und fertigt wertvolle Schriftsteller mit der Konstatierung ihrer jüdischen Abstammung ab... Ist der Verfasser kein Jude, so wird ihm jüdische Verwandtschaft oder jüdischer Verkehr nachgesagt. Von den Manns: ›Brüder, die, weil sie eine portugiesische Mutter haben, dem Judentum so nahe gekommen sind‹.«

Daß die Brüder Thomas und Heinrich Mann wegen ihrer kritischen Romane über Deutschland schlankweg zu »Juden« erklärt werden, ist eine Verfahrensweise, die auch in unserer Gegenwart noch im Schwange ist. Die linken Deutschen und die linken Juden werden so zusammen erledigt, Nestbeschmutzer, die sie sind.

Aufmerksam registrierte der Rezensent Tucholsky: »Das Allerlustigste aber ist, daß dieser Hakenkreuzpolichinell seinen leicht angekümmelten Antisemitismus nur im Verlag Haessel, dem man dies nicht vergessen soll, froh in die Winde brüllt. Bei Reclam liest mans anders. Bei Reclam hat Bartels nämlich an einer ›Weltliteratur‹ mitgearbeitet, die kein antisemitisches Wort enthält. Alle Dichter, die er bei Haessel in der ungezogensten Weise angeflegelt hat, kommen dort ganz gut weg.«

Ja, die Literaturgeschichtler, Tucholskys tiefes Mißtrauen gegen diese Spezies traf nicht nur in seiner Gegenwart zu, auch heutzutage erlebt man Überraschungen. Neulich nehme ich die »Geschichte der deutschen Literatur 2« von Paul Fechter, bearbeitet von Kurt Lothar Tank und Wilhelm Jacobs zur Hand, erschienen 1960 im Sigbert Mohn Verlag, Untertitel »Die Literatur des 20. Jahrhunderts«, und suche vergeblich nach Kurt Tucholsky.

Eros und öffentliche Moral

Tucholsky nahm in RHEINSBERG die Libertinage der zwanziger Jahre vorweg und offeriert sich als souveräner Liebesheld seiner Geschichte, welcher Umkehrschluß vom Buch auf den Verfasser ihm aber nicht angenehm war.

Das hat tiefere Gründe.

Sein Widerwille gegen die Analyse der »Intimsphäre«, also des Sexuellen, ist aus seiner prekären Lage zu begreifen. Der Libertin nimmt sich Freiheiten und hat zumindest den Willen, sie auch anderen zuzugestehen. Privat glückt ihm das nicht immer, aber politisch-publizistisch trat er unter diesem Anspruch an. Der Moralist Tucholsky billigte nicht, wenn Bettgeschichten im politischen Kampf benutzt wurden.

Es ist schon an anderer Stelle darauf hingewiesen worden, daß Tucholsky keiner schrankenlosen Libertinage das Wort redete. Wie er sich gegen Nepp mit Nacktheit und Pornographie aus Budapest verwahrte, spricht er sich auch entschieden gegen die Verletzung der Intimsphäre aus. HARDENS PROZESSE heißt seine große Abrechnung mit dem

Herausgeber der Zeitschrift »Die Zukunft«. Er verhehlt dabei dem blendenden Journalisten und geschätzten Kollegen nicht, daß er dessen Behandlung von Fällen gleichgeschlechtlichen Verkehrs unter Adel und Offizieren im Reiche Kaiser Wilhelms II. degoutant findet.

Harden »hat längst eine vernünftige Diskussion darüber, ob Homosexuelle schädlich sind oder nicht, in eine geschwollene und unanständige Schilderung ihrer Freuden verwandelt. Diesen lauten und unersprießlichen Angelegenheiten Hardens verdanken wir ein gut Teil der üblichen oberflächlichen Behandlung forensischer Dinge.«

Schwere Vorwürfe, die sich nicht nur auf den Einzelfall beschränken. »Das [was der Meister in der »Zukunft« vorgemacht hat] wühlt in den Betten der Angeklagten, zerrt ans Licht, was vielleicht nur die Richter wissen müssen, und schont nicht das Kind im Mutterleib... das Schlagwortmäßige der öffentlichen Betrachtungsweise alles Kriminalistischen in Deutschland – hier ist sein trüber Quell.«

1914 wird Tucholsky noch einmal deutlich, als er unter dem Titel ERPRESSUNG die »ungeheuerliche Indiskretion einer schlechten Gerichtssaalberichterstattung« moniert. »Bei hochgestellten Persönlichkeiten, vom Fabrikbesitzer aufwärts, begnügt man sich mit dem Anfangsbuchstaben. Sonst wird das ganze Signalement durch den Schmutz der Gerichtsberichte gezogen, und diese Kriminalreportage scheint mir der weitaus schlimmste Teil eines deutschen Kriminalverfahrens zu sein. Verhör, Urteil, Strafe, alles, alles – nur nicht diese dummen, hämischen, schadenfrohen Glossen verschmockter Ignoranten.«

Nun gebietet es die Fairness, nicht Harden allein für die Sensationsprozesse verantwortlich zu machen. Überdies hatte es ja bei Harden durchaus politische Relevanz, als er die 175er-Bünde wichtiger Militärs und Ministerialberater im Kaiserreich aufdeckte, oberste Kriegsherren einbezogen. Tucholsky hielt immer dafür, daß die männlichen oder weiblichen Bettgenossen führender Persönlichkeiten solange außer Betracht blieben, wie mit den sexuellen Aktivitäten keine politischen verknüpft waren. Was er 1914 im Artikel ERPRESSUNG anprangerte, ist denn auch vor allem die Ungleichwertigkeit der Angeklagten vor Gericht. Höhergestellte werden durch Nicht-Namensnennung geschont, sozial Schwächere einer breiten Öffentlichkeit preisgegeben.

Am übelsten war einer dran, geriet er als Armer und Sozialist vor die Schranken des Gerichts.

Aber selbst seine ärgsten Feinde, die Nazis, scheuten sich, ihre Kampagnen gegen Tucholsky auf das Sexuelle auszuweiten. Das erlaubte sich erst Lisa Matthias. Tucholsky verabscheute jede Art von Schlafzimmer-Schnüffelei.

Hans Prescher sieht das sehr genau, wenn er schreibt: »Die Trennung zwischen der Person und dem Amt oder dem öffentlichen Wirken dieser Person ist ein Grundzug der kämpferischen Schriften Tucholskys. Den persönlichen Bereich klammerte er aus und wandte sich auch gegen

Versuche anderer, die private Sphäre in den politischen Kampf zu ziehen.«

Dieser Tucholsky protestierte, als Ludendorff seiner Scheidung wegen in die öffentliche Diskussion geriet. So sehr er in Ludendorff den politischen Feind angriff, so wenig wollte er dessen privates Leben öffentlich gemacht sehen.

Die höchst ehrenwerte Absicht und Haltung Tucholskys stehen außer Zweifel. Allerdings bringt die reinliche Trennung von öffentlichen und privaten Belangen Schwierigkeiten mit sich, weil die Frage der doppelten Moral unberücksichtigt bleibt. Wenn etwa die Stützen eines Systems dem Volk die Scheidung erschweren, sich selbst aber wechselnde Ehepartner gestatten, so liegt der Fall vor, daß öffentlich Wasser gepredigt und heimlich Wein getrunken wird. Insofern erhält ein ansonst privater Umstand wie eine Scheidung öffentliches Gewicht.

Noch brisanter wird die Sachlage, geht es um die Homosexualität des SA-Führers Röhm. Prescher führt das Exempel ebenso an wie Schulz. Tucholsky hatte geschrieben: »Ich halte diese Angriffe gegen den Mann nicht für sauber... Er kann durchaus anständig sein, solange er nicht seine Stellung dazu mißbraucht, von ihm abhängige Menschen aufs Sofa zu ziehn, und dafür liegt auch nicht der kleinste Beweis vor.«

Prescher schließt daraus: »Sauber und anständig, mit klaren Grenzen sollte der Kampf geführt werden – das praktizierte Tucholsky und das verlangte er von anderen.«

So ehrenwert sein Programm ist, es bleibt idealistisch und gefährlich, weil es Bereiche, die der Triebstruktur nach zusammengehören, säuberlich zu trennen sucht. Gerade der heraufziehende Faschismus speiste sich aus einer Vielzahl dunkler Quellen, diffuse Faktoren wie Gefühl und Geschlecht gehören dazu. Weil Tucholsky diese Region politisch (nicht psychologisch, da blickte er tiefer) aussonderte und mit einer Schutzzone umgab, entging seiner Aufmerksamkeit, welchen Kraftzuwachs das Dritte Reich aus solchen Trieben und Antrieben bezog. Der tägliche Faschismus gründete sich auch auf verquere Erotik, hirnloses Anhimmeln, auf Drang nach Ekstase und Identifikation, was in Hitler und »seinem Volk« inkarnierte.

Noch anderen Neigungen kam die Nazi-Ideologie entgegen: Anbetung und Unterwerfung waren gefordert, Eigenschaften, die dem Kleinbürger in Elternhaus und Familie antrainiert wurden, man hatte gelernt, sich dem Stärkeren zu beugen und den Schwächeren unter den Stiefel zu nehmen. Erziehung als Summe von Lädierungen, Verbiegungen, als Erleiden und Austeilen von Schmerz, auch die Konditionierung zur Folter, deren Kleinform Disziplin heißt, dies alles wird zunächst im privaten Bereich eingeübt. Man erkennt es mit Erstaunen und Erschrecken: Tucholsky, der Mann, der den Faschismus schon ein Jahrzehnt vor seinem Machtantritt kommen sah, der vor ihm so zeitig und beredt-energisch warnte wie kein anderer, der Früh-Diagnostiker des mit Hitler herannahenden Zweiten Weltkrieges, der 1925 geschrieben hatte: »Wir stehen da, wo wir 1900 gestanden haben. Zwischen zwei Kriegen.«, dieser Tucholsky gefiel sich in einer Ritterlichkeit und Rationalität, die zur folgenschweren Waffenungleichheit führte. Die Irrationalität marschierte mit der »Bewegung«. Zwar wurde Tucholsky privat zunächst weder als Jude noch als Libertin direkt angegriffen, aber der Gegner benötigte diese Attacken gar nicht, hatte er doch die Intimsphäre der Linken, der Intellektuellen, der »Vaterlandsverräter«, der »Asphaltliteraten« längst als Feindziel in seine Weltanschauung einbezogen. Hitler erging sich in seinem Buch »Mein Kampf« in unflätigen Ausdrücken über die sexuellen Beziehungen zwischen Juden und Christinnen: »Die Verjudung unseres Seelenlebens und Mammonisierung unseres Paarungstriebes werden früher oder später unseren gesamten Nachwuchs verderben«, heißt es auf Seite 270. »Der schwarzhaarige Judenjunge lauert stundenlang, satanische Freude in seinem Gesicht, auf das ahnungslose Mädchen, das er mit seinem Blute schändet und damit seinem, des Mädchens Volk raubt. Mit allen Mitteln versucht er, die rassischen Grundlagen des zu unterjochenden Volkes zu verderben.«

Sexualneid auf den geschlechtlich und finanziell angeblich so überaus potenten Juden ist als wichtigstes Element des Hitlerschen Antisemitismus zu betrachten. Ihm verengt sich die gesamte Weltgeschichte zu einer »Brunstorgie, in der wüste und teuflische Untermenschen dem goldgelockten Weibchen auflauern«.

Dicht bei seinen fiebrigen Sex-Phantasmagorien siedelt er die Drohung des körperlichen Verfalls und der Lues an, die Strafen für geschlechtliche Ausschweifungen. Shirer bemerkt: »Der Syphilis widmet Hitler sogar zehn schwülstige Seiten.« Sie zu bekämpfen bedürfe es der Kraft der gesamten Nation. Den Gefahren von Prostitution und Lues sei nur durch frühzeitige Heirat selbstverständlich »rassereiner« Jungen und Mädchen zu begegnen, von der Lösung dieser Fragen hingen »Zukunft oder Untergang« Deutschlands ab.

Wien, die Stadt, in der Hitler bis zu seinem zwanzigsten Jahr gelebt hatte, ohne eine Frau für sich gewinnen zu können, verließ der sexuell verklemmte junge Mann, weil ihm »die Riesenstadt als Verkörperung der Blutschande« erschien.

Andererseits war gerade die österreichische Metropole eine Hochburg dümmster und verbissener Judenfeindschaft. Antisemitische Schriften übelster Machart kursierten in Massen, der sozial und sexuell deklassierte Männerheiminsasse Hitler nährte aus ihnen seinen virulent vorhandenen Haß auf alles Jüdische. Nach der Lektüre entrangen sich ihm solche Erkenntnisse: »Gab es da einen Unrat, eine Schamlosigkeit in irgendeiner Form, vor allem des kulturellen Lebens, an der nicht wenigstens ein Jude beteiligt wäre?«

Die »Feinde« schienen ihm Literatur und Malerei, Theater wie Presse zu beherrschen, doch auch den Dirnenmarkt: »...als ich zum ersten

Male den Juden... als den ebenso eisig kalten wie schamlos geschäftstüchtigen Dirigenten dieses empörenden Lasterbetriebes des Auswurfes der Großstadt erkannte, lief mir ein leichtes Frösteln über den Rükken.«

Eine Doublette Wiens war ihm das »verjudete«, erotisch und sexuell freizügige Berlin, geprägt vom zersetzenden Geist fremdrassiger Literaten, von Geldgier und Geilheit getrieben, die alle hehren Werte der Nation: Militär, Manneszucht, Mut (des Kämpfers auf dem Schlachtfeld) in den Schmutz zogen, und gegen diese Schande fand sich in den folgenden Jahren das schlimme Hetzblatt »Der Stürmer« zu kämpfen bereit, eine von Julius Streicher in Nürnberg herausgegebene Wochenschrift, deren antisemitische Haltung wiederum deutlich eine obszöne Note zeigte. Joachim Fest nennt Streicher »eine offenkundig klinische Narrenfigur«. Der wegen seiner sadistischen Neigungen bekannte Volksschullehrer projizierte seine sexuellen Perversionen auf die von ihm fanatisch gehaßten Juden. Seine Zeitschrift füllte er mit erlogenen Geschichten über jüdische Sexualverbrechen und »Ritualmorde«. Solche pathologisch Kranke sammelte Hitler um sich, um mit ihnen das deutsche Volk an Geist und Körper gesunden zu lassen.

Der Nazismus verstand es, in Fortentwicklung des bodenständigen Antisemitismus, »den Juden« in Deutschland zu dem zu machen, was »der Neger« in den USA war: das sexuelle Haßobjekt der Nation. Hier wie dort unterstellte man größere sexuelle Potenz, wobei Hitler in seinen wüsten Verallgemeinerungen, die jeder anthropologischen, geographischen und historischen Basis entbehrten, dem Juden auch noch anlastet: »So wie er selber planmäßig Frauen und Mädchen verdirbt, so schreckt er auch nicht davor zurück, selbst im größeren Umfange die Blutschranken für andere einzureißen. Juden waren und sind es, die den Neger an den Rhein bringen, immer mit dem gleichen Hintergedanken und klaren Ziel, durch die dadurch zwangsläufig eintretende Bastardisierung die ihnen verhaßte weiße Rasse zu zerstören, von ihrer kulturellen und politischen Höhe zu stürzen und selber zu ihren Herren aufzusteigen.« (»Mein Kampf«, Seite 357)

Welche Neger die Juden tatsächlich um den Rhein herum ansiedelten, war Hitlers Geheimnis und wird es wohl auch in Zukunft bleiben. Vielleicht gab es in Köln und Düsseldorf ein paar schwarze Jazz-Musiker, in Berlin noch einige schwarze Schauspieler und den einen oder anderen Sportler, keinesfalls genug, »um die weiße Rasse zu zerstören« und sie von der »kulturellen Höhe zu stürzen«, die beispielsweise Hitlers Verbündeter, Julius Streicher einnahm, der sich nicht scheute, die Ehemänner seiner Geliebten zu erpressen; der prügelte und foltern ließ, wen immer er als seinen Feind ausmachte und von dem Shirer sagt: »Außer auf seiner Anklagebank in Nürnberg, wo er als Kriegsverbrecher um sein Leben kämpfte, sah ich ihn niemals ohne eine Peitsche in der Hand oder am Gürtel.«

Andere Nazi-Propagandisten argumentierten ein wenig diffiziler, manchen von ihnen war Streicher und sein »Stürmer« ebenso peinlich wie Hitler und das unsägliche Kraut-und-Rüben-Buch »Mein Kampf«. Dennoch ist nicht zu leugnen, was Ludwig Marcuse feststellt: »...es waren nicht nur die Analphabeten, die den Nationalsozialismus stark gemacht haben.«

Was von der aktiven Seite her (also dem Errichten von faschistischen Dogmen) und von der passiven Seite her (dem Glauben an diese Dogmen) zu verstehen ist. Die Nazi-Ideologie wurde konstruiert und konsumiert auch von Leuten, denen man, an ihrem intellektuellen Niveau gemessen, wahrlich Besseres zugetraut hätte. Da ist der sattsam bekannte Fall des Lyrikers Benn, der die »Braunen Bataillone« anfangs emphatisch begrüßte, da ist Gerhart Hauptmann, Sozialist unter dem Kaiser (»Die Weber«), der populärste Dramatiker der Weimarer Republik, der das auch im »Dritten Reich« blieb und von dem sicher nicht ganz so bekannt ist, daß er nach einer Premiere Arm in Arm mit Goebbels das Theater verließ. Hauptmann distanzierte sich auch während der kommenden Jahre nicht von der faschistischen Diktatur, zum Unterschied von Benn, der später wenigstens in die »innere« Emigration ging.

Wo der Dichter und der Dramatiker für den »Führer« optierten, konnten die Philosophen nicht auf sich warten lassen. Sie alle, anders als Hitler, im Vollbesitz anthropologischer, historischer, geographischer und geistesgeschichtlicher Kenntnisse, brachen mit ihrer humanistischen Bildung und feierten den Aufbruch des »neuen Deutschland«, so Martin Heidegger 1933 mit den enthusiastischen Worten: »Hitler ist mehr als die Idee, denn er ist wirklich.«

C. G. Jung, der begabte und seinem Lehrer später entlaufene Schüler Sigmund Freuds, lieferte die besonders begehrten intellektuellen, antisemitischen Argumente, sofern ein Argument überhaupt gleichzeitig intellektuell und antisemitisch sein kann. Jedenfalls las sich das bei C. G. Jung so: »Der Jude ist ein relativer Nomade, der nie eine eigene Kulturform schaffen wird.« Welchen großen Teil der deutschen Kultur die »relativen Nomaden« jüdischer Abstammung geschaffen hatten, übersahen gebildete und ungebildete Faschisten geflissentlich.

Die abwertend und bösartig intendierte Definition C. G. Jungs jedoch läßt sich im positiven Sinn hervorragend auf Kurt Tucholsky anwenden, sein Nomadenleben ließ ihn mehrere Kulturen genauer kennenlernen. Für den anzustrebenden Weltbürger sollte relatives Nomadentum ein Ehrentitel sein.

Um so törichter muß deshalb wirken, was Hitler gegen alle »Völker- und Rassenmischungen« vorbrachte. Der »Führer« haßte Juden wie Neger gleich stark, andere faschistische Ideologen folgten ihm zwar darin, im schwarzhäutigen wie jüdischen Mann besonders dessen sexuelle Kraft zu verteufeln, die Schwarzen in den USA jedoch waren gemeinhin ökonomisch unterprivilegiert, ihre erotische Attraktion eine gewissermaßen natürliche Gabe. Von den Juden in Deutschland aber waren manche durch Fleiß und wissenschaftliche oder kaufmännische Talente auch finanziell, kulturell und politisch aufgestiegen und zur Oberschicht geworden, was die »Gefährdung«, die von ihnen ausging, potenzierte. Die stärksten Aggressionen richteten sich also gegen den erfolgreichen, saturierten dekadenten »jüdischen Lüstling«, ganz so, als gäbe es so was bei »Ariern« nicht und ganz als sei verfeinerte Lust kriminell.

Die nazistisch-antisemitische Anstachelung des Sexualneides bis hin zur Sexualangst und daraus folgend der Mord an einem ganzen Volk, wonach die Judenvernichtung auch als Strafe für geschlechtliche Ausschweifung hingestellt wird, gehört zum wirksamsten Teil des mörderischen Repertoires, und die Linke hatte dem nichts entgegenzusetzen.

Inwiefern sich Tucholsky darüber im klaren gewesen ist, geht aus seinem Werk und den Briefen nicht deutlich hervor. Allerdings steht außer Zweifel, daß er sich der Schwäche seiner Position bewußt war. Den Gegner nicht unterhalb der Gürtellinie anzugreifen, entsprach seiner Fairness. Als Erotomane war er besonders verletzlich, gewissermaßen ein Beispiel für die Sexualphantasie der Antisemiten. In dieser Situation gab es nur zwei mögliche Antworten – entweder man reagierte mit entschiedener geschlechtlicher Aufklärung, wie es in dieser Zeit etwa Wilhelm Reich tat, oder man suchte das heikle Thema auszuklammern.

Tucholsky wählte den zweiten Weg. Manifestierte sich da der »Halbbürger«, als den Lisa Matthias den Publizisten definiert? War ihm seine Promiskuität peinlich? Sonderbare Bekundungen Tucholskys zu geschlechtlichen Fragen fehlen nicht. Der Autor, der mit vielerlei Lyrik und seinen beiden Romanen mitgeholfen hatte, größere Toleranz in den Beziehungen von Mann und Frau durchzusetzen, polemisierte anfangs gegen den aufklärenden Doktor Magnus Hirschfeld, dem er, ganz wie die Antisemiten allgemein, schnöde Gewinnsucht unterstellt, und schließt beiläufig an: »... es geht die Sage, der Doktor wolle nächstens auch die Homosexualität verfilmen, was uns noch gefehlt hat...« Kurios äußert er sich auch über erotische Erziehung von Heranwachsenden: »Ich bin ein altmodischer Hund und glaube, daß man seinen Kindern den größten Segen erweist, wenn man sie ruhig und vernünftig über den zugefrorenen Bodensee der Sexualität hinüberführt.«

Der Ritt über den Bodensee ist der ungewissen Dichte des Eises wegen gefährlich. Was heißt da »hinüberführen«? Die Eltern sind gemeinhin gar nicht dabei, wenn es geschieht. Und wie dick das Eis ist, erweist sich eben beim Ritt. Was, wenn das Eis nicht hält? Der kinderlose Autor hat gut raten. Es sind aber keine guten Ratschläge. Etwas merkwürdig Verblasenes zeigt sich hier bei dem sonst so luziden und scharfen Denker.

Auch die Ironie, durch Tucholsky immer als Korrigens gegen überhandnehmende Sentimentalität eingesetzt, zieht bei diesem Text nicht recht. Das pädagogisch unglückliche Bodenseegleichnis fängt ja an: »Ich bin ein altmodischer Hund...«, geschrieben 1920, man muß lächeln über den altmodischen Hund von dreißig Jahren, aber ziemlich gequält.

Es scheint, als habe Tucholsky auch seine eigene Sexualität wie einen Ritt über den Bodensee betrachtet und die der gefährlichsten politischen Gegner ebenfalls. Seine Fairness in allen Ehren, die ist hochachtbar, doch der ritualisierte Respekt beeinträchtigt die Logik. Das hat Folgen. So interpretiert Hans Prescher sogar Tucholskys Tarnungsbedürfnis in die Zurückhaltung gegenüber dem Privaten und Sexuellen mit hinein: »...er schloß sich geradezu von der Öffentlichkeit ab. Seine Post ließ er während des Aufenthalts im Ausland über die ›Weltbühne‹ leiten, seine jeweilige Anschrift wußten stets nur wenige.«

Da vermengt sich, wie wir heute abschätzen können, Richtiges mit Falschem. Die Zurückhaltung, ja der Rückzug von und aus der Öffentlichkeit ist ein sich verstärkendes Charakteristikum des älteren Tucholsky. Der politische Schriftsteller erfuhr viel Anfeindung, der privat scheue Mann antwortete darauf mit Vorsichtsmaßnahmen.

Anfangs hatte es sich als praktisch erwiesen, daß seine Post über die Redaktion lief. Es waren viele Leser- und Kollegenbriefe dabei und der Autor reiste oft, hatte also wechselnde Adressen. Später baute er das zur perfekten Tarnung aus, bis hin zur letzten Maßnahme, da er in Schweden lebte, als Anschrift aber den Züricher Wohnsitz seiner Freundin Hedwig Müller angab; dies ein sehr verständliches Mittel, die Nazis irrezuführen. Die Angst des verhaßten, ausgebürgerten Publizisten vor faschistischen Aktionen ist vollkommen begründet. Sie lastete schon lange und schwer auf Tucholsky.

Wie man sieht, handelte es sich kaum um persönliche Bescheidenheit, wenn Tucholsky seine Adresse verschwieg, sondern um nur zu verständliche Abwehr. Seine Weigerung nun, die Sexualität in den politischen Kampf einzubeziehen, ist im Grunde nichts anderes. Doch begab sich der Polemiker damit eines entscheidenden polemischen Mittels.

Das war nicht Taktik, es scheint auch bestimmten Tendenzen im Autor entsprochen zu haben. Die sind deutlich in einem Artikel mit der Überschrift ISTE GOETHE, wo zunächst Freud und seine Jünger mal wieder eins abkriegen. Immerhin sind hier den Meinungsmollusken einige gute Sätze eingezogen wie Korsettstangen: »...wir wissen wohl, wie viel die Erotik bedeutet; aber wir wissen auch, daß sie nicht alles bedeutet.« Und an anderer Stelle: »...ich fände es viel hübscher, wir machten nicht gar so viel Wesens davon. Die Tatsache, daß zwei Menschen miteinander ins Bett gehen, kann ich nicht so grauenhaft aufregend finden wie unsre halbe Literatur und unsre ganze Presse.«

Und als Schlußsatz wieder die Entschuldigungsfloskel: »Ihr werdet sagen, Peter Panter sei ein altmodischer Spießer. Ich möchte dafür plädieren, daß er ein Mensch ist.«

Dieser altmodische Hund bzw. Spießer hatte acht Jahre früher RHEINSBERG herausgebracht, ein Buch, in dem zwei Menschen miteinander ins Bett gehen und das ist aufregend und schön, und daß es die ganze Presse so aufregend schön fand, war durchaus schön aufregend.

Immerhin, als Tucholsky zwölf Jahre nach dem keuschen ISTE GOETHE die Liebesgeschichte GRIPSHOLM schrieb, ließ er in einem Kapitel sogar drei Menschen miteinander ins Bett steigen. Vielleicht weils mit dem »einen mehr« soviel aufregender und schöner wurde.

So etwas in die Literatur einzubringen, erfüllte ihn mit Stolz. Er sah darin nicht nur einen Beweis für seinen Realismus, sondern auch für seinen Witz und sein Feingefühl. Schließlich konnte man sich einer solchen selbstgestellten gefährlichen Aufgabe nur mit einem Maximum an Delikatesse entledigen.

Die Lektüre des Kapitels zeigt, wieviel Kunstverstand er dabei investiert hatte. Besonders heikle Szenen müssen gegen die Prüderie der Zeit durch potenzierte Arbeit am Stil abgesichert werden. Als dem mehr auf Kafkas Zurückhaltung abonnierten Max Brod die erotische Szene mißfiel, antwortete ihm Tucholsky am 24.5.1931: »Über die kleine Szene à trois müßten wir uns einmal unterhalten – zu grob ist sie ja wohl nicht...«

Da kommt der Stolz des Erotikers ebenso wie der des Schriftstellers zum Vorschein, die sich der Eleganz ihrer Arbeit bewußt sind. Doch der geübte Liebhaber kann sich nicht enthalten, noch eine ebenso witzige wie verdeckt provozierende Wendung anzuschließen: »...und haben Sie etwas gegen die Realität solcher Dinge?« fragt er keck an.

Tucholsky hatte, offensichtlich, nichts dagegen, und er verschwieg es nicht.

Das Pikante fand in Tucholsky seinen zugleich genauesten wie kunstvollsten Ausdruck. Gerade die sexuellen Situationen und Sensationen, die man als zeitgemäß modern empfand und lebte, suchte er in Literatur umzusetzen, und meist diente ihm der Berliner Dialekt, den er als Kunstmittel meisterhaft zu nutzen verstand, dazu, die Mitte zwischen schnoddrig und gelassen zu erreichen und zu halten. Wobei ein Quantum Romantik durchschien wie ein Fetzen Haut aus zerlöcherter Hose. Das Berliner Ku-Damm-Publikum, das so sprach und lebte, sah und hörte sich denn auch durch Tucholsky vertreten und ausgedrückt. Das ist der Ton, das sind die Situationen der zwanziger Jahre. Belauscht in ihrem Mittelpunkt Berlin.

Lisa Matthias, die sich in ihrem Buch nicht genug tun kann, Kurt Tucholsky als Erotomanen zu verabscheuen, gefällt sich, kennzeichnet sie die von ihr erlebte Berliner Situation, in zwar weniger kunstvollen, doch immerhin genauen und offenherzigen Bekenntnissen: »Ende der zwanziger Jahre waren die meisten von uns etwas über dreißig Jahre alt. Manche waren bereits einmal oder zweimal verheiratet gewesen, andere waren dabei, sich scheiden zu lassen. Es bestand ein lebhafter Austausch von Gefühlen, und manchmal tauschte man seinen Mann oder seine Frau gegen denjenigen der Freundin oder diejenige des Freundes. Neuhinzukommende machten mit, so gut sie konnten.«

Leider konnte die Frau das Niveau nicht halten, wie ihre Tagebucheintragungen verraten: »Dienstag, den 25. war ein entzückender Ball... Die ganze Prominenz war da: Bert Brecht, Toller, Burschell, George Grosz, Herzfelde, Hülsenbeck, Xaver Schaffgotsch usw. U. a. auch der von mir sehr geliebte Peter Panter alias Kurt Tucholsky. Er ist ein reizender Kerl. Furchtbar vergnügt und beinahe zu witzig. Dabei begeisterter Berliner. Er hat einen gutaussehenden Kopf, ist ein bißchen zu dick im ganzen. Er hatte sich in mich verliebt. Ich finde ihn reizend...«

Das ist die Tagebucheintragung einer 33jährigen Frau, und noch mal 35 Jahre später wird das ohne die geringste Distanzierung in einem Buch abgedruckt. Die Autorin besitzt mit 68 Jahren dasselbe unkritische Verhältnis zu sich und ihren Ausdrucksformen, wie sie es als 33jährige hatte.

Der »begeisterte Berliner« hatte schon drei Jahre früher seinen ständigen Wohnsitz von Berlin ins Ausland verlegt. Lisa Matthias konnte den komplizierten und höchstdifferenzierten Lebensverhältnissen Tucholskys nicht mit einem auch nur annähernd differenzierten Verständnis begegnen. Ihr Erkenntnis- und Begriffsinstrumentarium war nicht fein genug entwickelt.

Tucho und die Jugend – die Jugend und Tucho

Kurt Tucholsky, weit über die eigene Zeit hinausweisend, hat keine Schwierigkeiten, die Nachgeborenen zu erreichen.

Zur zeitgenössischen Jugend hatte er ein ambivalentes Verhältnis. Die Schüler standen unter Pädagogen-und-Priester-Pressionen, die Revolution von 1918 brachte nicht genügend Remedur. Ein Jahr nach dem Novemberumsturz veröffentlichte Tucholsky diese Verse: »Berliner Pastöre und Zentrumsherren / durchziehen die Straßen und plärren / Choräle. / Denn die revolutionären Affen / wolln die Schulreligion abschaffen.«

In Wirklichkeit blieb gerade in der Erziehung von Kindern und Heranwachsenden Gestriges und Vorgestriges bestimmend, die Lehrer hinkten mit ihren Ansichten hinter der eigenen Gegenwart her, außerstande sie in den Unterricht einzubeziehen, wie sehr mußten sie erst versagen, forderte man von ihnen fachliche und pädagogische Prinzipien, die auf Zukünftiges gerichtet waren. Was sollten aus solchen Schulen schon für Studenten kommen.

An der Technischen Hochschule Charlottenburg bildete sich 1918 ein Studentenrat, der »vermittelte Wohnungen und trieb ähnlichen fanatischen Umsturz«, wie Tucholsky ironisch kommentiert.

Die Ironie verläßt den Publizisten angesichts der Tatsache, daß in der Universität ein Verbindungsoffizier des Freikorps saß, der war in die Studentenvertretung aufgenommen worden und agitierte fleißig für den Eintritt in die Freiwilligen-Formationen, eine Werbe-Kampagne, die von fast allen deutschen Hochschulen geduldet, wenn nicht begrüßt wurde.

Die wenigen jungen Akademiker, die damit nicht einverstanden waren, sollen »durch Einführung einer neuen, den Reichsgesetzen widersprechenden Dienstpflicht geknebelt werden«.

Was eine richtige Republik ist, die rüstet beizeiten – gegen sich. Tucholsky charakterisiert die akademische Atmosphäre, die von Strebertum und Examensdruck bestimmt sei und kann nur »ein paar Idealisten« entdecken in den Hörsälen, »die an der Universität denken lernen wollen... der größte Teil schiebt sich gelangweilt und langweilig durch die Semester... Die Politik ist ihnen Hekuba. Das heißt: so ganz doch nicht. Das Wort Sozialismus schreckt auch die Mutigsten, die Vorstellung, die Sitzbank mit einem begabten Volksschüler teilen zu müssen, füllt die Hosen. Sie stehen fest wie ein Mann zum alten System, das ihnen zwar nichts zu essen, aber die Ehre gab, jene Ehre, die uns in der ganzen Welt lächerlich und verhaßt gemacht hat.«

Dann fragt der Hochschul-Kritiker: »Leben wir in einer Republik oder in einem Kasernenhof?«

Geprägt durch Elternhaus und Erziehung bleiben auch die meisten jungen Leute der Tradition verhaftet, wollen vor allem Karriere und nicht sich eigene Gedanken machen. Ihre Angst vorm Sozialismus erstickt jeden Anflug von sozialem Sinn in ihnen. Im begabten Volksschüler, der nur durch ungeheuren Fleiß und übermäßige Anstrengung den Sprung in die Hochschule schaffen konnte, sehen sie nicht den Kommilitonen, sondern einen Konkurrenten, seinen Aufstieg empfinden sie für sich selbst als deklassierend.

Wo soll das hinführen, wenn Bildung nicht mehr ein Besitz-Privileg ist, sondern jedem offensteht, zeigt er nur die entsprechenden Fähigkeiten. Ursprünglich war die republikanische Regierung unter der Losung angetreten: Freie Bahn dem Tüchtigen!

Der sozialdemokratische Kultusminister Haenisch drückte sehr plastisch aus, wie diese Forderung zu verwirklichen wäre: »Es muß für den Ministersohn ebenso wenig ein Makel sein, daß er Schuhmacher wird, wie es künftig etwa noch etwas Besonderes sein darf, wenn der Schuhmachersohn Minister wird. Das verstehen wir unter sozialer Gleichwertigkeit von Kopf- und Handarbeit.«

Kurt Tucholsky 1920.

10 PF.

Oben links: Theodor Heuss 1914. *Oben rechts:* Reichstagspräsident Paul Löbe. *Unten links:* Mit den beiden Freunden während der Spessart-Wanderung; v. l. »Jakopp« (Hans Fritsch), Kurt Tucholsky, Kellnerin, »Karlchen« (Dr. jur. Erich Danehl). *Oben:* Kurt Tucholsky 1928 in Paris.

Oben links: Walter Mehring. *Oben rechts:* Bert Brecht. *Unten:* Kurt Tucholsky und Gussy Holl.

Das klang recht gut und immerhin hatte die Republik ja einen gelernten Sattler zum Präsidenten, Friedrich Ebert. Daß solcher Aufstieg nicht die Regel wurde, läßt sich aus zeitgenössischen Statistiken ablesen, die Volksschule blieb die Hauptausbildungsstätte für 90% der Schüler, der Anteil der Arbeiterkinder unter den Gymnasiasten und in sonstigen weiterführenden Schulen stieg nie über 4%. Schlechte Chancen für den Schuhmachersohn, ministerieller Würden teilhaftig zu werden. Haenisch war gewiß guten Willens, die Bildungspolitik zu verändern, aber ökonomische Faktoren gewannen auch hier wieder Vorrang. Wo eine Revolution an der Basis nichts verwandelt, wird der Überbau von den alten Machtverhältnissen bestimmt. Dies formulierte der Oberbürgermeister von Nürnberg auf der Reichsschulkonferenz unmißverständlich: »Wir müssen unsere ganze Schulpolitik in die großen Aufgaben des wirtschaftlichen und sittlichen Wiederaufbaus Deutschlands eingliedern. Daraus ergibt sich, daß für die Frage der Berufswahl nicht allein die Befähigung des einzelnen entscheidend sein kann, sondern auch die Frage, welche Berufe wir brauchen... wir brauchen, wenn ich mich krass ausdrücken soll, 50% ungelernte und angelernte Arbeiter. Unsere Schulpolitik muß darauf eingestellt werden, uns diese Kräfte zu schaffen.«

Also, Schusterssohn, bleib bei deinen Leisten; krasser konnte man tatsächlich nicht sagen, daß ein Junge, als Arbeitersohn geboren, auch wieder Arbeiter werden würde.

Das Ideal »Jeder nach seinen Fähigkeiten« blieb ein Ideal, ebenso wie andere Reformpläne von Weimar. Tucholsky erwähnt den Sozialdemokraten Haenisch verschiedentlich in seinen Artikeln, »Siegfried Jacobsohn hat mir einmal von Konrad Haenisch erzählt, wie er den in der Nacht vor dem Kapp-Putsch im Theater traf: der Gute lächelte und winkte auf alle Fragen beschwichtigend ab...«

Politischer Durchblick war Haenisch offenbar so wenig gegeben wie bildungspolitisches Durchsetzungsvermögen, die Herren mit dem wirklichen Vermögen brauchten 50% ungelernte und angelernte Arbeiter, was der SPD-Kultusminister ursprünglich anstrebte, hatte nur mehr plakativen Wert. Tucholsky ernennt ihn 1924 zum Ausstellungsstück zusammen mit Noske, Ebert und Scheidemann. Haenisch läßt er stammeln: »In Anbetracht aller Umstände konnten wir nicht...«

Seine Asservate betrachtend, folgert der Autor: »Das wäre das Museum der deutschen Revolution.«

Nicht alles ist museal, was durch Schul- und Bildungsreform in den zwanziger Jahren versucht wurde, es gab die Waldorf- und Odenwaldschulen, die heute noch bestehen, genauso wie das Wirken der italienischen Ärztin und Pädagogin Maria Montessori nicht vergessen ist, die sich besonders Kindern im Vorschulalter widmete und auf den Grundsatz der Selbsterziehung vertraute, wobei den schöpferischen Fähigkeiten der Jungen und Mädchen viel Gewicht beigemessen wurde. Diese erfreulichen Erziehungs-Experimente betrafen jedoch immer nur wenige Kinder. Die Lern-Situation der breiten Masse wird eher klar, wenn man erfährt, daß es 40–60% sogenannter abgebrochener Volksschüler gab, Kinder, die nicht ihre acht Schuljahre schafften, woran sehr häufig die schlechte materielle Lage der Eltern schuld war.

»Himmelherrgott! ist die Schule beschmissen!« fand Kurt Tucholsky 1919 und auch im folgenden Jahrzehnt hatte er wenig Grund, diesen Ausruf zurückzunehmen.

Die Hochschule war nicht weniger »beschmissen«, was die Lehrenden und die Lernenden betraf. 1922 schreibt der Publizist: »Und das Allertragischste scheint nur zu sein, daß wir im Bürgertum so gut wie keine oppositionelle Jugend haben. Es ist wohl das erste Mal in der Geschichte, daß der junge Nachwuchs eines ganzen Landes, soweit er in diesen Kreisen [dem Unternehmertum, das sich in seinem heiligsten Recht, in dem der Ausbeutung bedroht fühlt] aufgewachsen ist, nicht den Himmel stürmen will, sondern für ›Ruhe und Ordnung‹ ist. Ruhe und Ordnung –? Es ist jene Ordnung, die durch schöne schmiedeeiserne Gitter den Hungernden, der auf der Landstraße verreckt, von dem gemütlich Frühstückenden hinter dem Gitter trennt. Und nützt dieses Gitter nicht, sie haben auch noch ein anderes.«

Ein fatales, fast fatalistisches Fazit, erwähnte Tucholsky gegen Ende des Artikels nicht als Ausnahmen ein paar junge Leute und Lehrer, die aus dem Käfig hinauswollen, in den sie hineingeboren worden sind. Sie bildeten wohl das Alibi für die weit optimistischer klingende Analyse Alf Enselings, der die publizistische Wirkung des »Blättchens« so wertet: »Starkes Echo fand die ›Weltbühne‹ bei der politisch interessierten Jugend, vor allem bei der akademischen.«

Malte Tucholsky zu schwarz, weil er als Satiriker schärfer sah? Er porträtiert den Typ des bürgerlichen Akademikers und kann sich nicht mit den wenigen guten Ausnahmen von der Regel aufhalten. Der Nachwuchs der vielen schon immer vermögenden Familien wie auch die jungen Leute, deren Eltern Neureiche waren, geben dem Gesellschaftskritiker Anlaß zu größter Sorge. »... sehen Sie diese blutleeren, pinselblonden Söhnchen, denen heute Vaterns Geld alles leicht macht, und die nicht mehr zu kämpfen brauchen, also noch widerstandsunfähiger werden...«, heißt es in einem Brief nach Wien an einen nicht näher bezeichneten Bewohner der österreichischen Hauptstadt. Die in der deutschen Hauptstadt anzutreffende jeunesse dorée nimmt der Autor auch bei anderen Gelegenheiten scharf her.

Andererseits schreibt er nur zwölf Monate später in der Vorrede zum fünfzigsten Tausend von RHEINSBERG, das sei ein Buch, »nach dem später generationsweise vom Blatt geliebt wurde«. 1912 war das Bilderbuch für Verliebte erschienen und wurde jahrelang verkauft und verkauft, »das kleine billige Glück und die Möglichkeit, überall mit wenig Geld durchzukommen«, schien doch viele junge Leute zu faszinieren, wahrscheinlich nicht gerade die jeunesse dorée, die war ja der Meinung, daß »alles mit sehr viel Geld zu machen sei«. Sicher lasen auch Lehrlinge und junge Arbeiter RHEINSBERG. Damals gab es noch kein Fernsehen, das des Werktätigen Freizeit verschlang, die Stunden besetzte, die er fürs Träumen, auch fürs Liebesträumen erübrigen konnte. Wölfchen und Claire in RHEINSBERG waren Studenten, verfügten allerdings über so wenig Geld, daß sich ihre erotische Reise auch ein junger Arbeiter mit seiner Freundin hätte leisten können.

Der Polemiker Tucholsky verzeichnet denn auch nicht nur reiche und reaktionäre angehende Akademiker, 1923 steht in einem Telefonsatire-Artikel, betitelt: N' AUGENBLICK MAL –! folgender Satz: »Herr Kultusminister, wie sollen sich die armen Studenten weiter durchbringen –?«

Die Frage bleibt unbeantwortet.

Not lehrt denken – vielleicht tönte das von Alf Enseling signalisierte »starke Echo« der »Weltbühne« besonders bei den materiell minderbemittelten Hochschulangehörigen. Sie mußten auch von ihrem knappen Geld nicht unbedingt das »Blättchen« jeder für sich kaufen. Hermann Vinke berichtet in seiner Ossietzky-Biographie, daß die nummerisch kleine Auflage der Zeitschrift von 12000 Exemplaren nichts über ihre tatsächliche Verbreitung und Wirkung sagt. In allen größeren deutschen Städten bildeten sich »Lesergemeinschaften«, die das »rote Heft unter ihren Mitgliedern kursieren ließen und regelmäßige Diskussionsabende über einzelne Aufsätze veranstalteten«.

So brachte es eine einzelne »Weltbühne« durchschnittlich auf fünfzig Leser, was ja bedeutete, daß etwa 600000 Leute von diesem unabhängigen, linken Presseorgan Kenntnis nahmen, ein Faktor, der auch den infernalischen Haß der Reaktion auf die Wochenschrift erklärt. Ihre Ausstrahlung blieb nicht einem elitären Kreis vorbehalten, wobei betont werden muß, daß sich viele nicht mit dem passiven Konsum begnügten, sondern über die erhellenden und kritischen Publikationen diskutierten.

Die Gegner formierten sich zum Gegenangriff. 1924 schreibt Tucholsky an Mary über eine Reihe deutscher Studenten-Zeitschriften, die er eben erhalten und gelesen habe: »Er kann sich das gar nicht denken, was das ist – und ich habe eine solche Angst vor der Zukunft. Dieses Geschwür *muß* ja mal platzen – es wäre gegen alle Naturgesetze, wenn sich das Furunkel, das so dick geworden ist, noch einmal verzieht.«

Eine Eiterbeule, die vieles in sich barg: Chauvinismus, Verachtung des Parlamentarismus, Verherrlichung des Militärs, romantizistische Sehnsucht nach ewigen Werten und Denunziation der Ratio als zersetzend. Die Weimarer Republik wurde als langweilig und »Staat der Alten« empfunden, eine Kritik, die aber nicht von links kam, wo sie durchaus Tucholskys Intentionen entsprochen hätte, sondern auf eine völkische Gemeinschaft der Altvorderen abhob, die aus Blutsbanden herrühre, gegen das gesamte Europa zusammenstehen müsse, das Deutschland den Versailler Schandvertrag aufgezwungen habe. Zweifellos waren viele Bestimmungen des Versailler Abkommens hart. Man bürdete Deutschland die Alleinschuld am Ersten Weltkrieg auf, was nicht den imperialistischen Tatsachen entsprach, der zu starke Druck der finanziellen und politischen Lasten erzeugte Aggressionen nicht nur unter Nationalisten. Die Bevölkerung reagierte mit »passivem Widerstand«, als die Franzosen 1923 das Ruhrgebiet besetzten, um ihren Reparationsforderungen Nachdruck zu verleihen. Insgesamt sollte Deutschland 132 Milliarden Goldmark an die Siegermächte bezahlen, eine horrende Summe, die nicht aufzubringen war. Krupp-Arbeiter, die sich gegen die französische Besatzung wehrten, wurden erschossen.

Gustav Stresemann, der Reichskanzler, verkündete im Herbst die Beendigung des passiven Widerstands an der Ruhr und die Wiederaufnahme der Reparationszahlungen, die er allerdings in langwierigen Auseinandersetzungen mit den Alliierten beträchtlich heruntergehandelt hatte.

Gleichwohl galt Stresemann bei den Rechten, denen er früher politisch nahegestanden hatte, als »Erfüllungspolitiker«. Bei realistischer Einschätzung der Lage war gar nichts anderes übrig geblieben als Verständigung und Versöhnung mit den ehemaligen Feinden, es war nicht daran zu denken, daß Deutschland »die Ketten von Versailles« hätte mit Gewalt brechen können.

Dieser Illusion aber hingen alte wie junge Reaktionäre weiter an und verteufelten Stresemann wegen dessen »linker Außenpolitik«. Sie fühlten sich und das Vaterland gedemütigt und sannen auf Rache.

Tucholsky schreibt weiter in dem Brief von 1924, in dem er die ideologischen Krankheitskeime der rechten Studentenpresse als Furunkel diagnostiziert hatte: »Es ist ganz schrecklich. Die Kerls erinnern völlig an die Vernarrtheit und Verranntheit einer religiösen fanatischen Sekte – sie haben den Verstand verloren, sehen nur noch ihre Organisationen und leben völlig außerhalb der großen Welt, die die Politik heute bestimmt. Was das noch einmal werden soll, wenn die Kerls ans Ruder kommen – und das kommen sie natürlich – das ist einfach nicht abzusehen. Denn bei dem Krieg, der *dann* kommt, schneiden sich die Leute buchstäblich die Hälse ab... Es sieht sehr heiter aus.«

Der Polemiker als Prophet. Nicht zum erstenmal. Nicht ohne Ursachen. Wie gering der Widerstandswille unter den »geistigen« Potenzen Deutschlands dann gegenüber dem braunen Ungeist wirklich war, Tucholsky hat es vorausgesehen.

Zwischendurch schien in der auf die Inflation von 1923 folgenden Periode wirtschaftlicher Konsolidierung auch politische Hoffnung zu wachsen, die den Autor freundlicher stimmt: »Es gibt eine andre deutsche Jugend. Es gibt eine militärfeindliche Schicht. Es gibt – in den dünnsten Keimen – ein andres Deutschland.«

Geradezu ein Appell an junge Menschen sind die 1925 veröffentlichten Sätze: »Der moderne Krieg hat wirtschaftliche Ursachen... Wir wenden uns direkt an die junge Generation und sagen: Die Ideale, die man euch gelehrt hat, sind falsch. Es gibt kein staatliches Interesse, kein wirtschaftliches Interesse, kein Volksinteresse, für das solche schweinischen Ungeheuerlichkeiten begangen werden dürfen, wie sie im Krieg auf allen Seiten begangen worden sind... Kein Mensch war ein so großer Verbrecher, daß er den Tötungsplan selbst entworfen, ihn selbst in allen Einzelheiten ausgeführt und selbst die Früchte des Sieges davongetragen hätte... Wir wenden uns an euch, weil ihr das Deutschland vom Jahre 1940 sein werdet... wir beschwören euch, mit uns gegen kleinbürgerliche Ängstlichkeit und vorbei an unaufgeklärten Konfusionsräten den sittlichsten Kampf zu führen, der jemals gekämpft worden ist: Den Kampf gegen den Krieg.«

Die makabre Kennzahl des Jahres 1940 – da trug Deutschland auf den Schlachtfeldern Polens und Frankreichs gerade die Früchte des Blitz-Sieges davon, dem Gröfaz (größten Führer aller Zeiten) folgend und anderen unaufgeklärten faschistischen Konfusionsräten.

Aus der kleinbürgerlichen Ängstlichkeit hatten sich klein- und großbürgerliche Aggressoren gemausert, und die schickten sich gemeinsam an, wieder mal die Welt zu erobern.

Die militärfeindlichen Schichten emigrierten, kämpften daheim im Widerstand, wurden verhaftet und ermordet. Einige verrieten auch ihren Pazifismus und gerieten in den Sog anfänglicher Siege.

Die Aufhetzer hatten sich wiederum leichter verständlich machen können als die Aufklärer. Wo Reflexion nötig war, triumphierte Ressentiment. Faßte man solche Bewegungen in Maßeinheiten, lieferte die Mehrzahl der Deutschen auch nach den desaströsen Erfahrungen des Ersten Weltkrieges noch immer lieber ein »Fühl« statt ein »Denk«. Hitler stieß mit seinen irrealen Plänen auf größere Bereitschaft als der Realist Stresemann. Wo Stresemann den klugen Kompromiß für unabdingbar hielt, meinten seine Feinde die Kapitulation zu erkennen. Verständigung war ihnen Verrat, Selbstüberschätzung lag diesen Deutschen von jeher näher als Selbsterkenntnis. Sie neigten dazu, Grenzen zu überschreiten, statt die eigenen zu akzeptieren. Patriotische Parolen verkauften sich leichter als pazifistische, selbst gutwillige junge Leute schreckten zurück vor den intellektuellen Anforderungen, die allein die Lektüre der »Weltbühne« an sie stellte. Darüber gibt es ein in seiner Ursprünglichkeit und Naivität so bezeichnendes wie rührendes Dokument, den Leserbrief einer jungen Arbeiterin, die sich 1930 an das Blättchen wandte: »Ich gehöre vielleicht zu den primitivsten Anfängern deiner Zeitschrift und bin achtzehn Jahre alt... Schreibst du auch für einen Proleten, der sich in einem Blatt orientieren will, daß er objektiv urteilt?«

Wie gut, daß kein Redakteur die Früchte der Volksschulbildung wegredigierte, das falsche »ß« so wenig korrigierte wie dem Halbsatz überhaupt die grammatikalisch korrekte Form gab: in einem Blatt, das er als objektiv beurteilt. Diese Fehler bedeuten gar nichts, solange die achtzehnjährige Erna G. die richtigen Zeitschriften liest, das aber fällt ihr verdammt schwer. Für sie nämlich ist die »Weltbühne«, »was für den Fuchs die Weintrauben. Also: much to high.«

Erna steht mit dem vertrackten Deutsch auf Kriegsfuß, bedient sich aber geschickt einer Redewendung aus dem »perfiden Albion«, wie England von den Chauvinisten des Ersten und Zweiten Weltkrieges definiert wurde. Much to high ist ihr das high brow einiger Blättchen-Mitarbeiter, was sie so erklärt: »Ich selbst bin auch nur ein Autodidakt und muß öfter das Lexikon zur Hand nehmen, wenn ich die Artikel verfolge. Wenn du darauf Wert legst, die Sympathie und das Interesse der revolutionären Jugend und der einfachen Arbeiterschaft zu erwerben, so sei gelegentlich sparsamer mit deinen hochtrabenden Fremdwörtern und deinen manchesmal unverdaulichen philosophischen Betrachtungen.«

Tucholsky, der von Jacobsohn gelernt hatte, Leserbriefe pünktlich zu beantworten, macht sich an eine Erwiderung:

Die fängt an: »Hm. Hör mal zu – die Sache ist so.«

Tucholsky räumt zunächst ein, daß es in Deutschland und seiner Presse wirklich so was wie hochtrabende Fremdwörter gibt, dunkle Ausdrücke, die die Leute hinschreiben, weil sie nicht exakt denken können oder wollen. Andererseits herrsche bei Intellektuellen, die sich anbiedern möchten, eine »Arbeiterfreundlichkeit«, die formuliere simpel, das aber gehe auf Kosten der Genauigkeit. Der Autor unterscheidet zwei Arten der Schreib- und Wirkungsweise. Die eine wendet sich direkt an den Werktätigen und muß klar und verständlich sein, die andere benutzt Spezialausdrücke aus Wirtschaft, Geschichte, Philosophie, um das theoretische Rüstzeug für den Klassenkampf zu liefern. »Lenin«, stellt Tucholsky fest, »hat beides getan; der Fall ist selten.«

Dann betont er die Unmöglichkeit für den Schriftsteller, alles auf eine Formel zu bringen, »die jedem ohne Bildung oder mit nur wenig Bildung, verständlich ist«.

Man könne so verfahren, aber dann »sinke das Durchschnittsmaß des Geschriebenen tief herunter«.

Er beläßt es nicht beim bloßen Konstatieren, sondern nutzt die Gelegenheit der konkreten Leserbriefanfrage, Programmatisches und Kritisches zur Bildungspolitik zu sagen und betont, es sei kein »Verdienst der Söhne«, wenn ihre Väter soviel verdienten, daß sie ihnen leicht die höhere Schule bezahlen könnten, dabei äußert er wieder sein Mißtrauen gegen die bürgerlichen Gymnasiasten: »...was in den meisten Fällen dabei herauskommt, wissen wir ja auch.«

Erna wird aufgefordert, zu unterscheiden zwischen den »Bildungsprotzen«, die sich mit Fremdwörtern »dicke tun wollen« und Autoren, die »zwischen ›induktiv‹ und ›deduktiv‹ unterscheiden« und sich zur Definition dieser Denkvorgänge der üblichen und exakten Ausdrucksweise bedienen.

Zum Schluß wird Tucholsky ganz prinzipiell: »Die Intellektuellen eines Volkes sollen nicht auf dem Niveau von schnapsdumpfen Gutsknechten stehn – sondern der Arbeiter soll instand gesetzt werden, die intellektuellen Leistungen der Gemeinschaft zu verfolgen.«

Dieses schöne Ziel aber war damals und ist auch noch heute wie die junge Proletarierin Erna treffend sagte: much to high.

Vom Diebstahl geistigen Eigentums

Wenn ein Mensch klaut, weil er sehr arm ist, billigt das Tucholsky nicht, aber er versteht es. Viele seiner Gerichsreportagen zeigen dieses Verständnis. Im intellektuellen Bereich hat er jedoch die allerstrengsten Eigentumsbegriffe. Da darf sich auch ein geistig Armer nicht einfach bedienen, geschweige denn das »große lyrische Talent Brecht«.

Der Autor geht mit dem hochgeschätzten Kollegen hart ins Gericht. Wenn BB entschuldigend vorbringt, er sei in Fragen geistigen Eigentums »grundsätzlich lax« und habe überdies bei »625 Versen nur 25 von Herrn Ammer übernommen«, fragt Tucholsky, wo denn »die Kriminalität anfängt«?

Brecht war nachgewiesen worden, daß er bei einer Übertragung aus dem Französischen einen Übersetzer (Ammer) bestohlen hatte, ähnlich lag die Sache in der Affaire Rimbaud, wo der große BB auch mein und dein nicht hatte unterscheiden können. Tucholsky merkt an: »Ich bin kein Plagiatschnüffler; ich weiß, wie halb verwehte Klänge haften, wie einem Erinnerungen aufsitzen, wie man unbewußt plagiieren kann, aber weil ich es weiß, passe ich auf. Zu denken, daß sich unsereiner quält, wegläßt, weil vielleicht diese Zeile zu sehr an eine von Mehring erinnert... ich habe den größten Respekt vor geistigem Eigentum und eine ebenso große Verachtung für literarische Einbrecher.«

Wichtig ist hier der Hinweis: »... ich weiß, wie man unbewußt plagiieren kann« – dem Freund Siegfried Jacobsohn hing zeitlebens eine Verfehlung an, die er sich 1904 hatte zuschulden kommen lassen. Man warf ihm vor, Teile einer Theaterkritik von Alfred Gold im eigenen Aufsatz verwendet zu haben.

Jacobsohn »verteidigte sich damit, daß der Wortlaut der Kritiken Golds sich klischeehaft in seinem Gedächtnis festgesetzt habe und mechanisch in seinen Sätzen aufgetaucht sei«.

Ein unbewußtes Plagiat also, keine grundsätzliche Laxheit in Fragen geistigen Eigentums. Gleichwohl vergaß man den Fall Jacobsohn nicht, der minderen Geistern zur geflissentlichen Entschuldigung diente.

Im selben Jahr, als er sich unter der Überschrift DIE ANHÄNGE-WAGEN mit Brecht und den 25 geklauten Ammer-Versen beschäftigt, schreibt Tucholsky in einem Brief an Mary:

»Ein Mann hat mir in der ›Voss‹ in einem Gartikel über die Fremdenlegion einen ganzen Satz aus meinem Grischa-Artikel geklaut, ich habe es Elbau gepetzt, und der hat mir freundlich geantwortet, der Mann, ein Abenteurer, hätte wohl ein so gutes Gedächtnis wie S. J.«

Nun behielt Jacobsohn zwar sein berühmtes gutes Gedächtnis, aber fortan mit gutem Gewissen. Nie mehr gab es Veranlassung, ihn des Plagiats zu beschuldigen, er hatte aus der einen Affaire gelernt, im Gegensatz zu Brecht, der sich nach dem Fall Rimbaud auch noch den Fall Ammer auflud, den Spieß herumdrehend, aus der Verteidigung in die Offensive gehend, indem er behauptete, der wahre Verfasser sei nicht so wichtig. Das erbost Tucholsky, er meint, die Antwort Brechts solle »rebellisch klingen«, sei aber »nur dumm«.

Tucholsky fürchtet die Folgen, wenn fortan jeder sich frech mit fremden Federn schmückte, die Zahl der Bearbeitungen war Legion, »ein Film nach einem Stück; ein Stück nach einem Roman; ein Roman nach einer Biographie«, und keiner gab so recht an, von wem er genassauert hatte. Stefan Zweig kommt nicht ungeschoren davon, doch am meisten verübelt Tucholsky die laxe Haltung Brechts. »Wir sollten«, fordert er, »der Verschmutzung unsrer Literatur vorbeugen. Wenn Bert Brecht die Pose des literarischen Diebs annimmt, so muß er sich gefallen lassen, daß man ihn danach bewertet und bei jedem seiner nächsten Verse fragt: ›Von wem ist das?‹ Es ist im tiefsten unehrlich, was er da treibt.«

Er schließt die große Auseinandersetzung mit Brecht und anderen: »Lasset uns in Zukunft Dichter loben, die sich ihr Werk allein schreiben.«

Beim berühmten Kollegen Brecht schlug die freundliche Aufforderung nicht so recht an. In den dreißiger Jahren »vergaß« er den Namen der finnischen Autorin zu nennen, die ihm die Originalgeschichte zu seinem vielgespielten Stück »Herr Puntila und sein Knecht Matti« geliefert hatte. Das Versehen wurde später gutgemacht, aber man mußte Brecht mit der Nase draufstoßen. Nun waren die Arbeitsweisen der beiden Autoren unterschiedlich. Tucholsky focht seine Kämpfe allein vor der Schreibmaschine aus, Brecht dichtete gern im Kollektiv, prägte allem den Stempel seiner Persönlichkeit auf, was ihm von den Hilfskräften zugetragen worden war. Mochte er auch sonst wenig von Schiller halten, dessen Erkenntnis, wenn die Könige bauen, haben die Kärrner zu tun, hatte er offensichtlich verinnerlicht. Meist lohnte es sich ja auch. Die Frustrationen der Zuträger wurden wettgemacht durch den Umgang mit dem klugen und listigen Meister, es schmälert nicht seine Verdienste, nur kann man Tucholsky verstehen, der ganz anders dachte und schrieb. Er produzierte Originalartikel, nach denen andere Leute lange Finger machten. Wenn Brecht von links her und zu guten Zwekken allerhand vereinnahmte, ließen bei Tucholsky rechte Räuber manches mitgehen. 1932 schreibt er »Daß die Nazis keine Schriftsteller besitzen, die fähig sind, deutsch zu schreiben, weiß man aus den Leistungen ihrer Führer. Daß dieses Gesocks aber systematisch klaut, um den Lesern ihrer Papiere vorzuführen, was herzustellen sie selber nicht fähig sind... Es ist jetzt der zweite Nazi-Diebstahl, den ich hier festnagele.

Das ›Blatt der Niedersachsen‹, Nat.-Soz. Tageblatt für den Gau Hannover-Ost, bringt in seiner Nummer vom 24. Februar 1932 einen Beitrag: ›Kurzer Abriß der Nationalökonomie, von Karl Murx, staatlich prämierter National-Komiker.‹

Der Beitrag ist gestohlen; er hat hier unter derselben Überschrift am 15. 9. 1931 gestanden und war damals Kaspar Hauser gezeichnet.

Stehlen – sich die deutsche Nationalität ermogeln – lügen – stehlen –: es sind arme Luder.«

Quod licet Jovis non licet bovis, was Jupiter erlaubt ist, steht der Nazi-Herde noch lange nicht frei – sich lustig zu machen über Karl Marx, bei Tucholsky war das ein Akzent in der Reihe großer Würdigungen, die er Marx hatte zuteil werden lassen, die National-Sozialisten eigneten sich den Witz an, wo sie zur Wertung nicht fähig, nicht in der Lage und prinzipiell nicht willens waren.

Ein Plagiatsfall erhält in der Nachschau neue Nuancen. 1932 wandte sich Kurt Tucholsky brieflich an Irmgard Keun, die sich für ihr »Kunstseidenes Mädchen« von verschiedenen Kollegen hatte inspirieren lassen, darunter auch von ihm, was er ihr aber nicht verübelte. Er findet »zwar eine leise innere Verwandtschaft zu Sätzen, die ich oft geschrieben habe«, doch die Keun habe das »gestaltet«, damit eine Eigenleistung erbracht und deshalb sei ihr nichts vorzuwerfen. Unverzeihlich jedoch scheint Tucholsky die Anleihe der Keun bei Robert Neumann, der in seinem Roman »Karriere« diese »Art Monolog in deutscher Sprache zum erstenmal gemacht« habe. »... das verquatschte Deutsch... wie vierzehn Sachen mit einemmal erzählt werden ...alles, alles wie bei Neumann... *Warum* in aller Welt haben Sie das gemacht? *Sie haben doch* dergleichen gar nicht nötig! Sie sind eine hochbegabte Schriftstellerin...«

Inzwischen haben wir, Literaturgeschichte und die Länge der verstrichenen Zeit machen's möglich, von Robert Neumann eine Einschätzung des Vorgefallenen in seinem Tagebuch »Vielleicht das Heitere«, veröffentlicht 1968, wo er schreibt: »Das Buch (›Karriere‹) hat den Leuten Spaß gemacht, als es erschien. Raddatz von Rowohlt schickte mir kürzlich Kurt Tucholskys Briefe – mich erinnernd an einen Vorgang, den ich völlig vergessen hatte. Tucholsky intervenierte offenbar damals bei mir für Irmgard Keun – zwei Kritiker hatten behauptet, ihr ›Kunstseidenes Mädchen‹ sei ein Plagiat von ›Karriere‹. Gleichzeitig, so ergibt sich aus diesem Briefband, machte Tucholsky selbst der Keun schwere Vorwürfe wegen dieses angeblichen Plagiats. Ein Unsinn. Und wenn sie sich von mir anregen ließ? Was den literarischen Diebstahl von dem eines Laibes Brot unterscheidet: für diesen ist der Arme freizusprechen – für jenen der Reiche. Sie war reich genug. (Auch ich stehle mit Vergnügen, wenn es sich eben trifft.)«

Hier spricht der Parodist Robert Neumann, weise und abgeklärt geworden im Lauf der Jahrzehnte. Denn so auf die leichte Schulter, wie ihm scheint, hatte er den Plagiatsfall im Augenblick des Geschehens durchaus nicht genommen. Da gibt es im erwähnten Briefband diese Äußerung Neumanns: »Sehr geehrter Herr T., haben Sie Dank für Ihren Brief. Die Aktion der ›öffentlichen Meinung‹ gegen Frau Keun habe ich nicht angekurbelt – und sehe auch weiterhin keine Veranlassung, aus dieser bewußt bewahrten Reserve nun etwa gar in einem kontradiktorischen Verfahren vor dem Forum der ›Weltbühne‹ hervorzutreten. Will sagen: solange Frau Keun ihr Plagiat nicht außer Streit stellt, fehlt die Basis für eine Beilegung, und ich kann unter Wahrung meiner Schweigsamkeit die literarische Beweisführung wider Frau Keun der Kritik – und die materiell-rechtliche Beweisführung wider den Verleger der Frau Keun meinem Verleger überlassen. Auf beiden Gebieten steht, wie ich zu wissen glaube, der jungen Kollegin noch Schmerzliches bevor. Dennoch – ich will, besonders in Ansehung Ihrer Intervention, dieser begabten Frau wegen ihres frischfröhlichen Wagemutes keinen allzu dicken Prügel zwischen die Beine werfen. Stellt sie in einem offenen Briefe an mich, der etwa in der ›Weltbühne‹ erscheinen könnte, das erfolgte Plagiat außer Streit, so will ich ihre Erklärung in einer für sie nicht demütigenden Form quittieren und den diversen rollenden Rädern in die Speichen fallen. Nur – das müßte sehr bald geschehen, sonst kann ich nichts mehr für sie tun.«

Was ist hier in Robert Neumann vorgegangen? Wußte er 1968 nicht mehr, was er 1932 geschrieben hatte, da ihm doch der Brief schwarz auf weiß vorlag? In der Tagebuchnotiz nennt er den Casus ein »angebliches Plagiat«, wo er 36 Jahre zuvor forderte, Irmgard Keun solle »das erfolgte Plagiat ... in einem entschuldigenden Brief »außer Streit stellen« und die Sache wäre beigelegt.

Neumann nennt Tucholskys Intervention wegen des Plagiats 1968 »Unsinn«. Weshalb distanziert er sich als Betroffener von Tucholskys strengen Ansichten, dem Reinheitsgebot in der Literatur? Es gibt im Tucholsky-Brief an Irmgard Keun eine Passage, die dem empfindlichen Neumann vielleicht etwas gegen den Strich ging. »Und die Sache«, schreibt Tucholsky an die Autorin »ist um so fataler, als allemal da, wo Sie ernst sind, Sie Neumann überlegen sind. Er hat da eine Stelle, wo sein Mädchen auf die Dünen klettert... da hörts eben auf, das kann er nicht – bei Ihnen sind die ernsten Stellen, wie etwa die, wo das Mädchen dem Blinden Berlin erzählt, die allerbesten.«

Es finden sich bei Tucholsky eine Reihe positiver Bemerkungen zu Robert Neumann, verkraftete er gerade diese leise Kritik nicht? Robert Neumann war mein Freund, ich gehe sehr vorsichtig mit diesem Wort um, wie auch Neumann selbst. Ich weiß aber, der große Parodist und Autobiographie-Schreiber war ein Meister im Binden kleiner vergifteter Blumensträuße. Rächte er sich, vielleicht nicht einmal bewußt, an Tucholsky, indem er im Nachhinein die Keun-Plagiats-Geschichte niedriger hing und sich so seelisch Erleichterung schaffte für Tucholskys Worte »das kann er nicht«?

Schriftsteller unter sich, jeder mit seinen Stärken und Schwächen – hier setzt uns die diametrale Doppelbekundung instand, zwischen den Zeilen zu lesen, das kann, handelt sich's um Meister der Feder, sehr aufschlußreich sein.

Der Spiel-Tucho

Kurt Tucholsky verhehlte nicht, wie wenig ihm die »Großen« behagten. Die waren fertig und langweilig, ohne Phantasie, Begeisterungsfähigkeit und Lebensfreude. 1913 schwärmte er in einer Rezension über die Sängerin Gussy Holl: »Ich bin verliebt (darf es, weil ich ein Pseudonym bin)... Und ihr werdet mir doch die Freude nicht verübeln, mich, wie in meinen Kindertagen in die ›Schauspielerin‹ zu verlieben: nicht in eine Frau.«

Schrieb er 1920 von sich: »Verspielt, wie ich bin«, widmete er zehn Jahre später dem »Propplem« (Tuchos Spezialversion für das überstrapazierte Wort Problem) einen ganzen Artikel; dieses Wort ersetzte er in seinen Briefen gern durch eine aparte Variante, die vom Sohn Siegfried Jacobsohns stammte. Der kleine Junge sagte immer »Gartikel«, und Tucholsky bemächtigte sich freudig des Kindermunds.

1930 sinnierte Tucho: »Nun bin ich auch erwachsen und verstehe meine Miterwachsenen doch nicht sehr schön... Ich sollte doch nun auch als Original-Erwachsener mit den Großen groß tun... ich kann nicht. Das ist sehr gefährlich – man darf es gar nicht laut sagen; dann nehmen sie einen nicht mehr für voll. ›Der Mann is nich zerjeehs‹, sagen sie dann.«

Den Ernst brachte er jederzeit auf, nur nicht die hechelnde Verbissenheit, mit der die Zeitgenossen hinterm Geld herjagten. »Und«, faßte er zusammen, »daher bringts denn auch unsereiner zu nichts. Geld will ernst genommen werden; sonst kommt es nicht zu dir. Und ich werde immer jünger und werde wohl mit siebzig reifenspielend im Tiergarten angetroffen werden und selig die Kinderbücher meiner Jugend lesend.«

Das war ihm nicht gegönnt, wie gern hätte man den siebzigjährigen Tucholsky reifenspielend im Tiergarten erlebt.

Er brauchte als Ausgleich für die vielen tödlich ernsten Analysen von Reichswehr und Rotfront, Republik und Justiz in der Weimarer Zeit den Bereich der Heiterkeit, in dem er die andere Seite seiner Natur ausleben konnte. 1919, nach dem »ganzen scheußlichen Weltkrieg« schrieb Tucholsky an den Lehrer, Mentor und Freund Siegfried Jacobsohn: »Ich glaube, wir dürfen den Zirkus noch einmal aufmachen. Wir ja. Ich glaube, wenn man jahrelang die Opposition gegen das Verbrechen des alten Deutschland so gut und scharf getrieben hat, wie die Zensur irgend zuließ, wenn man Sauberkeit verlangt, nach wie vor, in allen Wirren, und Ethos, wo andre sich mit der Geste oder mit dem Wort zufriedengeben: dann hat man das Recht, auch einmal unter uns alten Pastorentöchtern vergnügt zu sein. Ich würde mich schämen, anderswo so auf dem Kopf zu stehen und herumzuturnen wie bei Ihnen. Hier darf ichs. Ich weiß: die richtigen Leute sehen zu, und sie sehen richtig zu und verstehen uns nicht falsch, wenn wir auch einmal lachen, und verwechseln unser Lachen nicht mit dem eines Hanswursten.«

Schon 1919 diese programmatische Verständigung zwischen Jacobsohn und Tucholsky – sie hielten sich beide daran.

Gern vermengte Tucho Politik und Posse miteinander, immer kam eine verblüffende Erkenntnis heraus. Daß sich der Zeitungsleser über rein gar nichts mehr wunderte, weil ihm durch Schlagzeilen das Periphere als wichtig und das Wichtige als peripher verkauft wurde, faßt er in die schöne Absurdität: »Neue Nachrichten? Es scheint keine Nachrichten mehr zu geben. Und wenn vermeldet würde, man habe Frau Lenin in den Armen Hitlers gefunden –: es will keiner mehr wissen. Wir hatten einen Feldwebel, der pflegte zu sagen: ›Das ist mir pipeneengal!‹ «

Dicht neben dem Spiel-Tucho ist der Sprach-Spiel-Tucho angesiedelt, der den Leuten nicht nur in die Köpfe, sondern aufs Maul schaute. Kaum ein Autor hat soviel Dialekt einbezogen, um seine »Gartikel« und größeren Arbeiten (RHEINSBERG und SCHLOSS GRIPSHOLM) plastisch und sinnlich zu machen, die dargestellten Personen aus der Gleichförmigkeit zu heben, in die eine nivellierende Gesellschaft sie verbannte. Die Leute jagten nach Geld, arbeiteten sich ab, um den Lebensunterhalt zu sichern, darüber ging alles Individuelle verschütt.

Wenigstens in der sprachlichen Eigenart, einer flotten und fixen Wendung sollte so etwas wie Charakter eingefangen und gerettet werden. Der realen Claire in RHEINSBERG gibt Tucholsky eine sehr eigentümliche Grammatik, Orthographie und Satztechnik, ähnlich verfährt er in SCHLOSS GRIPSHOLM mit Lydia, obwohl sie nicht wirklich gelebt hat, sondern eine Abstraktion von mehreren Frauenfiguren ist, mit denen Tucholsky im Laufe der Jahre zusammengetroffen war.

Rasch stellten sich auch Übergänge her vom erfreulichen Würfelspiel mit Freunden zum Seitenhieb gegen einen Autor, den Tucholsky manchmal nicht mochte. Mit Vornamen heißt er Franz und Tucholsky fragte: »Was ist dessen neues Buch?« – Antwort: »Ein Werfelspiel.«

Der Spiel-Tucho kann ganz plötzlich Ernst machen, und dann haben die Betroffenen nichts zu lachen. Was hat er den armen Kasimir Edschmid gezaust, der war ihm eine »Original-Imitation«, dieser Autor »protzte mit Weibern«; ja, fand er, die großen Kokotten lägen bei dem nur so auf dem Frühstückstisch herum!

Der Gerechtigkeitsfanatiker wird unfair, wenn er zu Edschmid anmerkt, der komme ihm immer vor, als hätte er eigentlich Eduard Schmid geheißen. Das war auch der Fall, aber was kann der Kasimir dafür, wenn er als Schmid geboren wurde und nicht mit dem unvergeßlichen Namen Tucholsky.

Allerdings brachte Tucholsky auch Sachliches gegen Edschmids Bücher vor. Wen er jedoch nicht mochte, den mochte er nicht. Klaus Mann, Sohn von Thomas, reizte ihn bis zur Weißglut. Vielleicht störte er sich an einer wie auch immer gearteten »Erbfolge« in der Literatur. Vater Thomas Dichter, Sohn Klaus eo ipso desgleichen. »Man braucht«, giftete Tucholsky in einer Rezension, »nicht gleich auf das Niveau Klaus Manns herunterzusteigen, der von Beruf jung ist und von dem gewiß in einer ernsthaften Buchkritik nicht die Rede sein soll –«.

Nun haben wir es heute leichter, damals lag Klaus Manns ausgezeichneter Lebensbericht »Der Wendepunkt« noch nicht vor; als er 1942 erschien, war Tucholsky schon sieben Jahre tot.

Die frühen Produktionen des Mann-Sohnes mißfielen K. T. außerordentlich, er ließ sich sogar zu etwas hinreißen, das er sonst verabscheute: Er schlug unter die Gürtellinie.

Während er sich sonst gegen alle Polemiken verwahrte, die auf Sexuelles zielten, spielte er bei Klaus Mann deutlich auf dessen Homosexualität an:

»Wie wir hören, hat sich Benvenuto Hauptmann mit Klaus Mann verlobt. Die Hochzeit wird, wie üblich, auf Hiddensee stattfinden... Wie wir hören, hat Klaus Mann einen Roman in zwei Bänden sowie einen Reiseaphorismus begonnen. Die Veröffentlichung des Romans ist Ende des Jahres zu befürchten.«

Einige Zeilen weiter verhöhnt Tucholsky das Objekt seiner Abneigung als »Klausa Mann«.

Er löst sich aus dem 175er-Dunst erst wieder, wenn er berichtet: »Pamela Wedekind, Erika Mann und Mops Sternheim treten am nächsten Dienstag in einer ›Revue zu vieren‹ auf. Die Herren Eltern sind aus Österreich, München und Rührung nach Berlin geeilt.«

Hier hat er sein Mütchen gleich an einem ganzen Bündel Autoren gekühlt. Sternheim erschien ihm gestelzt, nicht nur wegen dessen eigenartiger sprachverschandelnder Grammatik, sondern auch wegen verschiedener Attitüden. 1926 verreißt er einen Reisebericht Sternheims, daß die Fetzen fliegen. Titel: »Der rasende Kommis« – er nennt den Kollegen einen »Kommis Wilhelms des Zweiten«, führt allerdings auch erschreckende Zitate an. So hatte Sternheim über die Beerdigung des

Staatspräsidenten Ebert notiert: »Daß dem Sarg des einstigen Sattlers erzgeschiente Bataillone, Schwadrone, berittene Haubitzbatterien vorausgingen und folgten, schien denkerisch unfaßbar.«

Tucholsky hatte viel gegen Ebert einzuwenden, doch einen »Sozialdemokraten aber, der sich von unten nach oben gearbeitet hat, nur deshalb zu brandmarken, weil er einmal Sattler gewesen ist, scheint mir die niedrigste Art politischer Betrachtungsweise...«. Das ist ein Motiv, das sich häufig bei Tucholsky findet. Sternheim jedenfalls war für ihn untendurch und dessen Tochter »Mops« gleich mit. Und so sehr er den frühen Wedekind bewunderte, der spätere enttäuschte ihn, also kam auch Tochter Pamela nicht gut weg. Väter und Kinder kriegten gemeinsam ihr Fett ab. In einem Satz aber war Tucholsky in aller Wut noch witzig: »...die Herren Eltern sind aus Österreich, München und Rührung herbeigeeilt.«

Diese erstaunliche Geographie findet sich auch in anderen Exempeln. Erdkunde-Faxen liebte er sehr. Mit seinen beiden Freunden »Karlchen« und »Jakopp« zusammen sagte er Kolbenz statt Koblenz, weil das leichter auszusprechen sei für lispelnde Leute. Außerdem erfanden die drei etwas sehr Nützliches: Flüsse, deren Namen nach anliegenden Städten gebildet wurden oder umgekehrt, ob das nun stimmte oder nicht. Für die Freunde gab es: »Gleiwitz an der Gleiwe, Bitterfeld an der Bitter« und was man sich noch hinzudichten mag.

Ähnlich frappant und effektiv verfuhr Tucholsky in dem KREUZWORTRÄTSEL MIT GEWALT. Dieser Artikel ist heutzutage Bildungsgut geworden oder besser Unbildungsgut, denn der Satiriker erweist darin die horrende Lächerlichkeit der Gedächtnisspiele, bei denen formales, totes Wissen abgefragt wird.

Tucho fand den einzig richtigen Ausweg: Was er nicht wußte, phantasierte er sich zusammen:

»›Berggipfel in den Seealpen‹? Nun bitte ich Sie in aller Welt! Seealpen – wissen Sie, wo die Seealpen liegen? Ich weiß das nicht. Ich habe damals, als wir das durchgenommen haben, gefehlt... Da brach ich das Kreuzworträtsel übers Knie. ›Kikam‹ setzte ich. Berggipfel in den Seealpen: ›Kikam‹. Ich fand das sehr schön. Und dies ergötzte mich so, daß ich an einem Nachmittag zweiundzwanzig Kreuzworträtsel löste...«

Mindestens so berühmt wie die vergewaltigten Kreuzworträtsel sind Tucholskys fehllaufende Forschungen nach der Herkunft der Löcher im Schweizer Käse.

Der Verfasser aber wurde der Heiterkeit seiner Leser nicht recht froh. Im Brief an seine Frau Mary vom 8. 8. 28 vermeldete er noch: »Für die ›Voss‹[ische Zeitung] habe ich eine Sache gemacht, von der rede ich mir ein, sie müsse das ganz große Glück sein (›Wo kommen die Löcher im Käse her –?‹). Ich kann mich aber irren.«

Aber einen Monat später schreibt er an Mary: »Käselöcher finden alle Literaten ganz albern, das große Publikum offenbar gut...«

Hier zeigt sich ein Zwiespalt, den der selbstkritische Tucholsky in einem frühen Brief an Mary schon kennzeichnete: »... ich habe immer so eine wahnwitzige Angst, gewollt ›witzig‹ zu sein, so à tout prix und wie im Feuilleton.«

Geschwinde Pointen finden sich genug. Den Berliner, ständig mit Aktenmappe unterwegs, nannte Tucho »monomapp«. Von Frauenärzten, die an den offiziell verbotenen und maßlos teuren Abtreibungen verdienten, sagte er, da hätte sich mancher ein Vermögen »zusammengekratzt«.

Wenigstens eine Schicht, die an der Uterusausschabung nach dem Abort gesundete.

Finanziell übern Löffel balbiert wurde man allenthalben. Im Urlaub zum Beispiel. Tucholsky liebte die Ostsee und die an ihr gelegenen Badeorte. Und wer, fand er, herrschte an der Küste? »Nepptun, der Gott des Meeres«.

Er gönnte sich trotz allem gelegentlichen Zweifel diese Art Erholung in der flotten Formulierung gern; die Arbeit, die dahintersteckte, merkten die Leser nicht. Er hatte hundertmal in langen ausführlichen Artikeln sozio-ökonomisch analysiert, wie den Leuten allenthalben das Fell über die Ohren gezogen wurde, nun durfte er das auch einmal verkürzt und spaßig sagen.

Ringsum überall Nepp, da verging einem das Lachen. Gelächter mochte Tucholsky ohnehin nicht so gern: Schmunzeln schien ihm immer als die schönste Art Lachen.

Für die kleinen Nadelstiche schuf er sich eine eigene Form, die SCHNIPSEL.

Schnipsel waren Tucho-Extrakt, für empfindliche Mägen nur in kleiner Dosis zu genießen. Der KPD dedizierte er: »Schade, daß Sie nicht in der Partei sind – dann könnte man Sie jetzt ausschließen.« Nachdem er sich über die »Meistersinger von Moskau« lustig gemacht hatte, äußerte er: »Nun werden sie mich wohl exkommunisieren.«

Manche Politiker wollten ihn auch in einer Art und Weise ranholen, die ihn besonders abschreckte. Bat doch ein Reichstagsabgeordneter der SPD den Doktor Tucholsky allen Ernstes, er möchte ihm ein paar Witze in die Reden machen.

Die Sozialdemokraten und die Intellektuellen – ein Kapitel für sich. Entweder suchen sie Hofierer oder Hofnarren.

Bei solchen Angeboten mochte auch der Spiel-Tucho nicht mehr mitspielen. Genausowenig wie bei einer anderen Staatsangelegenheit. Gott fragte den Theobald Tiger:

»Wie siehst du aus, lädiertes Wesen? / Und wo – wo hast du den Humor? / ›Ich las‹ – sag ich dann ohne Bangen – / ›einst den Etat der deutschen Generalität / Da ist mir der Humor vergangen.‹ / Und Gott versteht. / Und Gott versteht.«

Lag Tucholsky nach desaströser Lektüre darnieder, halfen die schon erwähnten Freunde »Karlchen« und »Jakopp«. Jakopp, bürgerlich Hans Fritsch, hatte eine leitende Stellung beim Hamburger Gaswerk, und Karlchen, korrekt Dr. Erich Danehl, war seit 1927 Polizeipräsident von Wilhelmsburg und wurde 1933 durch die Nazis seines Amtes enthoben.

Muß es schon als Wunder betrachtet werden, daß sich die drei Lustigen ausgerechnet bei einer so traurigen Gelegenheit wie dem Ersten Weltkrieg kennenlernten, so erstaunt es noch mehr, daß Karlchen und Jakopp ihre Heiterkeit und Phantasie nicht während ihrer langjährigen bürgerlichen Karrieren einbüßten.

»Jakopp«, schreibt Tucholsky 1931 in SCHLOSS GRIPSHOLM, »war der Verschrullteste von uns... ein Kerl von bunter Verspieltheit und mit vierhundertvierundvierzig fixen Ideen im Kopf. Wir paßten gut zueinander.«

Tucho war ja von den dreien am besten dran, denn er konnte Spiel und Schrullen für seine Arbeit verwerten. Aber der Polizeipräsident Karlchen? Und der wohlbestallte Gaswerker Jakopp? Wie vereinbarte der die vielen bunten Ideen in seinem Kopf mit seinem Beruf?

Bei der berühmten Fußwanderung durch den Spessart reden die drei mitunter ein Zeug, daß sich dem Sprachpuristen die Haare sträuben. Dazu gehört auch das herrlich falsche »s« in Wörtern, wo es überhaupt nicht hingehört: »Ratshaus, Bratskartoffeln, Nachtstopf...«

Und was sie, nicht nur in der Sprache für Spiele spielten, steht in einem anderen Wanderbericht: »Lottchen dick / Spix ist stolz / und: / Georgine, die ordentliche Blume / sowie: / Karlchen und die Rehlein – / das letztere Spiel zur Erinnerung an Karlchen seine Liebesabenteuer im freien, frischen, frommen Walde, wo ihm einmal die kleinen Rehlein zugesehn hatten.«

Es müssen in Ernst und Spaß schon starke Charaktere gewesen sein, die Freundschaft der drei hielt lebenslänglich. Bei jedem Treffen tankte sie sich neu auf. Sahen die Männer einander längere Zeit nicht, korrespondierten sie, so senden Karlchen und Tucho, von den Freunden Fritzchen genannt, vom Urlaub in Schweden dieses Einworttelegramm an Jakopp in Deutschland, *ein* Wort deshalb, damit es nicht so teuer wird:

»Drahtetsofortobhiesigenmälarsee-
zwecksbewässerungkäuflicherwerben-
wolltwassergarantiertechtallerdingsnur-
zuschwimmzweckengeeignetfasthoch-
achtungsvollfritzchenundkarlchenwasser-
oberkommissäre.«

Tucholsky hat es immer von sich gewiesen, zu den »foinen Dichtern« gezählt zu werden. Er scheute gröbere Effekte nicht, aber wenn die

Spielereien ein breiteres Publikum gar so sehr amüsierten, verunsicherte ihn der Erfolg.

Den unerbittlich analysierenden Tucholsky verstanden die Leser der »Weltbühne« und es verstanden ihn auch seine Feinde, wie ihre wütende Reaktion genügend bewies. Traf er aber wie mit RHEINSBERG, den fabulösen Kreuzworträtseln und Käselöchern auf beträchtliche Leserschichten, so freute ihn das nur anfänglich; bald fand er es beunruhigend.

Sein PYRENÄENBUCH wurde von der Kritik hochgelobt, doch der Verkauf stand in keinem Verhältnis zu den Auflagen von RHEINSBERG und SCHLOSS GRIPSHOLM. Folgte er dem Spiel-Tucho in sich, *verspielte* er dann etwas? Gab er dem Affen zuviel Zucker? Bittere Pillen, die er in lieblicher Kruste verkaufte, produzierte er massenhaft, doch wenn die Leute gar zu bereitwillig schluckten, war da vielleicht der bittere Kern schon zu schwach?

Die Verführungen zu dem, was er selbst »albern« nannte, waren unleugbar, aber konnte dieser Autor es sich nicht guten Gewissens manchmal etwas leichter machen? Sich und seinen Lesern? Er verlangt über gewaltige Strecken viel von sich und seinen Konsumenten, da mochten geistige Verschnaufpausen mitunter legitim sein.

Es wäre ungerecht, zu behaupten, Tucholsky hätte nur mit den beiden berufsfremden Freunden Karlchen und Jakopp so richtig blödeln können, mitunter fand er auch Leute vom Bau, Autoren wie er, die Spaß am Klamauk mit Ernst hatten.

Walter Mehring weilte zu Besuch in Paris und der dortige Polizeipräsident sann laut Tucholsky darüber nach, ob man den Mann »zur Ehrenlegion oder zur Fremdenlegion vorschlagen sollte« – während dieser Wochen schrieben sich der Spiel-Tucho und der Spiel-Mehring Briefe – und die klangen dann auch entsprechend:

Lieber Kurt!
Die Familie ist sehr betrübt, daß Du Onkels Privatbrief veröffentlicht hast! Wenn Du in den Kreisen nicht so verhärtest wärst, wo Du Dich nun mal wohlfühlst, so müßte es Dir zu denken geben, daß Tante Hannchen vor Schreck Durchfall bekommen hat, als sie das gelesen hat, aber da heißt es immer Humanetät, mit jedem dreckigen Arbeiter habt ihr Mitleid, und die Familie kann sehn, wo sie bleibt! Dein Vater war ja wohl auch ein geistiger Mann und so und hat er nie was in die Zeitung geschrieben und möchten wir wissen, von wem Du das eigentlich hast, von unserer Seite bestimmt nicht, eher von Deiner lieben Mutter, die war auch so ein bißchen – (seinerzeit in Posen mit dem verrückten Redakteur! Aber wir wollen das nicht wieder aufrühren).

Mariechen hat die Masern und Erich ist mit einem Mahnzettel nach Haus gekommen, daß er in Römische Geschichte nicht vorwärts kommt!

Ich habe ihn aber ins Gebet genommen und bist Du ihm ein warnendes Beispiel! etcetera!

Schreib doch mal! Vielleicht fahren Mosers zu Ostern rüber, dann wirst Du ihnen Paris zeigen. Du weißt ja, was wir ihnen wegen Großvati schuldig sind! Also tu das nicht wieder und bleib gesund!

Dein Vetter Mehring.

Zerreiß den Brief gefälligst!

Tucho fügt an: »Wahrlich, das hat einer geschrieben, der kein Familiengefühl hat. ›In meinem Wörterbuch steht das Wort Familie nicht!‹ sagt er. Ich sage: Da sehen Sie mal unter M nach! sage ich. Und er sah nach. Und schrieb den obigen Brief.«

Zeitgenossen berichten, daß Tucholsky als blutjunger Mann schon sehr ernsthaft und erwachsen gewirkt hätte. Schwer zu sagen, ob er jemals ein »glückliches Kind« gewesen ist. Bilder aus der Frühzeit zeigen ihn zusammen mit Bruder und Schwester, aber der junge Kurt schaut aus, als sei er nur zu Besuch. Aus der unharmonischen Beziehung zur Mutter stammt Tucholskys gebrochenes Verhältnis zu allem, was mit »Familie« zusammenhängt. Der Begriff kam so wenig in Mehrings wie Tucholskys Wörterbuch vor, mehrfach zitiert er Karl Kraus' »Familienbande« unter ausdrücklichem Hinweis auf den Doppelsinn dieses Begriffs, auf den schon Nietzsche aufmerksam gemacht hatte.

Pädagogisch hatte seine Mutter keine glückliche Hand, es ist wahrscheinlich ihre Schuld, wenn Tucholsky später notiert: Sie haben »... uns nicht lange genug mit unserer Eisenbahn... spielen lassen... und nun tragen wir zeit unseres Lebens die Sehnsucht mit uns herum, uns einmal richtig auszuspielen.«

Der belesene K. T. bietet erlauchte Kronzeugen für seine Ansicht auf, führt den Nietzsche-Satz an, »im Manne ist ein Kind versteckt, das will spielen« – aber da fährt ihm sein satirisches Temperament in die Parade, und er nimmt die Sentimentalität weg, die in dem Zitat mitschwingt, indem er »Lottchen« auf Nietzsche antworten läßt: »Kinder hab ich alleine!«

Die Lottchen-Geschichten bieten ein interessantes Korrigens zum Tucho, der gern verspielt und kindhaft sein wollte. Für Lottchen war er »Daddy« – und viele seiner Beziehungen mit Frauen sind von der Väterlichkeitsrolle geprägt. Die Erklärung, wonach er gleichzeitig als väterlich und kindlich anzusehen sei, würde wohl Tucholsky sehr erheitern.

Andererseits, warum nicht noch diese Doppelrolle, wo er schon vier Pseudonyme brauchte, um allen Zügen seines Wesens gerecht zu werden.

»Und das«, klagt Lydia in SCHLOSS GRIPSHOLM, »will'n iernsten Mann sein!« Worauf er antwortet: »Will nicht... Muß. Muß.«

Wenn ihm der Zwiespalt zwischen innerer Neigung und Lebensanforderungen zu groß wurde, half er sich mit Selbstironie. 1926 schrieb er: »Soweit ich mich erinnere, wurde ich am 9. Januar 1890 als Angestellter der ›Weltbühne‹ zu Berlin geboren. Meine Vorfahren haben, laut ›Miesbacher Anzeiger‹, auf Bäumen gesessen und in der Nase gebohrt. Ich selbst lebe still und friedlich in Paris, spiele täglich nach Tisch mit Doumergue und Briand ein halbes Stündchen Schafkopf, was mir nicht schwer fällt, und habe im Leben nur noch einen kleinen Wunsch: die Rollen der deutschen politischen Gefangenen und ihrer Richter einmal vertauscht zu sehen.«

Das ist nun die Kürzestfassung der Tucholskyschen Methode. Was er in diesen wenigen Zeilen unterbringt, ist frappierend. Zuerst der sanfte Seitenhieb gegen die geliebte Fron, die die Arbeit an der »Weltbühne« für ihn bedeutete. Danach der kräftigere Hieb gegen den »Miesbacher Anzeiger« als Sprachrohr der dümmsten, hinterwäldlerischen Reaktion. Endlich die Oase, die Paris und Frankreich ihm waren.

Sich selbst in der flinken Assoziation auf die Schippe nehmen – Schafkopf spielen fiele ihm nicht schwer. Das ist ein wenig Eitelkeit, fishing for compliments, kaum einer war zeitlebens weniger »Schafkopf« als dieser Satiriker. Er notierte mal einen schönen Berliner Spruch: »Der hats gut – der ist blöd.« Was das betrifft, hat's Tucholsky nie gut gehabt.

Zum Ende der oben zitierten acht inhaltsreichen Zeilen, die mit AUTOBIOGRAPHIE betitelt sind, folgt der furiose Schlag gegen die Justiz, deren Unrechtsprechung Tucholsky immer bekämpfte. Plastischer ist die Sachlage nicht darstellbar als im gewünschten Rollentausch von Richtern und politischen Gefangenen.

Derart »verdichteter« Tucholsky findet sich auch in vielen SCHNIPSELN. Wo andere seitenlange Essays brauchen, sagt er in zwei Zeilen, was die Crux in seinem Vaterlande ist: »Deutschland ist eine anatomische Merkwürdigkeit. Es schreibt mit der Linken und tut mit der Rechten.«

Nicht alle Schnipsel sind dermaßen stringent, manche hätten abgeschnipselt gehört, z. B.: »›Was fällt Ihnen ein? Ich habe für einen Bandwurm und drei unmündige Kinder zu sorgen!‹«

Die bloße umgekehrte Reihenfolge von Bandwurm und Kindern vermag den Einfall nicht zu retten. Andererseits konnte Tucholsky Sachen servieren, die degoutant waren und dennoch überzeugten: »Lungenhaschee... das sieht aus wie: ›Haben Sie das gegessen, oder werden Sie das essen?‹«

Es dreht einem ein wenig den Magen um, enthält aber doch viel Wahres, was jeder bestätigen wird, der je vor einem Teller durchgedrehter saurer Lunge saß.

Schön sind die Schnipsel, die aus der Realität aussteigen: »Ich reiste im Traum nach Kottbus und ließ dortselbst meine Handtasche stehen. Jetzt muß ich zurückträumen und sie holen.«

Hier erschließt sich der Spiel-Tucho eine Region, die der freien Phantasie besonders viel Nahrung bietet: den Traum. 1917 erfand er die entzückende Figur des Herrn Hoftraumhändlers Symander, der bestallt ist, den Leuten die jeweils richtigen Träume zu schicken. Leider bringt sie ein besoffener Gehilfe alle durcheinander, so träumt die Jungfrau von Politik, der Dichter vom Skat und der Kompaniefeldwebel von Spitzenkleidern.

Am nächsten Morgen häufen sich die Reklamationen beim Hoftraumhändler, der an der Verwirrung völlig unschuldig ist.

Tucho gestattet sich auch eigene Wunschträume, eines Nachts ersteht ihm, vom Whisky befeuert: Paris an der Panke.

Die beiden Städte, die ihn lebenslänglich am meisten beschäftigen, Berlin und Paris, sind endlich harmonisch vereint.

Zwischen den beiden Metropolen, deren jeweilige gute und schlechte Seiten Tucholsky nicht müde wurde zu beschreiben, lag aber, außer im Traum, eine beträchtliche Entfernung.

Überhaupt ist es mit dem Reisen nicht so einfach. Schon in Europa nicht, geschweige wenn die Leute aus Übersee anrückten. Mit DEUTSCH FÜR AMERIKANER – Ein Sprachführer – tobt sich der Sprach-Spiel-Tucho richtig aus:

»Ist jene Automobildroschke ledig? Warten Sie, wir haben noch einen Golfhauer sowie zwei Hüteschächtel. Autotreiber!«

Das sind die Schwierigkeiten der USA-Touristen am Taxistand, im Restaurant ergeht es ihnen laut Tucholsky nicht besser: »Meine Frau wünscht einen Wiener Schnitzer; ich habe Zitronenschleim gewählt. Bringen Sie mir einen kokainfreien Kaffee!«

Und das erleben die amerikanischen Gäste auf deutschen Postämtern: »Dieser Schalter ist geschlossen. Sie müssen sich auf den Hintern anstellen. Wo ist ... die Briefschaukel? Wollen Sie so kindlich sein, hinten meine Marke anzulecken?« Alles andere als kindlich laufen die Assoziationen beim nächsten deutsch-amerikanischen Mißverständnis auf der Post ab: »Hallo. Ich wünsche eine Nummer zu haben, aber der Telefonfräulein gewährt sie mir nicht.«

Das Spielerische muß Tucholsky oft das letzte Ventil geboten haben. Hundertmal hatte er in ernsthaften Artikeln den deutschen Zeitungssumpf kritisiert, da befiel ihn eine blendende Idee, und heiter zog er sich am eigenen Schopf aus diesem Sumpf, indem er die nebenstehende Tabelle erfand.

Fazit: »Die Zeitung teilt uns in gefälliger Aufmachung nur das mit, was wir schon wissen. Wenn wir es aber schon wissen, dann fesselt doch nur noch die Menge des Geschehens und die Tatsache, daß es geschehen ist.«

Die schlicht summierten »Sensationen« sind tatsächlich die richtige Konsequenz aus deutschen Pressebräuchen. Tucholsky resümierte: »Wir leben in einer merkwürdigen Zeitung –!«

Tabellenzeitung

									Gesetzlich geschützt
	Armbrüche	Beinbrüche	Hals- und Beinbrüche	Politische Wortbrüche	Zeppelinlandungen	Krach auf der Probe bei Brecht	Erschießung von Landesverrätern	Patriotische Rede eines Sozialisten für Anschluß	Pazifistische Rede eines Sozialisten
Deutschland	63	14	13	14 689 999 998	1	22	—	3 144	—
Bayern	308	176 430	17 643 087	einer mehr	—	—	leider: —	683	—
England	76	21	2	14	1	—	1	—	—
China	12 467	24	3	20 000 000 000	1	—	1 000 000 000	—	—
Litauen	—	—	—	—	1	—	einer mehr	—	—
Neukölln	3	25	—	1/2	1	1	—	44	—

Zuversichtliche Haltung der Börse wegen der letzten Rede Briands	Zuversichtliche Haltung der Börse trotz der Rede Briands	Banditenüberfälle auf Expreßzüge	in Versicherungsgesellschaften	Zuchthausstrafen wegen Abtreibung	wegen Rechtsbeugung durch Richter	Filmpremieren
1	1	54	3	183 Jahre	—	456,3

Proteste Hugenbergs gegen den Youngplan		Hochzeiten und andere Unglücksfälle	Geburtstage			aus Liebe	Revolverattentate		Einweihungsfeiern öffentlicher Häuser
Unterschriften	davon zurückgezogen		60.	70.	120.		wegen Geld	wegen Geld aus Liebe	
2064	2065	1099	27	34	5	618	618	619	244

Ein anderer Bereich, in dem er seinen Sprachwitz austobte, waren die Briefunterschriften. Man lacht, doch dann bleibt einem am Ende die Luft weg.

Ganze lange Briefe erscheinen zusammengezogen zu zwei, drei Worten, er steht da, das Sprachmesser in Händen, die Spitze senkt sich in sein eigenes Fleisch, und wer ein Herz hat, den trifft das noch heute: Herzlichst Ihr Schreibsoldat... Ihr im Irrgarten des Militärs herumtaumelnder T... der butterblumengelbneidische T... Ihr alter dicker und getreuer Tucho... Ihr sehr ergebener Tucholsky... In tiefer und schiefer Trauer... von Ihrem 20 Pfund zu schweren, sportfaulen Original-Mitarbeiter Tucholsky Feldpolizeikommissar a. D. Inhaber verschiedener hoher armer Ritter p.p.p. Mitglied des Reichsverbandes... Dein treuer, aber noch nicht gesunder Peter Panter... Ihr alter Mitkolumbus Edgar formalz Adolf. Verfasser broschierter und gebundener Werke. Ehemal. Mitglied der deutschen Republik aufgehörter Dichter... Ihr getreuer Edgar, ehem. Mitarbeiter erster Blätter... Ihr Edgar aufgehörter Deutscher... Nasenbesitzer Edgar... Ihr Interpunktions-Mitarbeiter Edgar aufgehörter Schriftsteller... hochachtend Eurer ehemaliger Bruder Kurt... Immer Ihr nahentfernter...

»Wünscht ihm das Glück... Wünscht ihm alles, alles Gute – und soll verzeihen.« Die letzten beiden Zeilen sind der Gruß unter dem Abschiedsbrief an Mary vom 19. 12. 1935.

Wie er sich verstand auf die Briefkunst des Abschiednehmens und hatte doch nicht mehr üben können als jeder andere.

Nach diesem lockeren Kapitel könnte der Eindruck entstehen, Kurt Tucholsky sei doch »der vergnügte, dicke Mann an der Schreibmaschine« gewesen, als den ihn Hermann Kesten in einem Vorwort einmal charakterisierte. Hatte er Kummer mit der Politik, dann schaffte er sich eben ein Refugium in der Posse. Wenn ihn die Reichswehr peinigte, machte er im Feuilleton Rummel; konnte er sich vor Entsetzen über die Justiz nicht fassen, stand ihm als Ausweg ein Jux zur Verfügung. Die Weimarer Republik brachte ihn zum Weinen und über die Ereignisse von 1918 meinte er: »...Volksbelustigungen, denen man in Deutschland den Namen Revolution anhängte.«

Es grämte ihn vieles und vor dem Gram rettete er sich in Gags. Er wäre sonst erstickt. Gags waren Atemübungen.

Doch nichts wäre verfehlter als das Leichte in Tucholskys Schriften als leichthin produziert anzusehen. Welcher Ernst steckte hinter dieser Heiterkeit.

Das zeigte schon die erwähnte Angst »à tout prix witzig zu sein wie im Feuilleton«, Tucholsky suchte auch selbst solchen Mißverständnissen vorzubauen. 1919 schreibt er mit Blick auf Christian Morgenstern: »Es ist mir und meinen Freunden... so oft ›Frechheit‹ vorgeworfen worden. Ich weiß sehr gut, daß wir scharf zugepackt haben... Es ist bezeichnend, wie stark die positive Seite dieses tiefen Spaßmachers gewesen ist, die positive Seite, ohne die nun einmal keine Satire, kein Scherz, kein Ulk denkbar ist, und die bei unsern heutigen Herren Humoristen so verdammt schwach geraten ist. Die Satire ist nur die Konkav-Ansicht eines Gemüts; wenn es nach hinten nicht buckelt, klafft vorn keine Höhlung, und das Ganze bleibt platt.«

Was Tucholsky für Morgenstern feststellt, trifft auf ihn selbst zu. Deutschland hat nicht nur Probleme mit der Unterhaltungsliteratur, es tut sich schwer mit allem Leichten. Was tiefsinnig daherkommt, findet jederzeit offene Türen, eine gewisse Beschwingtheit scheint eher Unseriöses zu signalisieren. Doch, wußte Tucholsky: »Langweilig ist noch nicht ernsthaft.«

Langweilig war er nie. Zwanzig Jahre hindurch besprach er Bücher und erstarrte nicht in der fürchterlichen Rezensenten-Routine. Den Ausdruck Groß-Schriftsteller habe ich bei Tucholsky gefunden, Groß-Kritiker nicht. Er war es, aber in positiver Bedeutung, ein großer Kritiker, der sich nie als bloßer Werk-Registrator und Etikettierer zeigt, sondern als betroffener Leser. Wie gern lobte der angeblich freche Autor, wenn sich nur der geringste Anlaß dazu bot. Für seine berühmte Kolumne »Auf dem Nachttisch« dachte er sich jeweils neue fesselnde Einleitungen aus, lieferte autobiographische oder geographische Details, Stimmungsbilder, die Atmosphäre, in der er dieses oder jenes Buch gelesen hatte. Selbst ein schreibender Schwerarbeiter, achtete er die Mühe hoch, die ein Autor für sein Manuskript aufgewandt hatte. Um so unbarmherziger ging er mit den Werken ins Gericht, die das Papier nicht lohnten, auf dem sie gedruckt waren. Häufig findet sich die ironische Wendung: »...daß er eine Schrift unter sich ließ«, das traf dann genau den Ursprungsort. Leistung dagegen faszinierte und animierte ihn, ein »Greul und ein Scheul« war ihm die Überheblichkeitspose, die viele rezensierende Kollegen einnahmen. »›Der gute alte Tolstoi‹« notiert er 1928, »schrieb neulich so ein Fortschrittsgewächs, das offenbar gar nicht fühlt, daß man keinem Größern auf die Schulter klopfen kann.« Er bewunderte den Epiker Tolstoi. Den Mann aber, der dem großen Russen dämlich von der Seite kam, straft er ab mit den Worten: »Wenn einer so überlegen tut, wäre zu überlegen, ob man ihn nicht überlegen soll.«

Über Rezensenten und zu Rezensierendes mußte er sich oft »schrecklich ééérgern«. Als er der gedruckten Bücher müde war, dachte er sich deshalb ein wunderschönes Vexierspiel aus.

»Da wird man so viel gefragt, was es denn Neues zu lesen gebe – nun, ich weiß etwas... es ist ein höchst amüsanter Roman. Er heißt ›Hermine‹ und sein Autor heißt Peter Guggenreit. (Erschienen im Poseidon-Verlag zu Chemnitz.)... Da hat einer – meines Wissens zum ersten Male – den Versuch gemacht, etwas aus dem modernen Leben einzufangen, was noch nie geschildert worden ist: nämlich den anonymen ›Betrieb‹ aller Dinge.«

Tucholsky fährt fort: »Der Held des Buches, ein junger Bengel namens Ludolf Gerold...«; spätestens hier mußten Tucholsky-Kenner stutzig werden. »Ludolf« ist der Name, den er und Mary ihrem nie geborenen Sohn gaben. Marys Mädchenname ist Gerold. Er bespricht dann lang und ausführlich dieses moderne und realistische Buch, aber am Schluß der Kritik findet sich ein lapidares: »P. S. Den Roman gibts leider nicht.«

Das muß einem einfallen. Da muß man, wie Tucho gern formulierte, »hineingetreten sein«. Ein Buch besprechen, das gar nicht erschienen ist, weil »Seelenromane gibt es immer noch und tiefgründige Analysen von Männern und Weibern... das ist meisterhaft. Weil die Geschichte zum ersten Male nicht Hermine und Ludolf zum Helden hat... sondern etwas andres, etwas nie Beachtetes, die Kollektivität«.

Wie die Menschen dem »Betrieb«, dem Apparat anheimgegeben waren und ihre Individualität verloren, das hat Tucholsky immer wieder beschäftigt. Zum überaus »betriebsamen« Berliner notiert er die Frage: »Was für ein Geschäft treibt ihr? – wir treiben keins, Herr– es treibt uns.«

Wie manchen wortreichen Soziologen nahm Tucholsky auch die Psychologen gern auf die Schippe. Männer, stellte er in ausgedehnten Versuchsreihen fest, werden »nach anfänglicher Verwunderung... die Nadel über das Faden-Ende stülpen«, nur die Frauen fädeln wirklich ein. »Liegt«, fragt der Forscher, »hier ein tiefer Unterschied zwischen der weiblichen und der männlichen Natur begründet?« Und ergeht sich in gründlichen Betrachtungen über die unterschiedliche Handhabung von Nadel und Faden.

Der zuzeiten recht beleibte Dichter aß nicht nur gern, er interessierte sich auch für Kochrezepte. Eins hat seine höchste Verwunderung erregt. Es steht in einem Taschen-Notiz-Kalender, den ihm eine Freundin aus dem »völkerversöhnenden Locarno« schickte. Der Kalender, warnt Tucho, ist in »einer Art Privatdeutsch« verfaßt. Das Kochrezept liest sich also:

»›Der am Bratspieß geröstete Lamm. Nimm ein 1/4 Lamm (man beachte die Subtilität der Gewichtsangabe!) laßt ihm einige Stunden lang mit Öhl, Pfeffer, Salz oder einem Tropfen Essig ausruhen. Durchbohrt ihm da und dort mit einer Messerspitze. Zieht ihm auf dem Brandspieß mit einem Ästchen Rosmarin, und schmiert ihm öfters mit der obgenannten Flüssigkeit, bis er gekocht ist. Bevor ihn zu servieren nimmt das Ästchen Rosmarin weg.‹ Ob es Hammelbraten wird, was da herauskommt, ist eine andere Frage; aber es ist sicherlich die tierfreundlichste Art, ein Lamm zu braten. Noch nie hat ein Koch daran gedacht, ein Lamm bei solcher Prozedur ausruhen zu lassen.«

Die Tränen der Heiterkeit konnte Tucholsky nur mühsam zurückhalten, als er das »Deutsch-Französische Taschenwörterbuch« eines offenbar dem Whisky sehr zugeneigten Herrn K. Ashe in die Hände kriegt. Tucho gibt Proben aus dem Dictionnaire; zuvor sagt er: »...ein vollsinniger Mensch kann dieses Lexikon, das mir ein freundlicher Leser zugesandt hat, nicht verfaßt haben. Deutsch ist bekanntlich da am schönsten, wo es an den Rändern gen den Wahnsinn hin verschwimmt: aus Kinderfehlern kann man mehr über die Muttersprache lernen als aus dem ganzen Goethe – und dieses Lexikon hat mir viele Abende verkürzt... habe ich lange nicht so gelacht. Schlag auf, lies:

Was ist ›abarten‹? Dégénérer. Gut, aber was ist ›abäschern‹? Was ist ›Abbiß‹? Was: ›abblatten‹? Und tief betroffen liest du weiter. ›Mutzen‹? können Sie mutzen? Ich kann es nicht, oder doch nur selten. Und was mag das sein: ›Diskretionstags‹? Eher verständlich ist schon ›fragselig‹ und ›erbittlich‹, willkommene Bereicherungen der deutschen Sprache. Auch ›Hausverstand‹ und ›Leichenbuch‹ gehören in jedes Handwörterbuch; von ›Strafengesetz‹ und der ›Facklei‹ schon nicht zu reden. Dann aber wird es bewegter. Nachdem wir noch den ›Bahnzug‹ und die ›Sicherheitsanstalt‹ sowie das ›Seitengespräch‹ genossen haben, erfreuen wir uns an leichten Sprachstörungen der beteiligten Gehirne... [der Verfasser] schreibt... die ›Schüppe‹ und der ›Kupferstüchsammler‹... Was aber ist eine ›Demutspflanze‹? Das ist eine Mimose.« Es kommen noch viele schöne Exempel in dem kuriosen Wörterbuch vor, die Tucho ergötzten, vor allem der »Hühnerwerter«, was immer das sein mag.

Nun mag mancher fragen, was soll das alles? Tucholsky, den bekanntlich sehr intensiv beschäftigte, was die Birkenblätter machen, die nicht rascheln und nicht flirren und die eben etwas tun, wofür der treffende Ausdruck fehlt, hat alle kritischen Einwände abgeschmettert, indem er hinter solche Wortforschungen und Benennungs-Schmerzen stets ein ironisches »meine Sorgen möchte ich haben«, setzte.

Die Suche nach dem genauen Begriff, der treffenden Formulierung war ihm kein Sprach-Spiel, sie gehörte für ihn zum Schreibprozeß und er bestand auf seinem Recht, Zeit darauf zu verwenden.

Wie beklagte er die damals schon einreißende Sprachschlamperei, das Neudeutsch, die Wendung, »menschlich betrachtet« erregte seinen höchsten Zorn ebenso wie die fürchterliche Floskel »irgendwie«.

»Man sollte dieses Wort erwürgen, wo immer man es antrifft!«

Tucholsky verkaufte Theorie nicht gern pur. Seine schriftstellerischen »Proppleme« (und natürlich hatte er welche) ließ er einfließen, wenn er eine konkrete Aufgabe – zum Beispiel eine Buchbesprechung vor sich hatte. Deshalb sind viele seiner Rezensionen noch heute lesenswert, mögen auch die darin behandelten Autoren vergessen sein. Das Dazwischen stachelt zur Lektüre an, weil da plötzlich in der Wiedergabe eines abgesunkenen Werkes der Original-Tucholsky aufscheint. Nicht weniger fruchtbar ist, was er zu Schriftstellern sagte, die gegenwärtig noch massenweise aufgelegt werden. Anläßlich Hermann Hesses wird deutlich, was er selbst unter Humor versteht: »Hesse hat keinen

Humor... Das Wort liegt in falschen Schiebkästen – ich will es schnell herausholen. ›Humor‹ hat fast gar nichts mit Witz zu tun – noch weniger mit dieser schrecklichen Kneipenseligkeit, die man als ›deutschen Humor‹ ausschenkt. Wenn ich mein Latein nicht ganz vergessen habe, hängt die Urbedeutung des Wortes mit dem Begriff ›Feuchtigkeit‹ zusammen. Sie sind trocken – trocken sind sie.

Dieser ›deutsche Mensch‹ hat den tierischen Ernst einer Kuh, eines Hundes, eines Möbelstücks. Dergleichen lacht nicht. Von Selbstironie, diesem seltenen Artikel, will ich gar nicht reden. Aber man betrachte einmal dieses Pathos von der Nähe, auf die Nähte hin – wie das klafft, wenn man dran wackelt, wie das reißt! Hesse hats gespürt, sonst wäre er heut nicht gespalten, sonst wären die Leser nicht gespalten, die ihn lieben – denn er ist wichtig als Exponent. Er ist wichtig wegen seiner Auflageziffern, hinter ihm sitzt eine Welt. Und liest.«

Dabei konnte Tucholsky, als er diese Sätze 1927 zu Papier brachte, nicht ahnen, welche astronomischen Höhen die Verkaufszahlen von Hesses Büchern 40 Jahre später in den USA erreichen würden. Dennoch, und dies mag man unterschreiben oder nicht, bleibt sein Einwand bestehen: »Humor hat er [Hesse] nicht. Humor: zu wissen, daß es, nachdem man tapfer gewesen ist, alles nicht so schlimm ist. Humor: zu fühlen, daß es von oben reichlich unsinnig aussieht, was wir hier aufführen. Und dennoch zu seiner Sache stehn. Und abends um neun, wenn alles fertig ist, zu wissen: Es lohnt sich kaum – aber man muß ran.«

Man muß ran – das forderte Tucholsky 1927. Fünf Jahre später sah er sich außerstande, noch ranzugehen. Da findet sich dieser resignative Schnipsel: »Satire hat eine Grenze nach oben: Buddha entzieht sich ihr. Satire hat auch eine Grenze nach unten. In Deutschland etwa die herrschenden faschistischen Mächte. Es lohnt nicht – so tief kann man nicht schießen.«

Das scheint nur auf den ersten Blick identisch mit Karl Kraus' defensivem Satz: »Zu Hitler fällt mir nichts ein.« Denn Tucholsky war in den Jahren zuvor eine Menge zu Hitler, besser gegen Hitler eingefallen.

Hitler und der Propagandhi

Im Jahre 1930 mußte Tucholsky sich gegen die zielvoll kolportierte Lüge wehren, er habe bei einer Lesung in Wiesbaden öffentlich erklärt:

»Alle Frontsoldaten waren Schweine.«

Der Sinn der Verleumdung lag auf der Hand. Man wollte die Masse der »Frontsoldaten« gegen den unliebsamen linken Kritiker aufbringen. Dem nationalen rechten Sprachgebrauch nach waren die Frontsoldaten zwar auch Schweine, aber eben »arme« und »betrogene« Schweine, die man durch einen Dolchstoß in den Rücken um die Frucht ihres schweren Kampfes, um den Sieg im Ersten Weltkrieg gebracht hatte. Bezeichnete nun der Linksintellektuelle alle Frontsoldaten als Schweine, so hatte er sich damit in einen gefährlichen Gegensatz zu den »braven Frontsoldaten« gestellt.

In diese Ecke aber wollten sie Tucholsky treiben.

Er überprüfte seine Notizen und fand, daß er in Wiesbaden keinen Text gelesen hatte, in dem von »Schweinen« die Rede war.

Sehr viel früher, nämlich im Kriege, hatte er sein Gedicht DREI MINUTEN GEHÖR veröffentlicht und auf eine Zeile darin konnten sich die Vorwürfe beziehen, aber, bemerkt Tucholsky, »man muß schon von Hitler mit einem Industrie-Scheck vor den Kopf gehauen sein, um nicht zu begreifen, was hier gesagt ist. Ihr wart die Schweine – nämlich für die, die euch so genannt haben! Und wer hat euch so genannt? Die deutschen Offiziere!«

Die Feinde hatten also nicht nur gehört, was er an jenem Abend in Wiesbaden *nicht* vorgetragen hatte, sie verstanden auch noch absichtsvoll falsch, was in dem viele Jahre früher publizierten Gedicht tatsächlich zu lesen war.

Tucholsky zitiert die Strophen vollständig, um die Haltlosigkeit der Vorwürfe zu beweisen:

»Ihr wurdet geschliffen. Ihr wurdet gedrillt.
Wart ihr noch Gottes Ebenbild?
In der Kaserne – im Schilderhaus
wart ihr niedriger als die schmutzigste Laus.
Der Offizier war eine Perle,
aber ihr wart nur ›Kerle‹!
Und noch im Massengrab wart ihr die Schweine,
die Offiziere lagen alleine.«

Das Gedicht war völlig eindeutig. Der »Nationaille« aber ging's nicht um Klarheit, sie wollte den Feind Tucholsky angreifen; dazu war jede Verdrehung genehm. Tucholsky schildert, was sich nach der Wiesbadener Veranstaltung abspielte:

»In Wiesbaden bin ich nach der Vorlesung an den Nazis vorbeigefahren; sie standen da und stießen ihren Original-Schlachtruf aus: ›Huuu –!‹ und sie warfen mit Steinen und alten Brocken und waren überhaupt furchtbar mutig. Ich war nämlich einer, und sie waren eine Herde. Ich sah in ihre Augen: verhetzt, verdummt, verbrüllt... und keine Idee dahinter.«

In dieser Schilderung weist ein Satz weit über den momentanen Anlaß hinaus und erhält Schlüsselcharakter für Tucholskys Position:

»Ich war nämlich einer, und sie waren eine Herde.«

Das könnte als Motto über seinem Leben stehen. Er selbst erkannte es, schrak davor zurück und suchte es zu vergessen. Die Einsicht, isoliert zu sein, wirkt bei einem politischen Schriftsteller niederschmetternd, denn sie signalisiert seine Niederlage.

»Ich weiß nicht, ob Sie sich besinnen...«, wendet sich Kurt Tucholsky im gleichen Jahr fragend an seine Leser, und läßt die Frage in einem Ausruf enden, »wir haben in Deutschland einen Reichstag. Meist ist er vertagt – aber manchmal ist er auch da. Es ist... dumm, die gegnerischen Reden zu ignorieren, weil so der [Zeitungs-]Leser immer nur das hört, was er schon weiß und wovon er längst überzeugt ist. Ist das Demokratie? Das ist Schwindel. Natürlich hat ein Nationalsozialist genau dasselbe Anrecht, in einer Demokratie gehört zu werden, wie jeder andere auch; es wäre zum Beispiel sehr klug gewesen, die ersten Nazi-Erklärungen ganz ausführlich zu veröffentlichen: man hätte dann nämlich ihre schreckliche Gedankenarmut noch besser zu schmecken bekommen. Nichts davon geschieht – für teures Geld lassen sich die Zeitungen den verstümmelten Bericht telefonieren, der keiner mehr ist.«

Der angeblich so unduldsame Tucholsky plädiert hier für ausführlichen und offenen Meinungsstreit, er brauchte die Auseinandersetzung mit dem politischen Gegner nicht zu scheuen, der allerdings hätte sich in Argumenten auszudrücken, nicht in Parolen. Noch zu Beginn der dreißiger Jahre setzt er soviel Vertrauen in die Denkfähigkeit der Deutschen, daß er die Enthüllung der »schrecklichen Gedankenarmut« von nationalsozialistischen Verlautbarungen als nachteilig für die braune Bewegung ansieht, nachdem die Nazis längst mit anderen Mitteln als gerade intellektuellem Reichtum wirkten. Und der noble Tucholsky betont ausdrücklich »das Recht des Nationalsozialisten, in einer Demokratie gehört zu werden«, während zu den drei wesentlichen Programmpunkten der NSDAP krasser Nationalismus, Rassentheorie/ Antisemitismus und vor allem die *Ablehnung der Parlamentsdemokratie* als wichtigste Prinzipien zählen.

Und da müssen wir uns heute, knapp fünf Jahrzehnte später, in der Bundesrepublik Deutschland sagen lassen, daß Hitler nur eine Karriere gemacht, Tucholsky aber die Weimarer Republik ruiniert habe.

Tucholsky suchte lange Zeit mit intellektuellen Waffen abzuwehren, was in ganz anderer Armierung anrückte. Immer aufs Neue analysiert er den aufkommenden Ungeist, benennt politisch und ökonomisch Roß und Reiter: »Nichts zeigt die erschreckende Geistlosigkeit dieser deutschen Bewegung, gehätschelt von den Richtern, geduldet von den Unternehmern, die eine Garde gegen die Wut der Arbeitslosen brauchen und zwei Garden gegen ihre eigenen Arbeiter, bejubelt von ratlosen, ausgepowerten Proletariern, besonders auf dem Lande... nichts zeigt die traurige Geistesverfassung dieser Leute so an wie die völlige Verständnislosigkeit gegenüber der Zeit, in der sie leben. Sie sehen nicht, sie hören nicht.«

Und weil die Appelle an die Vernunft seiner Landsleute nicht genügend wahrgenommen werden, bedient er sich ätzender Satire, die Deutschen aufzurütteln; enthüllt, was da weit unterhalb jeder intellektuellen Erwägung im Nationalsozialismus virulent und wirksam wird. In der Rezension eines wichtigen Buches des Berliner Nervenarztes Paneth wird Tucholsky ganz zeitbezogen und konkret: »Paneth spricht dann über die Neurosen des Geschlechtslebens... in vorbildlich ruhiger Weise... er versucht, Anweisungen zu geben, aus seelischen Schwierigkeiten herauszukommen, und eine gute Diagnose ist ja oft eine halbe Heilung, besonders im Sexuellen. Herein...? Ein Hitler-Mann. ›Heil! Ihr verdammten Syrier! In jüdischer Geilheit habt ihr die Psychoanalyse erfunden, um euern dreckigen Trieben freie Bahn zu schaffen! Nichts ist euch heilig, während wir uns sehr heilig sind. Ihr verseucht die Städte und das Land mit eurer niedrigen Auffassung vom Geschlechtlichen, dem ihr ohne Weihe frönt! Ihr denkt überhaupt nur an blonde Weiber! Wir denken an schwarzgelockte Männer. (Ihr stürzt euch auf die Weiber. Wir uns auf die Männer.) Ihr erkennt keine Zucht an und keine Sitte. Syrier. Asiaten. Eunuchen. Schmarotzer. November-Verbrecher. Demokraten. Bolschewisten. Man sollte euch schlagen, daß die rote Suppe spritzt. Im übrigen sind wir die deutsche Kultur! Heil!‹«

Eine deutsche Kultur ohne Marx und Freud selbstverständlich, der eine war der absolute Feind wegen polit-ökonomischer Aufhellungen und Analysen, der andere wegen seiner psychologischen. Denn weder Wirtschaft noch Seele sollten durchleuchtet werden, die Nazis legten ihre Massenveranstaltungen besonders gern in den Abend und in die Nacht; so dunkel sollte es auch in den Köpfen der Leute hergehen.

Die NSDAP wurde nicht nur bejubelt von »ausgepowerten, ratlosen Arbeitern«. Auch andere Bevölkerungsschichten gerieten in den Propaganda-Sog. Tucholsky schrieb: »Die Verblödung dieses Bürgertums ist vollständig. Sie sehen nichts, sie hören nichts, und der himmlische Vater ernährt ihre Ausbeuter dennoch. Und wo bleiben deren Gewinne?

Wofür kein Geld da ist, wissen wir. Für Löhne zum Beispiel... Und wo bleiben die Überschüsse? Wofür ist Geld da? Für die Unterstützung Hitlers, in dem diese Wirtschaftsführer mit Recht einen Hort und einen Schutz gegen ihre Arbeiter sehn. Und wofür ist noch Geld da? Für die dümmste, aber auch schon die allerdümmste Propaganda, eine von der Sorte, wie sie bereits im Kriege das vergnügte Lächeln der Gegner Deutschlands hervorgerufen hat.«

»Da wird neben manchem richtigen«, fährt er fort, »einem Ausland, das zum Glück nicht hinhört, eingebleut, wer oder was an der deutschen Krise schuld sei. Die verbrecherische Auspowerung deutscher Arbeitskräfte durch die eignen Landsleute? Ach, keine Spur. Es liegt alles, alles am Frieden von Versailles.«

Da hatte man endlich wieder den außenpolitischen Feind ausgemacht, ohne den zu leben dem Deutschen von jeher schwerfällt.

Nun hat allerdings das Ausland weniger zu seinem Glück als vielmehr zu seinem Unglück nicht hingehört, als die Nazis sich rüsteten, die »Schande von Versallch« blutig zu rächen. Und das Geld der deutschen Wirtschaft für die »allerdümmste Propaganda« wurde so angelegt, daß 1939 den Gegnern Deutschlands auch das »vergnügte Lächeln« verging, als Hitlers Wehrmacht in Polen und Frankreich einfiel. Die Vorstellungskraft der europäischen Politiker reichte damals nicht aus, sich auszumalen, daß es möglich sein sollte, knapp zwei Jahrzehnte nach der vernichtenden deutschen Niederlage im Ersten Weltkrieg dieses Volk so weit zu bringen, sich siegesgewiß in den Zweiten Weltkrieg zu stürzen.

1977, bei der Vorführung von Fests Hitler-Film, wurde der deutsche Führer vorgezeigt, wie er im Waggon bei Compiègne Waffenstillstand mit den unterlegenen Franzosen schloß, damit die Deutschen vom Versailler Vertrag befreiend, wie der Kommentator im Film vermeldete. Zwei Reihen hinter mir sagte ein älterer Zuschauer zufrieden: »Das stimmt ja auch, Hitler löschte unsere Schande von Versailles!«

Wenn ich mich recht erinnere, haben wir den Zweiten Weltkrieg auch verloren, wie lange wird uns denn diese Niederlage noch ruhen lassen?

Filme wurden in der Weimarer Republik zunehmend wichtiger bei der Bewußtseinsbildung breiter Bevölkerungsschichten. Tucholsky schrieb in seiner Antwort auf eine Umfrage der Deutschen Liga für Menschenrechte: »Der nordische Barde Goebbels hat in seinen Kundgebungen wiederholt darauf hingewiesen, daß der Remarque-Film [Im Westen nichts Neues, G. Z.] ein ›Geschäft‹ sei. Das ist dieser Film sicherlich – im Gegensatz zu den Fridericus-Erzeugnissen, die über und unter Gebühr rein ideale Ausstrahlungen Baldurs zu sein scheinen. Filme sind Erzeugnisse einer Industrie, gehemmt durch eine Zensur, die im Interesse der herrschenden Klasse funktioniert. Trotzdem gibt es gute und schlechte Filme.

Die Nationaille hat aus unlauteren Beweggründen gegen diesen Film protestiert. Es ist bedauerlich, daß ein Pazifist wie Friedrich Wilhelm Foerster Verwirrung in die Reihen des Pazifismus getragen hat, indem er sagt: ›Das Szenario stellt eine tendenziöse Auswahl seitens einer Art von sentimentalem, ja oft weinerlichem Pazifismus dar, bei dem der Abscheu gegen den Krieg nicht aus den Tiefen der moralischen Menschennatur kommt, sondern aus dem Nervensystem, dem Magen, dem Schlafbedürfnis‹...

Aus dem Nervensystem! Nur aus dem Nervensystem? Wir haben oft zu Foerster gehalten. In diesem Falle ist dem Vorsteher eines kleineren katholischen Moralamtes nur zu wünschen, daß er einmal in die Lage kommt, *nur* aus dem Nervensystem gegen den Krieg protestieren zu müssen – also etwa nach achtundvierzigstündigem Trommelfeuer.

Noch der niedrigste Pazifismus hat gegen den edelsten Militarismus tausendmal recht!... Und darum ist uns jeder, jeder Film recht, der der Menschheit den Krieg auch in seinen niederen Formen, gerade in seinen niedrigsten Formen vorführt. Mussolini zeigt seinem Volk nur die Fahnen und nichts als das – Remarque zeigt uns die Fahnen und den Rest: die Zerfetzten und die Taumelnden, die Blutenden und die Zerschossenen – und wer sich daran begeistern will, der mag es tun.

Wir andern rufen gegen die Weltenschande: Nieder mit dem Kriege!«

Dieser Tucholsky-Text ist, abgesehen vom sachlichen Inhalt, auch in formaler Hinsicht wichtig. Zu Beginn heißt es: »Der nordische Barde Goebbels« – ironische Definition des nichts weniger als blonden, blauäugigen, bardenhaften »Propagandhi« der Nazis. Im Kampf gegen Josef Goebbels sah sich Tucholsky bald gezwungen, die Glacéhandschuhe abzulegen. Traten die sich formierenden braunen Horden mit Schlachtrufen an gegen die rote Bolschewistenbrut, gegen zersetzende Asphaltliteraten, die sich ihrer Ansicht nach besonders in der »Weltbühne« artikulierten und mit der anfeuernden Mitteilung, wenn das Judenblut vom Messer spritzt, gehe es noch einmal so gut – so gehörte auf den groben Propaganda-Klotz ein grober Keil. Und da lieferte Tucholsky die groben Keile:

JOEBBELS
Wat wärst du ohne deine Möbelpacker!
Die stehn, bezahlt un treu, so um dir rum.
Dahinter du: een arma Lauseknacker,
een Baritong fort Jachtenpublikum.
Die Weiber – hach – die bibbern dir entjejen
un möchten sich am liebsten uffn Boden lejen!
Du machst un tust und jippst da an...
Josef, du bist'n kleener Mann.

Mit dein Klumpfuß – seh mal, bein andern
da sacht ick nischt; det kann ja jeda ham.
Du wißt als Recke durch de Jejend wandern
un paßt in keen Schützenjrahm?
In Sportpalast sowie in deine Presse,
da haste eine mächtich jroße Fresse.
Riskierst du wat? – De Schnauze vornean.
Josef, du bist'n kleener Mann.

Du bist mit irgendwat zu kurz gekomm.
Nu rächste dir, nu lechste los.
Dir hamm se woll zu früh aus Nest jenomm!
Du bist keen Heros, det markierste bloß.

Du hast'n Buckel – Mensch, du bist nich richtich!
Du bist bloß laut – sonst biste jahnich wichtig!
Keen Schütze – een Porzellanzerschmeißer,
keen Führer biste – bloß'n Reißer,
Josef,
du bist een jroßer Mann –!

Zwar hebt die zweite Strophe des Pamphlets gegen Goebbels mit den erklärend-entschuldigenden Zeilen an: »Mit dein Klumpfuß – seh mal, bein andern / da sacht ick nischt; det kann ja jeda ham« – doch diesem gefährlichen Mann gegenüber benutzt Tucholsky auch die sonst streng gemiedene Anspielung auf körperliche Gebrechen. Er schoß sich auf dem Niveau des unfairen Gegners ein. Die Nazis hetzten gegen die »großnasigen, krummbeinigen Juden«, favorisierten die hochgewachsenen, blonden, gesunden deutschen Rassemenschen, schlossen also konsequent die Augen, wenn sie selbst in den Spiegel schauten – da mußte der Satiriker ihnen einen Spiegel vorhalten. Mochte Goebbels, mickrig von Wuchs, behaftet mit einem verkrüppelten Fuß, äußerlich auch einen exorbitant lächerlichen Gegensatz zum Idol des nordischen Herrenmenschen bieten, den er endlich in seine Rechte einsetzen wollte – weitaus bedenklicher schien, was sich im Kopfe des Propagandhi abspielte: »Wenn einer nichts gelernt hat –: dann organisiert er. Wenn aber einer gar nichts gelernt und nichts zu tun hat –: dann macht er Propaganda.« So Tucholsky in einem Schnipsel, der Adressat ist diesmal ausgespart, aber der Schlag ist deutlich genug geführt. 1932 versucht er, dem Feinde lyrisch-idyllisch beizukommen: ALTES LIED 1794

»Wenn in des Abends letztem Scheine / dir eine lächelnde Gestalt / am Rasensitz im Eichenhaine / mit Wink und Gruß vorüberwallt –: / Das ist des Freundes treuer Geist, / der Freud' und Frieden dir verheißt.

Wenn bei des Vollmonds Dämmerlichte, / das zagend durch die Zweige sieht, / durch dunklen Hain von Tann' und Fichte / ein fauliges Gerüchlein zieht –: / Das ist, was da so grauslich riecht, / Herr Goebbels, der vorüberfliecht.

Wenn bei Silberglanz der Sterne, / wenn schwarze Nacht herniederweint, / gleich Aeolsharfen aus der Ferne… / wenn dir dann gar kein Geist erscheint –: / Dies Phänomen, damit dus weißt, / das ist Herrn Adolf Hitlers Geist.«

Immer wieder versucht der Intellektuelle Tucholsky mit dem Hinweis auf die rasende Geistlosigkeit der »Bewegung« die denkenden Menschen zum Widerstand zu animieren. Das gelang in einem winzigen Kreis Gleichgesinnter. 1932 schreibt er in der »Weltbühne«, als Carl von Ossietzky, der verantwortliche Herausgeber, für den Artikel eines Mitarbeiters 18 Monate ins Gefängnis gehen muß: »Die Strafe ist und bleibt nichts als die Benutzung einer formalen Gelegenheit, einem der Regierung sehr unbequemen Kreis von Schriftstellern eins auszuwischen. Die Mitarbeiter und die Leser der ›Weltbühne‹ haben in der Tat etwas getan, was den faschistischen Gegner bis aufs Blut gereizt hat: er ist hier ausgelacht worden. Hier ist gelacht worden, wenn andre gedonnert haben. Hier sind jene nicht ernst genommen worden. Und sie können ja vieles. Aber eines können sie nicht. Sie können nicht erzwingen, daß man zu ihnen anders spricht als von oben nach unten. Im geistigen Kampf werden sie auch weiterhin so erledigt werden, wie sie das verdienen. Und das muß doch gesessen haben. Denn sonst wären jene nicht so wütend und versuchten es nicht immer, immer wieder. Es wird ihnen nichts helfen.«

Lächerlichkeit tötet? Nicht in Deutschland, wo zu wenige über die Nazis gelacht und zu viele deren Propaganda geglaubt haben. Die die Propaganda machten, wußten sehr wohl, wo sie ihre Gegner zu suchen hatten. 1933 zu Hitlers Geburtstag schreibt Tucholsky an Hasenclever: »Ich höre, daß der kleine Goebbels, dem ich seinen Klumpfuß unter die Nase gehalten habe, sich gar nicht genug tun kann: im Radio und in den Blättern hat er es immer wieder mit mir. Ich weiß warum.«

Goebbels wußte es auch. Bloß heute gibt es in der BRD einige, die wissen es besser als die beiden Kontrahenten. Für diese Kritiker Tucholskys hat der Autor nicht die Republik vor den Nazis gewarnt, als es noch Zeit zur Gegenwehr gewesen wäre, für sie ist Tucholsky der Weimarer Republik durch seine Aufforderung zum Kampf dauernd ungebührlich zu nahe getreten. Wahrscheinlich gibt es eben doch Deutschland und »Deutschland«, wie Tucholsky schon immer argwöhnte. »Deutschland« will glauben, wo es nicht denken muß. Es trennt sich immerzu von kritischen Geistern und hört auf die Leute, die weder Geist noch Kritik bieten.

Tucholsky schildert in einem Exil-Brief, wie er im Radio eine Hitler-Rede erlebte: »Also erst Göring, ein böses, altes blutrünstiges Weib, das kreischte und die Leute richtig zum Mord aufstachelte. Sehr erschreckend und ekelhaft. Dann Göbbeles mit den loichtenden Augen, der zum Vollik sprach, dann Heil und Gebrüll, Kommandos und Musik, riesige Pause, der Führer hat das Wort. Immerhin da sollte nun also der sprechen, welcher... ich ging ein paar Meter vom Apparat weg und ich gestehe, ich hörte mit dem ganzen Körper hin. Und dann geschah etwas sehr Merkwürdiges. Dann war nämlich gar nichts. Die Stimme ist gar nicht so unsympathisch wie man denken sollte – sie riecht nur etwas nach Hosenboden, nach Mann, unappetitlich, aber sonst gehts. Manchmal überbrüllt er sich, dann kotzt er. Aber sonst: nichts, nichts, nichts. Keine Spannung, keine Höhepunkte, er packt mich nicht, ich bin doch schließlich viel zu sehr Artist, um nicht noch selbst in solchem Burschen das Künstlerische zu bewundern, wenn es da wäre. Nichts. Kein Humor, keine Wärme, kein Feuer, nichts. Er sagt auch nichts als die dümmsten Banalitäten, Konklusionen, die gar keine sind – nichts.

Ceterum censeo: ich habe damit nichts zu tun.«

Tucholsky und die Resignation

»Man wird alt«, sagt Tucholsky 1914, da war er gerade vierundzwanzig. Zwei Jahre später unterzeichnet er Briefe an den »Simplicissimus«-Mitarbeiter Dr. Owlglaß (Hans Erich Blaich) mit dem Gruß – »von Ihrem steinalten Tucholsky«, einige Wochen darauf mit dem betonten »herzlich von Ihrem ergebenen, aber steinalten Tucholsky«. Das ist mehr als eine Floskel des Sechsundzwanzigjährigen. Er sagt's nicht nur brieflich, er sagt's auch lyrisch: »Vorfrühling nähert sich, die junge Nutte, /... ah Frühling! Hier soll immer Winter sein!« Ein Mittzwanziger, dem der Aufbruch der Natur unbehaglich war. Überhaupt liebte Tucholsky eine Periode, die er »fünfte Jahreszeit« nannte, die Wochen, wo der Herbst nicht mehr richtig Herbst, aber auch noch nicht Winter ist. Merkwürdige Vorliebe für den Bereich zwischen Ernte und Vergehen, schwebend im Unbestimmbaren. Gar nicht schwebend, sondern politisch-konkret artikuliert sich der Publizist 1919, da zählt er immer noch keine dreißig Jahre und bekennt: »Ich resigniere. Ich kämpfe weiter, aber ich resigniere.« Und warum? Trauer angesichts des revolutionären Aufbruchs von 1918, der so etwas wie ein Völkerfrühling hätte sein sollen und unverzüglich in den Winter mündete. Noske nämlich, der Revolutionsminister, ist laut Tucholsky »ein kopfloser Mann. Ich habe eigentlich noch niemals in der deutschen Politik – außer beim Kaiser – ein solch erschreckendes Maß von Einsichtslosigkeit in alle tiefern Zusammenhänge gesehen... Ist heute ein müder Tag? Ich will mich ja gern beschimpfen und anklagen lassen, ich will ja gern alles auf mich nehmen – wenn ich nur nicht sehen müßte, wie grauenhaft allein wir stehen. Ist denn moralische Sauberkeit wirklich nicht mehr das absolut erste Erfordernis des öffentlichen Lebens?«

Zwei Jahre später: »Brauchen wir nicht eine Stärkung von außen? Macht es nicht Mühe, tagaus, tagein dasselbe zu sagen und zu schreiben, sich vorwerfen zu lassen: Ah, schon wieder! – und es dann doch wieder zu tun, nicht aus Armut, sondern aus dem Gefühl heraus, daß gewisse Anschauungen in die deutschen Köpfe gehämmert werden müssen? Es macht müde. Und es kommt wohl bei allen, die nachdenken, der Punkt, wo sie zögern, zaudern, zweifeln... Sollen wir noch?«

Die schöne Definition resignativen Verhaltens, wie sie aufgelöst ist in Un-Tätigkeitswörter: zögern, zaudern, zweifeln – 1921 schon die große Müdigkeit Tucholskys, aus der er sich in den folgenden zehn Jahren immer wieder mit übermenschlicher Anstrengung aufraffte. »Sollen wir noch?« Er befahl sich, »zu sollen«, wollte auch immer wieder, alle Irritationen, subjektive und objektive, niederkämpfend.

Die Arbeit, aus der die vorstehenden Zitate stammen, ist überschrieben mit OTTO FLAKE. Dessen Werken gewidmet. Tucholsky bemerkt dankbar: »Es tut wohl, die eigne Not auch von andern gefühlt zu wissen. Und sie gemildert zu sehen. Zu wissen, daß Figuren wie

Noske, Heine, Scheidemann und Geßler auf der Welt sind, ist bitter – aber solch ein Buch [Flakes »Das Ende der Revolution«, G. Z.] richtet einen auf. Flake ist so gar kein Realpolitiker, also wert, daß ihn der gesamte Reichstag von rechts bis links, spöttisch abtut. (Wenn er ihn jemals läse.) Aber für uns ist es wie eine Offenbarung, endlich einmal zu lesen, wie jede Kollektivität – selbstverständlich auch der Bolschewismus – den Geist abtötet, wie jede Macht den Geist tötet.«

Tucholsky stimmt mit Otto Flake überein in der Erklärung, daß die Idee aus der Dienerin zur Herrin wird, ihr Herrschaftstatus erreicht schließlich die Dimension des Dämonischen, dadurch denaturiert die Idee (Theorie) zu etwas Magischem, Schicksalshaften, zu einer Macht, die sich selbst genügt und rechtfertigt, ohne Rücksicht auf den Menschen, dem sie ursprünglich untertan sein sollte.

Tucholsky fährt in eigenen Worten fort: »Ausgezeichnet ist [bei Flake, G. Z.] entwickelt, wie der Bolschewismus sich selbst abhaspelt, wie er leer läuft und leer laufen muß, weil er den fatalen Satz predigt: ›Nieder mit der Gewalt! Darum nur noch ein Mal Gewalt!‹ Nur noch ein Mal –! Und wann hört das auf, dieses ein Mal...?«

Natürlich war sich der militante Pazifist Tucholsky darüber klar, daß die Oktoberrevolution nicht ohne Gewalt auskommen konnte, aber die Gefahr, die ihn wie Flake schreckte, bestand durchaus: Die Idee konnte aus der Dienerin zur Herrin, aus der Herrin zum Dämon werden, dem Selbstlauf erliegend und die Menschen knechten, statt sie auf dem Weg in die Selbstverwirklichung voranzubringen.

Einer der Dämonen, weniger aus den Theorien von Marx und Engels und mehr aus der nicht kontrollierten Gewalt entstanden, hat später unter dem Namen Josef Wissarionowitsch Stalin genug von sich reden gemacht. Es versteht sich leider fast von selbst, daß diese Zweifel-Arbeit Tucholskys in der DDR-Auswahl nicht enthalten ist.

Anlaß zur Sorge über die Entwicklung in der Sowjetunion, Anlaß zur Sorge im eigenen Land mehr als genug: Noske und Wehrminister Geßler und ein Reichstag, der, von »Realpolitikern« besetzt, Flake so wenig wie Tucholsky las. Trotz aller dieser Anlässe für Kritik und Kummer äußert sich immer wieder ein Tucholsky, der nicht mehr »zögern, zaudern, zweifeln« wollte, der sich die Finger wund und solche Sätze schrieb: »›Geld allein macht nicht glücklich, man muß es auch haben!‹ sagt ein altes Wort. Nein, man muß auch eine Welt haben, in der man ohne Scham glücklich sein kann... Denken Sie, ich saß neulich allein im Auto meines Freundes Jannings, wissen Sie, des großen Filmschauspielers – und Sie können sich nicht denken, wie böse mich alle Leute auf der Straße angeguckt haben. Zugegeben: ich bin ein wenig dick... Aber ich hätte am liebsten ein Fähnchen aus dem Wagen herausgestreckt: ›Bitte! Ich bin es gar nicht! Ich kann nichts dafür! Ich gehöre zu euch!‹ – Ich denke es mir nicht schön, immer so angeguckt zu werden...«

Er kam nicht oft in die Verlegenheit, in aufwendigen Wagen sitzend von den Leuten so angeguckt zu werden, wie er sich's »nicht schön« dachte. Dafür dachte der Publizist zu kritisch, zu konsequent, zu entschieden für »die Leute«. Er mußte keine Fähnchen aus Luxuskarossen herausstrecken, sein »Ich gehöre zu euch!« war aus seinen Artikeln und Gedichten abzulesen, und die Selbstzweifel flossen nur sachte ein, vielleicht als verschlüsselter Appell an die Leser: Nun gebt mir mal wieder einen Schubs nach vorwärts, wo ich euch doch dauernd aufzurütteln versuche. 1923, bei der Lektüre alter »Weltbühnen«-Hefte, freut sich Tucholsky sehr an Alfred Polgar, der die feine kleine Form vollendet beherrschte, dem er häufig und herzlich öffentlich seine Liebe erklärte, und von dem er sagt: »Man müßte das alles abschreiben.« Weil's so gut ist, und er fügt an: Man muß einmal sagen, »wie blödsinnig diese Wertung nach Quantität ist. Sind wir eigentlich Akkordarbeiter? Ich muß mich sehr vorsehen, so etwas zu sagen – sonst denken die Leute, ich spräche pro domo –: aber ich bin ein aufgehörter Schriftsteller und habe kein domum.«

Der »aufgehörte Schriftsteller« bezieht sich hier auf sein Empfinden, daß ihm die zeit-und-nervenfressende Tagesarbeit keinen Atem für größere Projekte ließ. Obwohl in der Formulierung identisch, ist dieser »aufgehörte Schriftsteller« sinngemäß etwas anderes als der Satz, mit dem er später die Briefe aus dem schwedischen Exil unterzeichnet: »Tucholsky – aufgehörter Schriftsteller – aufgehörter Deutscher.«

Frühe Anzeichen der späteren Haltung waren aber zu erkennen. 1924 liest man in einem Gespräch zwischen einem fiktiven gräflichen Paar (außer dem Adel ist nichts fiktiv an der Unterhaltung): »Frau Gräfin, wir fahren jetzt in den zwanzigsten Jahrgang der ›Weltbühne‹ hinein! Zehn Jahre davon bin ich auch dabei gewesen, und es waren nicht meine schlechtesten! Das ist die einzige Stelle in Deutschland, wo man sagen kann, wie einem ums Herz ist, und wo ich immer die Wahrheit sagen durfte: ohne taktische Rücksichten auf Verleger, Inserenten und Leser und ohne jene maßlos törichte Feigheit der großen Presse vor ihrer eigenen ›Kulturmission‹. Komm, schreib an S. J. eine Ansichtskarte und gratuliere ihm: ahnungslos, aber herzlichst! – Und warum, fragte die Gräfin, sind Sie zur Zeit nicht mehr dabei, Herr Graf? Da sah der Graf noch einmal von seinem Buch auf und sagte: Weil die Zeit mir dagegen zu sein scheint. In einem schlecht geheizten Warteraum voll bösartiger Irrer liest man keine lyrischen Gedichte vor. Wenn irgendeiner uns in das Ausland unter richtige Menschen holt, damit wir erst einmal wieder einen klaren Kopf bekommen, Übersicht und Festigkeit, dann will ichs wieder versuchen. Bis dahin bleibt – über diese Sozialdemokratie, über Industriewegelagerer, Städteaushungerer und Schutzhaftgenerale, über den Bürgerpräsidenten Louis Philippe Ebert, über Radeks sitzengebliebene Zöglinge und Bayerns Ehrenwortfabrikanten – bis dahin bleibt nur eines: Schweigen. Schweigen. Schweigen.«

Das Motiv, das Tucholskys letzten schriftlichen Äußerungen, den BRIEFEN AUS DEM SCHWEIGEN (1932–1935) den Titel gab, klingt in den zwanziger Jahren bereits an. Damals ein vorübergehendes Schweigen, wird es schon vor dem Tod Mitte der dreißiger Jahre absolut. Das Schweigen als Übergang zum Ende wie die Skizze im SUDELBUCH, die Treppe mit den Stufen: »Sprechen – Schreiben – Schweigen«.

Zu Gast in Frankreich ruhte der Autor »von seinem Vaterlande aus«. PARISER VORORT ist der Titel eines Gedichts, in dem Tucholsky 1925 mitteilt: »Von bunten Hühnern sanft umgackert, / weht still am Fenster der Kattun. / Ich hab mich so viel abgerackert. / Jetzt will ich ruhn.«

So richtig zum Abschalten kam der abgerackerte Tucholsky in der französischen Zuflucht nicht, schleppte deutsche Erde nicht nur an den Schuhen mit, sondern die vaterländischen »Proppleme« im Kopf und muß weiterdichten: »Und hier, inmitten des Krawalles, / ist auch ein zahmer Rabe da. / Er kann schon: ›Deutschland über alles!‹, / sitzt auf dem Mist und schreit Hurra. / Nun fehlt mir noch ein hehres Bildnis, / ein Hakenkreuz im Kabinett: / dann bin ich in der welschen Wildnis / komplett.«

Im selben Jahr faßt Tucholsky Traurigkeit samt Therapie in Verse, Titel: MONOLOG MIT CHÖREN – »Ich bin so menschenmüde und wie ohne Haut.« Darauf läßt er sich vom Chor der Arbeitslosen erwidern: »Das ist ja hervorragend interessant, Herr Tiger!«

Die Chöre sind die personifizierte Selbstkritik, Gegenargumente zur eigenen Melancholie, und zweckmäßigerweise hat sie der Autor gleich dazugedichtet: Der Tiger soll sich gefälligst zusammennehmen, und das tut er dann auch, doch wenige Seiten später entläuft Tucholsky in Gestalt von Ignaz Wrobel dem selbst verordneten Optimismus. Die FÜNF SINNE heißt das Gedicht, es sind Gesicht, Gehör, Geschmack, Geruch, Gefühl, sie dienen dazu, sich in der Welt zurechtzufinden. Die Schlußstrophe bleibt ohne Aufschwung: »Stolpernd sucht mein Fuß den Weg, es blitzen die Laternen. / Mit allen fünf Sinnen nehme ich auf, sie können nichts dafür: meist ist es / Schmerz.«

Das bleibt so stehen und kein Chor korrigiert.

Da bedarf es erst des Anstoßes von außen, um ihn wieder aufzumöbeln. 1926 erwidert er Otto Flake, der in der »Weltbühne« geschrieben hatte, er sei »nicht für, nicht gegen die Deutsche Linke: er wünscht, ohne sie zu sein. Er diagnostiziert: völlige Hoffnungslosigkeit.« Darauf Tucholsky: »Ich habe den Optimismus nicht mit Löffeln gegessen, aber so sehe ich das Ding nicht an.«

Er antwortet, Flake beklage »mit einigem Recht die mangelnde Auswirkung der von hier ausgehenden Ideen«. Die deutsche Linke sei eine »Familienanzeige«. Doch Tucholsky: »Wir andern wollen weiter. Weiter in der klaren Erkenntnis, daß wir niemals eine klassenkämpferische

Partei in Deutschland überflüssig machen; daß es Blindheit wäre, etwa an Kommunisten und Sozialdemokraten, die es noch sind, vorbeizugehen; daß jeder von uns, bei Wahlen und politischen Handlungen aller Art, ohne Bedenken einer Parteidisziplin gehorchen solle, wenn die nur förderlich ist; weiter in der Erkenntnis: daß wir ohne die Massen nichts sind. Denn der denkende, rechtschaffene Ja und Nein scheidende Charakter, von dem Flake spricht, ist alles, wenn er eines Tages mit der arbeitenden Klasse zum Handeln übergeht.

Vor uns liegt, um nur das Allernächste zu nennen:

die Abwendung der Enteignung des deutschen Volkes durch die Fürsten, das neue Strafgesetz, diese Reichswehr, diese Richter, dieser Strafvollzug.

Arbeit genug. Andre sind mit uns, denen Stärkung willkommen sein mag. Wir wollen unsre Arbeit tun und uns nicht beklagen, daß wir einen Kameraden verloren haben. Kehrt er wieder, wird er uns immer willkommen sein.«

Hier schreibt ein nichts weniger als resignativer Tucholsky. Klare Perspektiven, Verbindung mit der Masse, konkrete Aufgaben. Das ist nicht »Optimismus mit Trauerflor«, wie Ernst Bloch den von negativen Erfahrungen geschockten Fortschrittsglauben nannte, hier ringt Tucholsky eigene pessimistische Erwägungen nieder, angesichts des völligen Pessimismus eines Otto Flake. Der Kontrast animiert ihn zu höchster Bejahung, dieser Tucholsky ist nicht müde und wie ohne Haut.

Zwiespältiger zeigt er sich im selben Jahr bei der Abfassung des Artikels GRUSS NACH VORN, in dem er sich an den Leser von 1985 wendet. Von diesem Datum trennen uns heute nur wenige Jahre, die Probleme, die Tucholsky vor Jahrzehnten als bis dahin nicht bewältigt annimmt, sind es tatsächlich nicht und es steht nicht zu erwarten, daß sich die Menschheit im Jahr 2000 ihrer bis dahin entledigt hat. »Selbstverständlich habt ihr die Frage ›Völkerbund oder Paneuropa?‹ nicht gelöst; Fragen werden ja von der Menschheit nicht gelöst, sondern liegengelassen. Selbstverständlich habt ihr fürs tägliche Leben dreihundert nichtige Maschinen mehr als wir, und im übrigen seid ihr genauso dumm, genauso klug, genauso wie wir.«

Sogar die wichtigste der nichtigen Maschinen für den Alltag nennt Tucholsky schon: das Fernsehen. Sie so wenig wie die übrigen 299 Maschinen, deren wir uns bedienen, haben die Menschheit wesentlich vorangebracht. Eine negative Utopie im GRUSS NACH VORN? Weder völlig negativ noch völlig positiv, die Negation der Menschheit durch die Neutronenbombe, uns angedroht, vermochte sich nicht einmal der phantasiereichste Tucholsky mit allen seinen vier Pseudonymen vorzustellen. Noch sind wir genauso dumm, genauso klug wie seine Zeitgenossen. Nur unsere Waffen sind gefährlicher geworden.

Die objektive Bedrohung der Menschen durch Maschinen klingt bei Tucholsky immer wieder an, aber er fürchtet auch subjektives Nichtgenügen. Das faßt er in Worte unter der Überschrift: DER LETZTE TAG. Exakt bezieht sich der Artikel nur auf das Ende eines Urlaubs, doch Karl Kraus' »Letzte Tage der Menschheit« schwingen darin mit.

»Die leeren Stunden, wo sich Energie, Gehirnschmalz, Verstand und Gesundheit gewissermaßen aus dem Reservoir des Nichts ergänzten, aus jenem geheimnisvollen Lager, das eines Tages leer sein wird. ›Ja‹, wird dann der Lagermeister sagen, ›nun haben wir aber nichts mehr‹... Und weil ich nicht schon vorher auf die leisen Warnungen des Ressorts gehört habe, werde ich mich dann wohl hinlegen müssen... Die langen Stunden –«

Nach dem leise melancholischen Abschied von der Ostseeküste verschlägt es Tucholsky in die Berge. Er versteigt sich in den Pyrenäen. Der innere Monolog des Gratwanderers gehört zu seinen ergötzlichsten Selbstbetrachtungen. Äußerlich ist die Lage »beschmissen«. Tucholsky ist vom Wege abgekommen, der Boden, auf den er tritt, ist krümelig, Bäume, um sich hinaufzuziehen, sind bald auch keine mehr da, und er beginnt in Gedanken einen Brief an die Freunde Jakopp und Karlchen abzufassen, die sitzen zwar weit weg und in Sicherheit, geben dem Verirrten aber eine Art inneren Trostes. Den hat er nötig, ihm rutscht der Boden unter den Füßen fort und, so KT.: »... ich hielt mich an der Luft. Das kann man nämlich... Immer wenn ich haarscharf am Hinunterrollen war, machte ich ein energisches und männliches Gesicht: Nur ruhig – nur ruhig – es wird ja gehen! Aber dann ließ das plötzlich nach, und ich sah aus, wie ich in Wirklichkeit aussah: rot wie ein Puter, furchtbar prustend und entsetzlich wütend. Ich hatte noch keinen entdeckt, der an der Sache schuld war, aber ich würde schon einen Dolchstoßer finden.«

Am Zweikampf mit den Bergen, in den der Großstadtmensch sich da eingelassen hatte, war in der Tat kein anderer schuld als er selbst. Der im doppelten Sinn freischwebende Schriftsteller sucht die einzig denkbare Bodenberührung: »...und da vergaß ich meine Menschenwürde und setzte mich auf das Runde und fuhr recht schnell zu Tal, hundertfünfzig Meter, dahin, woher ich gekommen war.« Die Rutschpartie gelingt, nur stürzt er und fällt auf beide Schienbeine, eine schmerzhafte Erfahrung. Tucholsky faßt seine Situation in Worte, malt sich aus, wie die beiden Freunde reagiert hätten, wären sie mit von der Bergpartie gewesen: Jakopp mutig, »aber furchtbar schimpfend, Karlchen vor Freude mit den Zähnen fletschend, wenn einer einen Fehltritt tat... und ich mit der gemessenen Würde, die mich auszeichnet, wenns schiefgeht«.

Und dann, wieder auf sicherem Wiesengrund, sieht Tucholsky zurück und »fand die Schlucht ganz passabel. Menschen sind so eingerichtet.«

Keine Spur von Resignation beim Pyrenäenwanderer, sonst wäre er wohl schon 1926 zwischen reißendem Gebirgsbach und Felsschroffen verschollen. Nach bestandenem Kampf ein gewisser Stolz. Die Konfrontation mit den Pyrenäen hatte Tucholsky zwar mit Beulen, aber sonst unbeschadet überstanden, einen Berg politischer Schwierigkeiten konnte er nicht bezwingen, weil die Indolenz und Dummheit der Gegner über seine Kraft ging.

Philosophisch war dieser Autor ein Schopenhauer-Anhänger, Hegel ängstigte ihn, er fürchtete auch dessen unheilvollen Einfluß auf die deutsche Sprache. Andere Philosophen gaben ihm mehr.

1932 schreibt Tucholsky einen Artikel unter dem Titel ZYNIKER. Dort heißt es: »Ja, sollen denn Redakteure eine Zeitung wie einen Gottesdienst zelebrieren? Sind wir nicht, wenn wir klug sind, im Beruf allesamt Zyniker? Kann man einen Alltagsberuf, der in den meisten Fällen keine Berufung ist, anders ausüben als: aus dem Handgelenk, mit der Zigarette im Mundwinkel, routiniert, halb gleichgültig, halb interessiert... Nur Dummköpfe sind im Beruf feierlich. Wer auch nur ein wenig Verstand hat, weiß, daß die Welt nicht von Heiligen bevölkert ist, und daß, wie Ludwig Marcuse in seiner Heine-Biographie so gut sagt, nur Heilige oder pekuniär unabhängige Menschen ganz kompromißlos leben können.«

Was irritiert an diesem Zitat? Das eingestandene Zynikertum? Wie paßt diese Haltung zum vorher angeführten großen Appell für den Zusammenschluß der radikalen Intellektuellen mit der KPD, der als »Segen und Glück« beschworen wird. Dort das Pathos, hier deutliche Skepsis. Beide Richtungen spalteten Tucholsky.

Das Ende als bewußt gesetzter Schlußpunkt im Suicid beschäftigte Tucholsky schon sehr früh. 1919 heißt es in einem Brief an Dr. Owlglaß: »Wenn Sie mir wieder einmal schreiben: teilen Sie mir doch bitte mit, von wem das Buch über den Selbstmord ist. Schopenhauer hat ja immer sehr ausgeklügelt gegen ihn geschrieben – natürlich turmhoch über den Optimisten, die, wie Paul Heyse in einer Vorrede zu Leopardi dem Schopenhauer vorgeworfen haben: Wenn es dir hier nicht gefällt, warum schießt du dich dann nicht tot! – Es geht mir aber wie Ihnen, ich lese diese Bücher aus lauter Freude für mich und Opposition gegen die andern sehr gern, habe aber das Gefühl, daß Zyankali keine rechte Lösung ist.«

Da dauerte es noch 16 Jahre, bis Tucholsky zum Gift griff. Die Verführungen zum letzten Schritt werden fast zwei Jahrzehnte hindurch abgewehrt, mal schnoddrig: »Ach, ich werde mir doch mächtig fehlen, / wenn ich einst gestorben bin. / Andern auch –? Wer seine Augen aufmacht, sieht: / Sterben ist, wie wenn man einen Löffel aus dem Kleister zieht.«

Dann zwei Seiten in den GESAMMELTEN WERKEN weiter die ernste Variante: »Mit dem Tode ist alles aus. Auch der Tod –?«

Konnte sich Tucholsky in manchen Lebens- und Tagesfragen schon nicht mit der KPD verständigen, mal aus subjektiven, mal aus objektiven Gründen, so beunruhigt ihn eine Nuance in deren Ideologie in besonderem Maße: Schnipsel 1932: »Wenn ich so die unentwegten Marxisten lese, dann frage ich mich immer: Wird eigentlich in Rußland auch gestorben? Und was ist der Tod bei denen? Ein Betriebsunfall? Ein kleinbürgerliches Vorurteil?«

Blinder Optimismus, ungeteilte Lebensbejahung waren nie Tucholskys Sache, doch war er auch nicht so fatalistisch, das Ende zu nehmen, wie es eben kommt. »Was hast du?« fragt er 1930, »Lebensangst? Todesangst hast du... Ja, Todesangst und dann das Gefühl: Wozu? Warum das alles? Für wen? Gewiß, im Augenblick, wenn du nichts zu fressen hast, dann wirst du schon herumlaufen und dir was zusammenklauben, aber so ein echter, rechter Lebensinhalt dürfte das wohl nicht sein. Du hast dir zu viel kaputt gedacht, mein Lieber.«

Zuviel kaputtgedacht, zuviel kaputtgeträumt, die Angst begann zu überwiegen, brach in die Tag- und Nachtträume ein, nicht unbegründet angesichts der Realität ringsum, die Tucholsky durch Jahrzehnte aktiv zu verändern getrachtet hatte.

Dann, ein Jahr später, im sonst eher heiteren GRIPSHOLM dieser Text: »Es ist vorgekommen, daß ich nachts, in wilder Traumfurcht, aufgefahren bin und mich an die Prinzessin angeklammert habe...«

Diese Prinzessin war nur gedichtet, von Schweden aus klammerte sich Tucholsky dann noch bei einer sehr realen und hilfsbereiten Frau an, der Schweizer Ärztin Dr. Hedwig Müller. Die Traumfurcht realisierte sich und auch die anderen Ängste. Er mußte später »herumlaufen« und sich was »zusammenklauben«. Aber: »ein echter, rechter Lebensinhalt« war »das wohl nicht«...

Drittes Buch: Schweigen

Kampfgenossen

»Niemand machte mich politisch so wach wie der Herausgeber der ›Weltbühne‹. Ich bin nicht von Parteien und elektrisierenden Vokabeln beeinflußt worden, immer nur von Vorbildern. Das entscheidende war damals: Carl von Ossietzky. Es war im Beginn des Jahres 1932. Die Redaktion... lag in der Nähe des Bahnhof Zoo. Der Herausgeber saß an einem langen Tisch; links ein riesiger Stapel von Zeitungen, rechts ein kleinerer Berg von Manuskripten. Er zündete sich eine Zigarette an der andern an; wenn er sie sorgfältig über die kleine gelbrote Flamme hielt, zitterten seine Hände. Er blickte meist hinunter auf die Knie. Selten hob er die starke Nase und das schwere Kinn. Dann streiften scheue stahlblaue Augen das Gesicht dessen, mit dem er sich unterhielt. Seine Worte, dünn und hart, standen in krassem Widerspruch zu diesem schnellen, etwas flüchtigen Blick; sie waren bestimmt, schneidend, von trockenem, grimmigen Witz.«

So klingt es, wenn ein Skeptiker bewundert, ein Mann »Vorbilder« feiert, von dem man sonst ganz andere Töne gewöhnt ist: Ludwig Marcuse, Verfasser von »Pessimismus – Ein Stadium der Reife«, diesem Buch voller Zweifel und Selbstzweifel. Das oben zitierte Ossietzky-Porträt steht in Marcuses Lebenserinnerungen, er kommt auch in anderen autobiographischen Schriften immer wieder auf den Publizisten zurück: »Wer niemand hinter sich hat; keine beliebte Theorie, nicht den Beifall derer, die bestimmen, wie man fortzuschreiten hat, muß viel Mut haben. Er denkt an Ossietzky... um zu personifizieren, was ihm fehlte.«

Dieses Eingeständnis eigenen Mangels findet sich in Marcuses Nekrolog, den er sich selbst zu Lebzeiten schrieb, die große Geste des Respekts für Carl von Ossietzky ist wiederum unübersehbar.

Marcuse mit seinen persönlichen und präzisen Erinnerungen an Ossietzky füllt hier eine Lücke, die Tucholsky aus subjektiven und objektiven Gründen ließ: zum einen bestand nie eine private Beziehung zwischen dem »Weltbühnen«-Herausgeber und seinem berühmtesten Mitarbeiter, zum anderen war Tucholsky nicht in Berlin, als Ossietzky wegen des in der »Weltbühne« erschienenen Artikels »Windiges aus der deutschen Luftfahrt« in die vom Augenzeugen Marcuse so plastisch geschilderten Situationen geriet.

»Am 10. Mai 1932 versammelte sich am Nollendorfplatz eine kleine Schar von Freunden. Zwanzig Autos, geschmückt mit den Fahnen der Republik, standen bereit, uns nach Tegel zu fahren. In der Nähe des Gefängnisses war ein kleines, kümmerliches Gehölz. Hier nahmen wir Abschied – für achtzehn Monate. Werden die Generäle ihren energischsten Gegner je wieder herauslassen? Es wurden Reden gehalten. Es wurde photografiert. Mit leiser, scharfer Stimme sagte Ossietzky: das Echo meines Falls wird, so hoffe ich, von Nutzen sein für achteinhalbtausend politische Gefangene. Dann schloß sich das Tor. Es fiel dem leidenschaftlichen Raucher schwer, ohne Zigaretten zu sein. Sein Magen rebellierte gegen das Essen, das mit einem Mittel zur Niederschlagung unzeitgemäßer Triebe versetzt war. In freien Stunden studierte er den Doktor Luther, um die Legende zu entkräften.«

Marcuse stilisiert keinen Heros, unmittelbar nebeneinander werden Ossietzkys Solidaritätsbekenntnis zu den politischen Mithäftlingen und die Qual notiert, die der Nikotin-Entzug für den Kettenraucher bedeutete; die Arbeit an der Demontage eines falschen Luther-Bildes wird erwähnt und der Brechreiz nach den mit Soda versetzten Suppen. Dennoch ist dieser Strafvollzug als »human« anzusehen, verglichen mit dem, was Ossietzky später im KZ bevorstand.

Ein anderer Prozeß gegen Ossietzky verlief glimpflicher, angeklagt wegen eines Tucholsky-Satzes, wurde er freigesprochen.

Tucholsky hatte in der »Weltbühne« geschrieben: »Soldaten sind Mörder.« Reichswehrminister Groener sah darin eine Beleidigung des Heeres. Ossietzky wurde in diesem Prozeß nicht verurteilt, der Ausdruck »Soldaten« als Abstraktum gewertet, seine Anwälte führten eine Reihe Zitate von Voltaire, Goethe, Friedrich dem Großen, Kant und Herder ins Gefecht, in denen das Soldatenhandwerk unangefochten allgemein als mörderisch bezeichnet wurde. So konnte die Reichswehr den Tucholsky-Satz nicht mehr als konkreten Angriff auffassen.

Noch im Gefängnisdrill hatte Ossietzky diesen Prozeß ein »Kesseltreiben des Reichswehrministeriums gegen die Pazifisten« genannt. Daß er wieder draußen war, stimmte seine Freunde hoffnungsvoll, den »Weltbühnen«-Chef weniger, dennoch veröffentlichte er seinen Artikel: »...der Kampf geht weiter.«

Am 30. Januar 1933 war der »Führer außerdem noch Reichskanzler geworden«, schreibt Marcuse. Am 17. Februar versammelte sich zum letztenmal der »Schutzverband Deutscher Schriftsteller« in Berlin: »Erich Mühsam stürzte an unseren Tisch... und breitete das Abendblatt aus... es veröffentlichte Görings historisch gewordenen Schieß-Erlaß: daß er jeden nationalen Mann decken werde, der für den nationalen Staat schieße; lieber eine Kugel zuviel als zuwenig. Bei jedem Geräusch an der Tür sahen wir hoch und erwarteten nationale Schüsse. Ossietzky war kein Redner. Er hielt sich am Tisch fest, senkte den Kopf, hob nur wenig die dünne Stimme. Er hatte nichts von einem Volks-Tribun. Er war auch in dieser Beziehung: das Gegenbild des böhmischen Trommlers. Trotzdem entflammte er den überfüllten Saal nicht weniger als der vom roten Bart her in Flammen stehende gewaltige Redner Mühsam.«

Zehn Nächte später brannte der Reichstag, am Morgen darauf wurden Ossietzky, Mühsam und viele andere Demokraten, Sozialisten und Kommunisten verhaftet.

Carl von Ossietzky in der Gewalt der Nazis war von Anfang an in äußerster Lebensgefahr.

Vom Augenblick an, da er dem Tode nahe war, schien Ossietzky für Tucholsky lebendig zu werden. Die beiden wichtigen deutschen Publizisten kannten sich seit 1919 aus der Zusammenarbeit in der »Deutschen Friedensgesellschaft«, deren Sekretär Carl von Ossietzky war. Ossietzky, 1889 in Hamburg geboren und nur wenig älter als Tucholsky, widmete pazifistischen Bewegungen viel Zeit und Kraft, während er noch in seiner Heimatstadt lebte und schrieb. 1919 siedelte er nach Berlin über und gab den Posten als Sekretär der Friedensgesellschaft auf, weil er in die Redaktion der Berliner »Volkszeitung« eintrat, dem linksdemokratischen Presseorgan, das einen entschiedenen Anti-Kriegs-Kurs steuerte, im Verlagshaus Rudolf Mosse erschien und es auf eine Auflage von 150000 Exemplaren brachte. Hermann Vinke berichtet in seiner Carl-von-Ossietzky-Biographie: »Bei einer der regelmäßigen Redaktionsbesprechungen, an denen häufig auch Tucholsky teilnahm, entstand die Idee, ein Gegengewicht zu den traditionellen Kriegsteilnehmerverbänden zu schaffen... Ossietzky und Tucholsky ging es darum, die Ursachen des Krieges ins öffentliche Bewußtsein zu heben. Der einprägsame Slogan für ihre Kampagne lautete: ›Nie wieder Krieg.‹«

Außerdem arbeitete Ossietzky gelegentlich für das »Tagebuch«, eine von Stefan Großmann und Leopold Schwarzschild gegründete politische Wochenschrift, zu deren festem Redakteursstab Ossietzky ab 1924 gehörte, weil er von der Hetze des Tagesjournalismus in der »Deutschen Volks-Zeitung« erst einmal genug hatte und für seine Kommentare den ruhigeren Rhythmus des wöchentlich erscheinenden Periodikums ersehnte. Das »Tagebuch«, von seinen Lesern im Unterschied zur »Weltbühne«, dem »roten Heft«, das »grüne Heft« genannt, erschien im Rowohlt-Verlag. Politisch waren beide Zeitschriften linksliberal. Ossietzky veröffentlichte brillante Texte, die ihren Verfasser zum berühmten und beachteten, auch gefürchteten Journalisten machten. Siegfried Jacobsohn beobachtete den glänzenden Publizisten schon seit langem und bemühte sich, ihn für sein »Blättchen« zu gewinnen.

Mitte Januar 1926 trafen sich Jacobsohn und Ossietzky zum erstenmal, vier Monate später trat Ossietzky in die Redaktion der »Weltbühne« ein, welcher Entschluß ihm um so leichter fiel, als sein Verhältnis zu den »Tagebuch«-Herausgebern Großmann und Schwarzschild nicht mehr sehr gut gewesen war.

Zwischen ihnen hatten sich politische Meinungsverschiedenheiten aufgehäuft. Großmann und Schwarzschild sahen in General von Seeckt, der 1923 den Münchner Hitler-Putsch niedergeschlagen hatte, den »Retter der Republik«. Der oberste Chef der Heeresleitung hatte damals zusammen mit Reichswehrminister Geßler aufgrund des Artikels 48 der Verfassung – der Notverordnung – Exekutivvollmacht in Deutschland erhalten, die Seeckt und Geßler bis zum Februar 1924 verblieb. Der Reichstag war ausgeschaltet, es herrschte der Ausnahmezustand. In München putschte Hitler von rechts, in Küstrin die »Schwarze Reichswehr« unter Major Buchrucker. Seeckt entmachtete beide, sie wurden vor Gericht gestellt und zu Festungshaft verurteilt. Diese Reaktion des obersten Chefs der Heeresleitung hatte niemand voraussehen können. Reichspräsident Ebert, der während des Ausnahmezustandes eilig eine Kabinettssitzung einberief, erhielt von General Seeckt auf seine Frage, wo die Reichswehr stehe, dessen selbstbewußte Antwort: »Die Reichswehr, Herr Präsident, steht hinter mir.« Zum Glück, kommentiert Shirer, standen beide, das Heer und sein Kommandant, in diesem Fall auch hinter der Republik. Sie wehrten jedoch nicht nur die Putschisten in München und Küstrin ab, sondern auch linke revolutionäre Bewegungen in Sachsen, Thüringen, Hamburg und an der Ruhr. In Sachsen wurde die sozialdemokratisch-kommunistische Regierung verhaftet, kommunistische Aufstände in anderen Provinzen und Städten erstickt. Äußerlich schien die Ruhe wiederhergestellt, die Erhebungen von links waren niedergeschlagen. Hitler und Bayern jedoch handelten und hetzten weiter gegen die »Berliner Republik«. Ossietzky aber traute der Reichswehr mit gutem Grund trotz ihrer damals gezeigten Loyalität nicht für die Zukunft; verweigerte sich ihm das »Tagebuch«, nutzte er nun die »Weltbühne«, um heimliche Rüstungen des Heeres aufzudecken und auf die allgemeine Gefahr einer erneuten Militarisierung Deutschlands hinzuweisen, in beiden Zielen bestand zwischen ihm und Jacobsohn Übereinstimmung.

Der neue Mitarbeiter war noch kein Dreivierteljahr in der Redaktion, als Jacobsohn am 3. Dezember 1926 plötzlich verstarb. Seine Witwe rief Tucholsky aus Paris herbei, sie, K. T. und Ossietzky beschlossen gemeinsam, daß Tucholsky die Leitung übernehmen, die Redaktion während seiner langen Frankreich-Aufenthalte aber von Ossietzky geführt werden sollte. So berichtet Alf Enseling, und offensichtlich war Ossietzky mit dieser Regelung einverstanden. Um so verwunderlicher klingt, was Tucholsky am 12. 1. 1927 an seine Frau in Paris schreibt: »Ich telegrafiere, was wird – wenn, dann arbeite ich Ossietzky ein und komme rasch.« Neun Tage später heißt es in einem Brief an Mary: »Ich arbeite immer noch wie ein Büffel. Angeblich soll Ossietzky die nächste Woche helfen kommen – aber er scheint keine rechte Lust zu haben, und was dann werden soll?«

Hier weicht die Korrespondenz in einigen entscheidenden Punkten von Enselings Darstellung ab. Hatte Ossietzky nur unter dem Schock des unerwarteten Todes von Jacobsohn dessen Witwe gegenüber etwas zugestanden, was er später bereute? Tucholsky konstatiert »keine rechte Lust« bei dem Kollegen, und was bedeutet der Satz im ersten

Brief: »... dann arbeite ich Ossietzky ein« – einen bewährten Publizisten einarbeiten, der nicht nur schon fast 12 Monate hindurch Redakteur bei der »Weltbühne« gewesen war, sondern auch bereits in den Jahren zuvor große Erfahrungen in diesem Metier bei der Berliner »Volkszeitung« und dem renommierten »Tagebuch« gesammelt hatte?

Weder als Publizist noch als Redakteur wichtiger politischer Wochenschriften war Ossietzky der Neuling, als den ihn Tucholsky hinstellt, der eher geringschätzige Unterton ist auch noch wahrzunehmen, wenn K. T. am 7. Februar 1927 an Mary nach Paris meldet: »Ossietzky entlastet mich jetzt ein bißchen.«

Ein bißchen ist nicht viel, aber es ist immerhin etwas, die beiden kooperierten jedenfalls miteinander, doch allgemein schien es zwischen ihnen von Anfang an schief gelaufen zu sein. Ohne Zweifel war Tucholsky der prominentere, auch schon viel länger im Geschäft als Ossietzky, den sogar sein engagierter Biograph Kurt R. Grossmann einen »Spätentwickler« nennt.

Wirkte, und sei es unbewußt, eine gewisse Eifersucht in Tucholsky nach, daß sein Mentor und Freund Jacobsohn den Kollegen in die Redaktion des »Blättchens« geholt hatte, an dem schließlich nicht nur des Herausgebers, sondern auch des berühmtesten Mitarbeiters »Herzblut« klebte? Die Beziehung zwischen Jacobsohn und Tucholsky ist gar nicht hoch genug zu werten, Jacobsohn war für Tucholsky nicht nur ein geistiger, sondern auch eine Art leiblicher Vater. Vernunftgründe für Jacobsohns Wahl gibt es genug, Tucholsky lebte lange Zeit in Frankreich, und der Herausgeber suchte für die Berliner Front Verbündete. Ossietzky schien ihm dafür mit Recht geeignet. Hatte das der extrem empfindliche Tucholsky schon mit Unwillen registriert und hängte deshalb den so ausgezeichneten Kollegen später etwas niedriger? Zudem gab es ein Indiz für das außerordentlich gute Verhältnis zwischen Jacobsohn und Ossietzky, das der Star-Autor Tucholsky gewiß nicht gleichgültig hingenommen hat. Edith Jacobsohn schwärmt: »Anfangs war Carl von Ossietzky für mich eine mythische Gestalt, denn S. J. brachte ihm ein mehr als fantastisches Vertrauen entgegen. Ossietzky sandte seine Artikel in die Setzerei, ohne daß sie den Prüfungsweg über unser sommerliches Kampen zu machen brauchten. Ossietzky war der einzige, an dessen Artikeln der fanatischste aller Redakteure nichts zu ändern, nichts zu korrigieren hatte.«

Ein Privileg, das der Freund und »Lieblingssohn« K. T. beim »Wahl-Vater« und Chefredakteur nicht genoß. Nun berechtigt diese von Edith Jacobsohn berichtete Besonderheit sicher nicht zu dem Umkehrschluß, erst Jacobsohn hätte Tucholskys Arbeiten zur Druckreife perfektioniert, aber er prüfte sie jedenfalls, und manche zensierte er in aller Freundschaft weg – zumindest für einige Zeit –, so die ersten schwärmerischen Paris-Reportagen des eben nach Frankreich übergesiedelten deutschlandmüden Autors, den die Begeisterung über das

Gastland anfangs blind für dessen Schwächen hatte sein lassen. Tucholsky erwähnt diese »Zensur« und dankt Jacobsohn später ausdrücklich dafür, daß er die frühen Texte zurückgehalten hatte. Der einzige Artikel, über den sich die beiden überhaupt nicht einigen konnten, war ZEUGUNG, den mochte Jacobsohn nicht, und so wurde er erst nach seinem Tode in der »Weltbühne« publiziert. Tucholsky hat sich nie beklagt wegen des Umweges, den seine Manuskripte über den Schreibtisch von Jacobsohn nehmen mußten, ehe sie gedruckt wurden, aber daß da in Berlin ein hochbegabter Kollege nachgewachsen war, dessen Arbeiten der große Herausgeber sozusagen blind buchte, irritierte ihn gewiß, und er beobachtete Ossietzky besonders aufmerksam.

Der wichtigste Mitarbeiter des »Blättchens« und der neue Chef harmonierten von Anbeginn nicht miteinander. Tucholsky wollte die Herausgeberbürde nicht länger tragen, das war ein Bereich der Zeitschriften-Herstellung, der ihm nicht lag, das Redigieren fremder Arbeiten strapazierte ihn über die Maßen und erst recht die anfallende Verwaltungsarbeit. Nach diesen Aufgaben schien sich der Vollblut-Publizist Ossietzky aber auch nicht gerade zu drängen, dennoch löste er den Interims-Herausgeber Tucholsky ab, der konnte Berlin verlassen und schreibt am 12. 6. 1927 an seine Frau von einem Aufenthalt in Dänemark: »Hier nichts Neues – Ossietzky mahnt bereits, und ich habe angefangen. Ich bin leer wie ein altes Faß, ich glaube, in mir ist gar nichts mehr drin.«

Das sollte man nicht als Arbeitsverweigerung für den neuen »Blättchen«-Macher betrachten, selbstverständlich hatte Tucholsky noch immer den Schmerz über Jacobsohns Tod nicht verwunden. Sehr langsam wächst er wieder in eine Produktivitätsphase, und da trifft ihn die Reaktion oder besser Nicht-Reaktion Ossietzkys um so härter.

Am 11. 7. 1927 klagt er in einem Brief an Mary: »Ossietzky – na, ich bin ja *so* weit weg davon. Er antwortet fast gar nicht – ich habe schon, glaube ich, vierzehn Tage nichts von ihm gehört – auf Anregungen, Vorschläge, Witze – nichts.«

In manchen Briefen äußerte sich Tucholsky noch kritischer, als der Korrespondenz mit Mary zu entnehmen ist. Vielleicht hat Frau Tucholsky solche Passagen aber aus Taktgefühl gegenüber Ossietzky nicht zum Abdruck freigegeben, was so achtenswert wie bedenklich wäre, weil es dem Anstand entspricht, zugleich aber eine Analyse des Verhältnisses zwischen diesen beiden wichtigen Publizisten blockiert.

Lisa Matthias zitiert verschiedentlich, was ihr Tucholsky von Paris aus über Ossietzky und die »Weltbühne« schrieb. Ehe wir uns ihren Informationen zu diesem Komplex zuwenden, sei noch ein Urteil Kurt Hillers über den neuen »Blättchen«-Herausgeber angeführt: »Die redaktorische Leidenschaft fehlte ihm völlig. Er entdeckte nicht, regte nicht an. Er zog keine Linie. Unter Ossietzky redigierte die ›Weltbühne‹ gleichsam sich selbst.«

Nun könnte man ja sagen, ein Glück für die Zeitschrift, wenn sie über Mitarbeiter verfügte, die der Anleitung und Korrektur gar nicht mehr bedurften, denn niemand klagte, daß das kleine rote Heft in Beschaffenheit und Brisanz unter Ossietzky etwa nachgelassen hätte. Das war vielleicht eine frühe Form von Mitbestimmung, die der neue Herausgeber da seinen bewährten Mitarbeitern zubilligte, wenn das, was sie schrieben, schon so perfekt war, braucht man daran ja auch nichts zu verbessern. Die Kraft, die »Oss« auf diese Weise sparte, investierte er in um so stärkerem Maße in seine eigenen fundierten und wichtigen Artikel.

Solange die vorhandenen Beiträger so Hervorragendes lieferten, daß die »Weltbühne« nichts an Qualität einbüßte, blieb auch die mangelnde Entdecker- und Anregerfunktion ohne große negative Folgen. Tucholsky jedoch hat an »Oss« mehr auszusetzen als Hiller. Er erhielt, laut Lisa Matthias, »Reklamationen« wegen der »Geschäftsführung bei der ›Weltbühne‹«, es ist die Rede von »Beschwerden über Unliebenswürdigkeiten, Faulheit und Bummelei«. Frau Matthias ergänzt, Tucholsky sei der Ansicht gewesen, »daß er sich absolut still verhalten müsse, da es keinen Kandidaten für den Herausgeberposten gab, keinen, der politisch links stand, bei dem Publikum der Weltbühne bereits etwas Kredit genoß und ›ein interessanter gepflegter Kerl ist, der dazu gehört, was Oss eben nicht tut...‹«

Zeigte sich die anfängliche Unlust Ossietzkys, die Chefredaktion der Zeitschrift zu übernehmen, noch nach Monaten in Unliebenswürdigkeiten? Nun ist es nicht die Hauptaufgabe eines Zeitschriftenmachers, liebenswürdig zu sein; schwerer wiegen die Vorwürfe der Faulheit und Bummelei, die sich aber nur auf Ossietzkys Unwillen beziehen können, Briefe seiner Mitarbeiter zu beantworten, denn deren Texte wurden ja pünktlich publiziert. Und was bedeutet Tucholskys Feststellung »Oss gehöre nicht dazu«? Weil der sich gegen schriftlichen und mündlichen Gedankenaustausch mit den Verfassern von »Weltbühnen«-Artikeln sperrte, fühlten sie sich zurückgewiesen und gekränkt. Geändert hatte sich wohl das Betriebsklima im »Blättchen«, nicht jedoch die Zeitschrift und ihre Wirkung nach außen.

Ossietzkys Intentionen waren aber andere als die von Jacobsohn, dem Herausgeber aus Leidenschaft. Ossietzky war vor allem eigenständiger kämpferischer Publizist, und diese Funktion kostete ihn den größten Teil seiner Energie. Auch Tucholsky durchschaute die typologischen Unterschiede zunächst nicht, die zwischen den beiden aufeinander folgenden Chefredakteuren der »Weltbühne« bestanden, was das fulminante Fehlurteil beweist, das ihm hinsichtlich Ossietzkys 1927 unterlief: »...mit dem Blättchen ist natürlich wenig zu machen. Ich glaube nicht, daß der Mann böswillig ist, sondern indolent und nicht sehr intelligent. Ich habe das ja alles gewußt...«

Hier war Tucholsky eher scharfzüngig als scharfsichtig, gab wohl im

Brief an Lisa Matthias einer privaten Mißstimmung nach. In seiner Korrespondenz vermissen wir oft das ausgewogene Urteil des Gerechtigkeitsfanatikers Tucholsky, was den Leser mitunter belustigt, doch den Betroffenen über Gebühr belastet. Seinen feinsinnigen Ratschlag, einen Brief im ersten Gemütssturm zu beantworten, ihn drei Tage liegenzulassen, eine moderate Fassung herzustellen und erst dann abzusenden, hat der Polemiker häufig selbst nicht befolgt. So ist ihm der nicht übertrieben inspirierte, aber doch hochachtbare Hellmut von Gerlach nur der »Gartenzwerg«, und Ernst Toller, dessen Theaterstücke und dessen Leidensweg durch die Gefängnisse Tucholsky in seinen Artikeln einfühlsam beschrieben hatte, taucht in späten Briefen unter der pejorativen Bezeichnung »Dienstbotenernschtel« auf.

Der Autor muß sich der Brief-Blößen, die er sich gab, bewußt gewesen sein, deshalb sein strenges Verdikt gegen eine Publikation seiner Korrespondenz. Wir kennen sie heute dennoch, genießen die vielen richtigen Bemerkungen und halten das Nichtzutreffende dem polemisch-satirischen Temperament des Schreibers zugute, mitunter korrigierte er sich später auch selbst. Die eklatante Fehleinschätzung des »Kameraden Oss« als »indolent und nicht sehr intelligent« wird so ausgelöscht durch viele anerkennende Worte, die er ihm widmete. 1932 endlich die große Geste des Respekts für den auf Jacobsohn folgenden »Weltbühnen«-Herausgeber: »Das Blatt aber wird, getragen von dem gewaltigen Auftrieb, den ihm Carl von Ossietzky gegeben hat, das bleiben, was es immer gewesen ist.«

In der Zeit zuvor befaßt sich Tucholsky selten mit dem neuen »Weltbühnen«-Chef. Die zehnbändige Rowohlt-Taschenbuch-Edition enthält drei Erwähnungen von Ossietzky, verglichen mit siebenundfünfzig, meist ausführlichen, liebevollen Würdigungen Jacobsohns. Anderthalb Zeilen finden sich bei Tucholsky über »Oss« aus dem Jahresanfang 1928, sie sind geprägt von einer Spur Privatheit: »Im fröhlichen Herbst, als ich mit unserm Carl von Ossietzky in Würzburg bei schwerem Steinwein saß ...« Tucholsky eilt hier so, daß er sich nicht mal Zeit läßt, auf ihrer beider Raucherleidenschaft hinzuweisen – denn gewiß qualmten sie beim gemeinsamen Steinwein, »Oss« seine geliebten Zigaretten und »Tucho« eine Zigarre.

Der Autor, der sonst in wenigen Zeilen Menschen plastisch zu schildern versteht, übt Ossietzky gegenüber außerordentliche Zurückhaltung, was offensichtlich eine Retourkutsche ist, weil sich »Oss« ihm gegenüber verschloß.

Ossietzky, laut Marcuse, von trockenem grimmigem Witz, reagierte nicht auf Tucholskys briefliche Anregungen, Vorschläge, Witze – war der Humor der beiden Männer bei aller Gleichartigkeit des polemischen Temperaments zu verschieden?

Anzumerken ist, daß der neue »Weltbühnen«-Verantwortliche von der Arbeit am »Blättchen« völlig absorbiert wurde, wie seine Tochter

Rosalinde berichtet, er hatte kein Privatleben mehr. Kurt Grossmann zitiert dies und erwähnt auch die ungewöhnliche Sensibilität Ossietzkys, der sich scheute, Briefe zu öffnen, von denen er Unangenehmes erwartete, so daß er mitunter ganze Stöße von Post unbeachtet liegen ließ; für einen Mann in seiner »öffentlichen« Position ein bedenklicher Zug. Fürchtete er auch bei Tucholskys Briefen Unangenehmes? Dessen Artikel erschienen ja immerhin in der »Weltbühne«, aber die Korrespondenz blieb einseitig, die Manuskriptsendungen betreute vermutlich die tüchtige »Weltbühnen«-Sekretärin Hedwig Hünicke, schon unter Jacobsohn die Seele vom Geschäft.

Der Idealfall des Zusammenklangs, der bei Jacobsohn und Tucholsky vorgelegen hatte, ließ sich wohl nie wiederholen, doch die extreme Echolosigkeit, die Tucholsky an Ossietzky wahrnehmen mußte, erschreckte wiederum den sensiblen Autor und drückte auf seine Arbeitslust.

Die Fremdheit zwischen den ideologisch und politisch eng Verbundenen wird in Gefahrensituationen nicht geringer. 1932 schreibt K. T. den wichtigen Artikel FÜR CARL V. OSSIETZKY, Untertitel: Generalquittung. »Carl von Ossietzky geht für achtzehn Monate ins Gefängnis ... für alle seine Mitarbeiter ... Ossietzky hat mir, als das Urteil herausgekommen ist, ebenso freundschaftlich wie fest verwehrt, ihn ›anzusingen‹ ... Es ist mir unmöglich, einem so unpathetischen und stillen Kameraden wie meinem Freunde Ossietzky markige Abschiedsworte zuzurufen ... Ich wünsche ihm im Namen aller seiner Freunde, daß er diese Haft bei gutem Gesundheitszustande übersteht.«

Das Verbot, ihn anzusingen, also Lobeshymnen loszulassen, Elogen abzusondern, ist bei dem bescheidenen »Oss« verständlich, was Tucholsky leistete, ist die selbstverständliche Solidarität für den ausdrücklich »mein Freund« genannten »Weltbühnen«-Chef.

Die oben zitierten Zeilen finden sich in dem zur Veröffentlichung bestimmten Werk. Aus der nicht für die Publikation vorgesehenen Tucholsky-Korrespondenz erfährt man: »... Ossietzky unbegreiflich. Man hat mir erzählt, daß man ihm seinen Paß nach Tegel gar nicht wiedergegeben habe. Ob das wahr ist, weiß ich nicht – er schreibt ja keine Briefe. Dieser ausgezeichnete Stilist, dieser in der Zivilcourage unübertroffene Mann, hat eine merkwürdig lethargische Art, die ich nicht verstanden habe, und die ihn wohl auch vielen Leuten, die ihn bewundern, entfremdet. Es ist sehr schade um ihn. Denn dieses Opfer ist völlig sinnlos. Mir hat das mein Instinkt immer gesagt: Märtyrer ohne Wirkung.«

Hier spricht der Realist Tucholsky, der es nicht nur unter dem Zwang der Umstände geworden war: Er hatte die Opferrolle schon immer von sich gewiesen. In dem Sinn, wie Feuchtwanger sagt: »Es ist billig, Märtyrer zu sein, es ist viel schwerer, zwielichtig dazustehen um der Idee willen.«

Aber war das wirklich Lethargie, die Ossietzky veranlaßte, in Deutschland unter Lebensgefahr auszuharren? Einer, der ihn bewunderte, Ludwig Marcuse, protokolliert diese Sätze: »Es gibt draußen viele flotte Herren, die gerne den Frieden hochleben lassen, wenn sie ihr neues Militär-Programm glücklich durchgedrückt haben, und die den deutschen Militarismus so verabscheuen, als wäre er der einzige in der Welt. Wollte der geflüchtete antimilitaristische Deutsche in ihrem Schatten gegen seine Generale und die Bellizisten (von bellum – Krieg – G. Z.) schreiben, das hieße seiner Arbeit einen falschen Akzent geben. Denn dann dient er gewollt oder ungewollt einem fremden Interesse. Er wird eines der Mundstücke fremder Propaganda. Er muß zu dem schweigen, was er sieht.«

Dieser Vorwurf trifft Tucholsky nicht. Er war draußen, schwieg aber nicht zum französischen und englischen Militarismus, sondern benannte ihn genauso konsequent wie den deutschen, was ihm auch das Exil in diesen beiden Ländern als unmöglich erscheinen ließ und ihn mit veranlaßte, das neutrale Schweden zum Wohnsitz zu wählen.

Doch sah Ossietzky nicht nur den antimilitaristischen Kampf durch ein Exil entwertet, er schrieb in seinem Artikel »Rechenschaft«: »Der Oppositionelle, der über die Grenzen gegangen ist, spricht bald hohl ins Land herein. Wenn man den verseuchten Geist eines Landes wirkungsvoll bekämpfen will, muß man dessen allgemeines Schicksal teilen.«

Genau in diesem Sinne antwortete er vielen Freunden und auch Ludwig Marcuse, der ihn Anfang 1932 dringend bat, ins Ausland zu gehen. Die Gründe für seine Nicht-Flucht konnten, merkt der Philosoph kritisch an, manchem gleichgültigen und bequemen Intellektuellen, der später in Hitler-Deutschland blieb, als »moralische Überhöhung« dienen. Was bei Ossietzky ehrlich und konsequent war, benutzten in der Folge viele als Alibi.

So hoch Marcuse den Entschluß des »Weltbühnen«-Herausgebers achtete, seinen Weg in Deutschland zu Ende zu gehen, so unvernünftig fand er ihn andererseits. Die letzte Versammlung des Schutzverbandes Deutscher Schriftsteller bewertet Marcuse: »Ich hielt auch schon vor dem Schieß-Erlaß [Görings – G. Z.] die Ansammlung von potentiellen Hitler-Opfern für eine lebensgefährliche Sinnlosigkeit. Aber ich hatte nicht den Mut, feige zu erscheinen –«

Plötzlich stimmt der beredte Bewunderer Ossietzkys mit der nüchternen Einschätzung Tucholskys überein, beide halten ein Opfer für sinnlos. Tucholsky hatte im Fall Ossietzky »den Mut, feige zu erscheinen«, was ihm viele vorwarfen, wie auch sein Verhalten nach der Verhaftung des »Weltbühnen«-Herausgebers.

Gerade in dieser Frage geht der Ossietzky-Biograph Kurt Grossmann mit Tucholsky hart ins Gericht: »Aus Schweden kam Fröken G. M. – eine vertraute Freundin von Kurt Tucholsky, der bis dahin vier

Monate hindurch versagt hatte – zu Hedwig Hünicke und mir nach Berlin: sie bot uns eine Heimstätte für Rosalinde in dem großen Haus ihrer Familie in Hindås und wollte auch die Verantwortung für eine gute Erziehung in Schweden übernehmen.«

Vier Monate – das ist die Zeitspanne seit der Verhaftung Ossietzkys durch die Nazis – tatsächlich versagte und versagte sich Tucholsky – aus objektiven und subjektiven Gründen, wie aus einem Brief an Hedwig Müller zu entnehmen ist, geschrieben am 29. 3. 1934: »Die im Blättchen wollen, ich solle einen Befreiungsartikel für Johann schreiben. Ich lehne das ab. Denn a) glaube ich, will die Frau [Witwe von Siegfried Jacobsohn, G. Z.] damit nur oder doch u. a. zeigen, ich machte noch mit, und b) halte ich es für wirkungslos, ja sogar für schädlich, und c) kann ich mich mit diesem allem nicht mehr befassen. Es ist aus.«

Das zweite Argument (Schädlichkeit von Aktivitäten) ist Tucholsky polit-psychologisch nicht zu widerlegen, das dritte (Passivität aus Müdigkeit und Verzweiflung) ihm nicht zu verübeln.

Die Zwiespältigkeit internationaler Bemühungen um den Friedens-Nobelpreis für Ossietzky betont Tucholsky noch einmal in einem Brief an Nuuna vom 19. 12. 1935, wo er zusammenfaßt, was er inzwischen über den eingekerkerten Freund erfuhr: »... seine Frau soll entsetzt gewesen sein über die Veränderung, die mit ihm vorgegangen ist. Ein alter Mann, der zittert. Viele Herzattacken, daraufhin Dispens von der Arbeit, dann Wiederaufnahme. Einer der Knechte: ›Wenn ich dich Schwein niederschießen könnte, würde ich meinen Urlaub draufgeben!‹ Die Tatsache, daß er für den Nobelpreis vorgeschlagen worden ist, soll einen ›Übergriff niederer Instanzen‹ bisher verhindert haben – andererseits ist die Gefahr gewachsen, weil er ihn nicht bekommen hat. Kameraden sollen ihm in der aufopferndsten Weise geholfen haben, aber das ist für sie selbst gefährlich. Bei den mindesten Vergehen gibt es Prügelstrafe – 25 Hiebe, die der Gefangene zählen muß, die Schläge, die er nicht zählt, gelten nicht und werden nachgeholt... Bitte lach mich nicht aus, daß ich immerzu hin und her schwanke – die Sache ist sehr einfach: ich habe ein böses Gewissen. Die Frage ›Deutschland‹ ist für mich gelöst – ich hasse das Land nicht, ich verachte es. Aber im Falle Oss bin ich einmal nicht gekommen, ich habe damals versagt, es war ein Gemisch aus Faulheit, Feigheit, Ekel, Verachtung – und ich hätte doch kommen sollen. Daß es gar nichts geholfen hätte, daß wir beide sicherlich verurteilt worden wären, daß ich vielleicht diesen Tieren in die Klauen gefallen wäre, das weiß ich alles – aber es bleibt eine Spur Schuldbewußtsein. Dazu kommt, daß der Mann natürlich für mich wie für alle seine Mitarbeiter mit leidet. Daher mein Schwanken.«

Selbstkritik, Selbstzweifel, Selbstbezichtigungen, Selbstzerfleischungen, wie sie sich in den letzten Briefen und Tagebüchern Tucholskys an vielen Stellen finden. Da wird der Rationalist seiner Emotionen nicht Herr, kann es so wenig wie der Skeptiker Marcuse, der das Fanal feiert, das Carl von Ossietzky und sein Opfer bedeuten und zugleich die Vergeblichkeit dieses Todes beklagt, mißt man ihn mit der Elle der Vernunft.

Tucholsky beließ es nicht bei passiven Selbstquälereien über sein »Versagen im Fall Oss«. Seit 1934 trat er für die Verleihung des Friedens-Nobelpreises an den eingekerkerten Pazifisten ein, für dieses Jahr jedoch war Ossietzky nicht auf der Kandidatenliste gemeldet; 1935 wurde überhaupt kein Friedenspreis vergeben, was Tucholsky zu der Bemerkung veranlaßt »... ich möchte doch annehmen, daß also Oss in der Wahl gestanden hat, daß die Deutschen einen Druck ausgeübt haben, und daß die andern sich nicht getraut haben.«

Die Pressionen kamen von den Hitler-Deutschen; daß sich das »andere Deutschland« für Ossietzky an das Nobel-Preis-Komitee wandte, erlebte Tucholsky nicht mehr, ebensowenig wie die 1936 endlich stattfindende Verleihung des Friedens-Nobelpreises an den Autor und Pazifisten. Engagiert dafür hatten sich von den prominentesten »anderen« Deutschen der Literatur-Nobelpreisträger Thomas Mann und auch Nobelpreisträger Albert Einstein.

Alle diese Aktionen notiert und wertet der Ossietzky-Biograph Kurt Grossmann zu Recht sehr ausführlich in seinem 1963 erschienenen Buch, welche Schritte Tucholsky unternahm, ist bei ihm nicht berücksichtigt, weil vieles darüber erst aus späteren Veröffentlichungen hervorging.

Tucholsky schrieb zur Nobel-Preis-Frage nicht nur eine große Anzahl Briefe, er wollte auch, daß man die wichtigsten Aufsätze des Kollegen und Pazifisten in andere Sprachen übersetzte, damit der Mann *und* sein Werk international bekannt würden. Ein ausgezeichneter Vorschlag, der andererseits den deprimierenden Rückschluß zuläßt, daß es mit der Kenntnis kritisch-demokratischer deutscher Publizistik im Ausland nicht weit her war. Für Tucholsky kam das allerdings nicht überraschend, er hatte immer wieder davor gewarnt, das Interesse zu überschätzen, welches die anderen europäischen Staaten den geistigen und politischen Auseinandersetzungen in seinem Vaterlande entgegenzubringen geneigt waren. Deutschland war nichts weniger als der Nabel der Welt. Um so wichtiger und schwieriger mußte es sein, jetzt aufmerksam zu machen auf Werk und Martyrium des Carl von Ossietzky, wobei man nicht nur Kenntnisnahme, sondern auch internationale Solidarität zu erringen hatte.

Rückschläge blieben nicht aus. Besonders erzürnte Tucholsky ein Angriff Knut Hamsuns, der in der norwegischen Presse Ossietzkys Pazifismus als Verrat am »neuen Deutschland« denunzierte und die Torturen leugnete, denen der Häftling in den Konzentrationslagern des »neuen Deutschland« unterworfen wurde. Andere wandten ein, Ossietzky hätte ja der Weg ins Ausland offengestanden, und sie weigerten sich, einen Finger für einen Mann zu rühren, der sich sein Schicksal letztlich selbst zuzuschreiben habe.

Der perfiden Polemik des einst hochgeschätzten Hamsun öffentlich zu begegnen, bot Tucholsky der Schweizer »National-Zeitung« und dem norwegischen »Arbeiterbladet« Artikel an, der Osloer Arbeiterzeitung sogar honorarfrei. Die Ossietzky-Verteidigungsofferten sind zwei Tage vor dem Tode Tucholskys datiert, so sehr beschäftigte ihn der eingesperrte Freund, mit dem er nie recht kommunizieren konnte, solange er frei war. Man kann Zuwendung nicht quantitativ erfassen, doch weil vorher die spärlichen Verweise auf Ossietzky in Tucholskys GESAMMELTEN WERKEN erwähnt wurden, drei in fünf Jahren, gebietet es die Gerechtigkeit, ebenfalls zu erwähnen, daß er in der Zeit von 1932–1935 gut vierzig Mal über den pazifistischen Mitstreiter schreibt, mit Engagement, Elan, Eindringlichkeit, Emotionalität und einer Energie, die der Tucholsky dieser späten Jahre sonst für keinen Menschen mehr aufzubringen in der Lage und willens war.

Die Fürsorge erstreckt sich auch auf Angehörige des Freundes: In einem Brief an Hasenclever teilt er unter dem 18. 6. 1933 mit: »Es ist mir gelungen, für das Kind Ossens eine Freistelle zu bekommen; wir wollen sehn, ob es gelingt, es herauszubekommen.«

Zuvor hatte er sich bemüht, auch Ossietzky herauszubekommen, appellierte an englische und französische einflußreiche Persönlichkeiten, auf die Reichsregierung einzuwirken. Dieses Ziel wurde nicht verwirklicht, doch richtete sich die internationale Aufmerksamkeit auf einen der prominentesten KZ-Häftlinge.

Wie das geschah, schildert Ludwig Marcuse, dessen Zeugnisse ich um so lieber heranziehe, weil er nicht nur Ossietzky bewunderte, sondern auch Tucholsky sehr schätzte. K. T. wiederum lobte einige Bücher Marcuses, drei Autoren also, deren geistige Verwandtschaft trotz mancher Differenzen unleugbar ist. Marcuse berichtet: »Im November ... kam die beseligende Nachricht: Ossietzky hat den Nobel-Friedens-Preis erhalten. Das gibt es eigentlich nur im Märchen. Zuweilen geht es auch auf Erden märchenhaft zu ... neben dem Dritten Reich: der Garten Eden und die Hölle sind dasselbe ... Ossietzky war zuerst nach Spandau gebracht worden, dann nach Sonnenburg, schließlich nach Papenburg-Esterwege, nahe der holländischen Grenze, im feuchten und nebeligen Sumpf- und Moorgebiet der niederen Ems. ›Die Gefangenen‹, berichtete ein Häftling, ›bekamen holländische Holzpantinen und mußten mit Gesang zur Arbeit ziehen.‹ In jenen Jahren muß Ossietzky viel gesungen haben.

Er hatte einen besonders schlechten Namen; er war ein prominentes Opfer. Ausländische Kommissionen kamen ins Lager, um ihn zu besichtigen. Ein Gefängniswärter sagte: ›Ich möchte dir eine in die Fresse schlagen, aber von dir wird gesprochen.‹ ... Der amerikanische Journalist Knickerbocker erschien mit einer ausländischen Gruppe. Die Gefangenen-Kolonne kam mit Gesang anmarschiert. Der Reporter bat den Staatsanwalt Mittelbach, mit dem berühmten Sträfling reden zu dürfen. Ossietzky flitzte in übertrieben strammer Haltung heran:

Wie geht es Ihnen?

Gut.

Wie ist die Behandlung?

Gut.

Wie ist das Essen?

Gut.

Bekommen Sie Lesestoff?

Jawohl.

Darf man Ihnen Bücher zukommen lassen?

Jawohl, sehr gerne.

Haben Sie besondere Wünsche?

Ich wünsche mir weiter nichts, nur senden Sie mir Werke über den Strafvollzug im Mittelalter.«

Begonnen hatte es mit der Gefängnisstrafe in der Weimarer Republik wegen Landesverrats. Das Urteil war formaljuristisch korrekt, was heißt, die daran beteiligten Juristen handelten rechtlich einwandfrei wie der Jurist Filbinger im Dritten Reich. Allerdings hätte Ossietzky nie verurteilt werden dürfen, denn der Staat war in der »Weltbühne« vollkommen begründet angegriffen worden. Laut internationaler Verträge hatte die Weimarer Republik die Aufrüstung zu unterlassen. Heimlich, also unrechtmäßig rüstete sie doch auf. Weil in der »Weltbühne« diese unrechtmäßige Handlung des Staates aufgedeckt wurde, mußte Ossietzky ins Gefängnis und die Nazis verwiesen nach 1933 triumphierend darauf, daß er sogar in der Weimarer Zeit als Landesverräter und wegen militärischen Verrats rechtskräftig verurteilt worden sei.

Aufgrund einer Amnestie wurde Carl von Ossietzky am 23. 11. 32 aus der Haft entlassen. Am 28. 2. 33 nahm ihn das inzwischen an die Macht gekommene Nazideutschland in sogenannte »Schutzhaft«. Als Gründe nannte die Preußische Geheime Staatspolizei Ossietzkys Pazifismus, seine Mitgliedschaft (seit 1912) in der Deutschen Friedensgesellschaft, seine Mitarbeit bei marxistischen Zeitungen. Es heißt dann: »Ferner war er maßgebend an der Organisierung der ›Nie-wieder-Krieg‹-Bewegung beteiligt, die alljährlich die berüchtigten ›Nie-wieder-Krieg‹-Demonstrationen... veranstaltete. Seit Ende 1926 leitete er als verantwortlicher Redakteur die pazifistische Zeitschrift die ›Weltbühne‹. Die Mitarbeiter... stammten ausschließlich aus Kreisen, die sich an volksfeindlicher Einstellung und grenzenlosem Haß gegenseitig zu überbieten versuchten, wenn es darum ging, lebenswichtige Belange des Reiches zu verraten und die Ehre des deutschen Volkes in den Schmutz zu ziehen. Namen von Leitartiklern der ›Weltbühne‹ wie Tucholsky, von Gerlach, Förster, Hiller, Sternberg kennzeichnen den Mitarbeiterkreis von Ossietzky zur Genüge.«

Anfangs versuchten die Nazis die Torturen zu leugnen, die in den Schutzhaftlager genannten KZs üblich waren. Am 4. 9. 33 berichtet der Kommandant des Lagers Sonnenburg, Ossietzkys Gesundheitszustand habe sich nicht verschlechtert. Auch am 24. 7. 1935 bestätigt ein amtsärztliches Gutachten noch die Haftfähigkeit. Wissen pflichttreue Juristen immer, wen sie einzusperren haben, finden sich auch Amtsärzte, die den gewünschten Gesundheitszustand bescheinigen. Zwar sei von Ossietzkys »Haltung etwas gebückt«, aber sonst: »Ernährungszustand... gut... kein krankhafter Befund...«

Allerdings zeigt das Ausland zunehmend Interesse am Schicksal des Häftlings. Die Olympiade steht vor der Tür. Man will keinen schlechten Eindruck machen. Am 24. 3. 1936 stellt ein Arzt fest, man müsse mit einem »plötzlichen Ableben« von Ossietzkys rechnen. Jetzt schlägt der Inspekteur des Konzentrationslagers Alarm, denn: »Nach den bisherigen Erfahrungen würde beim Ableben des von Ossietzky eine wüste Hetze gegen Deutschland einsetzen, die durch geeignete Maßnahmen vermieden werden könnte.« Zwar dürfe man den Mann nicht aus dem KZ entlassen, aber eine Krankenbehandlung sei nötig. Daß die Sorge nicht dem Menschen gilt, bestätigen sich die Herren von Gestapo und KZ noch mehrmals: »Der Lagerkommandant ist angewiesen, ihn (Ossietzky) sorgfältig ärztlich betreuen zu lassen und Aufzeichnungen darüber anzufertigen, um der nach einem etwaigen Ableben des Ossietzky bestimmt einsetzenden Greuelhetze beweiskräftiges Material über die wirkliche Behandlung entgegenstellen zu können. – Der Inspekteur der Konzentrationslager gez. Eicke, SS-Gruppenführer«.

Nun schaltet Göring sich ein. Am 23. 5. 36 wird bei Ossietzky diagnostiziert: »... schwere offene Tuberkulose mit massenhaft Tuberkeln im Auswurf... Der ganze linke Oberlappen ist ergriffen, auch sind deutliche Cavernen zu erkennen... halte ich den Patienten nicht für haftfähig...«

Inzwischen ist Carl von Ossietzky der Friedens-Nobelpreis verliehen worden. Im Ausland vermehrte Aufmerksamkeit. Der Kranke ist haftentlassen und ins Berliner Krankenhaus Westend eingeliefert worden. Er wird ständig bewacht und beobachtet, das bringt Probleme mit sich, die Herren Geheimpolizisten fürchten, sich bei dem Lungenkranken anzustecken. Man argwöhnt, der Patient könnte flüchten und ins Ausland gehen: »Obgleich zwar bisher eine Fluchtabsicht weder aus Worten noch aus Taten des v. O. erkennbar war, so ist doch mit seiner zunehmenden Erholung und der damit verbundenen Gesundung eine wahrnehmbare Verstärkung seiner alten pazifistischen Gesinnung zu verspüren und es besteht der Verdacht, daß er später das Reich illegal zu verlassen suchen wird...«

Sie fürchten den Pazifisten wie der Teufel das Weihwasser. Hitler verbietet nach der Nobelpreisverleihung an Ossietzky jedem Deutschen zukünftig die Annahme eines Nobelpreises und stiftet einen deutschen Nationalpreis, der »jährlich an drei verdiente Deutsche in der Höhe von je 100000 Reichsmark zur Verteilung gelangen« wird. Die Nachkommen Nobels blamieren sich ebenfalls mit einer öffentlichen Erklärung, in der sie vor Hitler Kotau machen und mitteilen, sie hätten leider keinen Einfluß auf die Nobelpreisvergabe: »Wir mißbilligen nach unserer Einstellung die Zuteilung des Friedens-Nobelpreises für 1935 an den von deutschen Gerichten wegen Landesverrats rechtskräftig verurteilten Carl von Ossietzky auf das schärfste...« Diese Erklärung erschien am 2. 12. 1936 in der »Frankfurter Zeitung«, unterschrieben von den unnoblen Nobelnachkommen Hjalmar Nobel, Ingeborg Ridderstolpe, geb. Nobel, Ludwig Nobel. Vorher hatte Göring den gefürchteten Pazifisten Ossietzky zu sich bestellt und ihm angeboten, er dürfe sich, schwöre er seinem Pazifismus ab, sogar im Dritten Reich auf einem unpolitischen Gebiet als Redakteur betätigen. Carl von Ossietzky erwiderte, er sei schon so lange Pazifist, er werde und könne seine Gesinnung nicht aufgeben.

Am 4. 5. 1938 starb Carl von Ossietzky.

Abrechnungen

Nach Hitlers Machtantritt brach es aus Tucholsky heraus. Er war nie Kommunist gewesen, hatte aber paktiert, mal mehr und dann schnell wieder weniger, hatte taktieren müssen und es aus Einsicht auch gewollt. Die Einsicht sah er später nicht mehr ein. In den Briefen an Heinz Pol, den Redakteur bei der »Vossischen Zeitung« und ständigen »Weltbühnen«-Mitarbeiter, der den Nazis entkommen war und nun bei der Emigrationspresse arbeitete, kommt Tucholsky alle Enttäuschung über Moskau hoch: »Wäre ich Kommunist: ich spuckte auf diese Partei... Und dafür die Beherrschung aus Moskau, diese jammervolle Führung... Die Arbeiterbewegung hat die entscheidende Niederlage erlitten, und die Linken hätten alle Grund, erst einmal bei sich auszuräumen. Ich für mein Teil bin keineswegs gesonnen, weiterhin zu allem zu schweigen – aus einer Rücksichtnahme...«

Er rechnet dennoch nicht öffentlich ab und teilte die Gründe dafür vielen Anfragenden mit: »Ich bin... arbeitsunfähig, weil ich noch krank bin und nichts tun kann – aber da gäbe es doch eine Menge zu bereden.«

Er beredete und beschrieb in den Briefen immer wieder die heftige Enttäuschung an Moskau: »Über die Russen ist kein Wort zu scharf. Noch die letzten Auslassungen der offiziellen moskauer Presse sind eine einzige Schande. Große Liebe und Freundschaft für Deutschland, das die Kommunisten krumm und lahm prügelt... es ist der gemeinste Verrat, den man sich denken kann. Jahrelang Weisungen und Parolen ausgeben – dann passiert etwas, durch die Schuld Moskaus, da gibts nichts! – und dann: wir kennen uns nicht mehr. Hier kann es nie wieder eine Annäherung geben. Ich für meinen Teil wünsche mit keinem dieser Leute jemals wieder etwas zu tun zu haben. Mir tut jeder Satz leid, den ich aus falsch verstandenem Mitgefühl gegen Rußland unterdrückt habe. Dieser nationalistische Dreck verdient genau denselben Fußtritt wie Hitler auch. Schade – schade um jeden einzelnen Kommunisten, der heute in den Lagern malträtiert wird! Die Sache hats verdient. Rußland nicht. Und Rußland ist nicht mehr die Sache, für die der Proletarier kämpft – es ist nicht mehr der Hort des Klassenkampfes. Ein Petroleumstaat wie jeder andere auch.«

Der tief Gekränkte findet immer neue Formulierungen, man beachte das Datum dieser überlebensnotwendigen Beschimpfungen, das alles wurde in den frühen dreißiger Jahren zu Papier gebracht. In seinen Briefen rast er, der Vernünftige und lieber vorsichtig Abwägende. Mit dem Abfall Rußlands vom proletarischen Internationalismus ging auch dem Nicht-Kommunisten die »neue bessere« Welt unter. Tucholsky brennt darauf, nun neu loszulegen: »Wenn ich gesund bin, will ich Ihnen Bescheid geben – dann wäre dies und jenes zu sagen.« Er wird nicht gesund, nicht gesund genug für die breite publizistische Arbeit. Was er zu sagen hat, faßt er in grimmige Korrespondenzen. Die Briefe an Heinz Pol sind sein neues Programm, aus Erschöpfung, Not, Hetze durch die kräftezehrende Krankheit kurzgefaßt.

Die Frühform der Kritik am Land der Oktoberrevolution hatte sich oft genug angekündigt, und es ist nur konsequent, wenn er jetzt notiert: »Was allein zunächst interessiert, sind *Fakten*. Danach eine gute prinzipielle Klärung. Zu der wird die Stellung zu Rußland gehören. Ja... Ich weiß alles. Die Rücksicht. Das habe ich mir seit langen Jahren gesagt, und ich bereue das heute.« Das Groteske: Um ins Land der Zukunft zu schauen, hatte einer dauernd Rücksicht zu nehmen.

In den Briefen drückt er nun aus, was früher aus Solidarität mit dem Versuch des Sozialismus unterdrückt wurde; das Desaster ist nicht zu leugnen: »Die KPD hat in Deutschland von vorn bis hinten dummes Zeug gemacht, sie hat ihre Leute auf der Straße nicht begriffen, sie hat die Massen eben nicht hinter sich gehabt... Und dann haben die Russen nicht einmal den Mut, aus *ihrer* Niederlage – denn es ist ihre Niederlage – zu lernen? ... Ich rate keinem KPD-Funktionär, mir etwas davon zu erzählen, daß ich nur ein Intellektueller sei. Ich werde ihm antworten, daß er ein entlaufener Intellektueller ist, und ein Esel dazu. Denn meine Voraussagen sind eingetroffen, die der ›Roten Fahne‹ aber samt und sonders nicht. Blättern Sie nach: was da steht, ist falsch. Sie hat auch diesen Faschismus deshalb nicht vorausgesagt, weil sie jeden Tag immerzu einen vorausgesagt hat, und immer einen andern. Welche Schwäche! Welche Instinktlosigkeit! Welche Unbildung! Ich nicht mehr.«

Hernach: »Entschuldigen Sie, ich mußte mir das einmal vom Herzen schreiben...«

Kranker Mann was nun. Das intellektuelle und emotionale Feuer geht in die Brisanz der Briefe. Danach wieder ab ins Sanatorium, ins Krankenhaus, unters Messer... Tucholsky, tiefstapelnd, in einem Brief an seinen Bruder, datiert vom 28. 5. 1935: »Die Operationen selbst machen mir nichts mehr, es ist jetzt so, daß ich sagen kann: ›Ach, warten Sie doch mal eben – ich gehe nur mal rauf, mir die Nase schneiden zu lassen.‹ Wie beim Friseur.«

Die Schmerzen nach den verschiedenen notwendigen Eingriffen sind stark gewesen, und wie oft mußte er solche Wochen durchstehen.

Dazwischen Reisen in der Schweiz, in Österreich, Frankreich, Italien. Dann zurück nach Schweden und die Angst ums Leben, den Paß, die nächste Ausreisebewilligung, Rückreisebewilligung, die Bittbriefe um Geld, die Liebesbriefe, voll von Zärtlichkeit und Verzweiflung, das veränderte den alten Tucholsky mit seinen kecken Jungenhaftigkeiten, der jetzige war immer todesbereiter.

Er hatte noch viele Briefe abzusenden, mit manchem Freund war ein Gruß zu tauschen, mit vielen Feinden abzurechnen. Bevor alles im Abschiedsbrief an Arnold Zweig kulminierte, diesem epochalen Text voll Anklage, Trauer, Analyse, wie er in der modernen Literatur nicht seinesgleichen hat, schickt Tucholsky die Fragmente seiner neuen Erkenntnis hinaus, die Abrechnung trifft viele Adressaten: »...gegen das geistige Emigrantentum... das ist das allerschlimmste, was uns überhaupt geschehen könnte. Entweder aktiv mittun oder weg von Deutschland – aber ja nicht mit der Träne im Auge von draußen weiter machen. Das wirkt so kläglich.«

Wirkt kläglich. Bedachte er jetzt sehr die Wirkung auf andere? Hatte er schon aufgesteckt? Ging es nur noch um Stil und Form?

»Man sollte doch auf die würdelose Haltung der deutschen Juden hinweisen, die beispiellos ist. Wird man bedroht, darf man schweigen – ich habe einen dicken Bauch und bin kein Märtyrer. Bon. Aber daß die Kerle noch die Bänke bemalen, auf die man sie überlegt...« An anderer Stelle: »Was die Herren Juden angeht; am schuftigsten sind eigentlich die, die auch noch mitmachen.«

Er verachtet die Moskauer Kommunistenführung und sagt sich los. Er verachtet die Juden, die sich mit den Nazis arrangieren wollen und sagt sich los. Er sagt sich auch von der Linken los: »Diese Linke da? Kann einpacken und müßte renoviert werden.«

Tucholsky schimpft nicht nur dahin, er hat Teile eines neuen Programms. Die harten Lehren der Niederlage sind enthalten. Sein Programm besteht aus Schlußfolgerungen. Doch niemand will mit schlußfolgern. Er bleibt allein. Allein und krank und liebebedürftig.

Im nachhinein fällt auf, wie sehr er Willy (später: William S.) Schlamm akzeptiert. Unter dessen Redaktion erschien seit dem Frühjahr 1932 in Wien die »Wiener Weltbühne«, eine Ausweichpublikation, von der Berliner »Weltbühne« für den Fall geschaffen, daß Hitler früher zur Macht gekommen wäre oder die vorherige Schleicher-Papen-Regierung das Blatt verboten hätte. Man war also aufs Schlimmste gefaßt. Wie sich dann allerdings zeigte, auch wiederum nicht. Die »Wiener Weltbühne« übernahm zunächst die Hälfte der Beiträge aus der alten Berliner »Weltbühne«, von der die Druckfahnen übersandt wurden. Die zweite Hälfte komplettierten die Wiener selbst, von Schlamm stammte jeweils der Leitartikel. Tucholsky, der die Wiener Ausgabe mitbegründet hatte und dazu eigens in die österreichische Hauptstadt gereist war, beurteilte sie später in seinen Briefen skeptisch, aber: »Die Artikel Schlamms halte ich seit dem 30. Januar für großartig. Was dann um ihn herum steht, ist weniger schön.«

So am 31. März 1933. Am 4. Juli desselben Jahres urteilt er etwas günstiger: »›Weltbühne‹ sieht in der Tat frischer aus.« Das floskelhafte Zugeständnis an den Briefpartner wird, kaum niedergeschrieben, schon relativiert: »Aber viel Neues erfahre ich von ihr auch nicht. Ich lese regelmäßig den ›Temps‹, neben den andern französischen und englischen Blättern, die mir erreichbar sind: da steht das alles, gebildeter, schärfer und viel besser formuliert. Außer Schlamm kann da kaum jemand schreiben. Schade.«

Die Bitte um Mitarbeit bei der »Wiener Weltbühne« schlägt Tucholsky ab, ebenso die an der später in »Die Neue Weltbühne« umbenannten Ausgabe, die ab 14. 4. 33 in Prag erscheint, weil die reaktionäre österreichische Dollfuß-Regierung die Publikation in Wien gefährdete.

Tucholsky begründet seine Weigerung stets mit seiner Krankheit. Es ging ihm gesundheitlich nicht gut. Es gibt auch noch andere Absageursachen. Zeitweise ist er weniger krank als schreibunwillig. Doch auch das ist nicht völlig zutreffend, er schreibt ja, läßt aber nichts veröffentlichen. Weil Freunde ihm das vorhalten, erklärt er seinen Streik mit mangelnder Qualität seiner Arbeiten. Die Krankheit habe die Qualität gemindert. Er müsse erst wieder völlig gesund sein. Das konnte geglaubt werden oder nicht. Die seine Briefe lasen, sahen in ihnen die Widerlegung der vorgebrachten Argumente. Die Briefe geraten zu Kunstwerken, ganze Passagen der Korrespondenz sind große Literatur. Daß seine Briefe den Charakter gewöhnlicher Korrespondenz sprengen, spürt er selbst und fügt selbständige Blätter an, damit die Briefe mit Nichtbrieflichem nicht zu stark belastet würden. Sie werden es trotzdem wieder.

Also schreibt er weiter, vermag es auch, ist mal physisch und mal psychisch unten und dann wieder besser beieinander. Diese gesundheitliche und seelische Labilität ist nichts Neues, er hat seit einem Dutzend Jahren so gelebt und geschrieben.

Der letzte Text für die Berliner »Weltbühne« wird am 17. 1. 1933 veröffentlicht und kommt aus Basel, gezeichnet: Peter Panter.

Dem frühesten Pseudonym war damit im Jahr des Unheils 1933 noch eine letzte Publikation vergönnt. Die neuen braunen Herrn traten offiziell erst zwei Wochen später an. Tucholsky, Meister seiner vier Pseudonyme, hatte sie und sich schon 1932 aufhören lassen. Peter Panter klappert nur ein paar Zeilen nach.

Erst mehr als vier Jahrzehnte später erfahren die Nachgeborenen, wie viel Tucholsky doch noch geschrieben hatte. Kein Zweifel, das Veröffentlichungsverbot, das er sich auferlegte, dem er ganz am Ende zu entkommen suchte, ohne ihm entkommen zu können, hat noch andere Gründe als die Krankheit.

Es muß nun nicht nur ohne eine »moskauer Führung« gehen, sondern gegen sie. Es kann nicht mehr zusammen mit den alten Linken gehen. Die müssen sich renovieren, oder es geht gegen sie. Mit wem soll sich einer dann verbünden? Abnabeln ist richtig, wenn auch schmerzvoll und folgenschwer, denn danach ist man einsam. Nur: Kann einer allein überhaupt leben? Schreiben? Die Frage bleibt offen. Tucholsky zieht ohne Rücksicht die Konsequenzen. Was also bleibt? Im SUDELBUCH findet sich die dreistufige TREPPE. Eine Skizze, auf deren unterer Stufe steht: »Sprechen«. Dann folgt: »Schreiben«. Oben endlich: »Schweigen«.

Vom Autor nicht zur Veröffentlichung bestimmt, ist die berühmte »Treppe« vielfach ausgedeutet und interpretiert worden. Drei Worte und die Zeichnung um- und umgewendet wie die Sprüche des Orakels von Delphi. Was heißt »Sprechen«? Inwiefern war das eine Vorform für die nächste Stufe? Der Siebzehnjährige hat gleich in seinem legendären MÄRCHEN mit dem »Schreiben« angefangen, und er ist reichlich 20 Jahre hindurch bei dem Metier geblieben. Verständlicher ist der Schritt vom »Schreiben« zum »Schweigen«. Tucholsky verstummte für die Öffentlichkeit ab 1932 tatsächlich. Alle Publikationen danach sind postum, erfolgten ohne/gegen den Willen des Autors. Aber er vernichtete die zahlreichen Briefe und beigeschlossenen Blätter nicht, verlangte nicht von den Adressaten, daß sie die Korrespondenz nach Lektüre verbrannten, wie etwa der Briefpartner Tucholskys, Walter Hasenclever, es forderte. So verfügen wir heute über die BRIEFE AUS DEM SCHWEIGEN und über die Q-BEILAGEN an Nuuna.

Schweigen – ein letztes Pseudonym des vielgestaltigen Autors?

Oder steckt in der Stufe vom Schreiben zum Schweigen das vorgefühlte, später von Adorno formulierte berühmte Diktum: »Nach Auschwitz ist kein Gedicht mehr möglich«? Tucholsky konstatierte ähnliches frühzeitig für die Satire, die für ihn »eine Grenze nach unten hat. In Deutschland etwa die herrschenden faschistischen Mächte. Es lohnt nicht – so tief kann man nicht schießen.«

Wenn sich die Satire nicht lohnt, ist dann das gesamte Schreiben vergeblich?

Andererseits setzte sich der späte Tucholsky doch immer wieder mit den Nazis und ihrer Propaganda auseinander. Er schreibt: »...keiner, aber auch keiner hat von den Nazis propagandistisch etwas gelernt. Dabei gibt es ein paar simple Grundsätze, die S. J. und abgeschwächt ich, schon immer benutzt haben – sie lernen es nicht. Und sie wollen es auch nicht lernen, sie wissen gar nicht, was das ist: Publikum.«

Ein Kummer, ein Fehler, den der Philosoph Ernst Bloch in seinem Buch »Erbschaft dieser Zeit« in die Worte faßte: »Die Kommunisten sagen die Wahrheit, aber sie reden von Sachen. Die Faschisten lügen, aber sie sprechen zum Menschen.«

Fritz J. Raddatz bemerkt 1975 in seinem Vorwort zu der Taschenbuchausgabe der GESAMMELTEN WERKE, daß Namen wie Benjamin, Lukács, Bloch bei Tucholsky nicht vorkommen. Die erst 1978 erschienenen Q-TAGEBÜCHER bringen da eine Korrektur. In ihnen wird Ernst Bloch erwähnt und seine Schrift über Thomas Münzer gelobt. Die beiden Zeitgenossen stimmten in der Wertung des Bauernkrieges und Thomas Münzers überein, ebenso wie in der Diagnose fehlerhafter politischer kommunistischer Agitation, vergleicht man sie mit der Demagogie der Nazis.

Tucholskys bitterste Erkenntnis – Hitler, das ist der Krieg. Die Deutschen wollen Hitler. Also wollen sie den Krieg: »Es wird sehr übel werden.« Ein Einzelner vermag nichts dagegen zu tun: »Gegen einen Ozean pfeift man nicht an... Man muß die Lage so sehn wie sie ist: unsere Sache hat verloren. Dann hat man als anständiger Mann abzutreten.«

Was heißt das: als anständiger Mann abzutreten? Ist der Selbstmord gemeint? Nein, denn: »Deshalb können Sie Stücke schreiben, deshalb kann ich ein Buch schreiben...«

Als Mann abtreten bedeutet wohl: als Publizist abtreten. Freilich zuckt's ihm schon wieder in den Fingern, dennoch weiterzumachen, ist die Krankheit mal schwächer als er.

Die Briefe entwerfen in scharfen, genauen Sätzen die Dante-Vision Nazi-Deutschlands. Dante mußte einst erfinden. Tucholsky konstatiert lediglich: »Man kann nicht schreiben, wo man nur noch verachtet... Schweden ist meine Riviera – mehr nicht. Dänemark habe ich immer nicht gewollt, wegen zu nahe an Deutschland... Die Gesinnungslosigkeit in Deutschland schreit zum Himmel... Gottfried Benn hat im Rundfunk einen Vortrag gehalten: die Zeit der Literaten sei vorbei, die Zeit des Führers sei gekommen –. Ein Stück Weichkäse. Fällt auch morgen, wenn die Chinesen Deutschland erobern, auf die nächste andere Seite und läßt sich einen Zopf stehn... es ist auf Vernichtung abgesehn. (Ich erwidere das entsprechend...)«

Der Marxismus? »In der ›Weltbühne‹ stand einmal: ›Es ist die Aufgabe des historischen Materialismus, darzutun, warum alles so kommen mußte. Und wenn es nicht so kommt, darzutun, warum es nicht so kommen konnte.‹« Ein berühmter Tucho-Schnipsel, er zitiert ihn in der Konsequenz-Korrespondenz. Soviel also zum Marxismus.

Die beiden Herausgeber der »Weltbühne«. *Oben:* Siegfried Jacobsohn (links) mit Albert Bassermann. *Unten:* Carl von Ossietzky mit seiner Tochter nach seiner Freilassung aus dem Strafgefängnis Tegel, Dezember 1932.

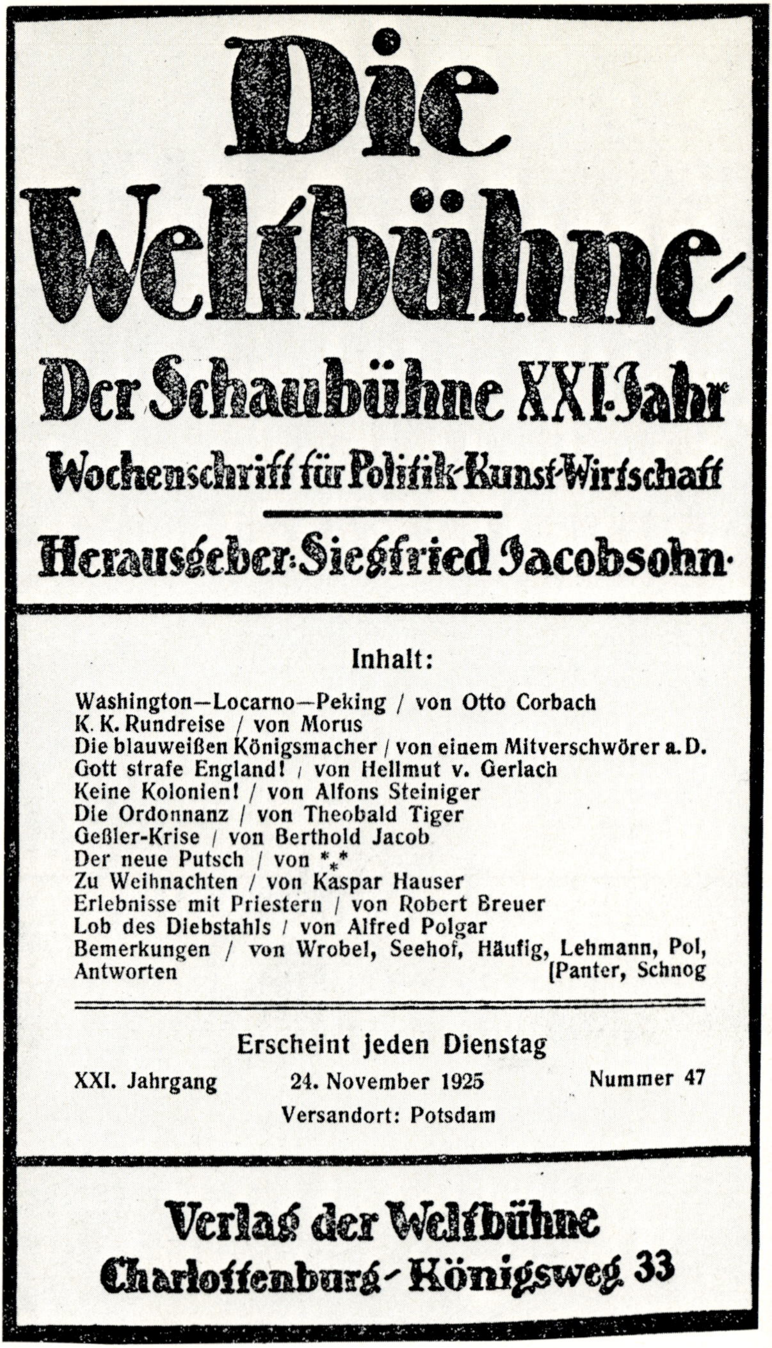

Die Weltbühne

Der Schaubühne XXI. Jahr

Wochenschrift für Politik · Kunst · Wirtschaft

Herausgeber: Siegfried Jacobsohn

Inhalt:

Washington—Locarno—Peking / von Otto Corbach
K. K. Rundreise / von Morus
Die blauweißen Königsmacher / von einem Mitverschwörer a. D.
Gott strafe England! / von Hellmut v. Gerlach
Keine Kolonien! / von Alfons Steiniger
Die Ordonnanz / von Theobald Tiger
Geßler-Krise / von Berthold Jacob
Der neue Putsch / von ***
Zu Weihnachten / von Kaspar Hauser
Erlebnisse mit Priestern / von Robert Breuer
Lob des Diebstahls / von Alfred Polgar
Bemerkungen / von Wrobel, Seehof, Häufig, Lehmann, Pol, [Panter, Schnog
Antworten

Erscheint jeden Dienstag

XXI. Jahrgang — 24. November 1925 — Nummer 47

Versandort: Potsdam

Verlag der Weltbühne
Charlottenburg · Königsweg 33

Vorangehende Seiten: Links: Schloß Gripsholm. *Rechts:* Kurt und Mary Tucholsky 1925 in Le Vesinet. *Oben:* Titelseite der »Weltbühne«.

Und zum Bürgertum? »Das Bürgertum ist mobil, brutal, munter und gemein – eigentlich und wissenschaftlich betrachtet ist es ja tot ... Natürlich soll man nicht verbittert sein. Nun, auf die Schauspieler habe ich nie gezählt, das sind doch Berufs-Psychopathen, ob die nun Kommunisten spielen oder Hitlerleute, das ist ja gleich wertvoll ... Unsere Bücher sind also verbrannt. Im Buchhändlerbörsenblatt ... dieser Tage stand an der Spitze des Blattes im Fettdruck: ›Folgende Schriftsteller sind dem deutschen Interesse abträglich. Der Vorstand des Börsenvereins erwartet, daß kein deutscher Buchhändler ihre Werke verkauft ...‹ In Frankfurt haben sie unsere Bücher auf einem *Ochsenkarren* zum Richtplatz geschleift. Wie ein Trachtenverein von Oberlehrern ... Nun aber zu Ernsthafterem ... Ich brauche Ihnen nicht zu sagen, daß das, was wir einmal die deutsche Linke genannt haben, nicht mehr wiederkommt. Und mit Recht nicht. Was mit mir wird, weiß ich nicht ... Das Würdeloseste ist doch [...] der kleine Mittelstand ... daß er nichts getan hat, als wir ihn gewarnt haben ... Die bürgerliche Presse ... sie schreiben dann: gewiß seien dies Judenverfolgungen, doch ... jedennoch andererseits ... und Kerr, Feuchtwanger, Ludwig und ich seien an der Gesamtsituation mitschuldig. Amen.«

Eine Rechtsneigung ist zu erörtern

Die mehrfach bezeugte Achtung für Willy (William S.) Schlamm wirft die Frage auf, ob Tucholsky, wäre er älter geworden, sich ebenso wie der spätere Schlamm nach rechts hin hätte entwickeln können. Zwar scheint es lächerlich, Tucholsky als rechtsnationalen Publizisten auch nur zu denken, doch ist das kein Einwand und verrät lediglich einen Mangel an Phantasie.

Natürlich läßt sich nie eine einigermaßen befriedigende Auskunft über das »Was wäre draus geworden, wenn ...« geben. Immerhin können wir Vorhandenes sichten. Da finden wir bei Tucholsky den ebenso verständlichen wie unwichtigen Patriotismus der Kindheit und frühen Jugend. Bedenklicher ist seine seltsam laue, unpolitische Haltung während des Ersten Weltkrieges. Entschuldbar mag das Gedicht für eine Kriegsanleihe sein, das als Latrinen-Lyrik – er soll dabei tatsächlich auf dem Abort gesessen haben – entstand. Angefertigt für einen Zeitungswettbewerb, bei dem es, eingeschickt, für preiswürdig erachtet und abgedruckt wurde. In der »oberschlesischen Sache« meinte er selbst, er habe »damals nicht richtig gehandelt – ich bedaure heute, was ich damals tat. Daß die von mir geforderte Kommission der USP mich freisprach, beweist mir nichts – ich weiß es besser. Ich hätte das nicht tun dürfen.«

So am 14. 4. 1926 an Maximilian Harden. Wobei man das Bedauern Tucholskys der später ganz deutlich gewordenen Entwicklung zuschreiben muß, als der »Volkstumskampf« im Osten und besonders in Oberschlesien immer mehr zur Sache der deutschen Ultrarechten wurde. Der Kampf der Deutschen um ihre Identität und Souveränität hätte aber auch von der revolutionären Linken geführt werden können, geführt werden müssen, insofern wäre Tucholskys Mitwirkung am »Oberschlesischen Ausschuß«, in dem er hatte Propaganda treiben sollen und wollen, nicht als Fehler anzusehen.

Wie man auch im einzelnen zu den hier angeführten Punkten stehen mag, eines ist sicher: Sie besagen nichts gegenüber der Eindeutigkeit und dem Gewicht des gesamten publizistischen Wirkens von 1918 bis 1932 – dieses Tucholsky-Werk steht wie aus einem Guß vor uns. Es gibt nicht seinesgleichen.

Indizien für eine mögliche Rechtsneigung zeigen sich erst später. Vorausgegangen ist die Enttäuschung an den Deutschen, die sich Hitler erwählt hatten, und an den deutschen Juden, die sich nach Tucholskys Meinung nicht entschieden genug widersetzten. Die Abkehr von den Kommunisten, von denen er sich völlig distanzierte, ist begleitet von Befremdung über die früheren Kampfgefährten, den Linken insgesamt.

Abgesondert und einsam hielt er Ausschau nach neuen möglichen Verbündeten. Der Griff eines Ertrinkenden nach dem rettenden Strohhalm. Aus seinen Briefen an Nuuna geht hervor, welch starkes Interesse Tucholsky an zwei kleinen französischen Zeitschriften nahm. Die eine, »Esprit«, vertrat einen stark personalistisch geprägten Kurs vom Primat des Geistes und wandte sich gegen Parlamentarismus, Sozialismus und Kapitalismus. Die zweite Publikation, »L'Ordre nouveau«, unter Einfluß des Proudhonschen Sozialismus, gefiel Tucholsky wegen ihrer stilistischen Brillanz und der harten, intellektuellen Kritik am liberalistischen Staat.

Da Tucholsky beide Presseorgane derart hochschätzte, daß er sogar bei ihnen mitzuarbeiten beabsichtigte, was seine Züricher Freundin nicht verstand, welches Unverständnis Nuuna sehr ehrt, wäre es um so wichtiger, diese späten Pläne des in Schweden Vereinsamten genauer zu untersuchen.

Dazu gehörte auch unsere vertiefte Kenntnis der beiden französischen Zeitschriften. Es steht zu hoffen, daß Gustav Huonker hier weiter tätig sein wird.

Bis dahin müssen wir unser Urteil auf die späten Briefe und die »Q-SEITEN« gründen.

Vergegenwärtigen wir uns Tucholskys letzte zwei Lebensjahre, wird deutlich, warum er meinte, sich einer – politisch gesehen – rechten Mitte zuordnen zu müssen. Bei den durch die eigene Qualität ungeheuer hochgeschraubten stilistischen Anforderungen kamen nur sehr wenige kleine Gruppen und Blätter überhaupt in Frage. Unter dem Niveau der

»Weltbühne« spielte sich für ihn nichts ab, zumindest verspürte er da nicht die geringste Lust, selber publizistisch und politisch mitzuspielen. Dort begann das Reich der Langeweile. Der glänzende Stilist bedurfte der stilistischen Sensation. Die Form war für ihn zu einer Frage des Inhalts geworden.

Beziehen wir diese Tendenz ein, ist die mögliche Rechtsentwicklung eines über das Jahr 1935 hinaus lebenden Kurt Tucholsky nicht zu verneinen. Die Verschiebung von links nach rechts ist unleugbar, was nicht ausschließt, daß ein späterer Tucholsky auch wieder eine Kurskorrektur zurück zur Linken hätte vornehmen können. Keiner dieser beiden Aspekte ist zu negieren, keiner als endgültig zu konstatieren. Eine Entwicklung parallel zu William S. Schlamm allerdings, der sich in den sechziger Jahren zum führenden Rechts-Publizisten der BRD profilierte, erscheint bei aller Vorsicht, die wir zu wahren haben, ausgeschlossen. Denn wenn wir Tucholskys leichte Rechtsneigung um 1934/35 feststellen, so müssen wir doch hervorheben, was einer Radikalisierung in dieser Richtung widerspricht: Da ist neben Tucholskys Antikommunismus, den man lieber als Antistalinismus definieren sollte, vor allem sein unbedingter Antifaschismus und Antikapitalismus zu nennen. Dies sind die drei Ringe, die Tucholskys auseinanderstrebende, brisante Persönlichkeit zusammenhielten und auf das Minimum seines aktivistischen Potentials einten. Das war auch noch virulent in den letzten Lebensmonaten, als die Selbstzerstörungstendenz anwuchs. Sie erstarkte nur, weil er keine Kräfte der Hoffnung erblickte. Deshalb sein Seufzer: »Gäbe es irgendwo eine Gruppe *junger* Menschen, die antifaschistisch sind, so wollte ich wohl mittun.«

Er starb, woran und wodurch auch immer, mit einem Gefühl von Ekel und Verachtung. Sein Ekel galt den Faschisten, gegen die er Todfeindschaft empfand. Seine Verachtung traf die Antifaschisten, seine früheren laschen Verbündeten von der Linken. Er verzieh ihnen nicht, daß sie von Hitler geschlagen worden waren und er mit ihnen. Tucholsky hatte es kommen sehen, gefürchtet, im Schreiben und Reden sich dagegen aufgebäumt. Er sah bei sich eine Anzahl kleiner Fehler, aber kein Versagen. So verstummte er. Denn er war ein Satiriker, der aus der bloßen Negation heraus nicht kämpfen mochte. Er hatte stets »mit Haß aus Liebe« gefochten. Daß die Liebe unerwidert blieb, war seine Tragik, nicht seine Schuld.

Briefe auf dem Dachboden

Gustav Huonker bereitete in Zürich einen Volkhochschulkurs über Kurt Tucholsky vor und fand in der Literatur den Hinweis auf die Florhofgasse 1, die Tucholsky als Tarnadresse gedient hatte. Auch wurde eine Ärztin Dr. Müller erwähnt. Gustav Huonker sah im Telefonbuch nach und fand zwei Ärztinnen mit Namen Müller. Die erste, die er anrief, bestätigte, Tucholsky gekannt zu haben.

Der Besuch bei der alten Dame führte zu einer großen Überraschung. Die inzwischen pensionierte Ärztin äußerte sich offen und freimütig über ihr enges Verhältnis zu Tucholsky und übergab Huonker einen Karton voller ungeordneter Briefe und Papiere. Das geschah 1970. Nach wochenlanger Sichtung, Registratur und Kleinarbeit stand für den Volkshochschullehrer fest, er hatte einen Glücksgriff getan, um die 270 Briefe Tucholskys an Hedwig Müller und 220 Q-TAGEBUCHBLÄTTER lagen vor, ein in seinem kulturellen und auch materiellen Wert gar nicht abzuschätzender Fund.

Hedwig Müller hatte offenbar selbst nicht begriffen, was sie da unsortiert auf dem Dachboden weggestellt hatte. Nie zuvor war sie von jemandem aufgesucht worden. Die Namen Müller und Florhofgasse 1 hatten zwar längst Eingang in die Tucholsky-Literatur gefunden, doch recherchiert hatte keiner.

Gustav Huonker, der mit seiner Frau am Rande Zürichs wohnt, entwickelte sich zum wohlinformierten Tucholsky-Kenner. Zusammen mit Mary Tucholsky gab er im Februar 1977 bei Rowohlt die von ihm aufgefundene Korrespondenz unter dem Titel BRIEFE AUS DEM SCHWEIGEN 1932–35 heraus.

Im Frühjahr 1978 folgten die Q-TAGEBÜCHER, ein besonders heikles Unternehmen, weil Tucholsky sich ausdrücklich gegen eine spätere Veröffentlichung verwahrt hatte. Huonker mußte, im verständlichen und akzeptablen Bestreben, Leben und Werk »seines« Autors zu vertreten und aufzuhellen, gegen das Verdikt des Autors handeln. Das ist kein leichter Entschluß, zumal die Bedenken, sind sie überwunden, wieder zurückkehren. So kann ein treuer Herausgeber sich anhaltende Gewissensbisse einhandeln.

Doch wer sich mit Tucholsky beschäftigt, der hat's nicht leicht, darin geht es ihm wie seinem Autor. Es ist eine Frage von Liebe und Schmerz. Sie springen über. So entstehen Gemeinden.

Huonkers glückhaftem Spürsinn verdanken wir viele Informationen über die letzten Lebensjahre Tucholskys, der sich überall abwandte und ins Fremde, Unkenntliche entschwand. In seinen Briefen kehrt er zurück, dank Huonker und Hedwig Müller. Ihre Antwort-Briefe sind bei einem Rechtsanwalt in Zürich hinterlegt. Es wäre dringend notwendig, auch sie zu veröffentlichen. Manche Passagen in Tucholskys Briefen bedürfen der Ergänzung durch die Partnerin.

Unklarheiten gibt es wegen der verschiedenen Reisen Tucholskys in den Jahren 1932/33. Huonker konnte anhand der Korrespondenz und sonstigen Aufzeichnungen einiges aufhellen: »Frühling und Frühsommer 1932 verbrachte K. T., von Hindås kommend, in Südfrankreich, u. a. in Le Lavandou und St. Tropez. Dann begann sein längster, rund 14

Monate dauernder Aufenthalt in der Schweiz, der nur durch vier Sanatoriumswochen unterbrochen war.«

Hier bleibt eine Unsicherheit – wann Tucholsky im Frühjahr 1932 in Wien gewesen ist. Mary Tucholsky und Fritz J. Raddatz merken in ihren AUSGEWÄHLTEN BRIEFEN 1913–1935 an: »Tucholsky war zum Zweck der Gründung der ›Wiener Weltbühne‹ nach Wien gekommen und hatte dort u. a. mit Willy (William) Schlamm verhandelt.«

Robert Neumann wiederum berichtet über Tucholsky: »...zwei Jahre vor seinem Selbstmord, im Herbst 1933, war er bei mir in Wien.«

Seltsamerweise finden sich sonst nirgends Hinweise auf den Aufenthalt Tucholskys in Wien im Jahr 1933. Mag sein, Neumann irrt sich und meint nicht 1933, sondern 1932 – vielleicht war sein Treffen mit Tucholsky auch nicht so wichtig, obwohl es möglicherweise einige merkwürdige Stellungnahmen Neumanns zu Kurt und Mary Tucholsky und Lisa Matthias erklären könnte.

Wichtiger wäre es, herauszubekommen, ob Tucholsky wirklich die »Wiener Weltbühne« mit zu gründen geholfen hatte.

Er erwähnt zwar später häufig lobend Schlamms Artikel, ob er ihm begegnet ist, ist jedoch nicht festzustellen. Auch würde seine Weigerung, an der Wiener »Weltbühne«-Ausgabe mitzuarbeiten noch schwerer wiegen, wenn er an ihrer Gründung beteiligt gewesen wäre. War sein Einfluß derart gering geblieben? Hatte er sich gegen die Besitzerin, die Witwe Siegfried Jacobsohns, nicht durchsetzen können? Steuerte die Zeitschrift schon einen zu starken prokommunistischen Kurs? Hier ist vorerst alles rätselhaft.

Die einschlägigen Universitätsinstitute der Literatur- und Sprachwissenschaften, die so zahlreiche unnötige Examens- und Dissertationsarbeiten anfertigen lassen – Motto: Je unwichtiger und irrer, um so lieber – könnten hier eine ganze Reihe notwendiger Themen finden und damit literarisch und politisch Nützliches leisten.

Die BRIEFE AUS DEM SCHWEIGEN, Tucholskys Botschaften an die Züricher Ärztin Dr. Hedwig Müller, dank dem aufmerksamen Gustav Huonker der Nachwelt erhalten geblieben, kamen ins Literaturarchiv nach Marbach.

Als Hedwig Müller gestorben war, tauchten andere kostbare Teile ihres Nachlasses bei den einschlägigen Händlern und Sammlern auf. Manuskripte von Tucholsky, Briefschaften, Bücher mit seinem Signum. Er war durch Hitler mittellos gemacht worden und hatte dafür, daß die Freundin ihn unterhielt, in der ihm verbliebenen Währung gedankt.

So gelangte ein Teil seiner Hinterlassenschaft noch vor seinem Tod an Nuuna. Als sie gestorben und begraben war, gaben offenbar Erben diese Dinge zum Verkauf weiter.

Wir beginnen zu erkennen und zu verstehen. Tucholsky war in den letzten Jahren sehr krank gewesen. Doch ungeachtet der vielerlei Operationen und Leiden entbehrte er der Frauen nicht. Es gab sie noch immer. Er bedankte sich wie bei Hedwig Müller mit Geschenken, deren Kostbarkeit heute gar nicht hoch genug zu veranschlagen ist. Den Freundinnen waren die Briefe und signierten Bücher Zeichen der Zuneigung. An ihren finanziellen Wert dachte damals wohl keiner. Der hat heute stark angezogen. Bald werden Korrespondenzen und Autographen unerschwinglich sein. Es lagert aber so manches noch – da und dort. Besonders bei Frauen. Sie sind inzwischen gealtert, und meist immer noch nicht willens, sich von den Geschenken zu trennen. Erst wenn die Frauen verstorben sind, gelangen die kostbaren Stücke über den Umweg der Erbschaft auf den Markt.

Die falsch Geborenen

Das unstete Reiseleben der letzten zehn Jahre war teils Reflex der sich verschlimmernden Krankheit, anderenteils aber, und anfangs in größtem Ausmaß, Ausdruck jenes Feingefühls, das zu Brüchen und Aufbrüchen führt, dann zu Fluchtbewegungen und Fluchthandlungen, den Tarnungen und Wohnversuchen an inselhaften Peripherien. Der Ur-Berliner mied das Lebenszentrum Berlin auch in der Ahnung dessen, was schrecklich herannahte und wovor er beizeiten, eben aufgrund seiner frappierenden Sensibilität, gewarnt hatte.

Setzt man diesen Fluchtdrang des Publizisten, Berlin und Deutschland zu verlassen, als gegeben und polit-psychologisch einsehbar voraus – schließlich war er schon 1924 nach Paris gegangen – so ist doch nicht recht stringent, weshalb er sich nach der französischen Metropole das periphere und verkehrstechnisch nicht gut liegende und schwer erreichbare Schweden aussuchte. Es bestand damals noch kein dem heutigen vergleichbares Netz von Fluglinien und Autostraßen, die Reise mit Eisenbahn und Schiffsfähren zog sich lang hin, war anstrengend und recht teuer.

Bedenken wir, daß Tucholsky von der politischen Haltung Frankreichs gegenüber Hitler-Deutschland enttäuscht war – die Briefe geben da viele Hinweise –, so findet sich überdies noch ein physiologischer Grund, der die Wahl des nördlichen Landes verständlich macht: Tucholsky rühmte das Klima Schwedens; in dem Maße, als sich die Erkrankung der oberen Atemwege verschlimmerte, erwartete und empfand er einige Erleichterung von der Seeluft in diesen Breiten. Mariefred liegt am Mälarsee. Einem langgestreckten, großen, vielgestaltigen Gewässer. Man kann von Stockholm aus mit dem Schiff anreisen und abends wieder zurück. Es ist schwer herauszukriegen, wo Tucholsky in Mariefred lebte. Er hat mehrfach hier Urlaub gemacht, im Sommer preiswerte Zimmer in den kleinen Häuschen gesucht. Im Schloß selbst lebte er nie. Was im Roman SCHLOSS GRIPSHOLM steht, ist Erfindung. Einmal wohnte er, soviel ist sicher, am Ufer dem Schloß direkt gegenüber in Läggesta. Der See ist hier nicht breit, und ein Stück weiter endet der Wasserarm. Von den Ferienhäusern aus bietet sich ein Blick auf das Schloß. Hier entstand der Einfall zum Buch. Er nahm als Figuren einen guten Freund und eine Freundin, gab aber Lydia stets als absolut erfunden aus. Die Kinderheimgeschichte hat keinen realen Bezug, sie wurde als Kontrast zur Liebesstory hineinkomponiert.

SCHLOSS GRIPSHOLM war ein Glücksgriff. So entstand sein zweites großes Erfolgsbuch. Sonst fand er ein eher unholdes Schweden. Anfälligkeiten für den Faschismus waren dem Land nicht fremd. Am Mälarsee domizilierten manche, die aus ihrer Sympathie fürs »Dritte Reich« kein Hehl machten, so Sven Hedin.

Aus Schweden importierte Hitler-Deutschland den Marlene-Dietrich-Ersatz Zarah Leander wie auch Kristina Söderbaum, die nachmalige »Reichswasserleiche«.

Tucholsky witterte Faschistoides im nördlichen Land, nahm die Witterung mit dem ganzen Leib auf, auch wenn ihm jahrelang Geruchs- und Geschmackssinn fehlten, weil die Chirurgen seine Nase zermeißelten. Er traute dem Exilasyl nicht: »In diesen kleinen Staaten bildet sich auch manche Front des Mittelstandes – und ich sitze in Schweden in einer besonders übeln Ecke. Es ist nicht ausgeschlossen, daß da mal etwas schief geht.«

Es ging schief. Aber anders.

»Ob ich in Schweden bleibe, hängt von ganz äußerlichen Dingen ab.«

Er blieb in Schweden. Der Exilierte im hohen Norden, den die schwedische Bürokratie nervte, der schwedische Geheimdienst registrierte, entsandte Hilferufe an Hasenclever: »Über Krankheit mündlich.« Hoffte so sehr auf ein Treffen. Malte deshalb hier auch in schönsten Farben: »Ich sitze zur Zeit auf Gotland, welches in der Ostsee liegt und mir demzufolge gut tut. Mensch, die Ostsee ist eben anders – sogar die Herren Schweden (inkl. Mädchen!) sind hier erträglicher als im Westen. Alles viel offner, netter, freier, freundlicher – nicht so verkniffene Schnauzen und dünne Lippen. Hier ist es unwahrscheinlich billig...« Die Argumente verschlugen nicht, »Max«, wie er Walter Hasenclever in den Briefen nannte, inzwischen in London, antwortete zwar, ließ sich aber nicht sehen.

Tucholsky erfaßte zuerst nicht, daß der Freund zu dieser Zeit in London lebte. Erst im letzten Brief begriff er. Der vorletzte ist mit dem 29. 11. 1935 datiert. Noch drei Wochen bis zum Ende mit Gift. Im letzten Brief, von dem wir nicht genau wissen, wann er ihn schrieb, lockte er nochmals:

»Wollen Sie über mich zurückfahren? Sie sind jederzeit herzlichst willkommen!« Das »über mich zurückfahren« – eine typische Tucholskyade. Gemeint war die Reise Hasenclevers von London nach Paris – über Hindås in Schweden.

Die beiden Emigranten trafen sich nicht mehr.

In den letzten Jahren vor seinem Tod, noch deutlicher in den Monaten davor, unterliefen Tucholsky einige eklatante Fehleinschätzungen. Doch blieben sie geringfügig im Verhältnis zu den richtigen Analysen. Sie treffen die internationale Bourgeoisie und das »deutsche Wesen«; es sind Verfluchungen, obgleich der Autor die Stimme nicht hebt und nur feststellt. Der frühere Liebling des aufgeklärten, auch geschmäcklerischen, versnobten Bürgertums – es gehörte Geld dazu, sich den Luxus seiner Satiren und Humoresken leisten zu können, es brauchte einige Bildung, sie zu verstehen –, der Ergötzer unterm Strich, der Liebling der Frauen, der mit Worten so einzunehmen verstand wie mit dem Blick seiner großen faszinierenden Augen, er hatte nun die Strecke von Peter Hebel zu Schopenhauer zurückgelegt und war bei Hölderlin angelangt im Turm, wo die Weisheit die Form des Blöden bevorzugt. Er las den Deutschen das künftige Schicksal nicht aus den Gestirnen und nicht aus den Mörderhänden. Er war am Ende angelangt, als er das Ende des Deutschen Reiches für alle Zeiten konstatierte: »Die Bourgeoisien aller Länder sind an der kommenden Aufrüstung viel zu interessiert, sie werden Deutschland nicht hindern, diesen Krieg da vorzubereiten. Im Gegenteil. Daher die Gelähmtheit, die Angst, die Mattigkeit...« – »Von 10 boches sind 3 Spitzel, 2 Sadisten, der Rest Feiglinge.« – »Man kann für kein Parkett schreiben, das man verachtet.« – »Die Welt, für die wir gearbeitet haben und der wir angehören, existiert nicht mehr.« – »Das, was dort geschieht, entspricht zum Teil den tiefsten Instinkten des deutschen Volkes... Das, was dort geschieht, ist im tiefsten deutsch.« – »Schade, schade, daß sie uns in diesem lächerlichen Lande geboren haben, das ja nun hoffentlich einmal auseinanderfallen wird... Max, uns haben sie falsch geboren.« – »Hitler ist Deutschland.«

Immer häufiger taucht in den späten Tucholsky-Briefen der früher gelegentlich zitierte Heine-Satz auf: »Uns haben sie falsch geboren.« Es ist von hier nur noch ein Schritt bis zu der lebensverneinenden Erkenntnis der griechischen Philosophie: »Das Beste ist, nicht geboren zu sein, das Zweitbeste, früh zu sterben.« Welches Wort Hölderlins höchstes Nachdenken erregt hat.

Der Wunsch, nicht geboren zu sein, findet sich bei Tucholsky nicht expressis verbis, aber es häuft sich die Klage, »falsch geboren« zu sein.

Heißt das: So beschaffen, wie wir sind, ist es falsch, geboren zu werden? Oder uns haben sie in die falsche Zeit hinein, unter die falschen Menschen geboren?

Fragen, die sich schon aus dem Heine-Ausspruch ergeben, den Tucholsky ständig neu aufnimmt, nie erläutert. Und welche objektiven und subjektiven Umstände wären denn die richtigen, wie sollten Welt und Leute aussehen, für die sich's lohnt, geboren zu werden?

Doch steht da zu Beginn des Satzes das vertrackte »uns« – nicht alle haben sie falsch geboren, sondern Heine, Tucholsky, Hasenclever, also

Menschen, ausgestattet mit besonderer Sensibilität. Es ist bedauerlich, daß Hasenclever die Vernichtung seiner Antworten forderte, wie wichtig wäre es, seine Meinung darüber zu hören. Stimmte er mit der Heine-Tucholsky-Ansicht überein? Gewiß ist dem aufmerksamen Briefleser »Max« das immer wieder angeschlagene Motiv aufgefallen.

Wenn man schon falsch geboren ist, kann man nur falsch leben; demnach zöge Tucholsky am Ende die Konsequenz des griechischen Philosophen: »Das Zweitbeste ist, früh zu sterben.«

Das wäre ein Argument für den Selbstmord.

Zurück von der Philosophie zur Politik, sofern wir die je verlassen haben. Tucholsky bedenkt den möglichen Ausgang des sicher kommenden Krieges:

»Die Jugend aber, die Mädchen, viele junge Leute, sind trotz aller Kritik, trotz der Enttäuschung, trotz vielen Wenn und Abers für uns völlig verloren. Wir sind denen gegenüber ci-de-vants [d. h. vorstehend, ehe-vormals, G. Z.], ich für meine Person habe damit gewiß gar nichts mehr zu tun. Und wenn das fällt –: wäre denn das ein Fortschritt, wenn sich das ganze Land, waren- und kredithungrig wieder mit den amerikanischen Banken einließe? Das wäre also das, wofür wir gekämpft haben? Wohl nicht ganz. Die prophetischen Worte unseres Freundes sind richtig [gemeint ist Carl von Ossietzky im Januar 33, G. Z.]: ›Ob diese Partei die Macht erringt oder nicht, ist gar nicht so wichtig. Was sie angerichtet hat, wird für lange Zeit bestehen bleiben.‹ Das ist richtig.« So die Schlüsse Tucholskys, der damit gewissermaßen den Marshall-Plan und den american way of life für die Bundesrepublik nach 1945 voraussah. Sich »waren- und kredithungrig... mit den amerikanischen Banken« einlassen, das war nicht Tucholskys und Ossietzkys Ziel, aber genau das geschah, nachdem »das«, der Hitler-Faschismus nämlich, gefallen war. Blieb bestehen für lange Zeit, was sie, die Nazis, angerichtet haben?

Tucholsky, weiter in publizistischer Prophetie: »Es ist ein Irrtum, zu glauben, daß die politische Form, unter der ein Volk lebt, die Quintessenz seines innersten Wesens ist – das ist sehr selten. Sie ist nur der Ausdruck dafür, was es erträgt. Und schlüpfen die inneren, anonymen Kräfte einer Nation in diese Form, dann lebt diese Form eben, dann ist sie organisch angewachsen, dann ist dazu nichts mehr zu sagen. Man stellt sich nicht unter einen Kirschenbaum und fleht ihn an, Äpfel zu tragen. Man kann sie abpflücken, die Kirschen, oder hängen lassen – aber kritisieren kann man nicht. Das hilft nicht.«

Tucholskys Sprunghaftigkeit, seine Depressionen und wechselnden Stimmungen in den letzten Monaten vor seinem Tod können auch als Symptom des Klimakterium virile gesehen werden.

Die aus den Wechseljahren resultierende Lebenskrise ergreift nicht nur Frauen, auch Männer um die 50 leiden darunter. Tucholsky zählte 1935 immerhin 45 Jahre. Psychisch war er stets labil, Emigration,

Krankheit, berufliche und finanzielle Nöte drängten, die Abgeschiedenheit in der schwedischen Provinz kam hinzu. Das alles zusammengenommen reichte gewiß für eine Kurzschlußhandlung aus. Der Herbst in Schweden kann auch einen gesunden Menschen in jene Melancholie stürzen, in der Selbstmordpläne entstehen und verwirklicht werden. Unter Potenzangst hatte schon der Vierzigjährige gelitten, wenn wir Lisa Matthias glauben dürfen. Wo jedoch ist der Enddreißiger, der nie Sorge spürte um seine sexuelle Leistungsfähigkeit? Werden nicht gerade die überaus Potenten von Versagensfurcht gepackt? Schon junge Männer kennen solche Ängste. Bei hochdifferenzierter Psychostruktur ist dies nahezu selbstverständlich. Aber dann sind die Aussagen von Frau Matthias, unterstellt sie wären wahr, zugleich unwichtig.

Die Briefe, die Tucholsky an Fritz schreibt, den jüngeren Bruder mit dem Spitznamen Kohn, münden nach den politischen Exkursen kurz und bündig in Ratschlägen des Älteren an den Jüngeren. Der letzte, vom 8. 12. 1935 datiert, hat Abschieds- und Vermächtnis-Charakter. Der Kurt, der jetzt redet, scheint ein besiegter, mehr: unterworfener Satiriker. Er hat die menschliche Gemeinheit kennengelernt und reagiert empirisch, unempört. Schlußfolgerungen sind zu ziehen, Bruderherz, Bruderherz, die Welt ist wie sie ist, also schlecht, der Mensch feige. Merke: »Niemals – weder im Betrieb noch sonst – über jemanden etwas Böses sprechen, wenn man nicht die Macht hat, das Böse zu verwirklichen, oder wenn die Bosheit nichts bewirkt. Es fällt immer – immer – auf Dich zurück. Es wird immer hinterbracht, Du machst Dir einen Feind, und Du bist immer der Dumme.« Das rät der vielleicht größte Satiriker der deutschen Literatur, der sicherlich größte Satiriker der Weimarer Republik seinem Bruder. So spricht ein Gebrochener. Oder es spricht durch ihn hindurch der Vater. Vielleicht die Mutter. Es sprechen die Generationen vorsichtiger Eltern, die Verwandten. Duck dich. Der aufgehörte Satiriker sitzt im schwedischen Hinterland, dem Bruder ins ferne Amerika letzte Weisheiten entsendend. Schau mich an, Kohn, ich hab (was nicht zutrifft) über alle Böses geredet, nicht heimlich, nein offen und wohin hat mich das gebracht. Noch einmal bäumt sich Tucholskys Stolz auf. Die gutbrüderlichen kleinfamiliären Ratschläge sollen vergoldet werden: »Damit empfehle ich keine Duckmäuserei, sondern ganz etwas andres. Ich habe nicht bei den schrecklichen berliner Juden, sondern zum ersten Mal im Krieg unter ganz andern Menschen gelernt, was für eine ungeheure Macht *Schweigen* ist... der Schweiger genießt großes Ansehen – man weiß nämlich nie, was sich dahinter verbirgt... Schweigen, Schweigen, Schweigen.«

Das rät einer, der nie hat schweigen wollen und können. Für den Bruder hat er noch weitere Empfehlungen. Wie er gutes Amerikanisch lerne. Das sei äußerst wichtig: »Man achtet den Fremden deshalb höher. Lerne also wie ein Gebildeter sprechen, das lohnt. Und machs gut – Hochachtend K.«

Nein, der da im Brief an den Bruder zum zweiten und jetzt letzten Mal in das »Hochachtend« verfiel, war wohl nicht ganz bei sich. Es war der letzte Brief an Kohn. Also doch der Plan, Schluß zu machen?

Warum dann das Postskriptum –: »Meine Adresse ist für jeden andern – hörst Du: für *jeden*! – die alte.« Folgen im Druck zwei eckige Klammern. Also wurde hier was ausgelassen.

Der Bruder war endlich gerettet im fernen Amerika. Im Jahr nach Kurt Tucholskys Tod starb er in den USA bei einem Autounfall.

Ein Ende so begreifbar wie unbegreifbar

»Das ist sehr merkwürdig, ich habe Tucholsky in Erinnerung als einen sehr herzlich und lustig lachenden jungen Menschen. Obgleich er ja etwas behäbig war. Ich habe erst als die Nachricht von seinem Tode kam, sehr erstaunt gemerkt, welch ein melancholischer Mensch Tucholsky gewesen ist. Das kam in seinen Schriften eigentlich kaum zum Ausdruck oder wir bemerkten es damals nicht. Tucholsky hatte die Augen eines immer lächelnden Primaners, das ist zu seinen Gunsten gemeint, und so habe ich ihn auch im Gedächtnis, ich habe den tragischen Tucholsky nie geahnt. Das haben wir alle nicht.«

Diese Sätze Walter Mehrings, mit denen er Tucholsky charakterisiert, zeigen einen Widerspruch auf, den Gustav Huonker auch für die letzten Lebenstage des Dichters konstatiert:

»Ich habe mich sehr mit der Frage nach Tucholskys Selbstmord befaßt. Es ist für mich ein großes Rätsel, und zwar deswegen, weil ich jetzt mit diesen Papieren (Q–TAGEBÜCHER) gearbeitet habe, und da ist es auffällig gewesen, es ist einfach rätselhaft, wie einer am gleichen Tag einen Brief schreiben kann, diesen verzweifelten Brief an Mary – Ton: Der Sinn des Lebens fehlt, die Brücke ist abgebrochen – und da schreibt er an den norwegischen Studentenverband, er hat Kontakt mit der ›Arbeiterzeitung‹ in Oslo – der letzte Satz im letzten Q-Blatt heißt: ›Jetzt muß ich halt sehen wie ich sonst irgendwo rankomme‹ – in dieser Kampagne gegen Hamsun – ich kann mir das nicht erklären, es ist unerklärlich, es hängt vielleicht mit seiner Zerrissenheit, seiner Gespaltenheit zusammen, daß es tatsächlich möglich war, in den gleichen Tagen Todesbereitschaft zu spüren, ihr nachzugeben und gleichzeitig zu kämpfen, man muß sagen: mit dem Zweihänder um sich zu schlagen wie überhaupt nie in den letzten drei Lebensjahren. Das ist für mich eine ganz gewaltige Diskrepanz.«

Tucholskys Selbstmord ist mir nicht völlig plausibel. Immer erneut sehe ich die verfügbaren Schriften durch. In seinen eigenen Texten finden sich Sätze, die auf Selbstmord hindeuten, vielleicht ihn vorbereiteten.

Wollte man diesen Tod begreifen, durfte man sich nicht auf das Aneinanderreihen von Belegen verlassen. Da war tiefer zu gründen und zu suchen. Zweifellos hatte ein langer Kampf zwischen dem Lebenswillen und dem Todeswillen stattgefunden. Der dunkle Trieb brauchte nur für kurze Zeit zu siegen. Wenige Minuten genügten, Veronal ist schnell eingenommen. Aber er hatte doch noch den letzten Brief geschrieben an Mary. Wie lange braucht einer dazu? Im Buch ist das Fragment zwei gedruckte Seiten lang. Vieles konnte er vorher in seinem Kopf fertiggehabt haben, dann wäre das Tippen schnell erledigt. Aber nein, der Ton spricht dagegen, da ist soviel Endgültiges. Wie lange braucht ein zum Selbstmord Entschlossener für seinen letzten Brief?

Mein Grübeln irritierte mich. Ich konnte mir seinen Selbstmord nicht vorstellen, weil ich Kurt Tucholsky vereinseitigt hatte zum großen antifaschistischen Aktivisten. Der und aufgeben? Ich wollte nur den unermüdlichen publizistischen Kämpfer sehen.

Dann sagte ich mir wieder, Tucholsky war nicht nur ein Mensch mit seinem Widerspruch, sondern mit vielen Widersprüchen gewesen. Gerade die Unwägbarkeiten nahm ich ihm weg, ihn versimpelnd zum kühlen Rationalisten, immer Herr seiner selbst und mit sich im reinen, Zwiespältigkeiten zwar empfindend und artikulierend, aber doch stets wieder besiegend. Überforderten wir den Autor nicht über den Tod hinaus, enthielten wir ihm sein Recht vor, müde zu sein?

Heinrich Heine, mit dem verglichen zu werden, Tucholsky sich aus Bescheidenheit energisch verbat, hatte in den langen qualvollen Jahren der Matratzengruft nicht Hand an sich gelegt; oder näher zum politischen Aktivisten hin, Wladimir Iljitsch Lenin hätte sich, auch im langen Züricher Exil, voll von Erfahrungen desaströser Einsamkeit, nie umgebracht. Aber Heine war Heine, Lenin war Lenin und Tucholsky war eben Tucholsky. Welches Recht maßten wir uns an, ihn zu verengen zur geschlossenen Figur, dem Schulbuch-Idealbild.

Aber dann zeigen die Briefe wieder einen so aktiven Autor, mit resignativen Schüben natürlich, aber wer sich so beflissen informiert und engagiert in der Zeitgeschichte, der stiehlt sich doch nicht freiwillig davon.

Überhaupt diese Korrespondenz mit Hasenclever. Ein Glücksumstand, daß so viel davon erhalten geblieben ist. Wo überdauerten die Briefe? Wer verwahrte sie?

Ich unterscheide, grob gesehen, drei Phasen bei Tucholsky: Die dandyhafte schnodderige Jugend, nahezu unpolitisch, bis zum Ende des Ersten Weltkriegs. Das hochpolitische Jahrzehnt bis zum Anfang der dreißiger Jahre. Drittens die BRIEFE AUS DEM SCHWEIGEN, die eine Brücke bilden zum endgültigen, freiwilligen (?) Verstummen. Den drei Zeitabschnitten liegen auch unterschiedliche Stile zugrunde. (Wer sagte, jeder große Schriftsteller habe drei unterschiedliche Phasen: Jugendstil, Mittelstil, Altersstil –?) Man kann statt Stil auch Werk setzen.

Die Grenzen und Übergänge verwischen sich, verschwimmen, liegen versetzt. Dennoch ist die Unterscheidung nützlich. Bei den Briefen ergeben sich interessante Aspekte, da scheint die erste Periode in die zweite hinein verschoben zu sein, man schreibt bereits 1926, und immer noch wundert uns der jugendlich-schnodderige Ton, dann 1933 der harte Umschlag, »... weil ich weiß, daß Sie die Kommata husten hören und die Obertöne und Untertöne ebenso fühlen wie ich«. Das ist gesagt, kurz ehe Tucholsky in die dritte Periode hineinlebte, in der er, wie wir heute wissen, zwar viel schrieb, es aber nicht mehr publizieren wollte. In dieser Korrespondenz wird vor- und abgerechnet. Hat man recht gehabt mit seinen Vor-Dreiunddreißiger-Warnungen? »Ja, also ich habe ja 14 Jahre lang genügend auf den Kopf bekommen dafür – und selbst meine freundlichsten Leserinnen sagen mir hier Ähnliches wie Sie: ›Wir haben doch manchmal gedacht, daß es etwas überreizt und übertrieben ist...‹«

Hatte Tucholsky die Gefahren übertrieben? Die Nazis übertrieben dargestellt? Übertrieben davor gewarnt?

Tucholsky antwortet mit seinem Stolz: »Mit genau derselben Unerbittlichkeit, mit genau derselben Kraft und Stärke, mit der man in Deutschland unsere gemeinsamen Freunde drillt, einsperrt, erniedrigt, sie das Horst Wessel Gebrüll singen läßt, plagt und verhungern läßt – mit genau derselben ruhigen Unerbittlichkeit lehne ich es ab, mit irgendeinem Deutschen am Tisch zu sitzen, der mir nicht ganz hasenrein ist. Da kann er nun heißen, wie er mag. Sie kennen mich und haben mich in vielen Milieus beobachtet: zu meinen Fehlern gehört der nicht, im Salon politische Leitartikel aufzusagen und andere Leute mit Gewalt zu ›bekehren‹. Aber hier hört es nun auf. Ich habe es mir zum Gesetz gemacht, keine deutsche Zeitung zu kaufen, keine deutsche Ware, mit keinem Deutschen zu verkehren, von dem ich nicht vorher genau weiß, wie er zu der Sache steht – und ich *sage* das auch ganz offen und mit Rücksichtslosigkeit in jedem Milieu. Wir sind viel zu lange still gewesen. Wer hat auf uns Rücksicht genommen? Und ich meine: grade jemand wie Sie, oder in kleinerem Maßstabe ich, wir sollten, wenn wir als *Kunden* auftreten, den Leuten unsern Willen aufzwingen. Das ist die einzige Sprache, die diese Boches verstehen. Keinen Krach, keine Ohrfeigen, keine Szenen. Sondern: ›Sie sind für die Nazis –?‹ Stehn lassen. Nichts kaufen. Ruhig stehn lassen. Nur so. Die da müßten uns verachten, wenn wir es anders machten.«

Auf die Schilderung seines privaten Verhaltens folgt bei Tucholsky übergangslos der Satz: »Natürlich kommt der Krieg.«

Es ist ganz der kalte nüchterne Blick des Publizisten. Nach der Analyse die Prognose. Europa, das beides nicht zur Kenntnis nimmt, wird mit 50 Millionen Menschenleben zahlen müssen.

Tucholsky hält sich um diese Zeit bei seiner Freundin Dr. Hedwig Müller in der Züricher Florhofgasse auf. Das ist seine Schweizer Tarnadresse. Jetzt wohnt er monatelang dort. Die Freundin ist zugleich medizinische Betreuerin, freilich keine Fachärztin. Doch glauben sowieso alle an einen psychosomatischen Fall. Nur Tucholsky beharrt auf einer »reinen«, also physischen Krankheit. Die Florhofgasse wird umschrieben: »... ich bin hier bei Freunden zu Gast...« Auch Hasenclever erfährt nichts Genaueres. Er könnte drüber reden, es gab überall Leute, die für die Nazis lange Ohren machten. Aber Tucholsky ist in seiner Geheimhaltungspolitik nicht konsequent. Denn die Florhofgasse wird als Adresse doch bekannt, überdies weiß Hasenclever und wissen andere von seinem schwedischen Wohnsitz: »Das Haus in Schweden habe ich noch, ich will auch, wenn auch nur leise hergestellt, zurück und da arbeiten.«

Weil Hasenclever Reisepläne hat, könnte er in Zürich vorbeikommen. Tucholsky, belebt vom Gedanken, den Freund bald zu sehen, öffnet sich in den Briefen, zuckt dann aber zurück: »Bitte sagen Sie niemanden, daß ich hier bin. Ich habe zwar einen getroffen, aber dem habe ich erzählt, ich führe Montag wieder davon.« Auch: »Dank für Ihre Diskretion in Sachen Adresse.«

Er legt falsche Spuren. Fährt davon oder gibt an davonzufahren. Das große Reiseraten beginnt. Mach ich mich auf. Bleib ich da. Spiel ich abreisen. Aber die Erde hängt schwer an den Schuhen. Der Epikureer will auch so leicht nicht aufstecken. Die Schweden – »ein langweiliges Volk«. Schlimmer: »... Zündholzschachteln mit Vorhängeschlössern dran, das ist nicht recht was für uns. Mehlwürmer.« Jetzt, aus der Florhofgasse, schwärmt er dem Freund über Zürich vor: »... dieses ist eine – trotz allem – eine himmlische Stadt. Mensch, als ich diese Luft, gemischt aus Staub, Metall, Sommerwind, Benzin und Frauen wieder gerochen habe... also das gibts ja wirklich nur ein Mal. Das erste Abendessen, durchaus mittlerer Natur, war eine Erlösung.«

So sucht Tucholsky seinen »Max« anzureizen. Ist ehrlich und lockt zugleich, will Hasenclever da haben: »Man sollte vielleicht einmal sich gründlich ausklatschen.« Der Gruß drunter: »Ihr Edgar – aufgehörter Deutscher.« Und fünf Tage später, am 14. 9. 1933: »Wir werden eine ganze Strähne Selbstmorde erleben.« An seinen eigenen dachte er wohl nicht. Den eigenen erlebt man ja auch nicht. Daß Hasenclever sich umbringen könnte, ahnte Tucholsky ebensowenig. Oder doch. »Wir werden... erleben.« Der Freund überlebte ihn um fünf Jahre.

Noch ist es nicht so weit. Von der Schweiz und hernach von Schweden aus lockt Tucholsky immerzu. Will den anderen unbedingt sprechen. Rechnet insgeheim, auf den Seiten des nicht zur Veröffentlichung bestimmten QUATSCHBUCHES, mit Hasenclever böse ab, wegen dessen Memoiren, bei denen Tucholsky die Frauengeschichten nicht behagen, vielleicht ist das nur vorgeschoben, er verübelt dem Freund das Ausbleiben. Er braucht ihn. Um zu überleben? Der andere verweigert sich. In beiden wächst unaufhaltsam der Tod. Bei Hasenclever ist das auslösende Moment für den Suicid die unmittelbare Angst vor den Nazis, er vergiftet sich 1940 im französischen Internierungslager, weil er fürchtet, den deutschen Truppen beim Einmarsch in die Hände zu fallen. Eine Gefahr, vor der Tucholsky in Schweden geschützt war.

Beim Studium der Quellen und Biographien sowie in den Gesprächen mit Zeitgenossen fiel mir auf, daß Gertrude Meyer, die letzte Gefährtin Tucholskys, nirgendwo zu Wort kam. Sie fehlte, obwohl sie bis zum Ende um ihn gewesen war.

Meine Briefe mit der Bitte, sie in Hindås, wo sie wieder wohnte, besuchen zu dürfen, blieben monatelang unbeantwortet. Ich fand das sonderbar und geriet, anhand fragwürdiger Auskünfte mehrerer Personen, wonach Frau Meyer jedes Gespräch verweigere, auf eine falsche Fährte.

Weihnachten 1978 erhielt ich eine Einladung nach Schweden.

Gertrude Meyer ist die nun wirklich letzte Frau im Leben Kurt Tucholskys, den sie 1930 in ihrem Heimatort Hindås kennenlernte. Er zählte vierzig, sie dreiunddreißig Jahre. Tucholsky hatte jemanden gesucht, der Klavier spielen und Noten schreiben konnte. Auf seinen Anruf hin besuchte sie ihn. Ihre Freundschaft begann – und das betont Gertrude Meyer ausdrücklich – zu einem Zeitpunkt, da die Beziehungen zwischen K. T. und Lisa Matthias erkalteten. Tucholsky sprach von Gertrude meist als von dem »Fröken«. Die Bezeichnung »Betreuerin« mit dem Zusatz »in jeder Beziehung« stammt denn auch von Lisa Matthias und umschreibt das intime Verhältnis des Autors zu der schwedischen Jüdin. Oft wird Gertrude Meyer in der K.-T.-Literatur als »Sekretärin« kurz abgetan. Allerdings hat sie, wie sie sagt, nie eine Bezahlung von Tucholsky erhalten. Tatsächlich war sie mehr als fünf Jahre lang seine Gefährtin. Ihren Schilderungen nach – und das belegt sie durch Briefe – war sie auch mit Tucholskys Züricher Geliebten Dr. Hedwig Müller, genannt »Nuuna« befreundet. Sie habe sie kennengelernt, als die Schweizerin den Autor in Hindås besuchte. Die Freundschaft der beiden Frauen dauerte über Tucholskys Selbstmord hinaus bis zum Tode von Hedwig Müller.

Nuuna und sie seien sich darin einig gewesen, ihrer beider Briefwechsel mit dem Freund zu vernichten. Daß Hedwig sich nicht an die Abmachung hielt, befremdet Gertrude. Allerdings hat auch sie nicht alles verbrannt, was Kurt Tucholsky an »Tydde«, wie er sie nannte, geschrieben hatte.

Weilte Tucholsky in Hindås, verließ Gertrude Meyer meist mittags gegen zwölf Uhr das elterliche Haus und ging zu Fuß in die von ihm gemietete Villa, einen schönen, auf einer leichten Anhöhe stehenden Bau, der sich heute noch in gutem Zustand befindet. Am 19. 12. 1935 gab es in ihrem Elternhaus viele Weihnachtsvorbereitungen. Sie kam deshalb erst drei Stunden später, also etwa gegen fünfzehn Uhr in die Villa. Tucholsky war noch nicht aufgestanden. Sie fand das verwunderlich und lauschte an der Tür zum Schlafzimmer. Heute, 43 Jahre später, ist sie sich nicht mehr ganz sicher, vermeint aber, schweres, röchelndes Atmen gehört zu haben. Weil Tucholsky auf Klopfen nicht antwortete und die Tür abgeschlossen war, rief sie einen Mann, der das Schloß aufbrach. Gertrude Meyer fuhr mit im Wagen nach Göteborg ins Sahlgrensche Krankenhaus, wo Tucholsky zwei Tage später, am 21. 12. 1935 verstarb.

An den von K. T. hinterlassenen Zettel mit der Bitte »Laisse moi mourir en paix« (Laß mich in Frieden sterben) erinnert sie sich nicht auf Anhieb. Dann wird Gertrude Meyer sicherer. Ja, der Zettel hat auf dem Tisch gelegen. Sie habe ihn zusammen mit den Briefen verbrannt und ein Recht dazu gehabt, der Zettel sei an sie gerichtet gewesen. Warum war die Bitte französisch abgefaßt? Nun, Tucholsky wußte, daß sie gut französisch sprach.

Der Selbstmord des Schriftstellers sei unbezweifelbar. Mehrere Abschiedsbriefe seien vorhanden gewesen. Hier stutze ich. In der bisherigen Literatur wird mitgeteilt, es gebe nur einen Abschiedsbrief an Mary Gerold-Tucholsky. Gertrude Meyer beharrt darauf, es hätten »mehrere Kuverts« dagelegen, darunter ein Abschiedsbrief an sie selbst, und, sie sei sich dessen nicht ganz, aber doch ziemlich sicher, auch ein Abschiedsbrief an Nuuna.

So sehr sie sich Vorwürfe macht wegen der drei Stunden, die sie am 19. 12. später gekommen ist, weil Tucholsky, wäre sie wie sonst schon um zwölf Uhr im Haus gewesen, möglicherweise hätte gerettet werden können, so bestimmt sagt Gertrude Meyer, der Selbstmord wäre dann eben später geschehen, K. T. sei bei jeder Nachricht von Untaten aus Hitler-Deutschland sehr erregt gewesen. Dazu gibt sie exakte Schilderungen.

Aus den in Gertrude Meyers Besitz befindlichen Papieren geht hervor, wie sehr Tucholsky durch die Absagen deprimiert gewesen sein muß, die er von Zeitungen erhielt, in denen er für seinen inhaftierten Freund Carl von Ossietzky eintreten wollte. Der weithin bekannte, glänzende Publizist fand zuletzt im Ausland kein einziges Presseorgan für seine beabsichtigte Solidaritätsaktion und dies, obwohl er ausdrücklich auf ein Honorar verzichtete. Das Aufwallen seines Kampfwillens und die Zurückweisungen, die er erfuhr, mögen den Entschluß zum Tode gerade in diesen Tagen bestärkt haben.

Andererseits sei Tucholskys Leben in Schweden, erzählt Gertrude Meyer, nicht so traurig verlaufen, wie es sich heute meist darstelle. Seine Aktivität sei in die ausgedehnte Korrespondenz eingegangen. Er schrieb fast täglich Briefe in alle Welt und besonders an Nuuna in Zürich. War er dort zu Besuch, schrieb er fast täglich an das »Fröken« in Hindås. Antworteten die jeweiligen Adressaten nicht umgehend, erkundigte er sich besorgt nach den Gründen.

Genauere Auskünfte über seine letzten Lebensjahre und Lebenstage kann das detaillierte Studium der Unterlagen ergeben, die sich im Besitz Gertrude Meyers befinden. Das erfordert weitere Nachforschungen.

Frau Meyer gab einen Teil ihrer Materialien im Herbst 1965 an die Tucholsky-Ausstellung der Königlichen Bibliothek in Stockholm. Über diese Ausstellung existiert eine wissenschaftliche Arbeit von Christine Tegling vom deutschen Institut der Universität Stockholm, die schon sehr viel Einblick in Gertrude Meyers Asservate erlaubt, weshalb im Anhang daraus die Passage »Die Sammlung Gertrude Prenzlaus« abgedruckt wird. (Prenzlau ist der heutige Name von Frau Meyer).

Hellt sich die politisch-psychologische Situation Tucholskys in den Tagen vor seinem Ende auf und erfährt man anhand der neuen Informationen einiges über seine materielle Lage, ist über die genauen Todesumstände nur noch wenig zu eruieren. Fest steht, daß Hedwig Müller oft Veronal beschaffte, was ihr als Ärztin nicht schwer fiel. Vielleicht auch hatte Tucholsky sich schon früher in Frankreich ein Morphium-Depot als Garantie für den Ernstfall angelegt. Den Zeugen dafür darf ich nicht nennen. Ob und wann dann ein Wechsel zum Veronal vorgenommen wurde, ist unbekannt. Seltsam mutet in diesem Zusammenhang der Satz in der Tucholsky-Bild-Biographie von Fritz J. Raddatz an: »Am 19. Dezember nimmt Kurt Tucholsky das Gift, das er seit langem bei sich trug.«

Es klingt unwahrscheinlich, daß jemand eine Überdosis Veronal bei sich trägt. Vermutlich handelt es sich hier um die Unexaktheit der üblichen Poetisierung. Man weiß nichts Genaues, will aber gerade das nicht zugeben und flüchtet in eine naive, tränentreibende Bildersprache.

Weil wir gerade bei den Verwunderlichkeiten sind, sei angemerkt: Am verwunderlichsten ist die Methode der Tucholsky-Biographen, wichtige lebende Zeugen derart konsequent zu ignorieren. Erst der Außenseiter Gustav Huonker suchte Hedwig Müller kurze Zeit vor deren Tod in Zürich auf. Da er sich als Schweizer nur für K.-T.-Spuren in der Schweiz zuständig fühlte, reiste er nicht auch nach Schweden. Gertrude Meyer wurde nie von einem der Autoren befragt, die über Tucholsky schrieben. Ebensowenig Hedwig Müller.

Zwar stimmt es, daß Frau Meyer mit ihrer bescheidenen Zurückhaltung nicht gerade zu Recherchen ermuntert. Auskunft allerdings erteilt sie, ist man ernsthaft darum bemüht. Ich betrachte das, was da geschehen: besser nicht geschehen ist, als ein so gezieltes wie skandalöses Desinteresse von Literaturwissenschaftlern und Biographen. Man nahm vorhandene Spuren nicht auf, ignorierte Hedwig Müller, bis sie starb, hat weiter abgewartet – schließlich ist Gertrude Meyer inzwischen auch über achtzig Jahre alt. Es wäre natürlich notwendig gewesen, schon in viel früheren Zeiten, als die Erinnerungen noch exakt waren, mit den beiden Freundinnen Tucholskys zu sprechen. Man wollte aber nicht die ausgefächerte und oft höchst komplizierte, auch widersprüchliche Wahrheit wissen; man schrieb, was einem von Dritten erzählt wurde. So entstehen Biographien hierzulande.

Gertrude Meyer erklärt im übrigen, und dies widerspricht bisher publizierten Darstellungen, sie sei nicht zu Tucholskys Lebzeiten und von ihm beauftragt in Berlin gewesen, um Ossietzky zu helfen, sondern erst im Jahre 1936. Den Abschiedsbrief an Mary habe Nuuna überbracht, die

Anfang Januar 1936 nach Hindås gekommen sei und über Berlin zurückfuhr. Im selben Jahr sei Gertrude dann in Berlin gewesen, wo sie erst im Hotel Adlon, danach bei Frau Mary Gerold-Tucholsky gewohnt habe. Später trafen die beiden Damen noch einmal kurz in Stockholm zusammen, in Hindås ist die Universalerbin nie gewesen.

Frau Meyer jedoch verweist auf ihre Tagebücher und Erinnerungen, die sie einmal veröffentlichen würde. Davon kann man sich wohl verläßlichere Auskünfte erhoffen als von Tucholskys »Lottchen« Lisa Matthias.

Nach Gertrude Meyers Mitteilungen erscheint Tucholskys Ende in einem anderen Licht. Wenn nicht, wie bisher angenommen, ein einziger Abschiedsbrief vorhanden gewesen ist, sondern deren zwei oder drei hinterblieben sind, dann hat der Satiriker sich so plural von der Welt verabschiedet wie er in ihr lebte: in mehrfacher Gestalt, mit wechselnden Pseudonymen. Noch im Tode scheute er die Eindimensionalität. Der Dr. jur. bestimmte Mary Gerold-Tucholsky klugerweise dazu, seine literarischen Rechte wahrzunehmen, und sie machte ihn postum zum Bestsellerautor. Die Freundinnen aber, mögen sie nun wie Lisa Matthias nur noch hassen oder wie Hedwig Müller und Gertrude Meyer loyal und liebevoll zu diesem Mann stehen, überliefern andere Seiten vom Leben des vielgestaltigen Schriftstellers, der als Theobald Tiger im Jahre 1922 prophetisch über sein Begräbnis dichtete:

»Das Ganze halt! Jetzt wird es dionysisch!
Nun singt ein Chor: Ich lächle metaphysisch.
Wie wird die schwarzgestrichne Kiste groß!
Ich schweige tief.
Und bin mich endlich los.«

Neben dem Abschiedsbrief an Mary gibt es noch ein zweites Zeugnis für Tucholskys Selbstmordabsichten – seinen Brief an Arnold Zweig, geschrieben am 15. 12. 1935.

Soweit der Teil dieses Briefes jüdische Fragen betrifft, fand er in Arnold Zweig gewiß den passenden Adressaten.

Nach der sehr positiven Kritik über Zweigs Roman »Der Streit um den Sergeanten Grischa« korrespondierten beide Autoren miteinander, allerdings war ihre Beziehung nicht so eng, daß sich daraus die letzte Botschaft an Zweig mit ihrem Vermächtnischarakter erklärte.

Man mag den Brief wieder und wieder lesen, der Eindruck bleibt, hier schließt Tucholsky mit seinem Leben schon vier Tage, bevor er zum Gift greift, ab.

Nicht nur Bücher haben ihr Schicksal, auch Briefe. Tucholskys letzte Botschaft an Zweig war zu gut, zu scharf, zu umfassend und seherisch, als daß man sie so komplex hätte ertragen können.

Am 6. 2. 1936 wurden Teile daraus abgedruckt in der inzwischen in

Prag erscheinenden »Neuen Weltbühne«. Es fehlten die moskaukritischen Passagen, die Zeitschrift war unter dem neuen Herausgeber Hermann Budzislawski auf prokommunistischen Kurs geschwenkt.

Am 27. 2. 1936 brachte die SS-Zeitung »Das Schwarze Korps« die Prager Auswahl, ebenso die Berliner »Nachtausgabe«. Ein Beweis dafür, daß den Nazis der gesamte Brief nicht vorlag, sie hätten sich sonst schwerlich die Moskau-Kritik in der Originalfassung entgehen lassen. Die »Jüdische Rundschau«, das offizielle Organ der in Deutschland lebenden Juden, eine nationale Kollaborationszeitung, übernahm die Version aus dem »Schwarzen Korps«, zensierte aber die polemischen Sätze über jüdisches Verhalten unter dem Faschismus weg.

Der vollständige Brief wurde erst im Januar 1939 in der deutschsprachigen Zeitschrift »Gegen den Strom« publiziert – sie erschien in New York.

Tucholskys letzte Botschaft an Arnold Zeig wurde von diesem am 16. 1. 1936 aus Haifa beantwortet. Dorthin war Zweig emigriert. Da war Tucholsky schon fast vier Wochen tot.

Ein Zug mit defekten Bremsen

In dem Brief Arnold Zweigs vom 16. 1. 1936, der Tucholsky nicht mehr lebend erreichte, findet sich der Satz: »Sie hatten eine übertriebene Hochachtung und Erwartung für das, was dem Geiste möglich ist.«

Obgleich der Ausspruch etwas von Tucholskys Wesen trifft, ist er unpassend. Den Zwiespalt zwischen seinem Erfolg und seiner gleichzeitigen Wirkungslosigkeit hatte er erkannt und oft beklagt, er erwartete da nichts mehr, eine Verzweiflung, die jeder Aufklärer teilt. Dennoch ist es ein Unterschied, ob ein Schriftsteller nur seine schwache oder ausbleibende Wirksamkeit beklagen muß oder seine völlige Niederlage.

Der Konflikt zwischen dem Dritten Reich der braunen Dämonen und dem »jüdischen Zivilisationsliteraten« Kurt Tucholsky hat über den aktuellen Anlaß hinausreichenden Stellenwert. Das durchschaut zu seiner Zeit keiner so deutlich wie Tucholsky selbst. Damit stoßen wir auf den innersten Kern der Tragödie; das Beispiel wird wichtig für die Epoche nach dem Zweiten Weltkrieg. Bei Alf Enseling finden sich die erstaunlich klarsichtigen Sätze: »Es ging... um das Problem der Assimilation... um Mitbestimmung. Aber es ging nicht nur um die spezifische jüdische Assimilation, sondern um die des aktivistischen Intellekts. Da es sich bei diesem Versuch der ›Zivilisationsliteraten‹ zum großen Teil um Juden handelte, die ihn unternahmen, so kommt ihrem Schicksal exemplarische Bedeutung zu. Am Scheitern der jüdischen Assimilation manifestierte sich die Vergeblichkeit der ›Weltassimilation‹ des Geistes – vergeblich in einer Wirklichkeit, die noch nicht reif war, die aber der Intellekt, in seinem Bemühen, doch Wurzeln zu schlagen, als reif voraussetzen mußte.«

Tucholsky also als zu früh gekommener aktivistischer Intellektueller und intellektueller Aktivist, das ist tatsächlich eine Übertragung der versuchten jüdischen Assimilation, besser: Emanzipation auf die allgemeine menschliche Ebene. Werden die dumpfen materiellen Zwänge der geschichtlichen Notwendigkeit dem Geiste geöffnet und kann Emanzipation über den geistigen Eingriff erreicht werden, ist also die intellektuelle Aktivität erfolgreich oder bleibt sie gänzlich erfolglos, den, der sie dennoch versucht, zerschmetternd.

Das Dritte Reich war die Antwort der Deutschen auf die geforderte Mündigkeit und Verselbständigung, wie der Tod Tucholskys seine Antwort auf das Dritte Reich war.

Das Exempel ist für das zerstörte Deutsche Reich statuiert worden. Im Weltmaßstab steht die Probe aufs Exempel noch aus. Offen bleibt, ob intellektuelle Aktivität den mörderischen Gang der Dinge ändern kann. Bisher sieht es eher so aus, als würden die Geistesarbeiter zu Wasserträgern degradiert. Die head eggs sind von den Systemen in Dienst genommen worden. Sie dienen der Aufrüstung, und um dies zu tarnen, sondern ihre Verbandssprecher neue alte Theorien ab, wonach die Aufrüstung den Frieden sichere. Der davon abweichende aktivistische Intellektuelle findet dagegen immer weniger Arbeitsmöglichkeiten, denn auch die Medien gehören den Mächtigen der Systeme. Tucholsky verfügte mit der »Weltbühne« über ein quantitativ schwaches Presseorgan. Aber er nutzte das »Blättchen« wie und wo er nur konnte. Seine Nachkommen haben nicht mal mehr dieses Forum. Der kritisch-aktive Autor ist als Störfaktor der Rüstungsindustrien und Zuwachswirtschaften erkannt und geortet worden, sein Überleben gefährdet.

Alf Enseling zitiert zustimmend noch einen anderen Satz Zweigs an Tucholsky, wonach Tucholskys Irrtum darin bestanden habe, »daß nämlich die Zeit der Gewaltlosigkeit schon angebrochen sei«.

Das »schon« verweist den beabsichtigten Trost in die jüdische Chiliastik, Unterabteilung marxistische Zukunftshoffnung. Tucholsky habe eben das Reich des Geistes und der Gewaltlosigkeit zu früh erwartet. Das war sein Irrtum. Zu erwarten ist es gleichwohl. Wann zu erwarten? Später. Wann später? Irgendwann... Dieser Rat an einen Tucholsky, der ahnungsvoll in einem Schnipsel sagte: »Den meisten Leuten sollte man in ihr Wappen schreiben: Wann eigentlich, wenn nicht jetzt?«

Und was ist, wenn mit der Vernichtung Tucholskys nicht nur *ein* Exemplar der Gattung »Zivilisationsliterat« ausgemerzt wurde, sondern ein Vernichtungsakt sich anzeigt, der in aller Zukunft fortgesetzt zu werden droht?

Das hieße: Wer es, wo auch immer, wann auch immer, wagt, wie Tucholsky Friede und Freiheit konkret einzufordern, dem antwortet die Gewalt.

Das hieße: Das Planziel der Landesverteidigungen ist längst zu einem gemeinsamen und alle potentiellen Gegner einengenden Planziel Weltuntergang geworden. Die Kritik an den Vorbereitungen zur letzten Kernkraftexplosion ist als bloße Arabeske erlaubt, als Alibi geduldet. Wo die Kritik aber aktivistisch wird und eine Verhinderung des Untergangs fordert, schlägt die jeweilige Staatsgewalt zu. In ihrem Selbsterhaltungsinteresse, als welches der bürokratische Masochismus sich tarnt. Sie sorgen dafür, daß der Tod vom 21. Dezember 1935 all denen jede Hoffnung nimmt, die den Erdball solange erhalten wollen, wie die Naturgesetze es erlauben. Sie garantieren den Amoklauf. Die schwere Steinplatte auf dem Grab in Schweden ist ihnen die beste Beruhigung. Es soll sich keiner erlauben aufzuerstehen. Sie verwalten den allgemeinen Weltuntergang, die abgekürzte Endlichkeit, den ungehemmten technischen Fortschritt mit seinen notwendigen Zuwachsraten an Menschenvernichtung. Bevor das progressive Atomzeitalter anbrach, war der Untergang der Erde im Kältetod absehbar, doch so weit entfernt, daß mit der Maßeinheit Unendlichkeit gemessen werden konnte. Nachdem wir uns so großartige Vernichtungspotentiale geschaffen haben, ist die Endlichkeit nähergerückt. Unser Zeitvorrat ist geschrumpft, er nähert sich dem Endpunkt wie die Erdöllager. Sagen darf man das noch. Mancher darf es sogar schreiben. Doch darf nichts dagegen getan werden. Auch das Nachdenken darüber löst nur Befremden aus.

Der Weimarer Republik erstand in der »Weltbühne« ein winzigkleines Organ des aktiven Widerspruchs. Eine Handvoll aktivistischer Pazifisten meldete Kritik an. Der Staat ertrug sie widerwillig und nur gezwungenermaßen, dann ging er unter im Nazismus, dessen Sieg die »Weltbühnen«-Autoren vorausgesagt hatten als berechenbares Ergebnis vorgegebener Besitzverhältnisse, Machtstrukturen, Parteienfehler. Immerhin ging die kleine Zeitung erst im Dritten Reich unter. In der Bundesrepublik Deutschland erstand das »Blättchen« nicht neu, auch kein anderes Organ nahm diesen Platz ein. Vielleicht liegt darin die Vorsorge des Staates für seine Bürger. Man springt nicht ab von einem mit defekten Bremsen zu Tale brausenden Eisenbahnzug. Es wäre, bei der schon erreichten Geschwindigkeit, der sichere Tod. Der steht zwar sowieso für alle bevor. Doch bleiben noch einige Sekunden oder Minuten bis dahin.

Viertes Buch: Nachwirkungen

Was geblieben ist

Geblieben ist 44 Jahre nach dem Tod Kurt Tucholskys – mehr denn je – die Notwendigkeit, Konflikte zwischen den Staaten und Blöcken mit friedlichen Mitteln beizulegen. Tucholsky hat schmerzvoll und früh zu den Wahrheiten gefunden, die gegen Ende des Jahrhunderts und Jahrtausends die großen letzten Wahrheiten der Menschheit sind. Ein halbes Jahrhundert nach seinem Tod haben sich die Vernichtungskapazitäten potenziert. Allein die USA verfügen über die atomare Sprengkraft von acht Milliarden TNT, soviel wie eine halbe Million Atombomben jenes Typs, der 1945 Hiroshima zerstörte. Die Rüstungsausgaben der Welt beliefen sich im Jahre 1977 auf runde 850 Milliarden Mark. Das sowjetische atomare Vernichtungspotential steht dem der USA nicht nach. Die herkömmlichen Waffen pflegt man ebenfalls. In Vietnam erprobte Amerika seine Fragmentations- und Druckwellenbomben. Zehntausende kleiner Pfeile, aus einem Abwurfkanister verspritzt, löschen alles Leben in einem Kilometer Umkreis aus. Tödliche Druckwellen richten sich gegen Mensch, Tier, Pflanze. Andere Bomben entziehen der Luft den Sauerstoff. Die Experimente machten die USA mit Vietnamesen, wie Hitler-Deutschland seine neuen Waffen auf seiten Francos in Spanien erprobte.

Unterdessen wird den Führern des Unternehmens Weltvernichtung selbst unwohl. Der amerikanische Präsident Jimmy Carter äußerte 1977 auf einer UNO-Generalversammlung: »Bis zur Jahrhundertwende können die Atomwaffenarsenale um einige zehntausend Stück anwachsen. Die Versuchung, diese Mittel einzusetzen, oder die Angst vor einem Einsatz durch eine andere Partei wird dann fast unwiderstehlich werden.«

Doch der Angst und der Einsicht aus Angst folgt keine Verringerung der Rüstung. In der gesamten Welt arbeiten schon 400 000 Wissenschaftler für die Rüstungsindustrie. Die Tendenz ist steigend und die Konsequenz absehbar.

Entweder handeln wir im tagtäglichen Kleinkrieg unserer jämmerlichen Konkurrenzkämpfe weiter wie bisher, und dann werden die in sogenannten Friedenszeiten angehäuften Vernichtungswaffen eines Tages angewendet werden, wie alle vorher angehäuften Waffen einmal angewendet worden sind, allerdings mit dem Unterschied, daß unser heute bestehendes Rüstungspotential den Weltuntergang planvoll miteinbezieht – oder wir erkennen die Gefahr und setzen uns dagegen zur Wehr auf die einzig menschliche Weise, die geblieben ist: waffenlos, in der Weigerung und Verweigerung neuer Rüstungen und Überrüstungen. Tucholsky ist, mit seinem militanten Pazifismus, der Mann unserer

Endzeit. Wer ihn, wie die Weimarer Republikaner, abwimmelt, spricht sich selbst das Todesurteil.

Geblieben ist in Deutschland auch eine Mentalität der Politiker wie der Bürger, die dafür sorgt, daß man sich nicht an pazifistischen und antifaschistischen Traditionen orientiert, sondern weit eher an jenen Überlieferungen anknüpft, die uns schon zweimal ins Unheil geführt haben. Ein Beispiel dafür ist das postume Schicksal Carl von Ossietzkys. Texte von und über Ossietzky hätten nach 1945 in jedes Schulbuch gehört. Das Dritte Reich hatte diesen Mann ermordet und die Bundesrepublik hat ihn nach Kriegsende vergessen gemacht. Im Mai 1963 meldete »Die Welt«: »Die ›Gesellschaft für Wirtschaft und Sozialpolitik‹ und die ›Staatspolitische Gesellschaft‹ verweigerten die Teilnahme an einer Gedenkstunde für den deutschen Friedensnobelpreisträger Carl von Ossietzky. Die Begründung des CDU-Abgeordneten Rollmann: ›In dieser heutigen Zeit des Bedrohtseins können wir uns nicht leisten, Pazifisten durch Gedenkstunden als Vorbilder des heutigen Deutschland herauszustellen.‹«

Dietrich Rollmann attackierte *nur* die pazifistische Haltung des Autors, sein Parteifreund, der Hamburger CDU-Landesvorsitzende Eric Blumenfeld, landete einen ideologischen Rundumschlag, um zu erklären, warum er und seine Partei sich außerstande sähen, bei der Feierstunde zum 25. Todestag des von den Nazis ermordeten Antifaschisten dabei zu sein. »Die Welt« über Blumenfeld: »...er beklage zwar das persönliche Schicksal des Publizisten. Er vermöge jedoch nicht die Haltung Ossietzkys zu verstehen, der immer der extremen Linken angehört habe, von der er noch heute gern zitiert werde.«

Wer über eine so festgefügte Meinung verfügt, ist natürlich der Notwendigkeit enthoben, das Werk des Verurteilten auch tatsächlich zu lesen. Ossietzky sagte 1933: »Ich gehöre keiner Partei an. Ich habe nach allen Seiten gekämpft, mehr nach rechts, aber auch nach links...«

Das muß Eric Blumenfeld nicht wissen, so wenig wie es die Leute wissen müssen, die der Bundesrepublik nun den schon mehrere Jahre andauernden Oldenburger Ossietzky-Skandal bescherten.

Es hatte im Oktober 1974 damit begonnen, daß Studenten ihrer Hochschule in Oldenburg den Namen Carl-von-Ossietzky-Universität gaben und eine Inschrift anbrachten. Zweimal wurde die Inschrift ausgelöscht, das erstemal von einer aus SPD und FDP gebildeten niedersächsischen Landesregierung unter Mitwirkung zweier Hundertschaften Polizei. Im Jahr darauf erneuerten die Studenten den Namenszug. Die CDU verlangte wiederum eine Polizeiaktion, doch im Ausland hagelte es Proteste gegen die seltsame Art und Weise, wie die Westdeutschen mit einem der größten Symbole des Antifaschismus umsprangen.

Anfang Mai 1978 veranstalteten ehemalige KZ-Häftlinge, die Liga für Menschenrechte, der Bundesjugendring und der Deutsche Gewerkschaftsbund in Oldenburg »Ossietzky-Tage«. Als Denkmal für den Friedens-Nobelpreisträger, der unweit Oldenburgs im KZ Esterwegen gelitten hatte, wurde eine Metallplastik in der Form eines Stacheldrahtknotens am Portal der Universität enthüllt. Ossietzky-Gedenkmedaillen wurden an den greisen Gewerkschafter Willi Bleicher und den für seine Liberalität bekannten Bundesverfassungsrichter Helmut Simon verliehen. Anonyme Feinde Ossietzkys hatten auf ihre Weise ebenfalls mitgewirkt und in der Nacht vor der Feierstunde die großen Buchstaben »Carl-von-Ossietzky-Universität« abermals von der weißen Außenwand des Gebäudes entfernt. So wissen bestimmte Deutsche immer genau, wie sie mit ihren besten Geistern und aufklärenden demokratischen Schriftstellern umzugehen haben, im Jahre 1933 warfen sie Ossietzkys Bücher auf den Scheiterhaufen, im Jahr 1978 – 45 Jahre danach und 40 Jahre nach Ossietzkys Tod, verursacht durch die Folgen der KZ-Haft – tilgen sie seinen Namen und begehen einen symbolischen Mord.

Die Palette der Peinlichkeiten von Oldenburg wurde im Nachhinein bereichert durch eine Erklärung von Professor Joist Grolle, vormals Wissenschaftsminister in der niedersächsischen SPD/FDP-Regierung. Danach habe die Weigerung der damaligen Koalition, der Hochschul-Benennung zuzustimmen, »nichts mit Vorbehalten gegenüber dem Werk und der Person« Ossietzkys zu tun gehabt. »Ausschlaggebend war vielmehr die Skepsis, einer gerade erst gegründeten Universität den Anspruch eines großen Namens zu geben.«

Als ob nicht gerade eine neugegründete Hochschule der Starthilfe bedürfe, die mit einem solchen Akt verbunden ist.

Maßgeblich für die Ablehnung war jedoch etwas anderes, was der frühere Wissenschaftsminister so umschreibt: »Daneben ging es der damaligen Landesregierung aber auch darum, die politische und moralische Integrität des Namens Ossietzky davor zu bewahren, in einem lokalen Streit zwischen Universität und Oldenburger Bevölkerung (!) verschlissen zu werden.«

Kurz und unverschlüsselt heißt das: Carl von Ossietzky ist schon als Name ein Programm, dessen antifaschistische Verbindlichkeit allen Bürgern, die mit dem Nazismus nicht ernsthaft gebrochen haben, als Provokation und Zumutung erscheinen muß.

Diese Reaktion fürchtete man also bei einem nicht geringen Teil der Einwohner von Oldenburg, was den Schluß zuläßt, daß dortzulande noch mit den Maßstäben des Dritten Reiches gemessen wird, und die Konseqenz, daß es der Bevölkerung ebenso wie der von ihr gewählten Landesregierung an antifaschistischem Minimalkonsens mangelt. Bezeichnend ist auch die Selbstentblößung des ehemaligen Wissenschaftsministers Professor Grolle, der beteuert, er habe sich 1974/75 »der von der CDU geforderten Namensentfernung im Landtag öffentlich widersetzt... Erst als ein Abgeordneter der FDP bei einer erneuten Attacke der CDU ankündigte, er werde mit der CDU für eine Entfernung des Namens stimmen, änderte man überstürzt die Linie. Um einer Abstimmungsniederlage im Landtag zuvorzukommen, beschloß der Koalitionsausschuß, die Landesregierung selbst müsse für die Entfernung des Namens sorgen.«

Also marschierten die Polizeibereitschaften auf, Carl von Ossietzkys Name wurde von den Universitätsmauern zwangsentfernt. Womit die SPD wie zuvor in der Weimarer Zeit ein weiteres Mal bewies, wie wenig Sinn sie für historische Zusammenhänge besitzt. Wo gekämpft werden müßte, weil es um die Grundsubstanz sozialdemokratischen Selbstverständnisses geht, läßt man sich auf die windigsten Kompromisse ein, die nur die Vorstufen für weitere Niederlagen sind. Die Charakter- und Schamlosigkeiten der niedersächsischen SPD/FDP-Koalition hinderten die FDP nicht daran, nach den nächsten Landtagswahlen mit der CDU zu koalieren. Keiner der Politiker, die das alles zu verantworten hatten und haben, verschwendete aber auch nur einen Gedanken daran, wie verheerend der Eindruck bei den Studenten gewesen sein muß. Wenn ein großes Land so entsetzlich wenig aus den Fehlern seiner Geschichte lernt, dann liegt der Schluß nahe, es befinde sich auf dem Holzwege. Die Folge ist, breite Schichten der Jugend wenden sich enttäuscht ab, aktivistische Minderheiten verzweifeln an den demokratischen Möglichkeiten und verfallen den Versuchungen des Terrorismus.

In den fortgesetzten Versuchen, einen großen Toten vergessen zu machen und sein Werk und Vermächtnis zu verschweigen, erweist sich eine Generation zum zweitenmale als Versager. Diese Herren haben einst im Kampf gegen Hitler versagt und sich schließlich zu seinen mörderischen Kreaturen machen lassen. Heute versagen sie wiederum, weil sie die ganze Wahrheit nicht eingestehen wollen. Es soll einfach nicht wahr sein, daß Ossietzky und Tucholsky das Richtige vorgeschlagen und getan haben, aber zu wenig Unterstützung in ihrem Antifaschismus fanden. Dies wollen jene, die ihnen damals die Solidarität verweigerten und sich hernach folgerichtig zu Hitlers Mitläufern degradierten, nicht akzeptieren. Verbeugten sie sich heute vor dem Mahnmal des Carl von Ossietzky, zeigten sie sich öffentlich als Schuldige. Gerade die Mitläufer und des Teufels Advokaten bringen soviel Größe nicht auf. Statt dessen stilisieren sie sich zu Antinazis um. Wenn sie den Namen des Friedens-Nobelpreisträgers Carl von Ossietzky verschweigen oder auslöschen und mit dem Namen auch den Mann weiter bekämpfen, so ziehen sie nur ihre falsche und für Deutschland höchst verhängnisvolle Blut-Linie aus der Vergangenheit bis in die Gegenwart durch. Die früheren Feinde sind auch die heutigen Feinde.

Der Fall von Oldenburg reicht weit über sich hinaus. Die niedersächsische Landesregierung, die die Benennung der Universität nach Ossietzky ablehnt, bedient sich einer unwahren Begründung, wenn sie vom »Rückfall in ein Traditionsritual von vorgestern« spricht. Die vielgescholtenen Studenten zeigen, verglichen mit ihrer Obrigkeit, bei weitem mehr Demokratieverbundenheit und Geschichtsbewußtsein, wenn sie verlangen, dieser dem KZ, in dem Ossietzky litt, nahegelegenen Universität seinen Namen zu geben.

Kein »Rückfall in ein Traditionsritual von vorgestern« wäre das, sondern eine bitter notwendige Ehrung und ein Zeichen dafür, daß Antifaschismus nicht gering geachtet wird in unserem Land, welcher Verdacht sich immer häufiger aufdrängt, hört man zum Beispiel, daß eine Lehrerin von Vorgesetzten und den Eltern ihrer Schüler angegriffen wurde, weil sie das »Thema Faschismus« zu oft kritisch im Unterricht behandelt habe, und weiß man andererseits von einem ehemaligen Ministerpräsidenten, der bestes politisches und christliches Gewissen demonstrieren durfte, obwohl er als Marinerichter wenige Wochen vor Kriegsende weisungsgemäß und pflichttreu das Todesurteil gegen einen Obergefreiten beantragte, der versucht hatte zu desertieren, sich dann aber seiner Truppe stellte.

Herr Filbinger hatte die Hinrichtung des jungen Matrosen fast vergessen und erklärt auf Befragen, was damals »rechtens gewesen sei, könne heute nicht unrecht sein«.

Solche Ansichten darf einer jederzeit öffentlich vertreten, während man es dem Pazifisten Heinrich Häberlein verwehrt, als Lehrer zu arbeiten, weil laut Spruch des Verwaltungsgerichts Ansbach bei einem Beamten gewährleistet sein müsse, daß er überzeugter und aktiver Antikommunist sei, was auf den Nürnberger Pazifisten Häberlein nicht zutreffe, auch wenn er nicht zu den Verfassungsfeinden zähle.

Der frühere Oberbürgermeister von Westberlin, Heinrich Albertz (SPD), sagte in Oldenburg: »Auch Ossietzky stände heute mit Sicherheit auf den Listen des Verfassungsschutzes und käme, falls er sich je bewerben sollte, ganz sicher nicht in irgendeinen öffentlichen Dienst. Soweit sind wir gekommen.«

Wobei Albertz noch nicht einmal darauf verwies, wie sehr seine Parallele auf einen konkreten Gegenwartsfall zutrifft: Der Pazifist Häberlein, der in der BRD nicht Beamter werden darf, hatte sich ganz bewußt an die großen pazifistischen Vorbilder gehalten und in Bayern einen Ossietzky-Kreis geschaffen. Außerdem war ihm von der Hamburger Kurt-Tucholsky-Stiftung ein Stipendium gegeben worden. Das Verwaltungsgericht Ansbach und jene geheimen Verfassungsschützer, die die kuriosen Unterlagen für das Urteil lieferten, statuierten ganz im traditionellen Geist ein Exempel. Was sich gegen den heutigen Pazifisten richtet, trifft auch die vormaligen Pazifisten Ossietzky und Tucholsky. Insofern verhalf die Logik der üblen Tradition zum Durchbruch wie die Tradition der Logik. Wenn da noch etwas hoffen läßt, so die Tatsache, daß die Gewerkschaften aufmerksam geworden und bei den Oldenburger Ossietzky-Tagen dabeigewesen sind. DGB-Vorsitzender Vetter erklärte in seiner Preisrede auf Willi Bleicher, die Gewerkschaften hätten nach Kriegsende mit einem radikalen Neubeginn gerechnet, die Dynamik einer kapitalistischen Gesellschaft aber vergessen. Da diese Dynamik gegenwärtig erreichte Fortschritte rückgängig zu machen drohe, sei man zur Wachsamkeit und Verteidigung gezwungen.

Nicht weniger deutlich wurde Helmut Simon, der Ossietzky als das Opfer eines der bösesten Fehlurteile der Judikatur in der ersten deutschen Republik bezeichnete und die vielverschwiegene Wahrheit auszusprechen wagte, die Weimarer Justiz sei durch Schonung der Rechten und hartes Zuschlagen bei den Linken mitverantwortlich für das Scheitern der damaligen Republik geworden.

Die Selbstgefährdung der Bonner Republik, die sich mit mühevoller Falschheit immer erneut einredet, sie sei Weimar ganz und gar unähnlich, erwies sich nicht zuletzt dadurch, daß die inzwischen von CDU und FDP gebildete niedersächsische Landesregierung den Oldenburger Ossietzky-Feiern demonstrativ fernblieb und der Ring Christlich-Demokratischer Studenten in Flugblättern gegen das Ossietzky-Denkmal polemisierte.

Das Bild komplettierte sich durch tätliche Angriffe von Mitgliedern des Nationaldemokratischen Hochschulbundes auf Mitglieder des Sozialistischen Hochschulbundes.

Nun können lokale Vorgänge zwar warnen, sie gestatten aber noch keinen Schluß auf allgemein herrschende Zustände. Was zu denken gibt, ist die Weigerung der Landesregierung, unabhängig davon, wie sie sich zusammensetzt, den Namen Carl von Ossietzky als Universitätsnamen zu akzeptieren. In dieser Weigerung kann sich nicht nur schlicht geschichtliches Unverständnis verbergen, denn dann qualifizierte sich diese Landesregierung selbst als untauglich ab. Was sie scheut, ist die Anerkennung der Legitimität. Antifaschistische Linkspublizisten und Pazifisten wie Ossietzky und Tucholsky sollen draußen vor den Toren des Staates und seiner Einrichtungen, auch seiner Bildungseinrichtungen bleiben. Die Staatsdiener sind derart in der alten, bis Weimar und durch Weimar hindurch ins Kaiserreich zurückreichenden obrigkeitlichen Denkweise befangen, daß ihnen diese Linken und Radikalliberalen grundsätzlich verdächtig bleiben, und noch mehr, wenn sich liberale, radikale oder sozialistische Studenten und Wissenschaftler mit ihnen identifizieren. Die deutschen Hoheitsträger argwöhnen, ihr Staat nehme daran Schaden. Auf den Gedanken, dieser ihr Staat müsse noch zu viele Züge der Weimarer Republik aufweisen, wenn er Ossietzky und Tucholsky als Feinde empfinde, kommen solche Staatsdiener wohl nicht.

Zu ergänzen bleibt, daß gegenwärtig die Staatsanwaltschaft in Oldenburg auf Antrag des NPD-Studentenverbandes wegen Beleidigung gegen die Konzilsmitglieder der Universität ermittelt. Grund: Das 88köpfige Konzil hatte es abgelehnt, den NPD-Studenten einen Raum zu überlassen. Ohne Gegenstimmen bei acht Enthaltungen. Die

NPD-Studenten fühlen sich durch die Ablehnungsgründe beleidigt, die lauten: Es würde dem Geist der Universität hohnsprechen, wenn die »geistigen und politischen Nachfolger« der Mörder Ossietzkys an der Hochschule auftreten dürften, die seinen Namen zu tragen beanspruche.

Es steht zu fürchten, daß die gute Antwort des Konzils nicht nur auf die Feindschaft der NPD-Studenten stößt. Ein Staat, der die Reaktion nicht abwehrt, sondern duldet und sich weigert, das antifaschistische Erbe anzuerkennen und anzutreten, bereitet den Boden für seine Vernichtung.

Das läßt sich ablesen an den einzelnen Akten des Dauerdramas von Oldenburg.

Die Demokraten sind abermals in der Defensive.

Die Kasernen der BRD werden nach Kadaver-Marschällen benannt, Rudel war in vielen von ihnen ein gern gesehener Gast.

Die Anti-Kriegshaltung eines Carl von Ossietzky darf sich dagegen nicht öffentlich manifestieren. Deutsche Tradition ist noch immer auf den Krieg und nicht auf Frieden ausgerichtet.

Ein deutscher Staat, der endlich ganz und gar Schluß machen wollte mit der unguten deutschen Vergangenheit, erwählte Carl von Ossietzky zu seinem vornehmsten Zeugen. Man gäbe Schulen, Universitäten, Straßen seinen Namen und sorgte dafür, daß dieses beispielhafte Leben nicht vergessen würde. An einem großen, würdigen Mahnmal sänke ein deutscher Staatsmann öffentlich und stellvertretend in die Knie, wie Bundeskanzler Willy Brandt einst in Polen.

Das alles sind die Westdeutschen dem Demokraten und Pazifisten bis heute schuldig geblieben. Statt dessen findet seit Jahren die Unterdrükkung und Verfolgung jener statt, die der Hochschule Oldenburg den ehrenhaften Namen Carl-von-Ossietzky-Universität geben wollen. Justiz, Landesregierung, Parteien und Politiker haben sich erneut gegen den toten Publizisten verbündet. Der Kampf deutscher Staaten gegen Carl von Ossietzky bezeichnet die Reichweite der deutschen Schande. Weimarer Demokraten sperrten Ossietzky erstmals ein. Nationalsozialisten quälten ihn in der Haft, daß er bald darauf starb. Aus der DDR heraus wurde bis vor kurzem verhindert, daß im Westen sein Werk bekannt gemacht werden konnte. In der BRD werden sein Name und Andenken geschmäht. Man fürchtet die Größe des Märtyrers, und mehr noch die immer unstatthafte Kraft seines Lebens und Werkes.

Der Oldenburger Ossietzky-Skandal ist nur die provinzielle Fassung des gesamtdeutschen Trauerspiels, das Ossietzky zu Ehren schon seit Kriegsende aufgeführt wird. Die in Ostberlin erscheinende Nachkriegs-»Weltbühne« hatte dabei den Part übernommen, mit Hilfe urheberrechtlicher Bestimmungen die Neuherausgabe der Schriften des großen kritischen Demokraten und Pazifisten zu verhindern.

Die Ostberliner »Weltbühne« teilte bereits am 2. 1. 1948 mit, daß alle

Rechte an Artikeln, die von Ossietzky publiziert worden sind, bei Frau von Ossietzky lägen, die ihrerseits die Chefredaktion der wiedererstandenen »Weltbühne« ermächtigt habe, Anträge auf Nachdrucke »entgegenzunehmen und die entsprechenden Genehmigungen zu erteilen«. In der Folge führte das allerdings bei Anfragen aus Westdeutschland nicht zur Nachdruckerlaubnis, sondern zu Absagen. Wegen des Urheberrechts wurde unmöglich, daß Ossietzkys Werke insgesamt oder auch nur in größeren Auszügen neu aufgelegt werden konnten. Wer Ossietzky dennoch veröffentlichen wollte, konnte dies nur im Rahmen der eng begrenzten Zitierfreiheit tun.

Was die Nachwirkungen angeht, so liegt der Unterschied zwischen Tucholsky und Ossietzky auf der Hand. Im Falle Tucholsky sorgten die Erbin und der Rowohlt Verlag für weite Verbreitung des Werkes. Im Falle von Ossietzky führte die Rechtsübertragung von der Witwe und Erbin an die Ostberliner »Weltbühnen«-Redaktion jahrelang zur Unterdrückung des Werkes. Womit die erbende Witwe den Intentionen beider deutscher Staaten entgegenkam, wie die Ablehnung des Pazifismus den Grundsätzen beider deutscher Staaten entspricht. Lebte Ossietzky noch, hätte er in der DDR Äußerungsverbot und in der BRD Staat und Öffentlichkeit gegen sich.

Wandlungen eines »Blättchens«

Kurt Tucholsky und die »Weltbühne« sind untrennbar miteinander verbunden. Das Berlin der zwanziger Jahre, der Geist und Ungeist der Weimarer Republik, ihre hoffnungsvollen Ansätze und Aufbrüche wie ihre späteren Fehler und Mattigkeiten – nirgendwo läßt sich das so genau und direkt studieren wie in dem berühmten kleinen »roten Heft«. Die ihm vorausgehende »Schaubühne«, 1905 gegründet und in Miniauflage mit 1200 Stück erscheinend, entsprach als Zeitschrift für Theater- und Buch-Kritik den Intentionen ihres Meisters und Chefredakteurs Jacobsohn, und der junge Tucholsky, der daran seit dem 9. 1. 1913 mitarbeitete, entsprach zunächst dem »Schaubühnen«-Typ.

Die Faszination durch Bühne und Belletristik war bei Kurt Tucholsky so stark wie bei Siegfried Jacobsohn, der meinte, über eine intelligente, fundierte Theaterkritik auch die Gesellschaft formen zu können. Berlin, die Theaterstadt, war dafür das richtige Pflaster. Auf Otto Brahm, der der Bühne die soziale Dimension wiedergegeben hatte, folgte der große Regisseur Max Reinhardt, der wenige Wochen nach dem ersten Erscheinen der »Schaubühne« das »Deutsche Theater« übernahm. Seiner Arbeit galt fortan Jacobsohns besondere Aufmerksamkeit ebenso wie die von Maximilian Harden, der die »Zukunft« herausgab, eine Zeitschrift, die es vor dem Ersten Weltkrieg auf die für damalige Verhältnisse erstaunliche Auflage von 70000 Exemplaren brachte. Harden und Jacobsohn kannten sich gut und stimmten überein in ihrer Hochschätzung der Theaterarbeit. Die teilte auch der junge Kurt Tucholsky, der dennoch über der Bühne nicht das Buch vernachlässigte.

Wirken wollte er auf den Theaterbesucher genau wie auf den Buchleser, das gelang ihm mit seinen Stück-Rezensionen, die frisch und neu waren im Ton, und er dachte sich zusammen mit dem Zeichner Kurt Szafranski auch ungewöhnliche Wege aus, Gedrucktes unter die Leute zu bringen. Sie mieteten kurz vor dem Ersten Weltkrieg einen kleinen Laden am Kurfürstendamm. Auf der Fensterscheibe stand in weißer Farbe: »Wer Bücher kauft, kriegt auch Likör«. Hinter Glas lockte ein attraktives junges Mädchen, das den Buchkäufern die versprochene alkoholische Labsal kredenzte. Die Schnapsidee schlug ein, die Bücher gingen weg wie warme Semmeln. Die beiden Kurts errangen mit dem Werbegag die Aufmerksamkeit der Presse, die sich in Pro und Contra überschlug, Zeitungen von Prag bis Riga berichteten darüber. Ullstein »gefiel der forsche Propagandagriff«, wie Max Krell in seinem Buch »Das alles gab es einmal« berichtet, »sie holten sich Szafranski« für ihre Zeitschrift »Dame«, mit der er »gesellschaftliches Interesse« weckte. Mitunter publizierte auch Tucholsky in der »Dame«.

Sein Interesse an der Bücherbar flaute rasch ab, »ein guter Ulk ist immer ephemer«, fand er, die billigen Bücher kosteten die beiden Verkäufer zuviel Zeit und Geld. Es lag für die »illüstern Gäste« ein Goldenes Buch aus, darin verewigten sich »auch Schriftsteller, die überhaupt nicht schreiben konnten«.

Ähnlich beschwingt und leicht wie die Bücherbar entstand ein anderer Plan von Tucholsky und seinem RHEINSBERG-Illustrator Szafranski, sie wollten unter dem Titel »Orion« einen »Jahrkreis in Briefen« herausgeben. Beide waren mit der Korrespondenz, die sie erhielten, unzufrieden, weil sie ihnen nicht interessant genug schien, sie hatten vor, prominente Autoren zum Briefeschreiben zu animieren, und einen Band zusammenzustellen, der dann faksimiliert und an einen Kreis zahlender Abonnenten verschickt werden sollte. Die forschen Planer nannten unbefugt Namen wie Thomas Mann und Olaf Gulbransson; die ahnten gar nichts von ihrer zusätzlichen Karriere als Brief-Schriftsteller. Andere wie Peter Altenberg, Käthe Kollwitz, Alfred Kubin wollten mitmachen, Rainer Maria Rilke hatte sofort ein unveröffentlichtes Manuskript eingesandt, zog es aber rasch wieder zurück.

»Orion« erblickte nicht das Licht der Welt.

Die allgemeine Lage war für so heitere und kluge Projekte nicht günstig. Weder Bücherbar noch faksimilierte Schriftstellerbriefe waren gefragt, die intelligentesten Bühnenrezensionen in der »Schaubühne« trafen nicht auf ein geneigtes Publikum, der Erste Weltkrieg brach aus, eine Welle von Patriotismus schwappte über Deutschland, der sich auch Jacobsohns Zeitschrift anfangs nicht entziehen konnte, S. J. kommentierte: »Was werde, wisse kein Mensch, aber Bücher, Theater und Philosophen seien wohl bis auf weiteres einzumotten.«

All das ließ man nicht in der Mottenkiste, am 4. 4. 1918 verwandelte der Chefredakteur die »Schaubühne« in die »Weltbühne«, in der richtigen Erkenntnis, daß man zur Verbesserung der Gesellschaft nicht nur des Theaters und belletristischer wie philosophischer Bücher bedürfe, sondern einer gezielten politischen Publizistik. Die lieferte die »Weltbühne« fortan, wobei sie ihrem produktivsten Mitarbeiter Tucholsky ein Forum für seine kritischen Analysen von Staat, Gesellschaft, Parteien und Richtern ebenso bot wie für »guten Ulk«, der nicht mehr auswich auf Bücherbar oder »Orion«, also Randprojekte, sondern seinen Ort in dem vielseitigen kleinen roten Heft fand.

Die »Weltbühne« zählte berühmte Schriftsteller zu ihren Mitarbeitern: Walter Mehring, Otto Flake, Max Brod, Roda Roda, Erich Mühsam, Lion Feuchtwanger, Peter Altenberg und vor allem Alfred Polgar, den, wie Tucholsky sagt, Jacobsohn am meisten liebte.

Kurt Hillers zahlreiche und vielfältige Beiträge wurden schon an anderer Stelle erwähnt. Paul Schlesinger muß hier genannt werden, ein sensibler Musikkritiker, zugleich aber, eine interessante und seltene Doppelbegabung, unter seinem Pseudonym »Sling« der bekannteste Gerichtsreporter dieser Jahre. Auch Egon Erwin Kisch und Herbert Ihering schrieben für die »Weltbühne«.

Wirtschaftspolitische Analysen stammten von Alfons Goldschmidt und Richard Lewinsohn, der unter dem Namen »Morus«, und dem sozialistischen Theoretiker Fritz Sternberg, der unter »K. L. Gerstorff« publizierte.

Martin Buber, Georg Lukács, Ernst Bloch veröffentlichten gelegentlich Essays.

Sowohl Jacobsohn wie später Ossietzky verlangten nie Ausschließlichkeit, wohl aber Originalbeiträge von ihren Autoren.

Der Nachwelt sind vor allem die Namen Kurt Tucholsky und Carl von Ossietzky mit der »Weltbühne« verbunden, wobei nach Jacobsohns Tod Tucholsky sich im stärkeren Maße psychologischen und essayistischen Arbeiten widmen konnte: der großartige Leitartikler und ihm in der kritischen Publizistik ebenbürtige Carl von Ossietzky entlastete K. T. von der ständigen Notwendigkeit, Politisch-Polemisches zu liefern.

Beim breitgefächerten, vielschichtigen Mitarbeiterkreis der vielerlei Autoren verwundert es nicht, wenn Spannungen und offen ausgetragene Meinungsverschiedenheiten zum Redaktionsalltag gehörten. Das war ein Signum des zwar linken und liberalen, aber innerhalb dieses Spektrums pluralistischen Blattes.

Als dominierende Gemeinsamkeit, die auch trotz mancher Differenzen und Mißverständnisse zwischen Tucholsky und Ossietzky nicht aufgekündigt wurde, wirkte in ihnen allen der militante Pazifismus.

Der ebenso unverbrüchliche Antifaschismus und die Toleranz als erstrebte wie praktizierte Methode menschlichen Umgangs brachten es mit sich, daß auch Marxisten und erklärte Kommunisten in der Zeitschrift ein Forum erhielten. Abstriche an prinzipiell geforderter Qualität wurden nicht gemacht. Insgesamt blieb aber die Kluft zwischen der grundsätzlich pazifistischen »Weltbühne« und den diesen Pazifismus kritisierenden kommunistischen Publikationsorganen wie etwa der »Linkskurve« bestehen, was die zahlreichen Fehden zeigen, die unter ihnen ausgetragen wurden.

Weil Carl von Ossietzky die Lage in Deutschland sehr skeptisch einschätzte, erschien ab 1932 eine Filialgründung in Wien als »Wiener Weltbühne« und von 1933 an, da man sich in Österreich nicht mehr sicher genug fühlte, in Prag die »Neue Weltbühne«. Bisher konnte nicht hinreichend geklärt werden, wie diese »Neue Weltbühne« vom alten pazifistischen Kurs ab und auf Moskau-Linie gebracht worden ist. Die personelle Voraussetzung war zweifellos, daß Ossietzky in Nazi-Haft gehalten wurde und Tucholsky jede Mitarbeit verweigerte. In den Q-TAGEBÜCHERN schreibt er am 30. 9. 1934: »Das andere Blättchen ist noch dümmer als das Blättchen. [Mit »das andere Blättchen« meint er die um diese Zeit von Leopold Schwarzschild allein herausgegebene linke Zeitschrift »Tagebuch«, G. Z.] Das ist ein Rekord. Ist das jämmerlich! So armselig, wieviel Schmeichelei an die bekämpften Mächte ist darin. Fast alle prophezeien einen Weltuntergang, ohne zu merken, daß diese Welt, die sie meinen, mit Verlaub zu sagen, längst untergegangen ist. Es sind Tote, die da sprechen – sie merken es gar nicht. Und es ist immer dasselbe: entweder man macht eine wissenschaftlich einwandfreie und fundierte Untersuchung (meinethalben auch über Nietzsche), oder man trommelt den Lesern, die ja heute fast alle zu Rundfunkhörern herabgesunken sind, durch ununterbrochene Wiederholung die Wahrheiten ein – bis man sie zum Handeln gezwungen hat. Alles andere ist Zeitverlust... sie wissen alle nichts Besseres, als sich hinter dem Imperialismus der andern zu verkriechen. Immer feste auf Couillonien? [Bezeichnung K. T.'s für die Nazi-Deutschen, vom französischen le couillon = Memme, Dummkopf; als Kujon und kujonieren im Deutschen oft benutzt, G. Z.] Na, gewiß doch – aber das ist doch nur ein frommer Wunsch, denn dafür kriegt man keinen Mann auf die Straße. Und eine Lösung ist es auch nicht. Ceterum censeo: ohne mich.«

Tucholsky also, »Weltbühnen«-Autor der ersten Stunde, machte nicht mehr mit. Was die neuen Herren des roten Heftes machten, ließen sie nicht gleich so ganz deutlich werden. Der neue Herausgeber, Hermann Budzislawski, in der DDR später renommierter Professor für Publizistik, steuerte die Zeitschrift zwar auf kommunistischen Kurs, suchte sie jedoch gleichzeitig als Organ einer notwendig werdenden Volksfront zu empfehlen. So nahm er einerseits wichtige Korrekturen vor, indem er Stalin gefällig war und auf Trotzkis Artikel verzichtete, legte aber andererseits Wert auf weitere Beiträge profilierter Nicht-Kommunisten.

Die Aufkündigung der Mitarbeit Trotzkis darf als Indiz für die Hintergründe gelten. Als der maßgebliche Oktober-Revolutionär die Sowjetunion hatte verlassen müssen, war die Kommunistische Partei Deutschlands zur harten Konfrontation mit Trotzki bereit. Die »Weltbühne« dagegen verteidigte den Revolutionär, der in der Zeitschrift eine Reihe glänzender politischer Analysen veröffentlichte. Ende der zwanziger Jahre betrachteten die meisten »Weltbühnen«-Autoren das kommunistische Experiment Sowjetunion als gescheitert. Zwischen kommunistischen Zeitungen und der »Weltbühne« ergaben sich große Konflikte, weil die unorthodoxen und freischwebenden Linken dieser Zeitschrift Einfluß innerhalb der KPD erlangten. Die »Weltbühne« wurde jetzt auch von der KPD als zersetzend empfunden; sie lädierte die verlangte straffe Parteidisziplin. Es nimmt denn nicht wunder, wenn die Partei die Gelegenheit, die sich 1932/33 bot, wahrnahm und die exilierte Zeitschrift aufkaufte. Es war klar, daß damit Autoren vom Zuschnitt Tucholskys und Ossietzkys nicht mehr gefragt sein konnten. Man hätte sie, wären sie verfügbar gewesen, vielleicht noch einzelne Beiträge schreiben lassen, doch die Redaktionslinie wäre von ihnen keinesfalls mehr bestimmt worden. Jetzt traten die Vollzieher an, die Männer, die im Parteiauftrag dachten, schrieben und handelten. Die Ära der anderen, die mit ihrer Person und ihrem Namen ein Programm waren, hatte ihr Ende gefunden. Die Selbständigkeit des Publizisten war fortan nicht mehr möglich.

Dasselbe trifft auf die nach Kriegsende in Ostberlin neu herausgegebene »Weltbühne« zu. Sie lehnt sich äußerlich an die alte »Weltbühne« an, erscheint wöchentlich, kostet 50 Pfennig und liebt einen kecken, munteren Ton, aufgelockerte Schreibweise und den ausgelassenen Individualismus von Kostümfestbesuchern. In politisch interessanten Zeiten bröckelt die Disziplin hier zuerst, vielleicht weil es niemandem auffällt, vielleicht weil die Obrigkeit das Mini-Blatt nicht ernst nimmt. Spötter behaupten denn auch, einziger Zweck dieser »Weltbühne« sei es – und darin liegt möglicherweise die Parallele zur früheren Wiener und Prager Ausgabe – das Erscheinen einer in der alten freien und pazifistischen Tradition stehenden »Weltbühne«, eventuell im Westen, zu verhindern. Zumindest in diesem Verhinderungswunsch dürften sich die Oberen in beiden deutschen Staaten einig sein. Jedenfalls ist in keinem von beiden Staaten Platz für eine so stringent unabhängige Meinungszeitschrift, und deshalb kann sich auch der Typus Tucholsky oder Ossietzky nicht mehr entwickeln. Die Abhängigkeiten sind inzwischen zu stark geworden; der Freiraum ist eingeengt. Militärstrategische Disziplinen diktieren die politischen Notwendigkeiten, und wer sich nicht unterwirft, der erhält keine Chance. Die potentiellen politischen Autoren wenden sich deshalb anderen Medien und Aufgaben zu.

Allerdings dürfen wir nicht verkennen, die »Weltbühne« war auch in der Weimarer Republik die völlige Ausnahme von der fatalen Regel. Ja man kann sogar sagen, erst ihre Vereinzelung und Schwäche machte sie möglich. Die Mächtigen der Republik ärgerten sich über die Kritik, die sie leistete, aber niemand fürchtete sie. Wenn man die Justiz dennoch auf sie losließ, so war das nur die übliche Norm der Zensur und Ranküne, und man bedachte von seiten der Republik nie, daß man auch dadurch den Nazis in die Hände arbeitete, indem man deren Gegner durch Verfolgung schwächte. Reflexion ist nicht die Stärke der Politiker. So neigen sie leicht dazu, diejenigen, die von Berufs wegen reflektieren, als Störenfriede zu denunzieren. Die Weimarer Republik strafte mit Carl von Ossietzky, Kurt Tucholsky und anderen Mitarbeitern der »Weltbühne« diejenigen ab, die ihre besten Verbündeten waren, denen politische Moral und politischer Scharfsinn aber untersagten, sich als schafsdumme Opportunisten aufzuführen.

Am 10. Mai 1933 arrangierten die Nationalsozialisten die öffentliche Bücherverbrennung. Ins Feuer flogen die Bücher Carl von Ossietzkys und aller derer, die ihn im Vorjahr zum Strafantritt begleitet hatten. Zwischen dem Tag, da Ossietzky ins Gefängnis gehen mußte, und dem Tag der Bücherverbrennung liegt genau ein Jahr. Begonnen hatte mit der Strafverfolgung die Republik von Weimar. Die Nazis beendeten die Verfolgung auf ihre Weise – ins Feuer mit den Büchern der Linken und Liberalen, ins KZ mit ihren Verfassern.

Die unwissenden SA-Leute und Nazi-Studenten, die die Bücher aus den Bibliotheken der Städte holten und ins Feuer warfen, verkündeten dabei das Programm:

»Gegen Klassenkampf und Materialismus, für Volksgemeinschaft und idealistische Lebenshaltung! Ich übergebe den Flammen die Schriften von Marx und Kautsky... Gegen Frechheit und Anmaßung, für Achtung vor dem unsterblichen Volksgeist! Verschlinge, Flamme, auch die Schriften der Tucholsky und Ossietzky...«

Es ist ein Programm, das die Zerstörung und Niederlage von 1945 überlebt hat.

Mein Interesse an Tucholsky wurde, wohl wie das anderer Angehöriger meiner Generation, durch die kleinen bunten Rowohlt-Taschenbücher geweckt. Wir besorgten sie uns in Leipzig Anfang der fünfziger Jahre unter der Hand. Schließlich gab es auch Auswahlbände in der DDR.

Ich kaufte allwöchentlich die in Ostberlin erscheinende »Weltbühne«, mit ihrem Preis von 50 Pfennigen auch für Studenten erschwinglich. Auf dem Deckblatt stand: »Wochenschrift für Politik Kunst Wissenschaft – Begründet von Siegfried Jacobsohn – zuletzt geleitet von Carl v. Ossietzky – Neu herausgegeben von Maud v. Ossietzky und Hans Leonard.«

Als ich Ende 1952 einen Leserbrief an die »Weltbühne« sandte, wurde er veröffentlicht und Chefredakteur Leonard forderte mich zur Mitarbeit auf. Ich schrieb fortan Rezensionen und Glossen. Hans Leonard eröffnete mir mit liebenswürdigem Lächeln, der junge Tucholsky habe seine Karriere bei der »Weltbühne«, die damals noch »Schaubühne« hieß, auch mit einer Einsendung begonnen. Jacobsohn sei so auf das Schreibtalent aufmerksam geworden. Offensichtlich sah Leonard sich, als er mir dies erzählte, als Jacobsohns Nachfolger und ich war naiv und lobanfällig genug, mich durch die Parallele mit Tucholsky geehrt zu fühlen. Zurückgekehrt vom Gespräch in der Berliner »Weltbühnen«-Redaktion stürzte ich mich in Leipzig wild in die Arbeit. Bald gab es »Proppleme« mit penetranten Polit-Wächtern und, bei meinem Studentenstatus etwas enervierend, pikierten Professoren. Leonard schlug vor, ich solle ein Pseudonym benutzen. Natürlich hatten wir beide auch Tucholsky dabei im Sinn.

An alles das mußte ich denken, als ich erstmals – 12 Jahre später – die Briefe Tucholskys an Jacobsohn las. Zwei Dinge scheinen in der »Weltbühne« über alle Zeiten hinweg Bestand zu haben: Die Honorare waren klein und kamen stets verspätet, aber die Kunst der Motivierung und Animation beherrschten die Herren Chefredakteure vorzüglich. Not macht erfinderisch, auch auf Kosten der lieben Mitarbeiter.

Der heimatlose Gegen-Deutsche

Kurt Tucholsky als Produkt der Verstörung fiel nur deshalb aus dem üblichen Rahmen, weil die Menge mit den erprobten Mitteln der Fehl-Erziehung und des disziplinarischen Drills abgehalten wurde, ihre Interessen wahrzunehmen und den eigenen Regungen zu folgen. Das Volk kämpfte im Ersten Weltkrieg und dann später im Zweiten, weil man ihm das anbefahl. Das Irrsinnige erschien als normal. Allerdings befürchtete Tucholsky schon 1919, diesen äußeren Einflüssen müsse irgend etwas im Inneren der Deutschen entsprechen: »Die militaristische Schande Deutschlands ist nur möglich gewesen, weil sie die tiefsten und schlechtesten Instinkte des Volkes befriedigt hat. Der Deutsche läßt sich für jede Arbeit, die er gewissenhaft und gut verrichten soll, mit Respekt überzahlen. Er arbeitet, aber er will dafür ästimiert werden. Ich sage absichtlich nicht ›geachtet‹ – daran liegt ihm gar nichts. Er will ästimiert werden; das Schartekenwort besagt: man soll den Hut vor ihm ziehen und das Maul ehrfurchtsvoll aufreißen. Er tritt dann aus seinem kleinen Bürgerdasein heraus, wie Heinrich Mann das in der Bibel des Wilhelminischen Zeitalters, im ›Untertan‹ formuliert hat: ›Er genoß einen der Augenblicke, in denen er mehr bedeutete als sich selbst und im Geiste eines Höheren handelte.‹«

Diese Art Untertanengeist sah ihre Erhebung nur im Krieg, nie in der Revolution. Die halbherzige Umwälzung von 1918 brachte lediglich das traditionelle Geschichts- und Gesellschaftsbild der Nationalen durcheinander, rührte aber nicht an den überkommenen Machtverhältnissen und Besitzstrukturen. So mußte den deutschen Massen nach 1933 die Weimarer Republik rückblickend genau als das erscheinen, als was die Nationalen und Nazis sie definierten – als Staat der »Novemberverbrecher«.

Laut Dolchstoßlegende war das deutsche Heer und mit ihm das Deutsche Reich »im Felde unbesiegt«. Vaterlandsverräter, Feiglinge, demokratische Weichlinge und Bolschewisten hatten in der Heimat und fern von den tapferen Frontsoldaten gehetzt und agiert und zum Zusammenbruch beigetragen. Das nationale Geschichtsbild schuf den nationalen Deutschen wie der nationale Deutsche sein Geschichtsbild – so kam es zum überraschenden »Dritten Reich« Hitlers und der deutschen Einigkeit im Nationalsozialismus. Alle staunten, weil niemand erfaßte, was da vor sich gegangen war, nicht die Linken und Liberalen fanden eine Erklärung und nicht das Ausland, weil keiner eine Vorstellung hatte vom deutschen Kadavergehorsam, der eben nicht nur das widerspruchslose Gehorchen auf Befehle kennt, sondern den Gehorsam bis ins Unbewußte und in die feinsten seelischen Regungen sich erstrekken läßt. Der deutsche Untertan ist auch emotional unterworfen, wo aber nicht, führt ein nationaler Aufschwung zu rauschhaften Zuständen, in denen das Volk sich »bekennt« und sein vorheriges Schwanken, seine linken Anfechtungen und demokratischen Versuche als schuldhafte Verfehlungen eingesteht. Im nationalen Heil-Gebrüll von 1933 ging alles in einem Ozean von Vergessen unter: Novemberrevolution, Streiks, Pazifismus, sozialistische und demokratische Massenbewegungen – man wollte davon nichts mehr wissen und fühlte sich wieder als aufrechter nationaler Deutscher. So die allgemeine Grundhaltung der Massen.

Dagegen vermochten die linken Ideen und Organisationen nichts auszurichten. Diejenigen, die 1933 erwarteten, Hitler würde bald »abgewirtschaftet« haben, irrten, weil sie nur die Regierung Hitlers sahen und nicht den allgemeinen Volks-»Aufbruch«, der in Wirklichkeit ein Abbruch war: abgebrochen wurden die Brücken zur Weimarer Republik und damit zu den Versuchen von Demokratie, Liberalismus, Sozialismus, Kommunismus. Man verhielt wieder im strammen Gehorsam. Das erkannte kein einziger so schnell und scharf wie Tucholsky, denn er hatte es schon lange vorher befürchtet und davor gewarnt.

Kurt Tucholsky ist der vollkommene Gegen-Deutsche, wenn man als Normaltyp des Deutschen den Nationalen nimmt. Er hatte im Ersten

Weltkrieg diesen nationalen Deutschen kennen, fürchten und hassen gelernt und sein Schreckenserlebnis später nie vergessen. Die Lehre des Ersten Weltkrieges schuf den Tucholsky, wie wir ihn kennen und der als Antimilitarist wie aus einem Guß vor unserem Auge steht. Seine Aufspaltung in mehrere Autorenpersonen war keine Aufspaltung des Pazifisten Tucholsky, war reine Antikriegshaltung, und hierin liegt auch die Wurzel für seine Differenzen mit der Sowjetunion und den Kommunisten.

Er verkörperte den deutschen Konflikt zwischen der starken Rechten und der schwachen Linken. Im Trommelfeuer des Ersten Weltkriegs ging Tucholsky auf, woran die Deutschen litten und er trennte sich ein für allemal von ihnen. In ihm entwickelte sich eine Idiosynkrasie gegen das »deutsche Wesen«. Die linken Argumente, die er fortan benutzte, seine pazifistischen Deklarationen oder seine Parteinahmen für Sozialisten und Kommunisten können nicht über den emotionalen Kern des Zerwürfnisses hinwegtäuschen. Tucholsky litt derart an diesem nationalistischen Vaterland, daß er es nicht mehr ertrug. Seine vielen Reisen, bis er sich 1924 in Paris niederließ, seine vielen kurzen, scheiternden Zwischenaufenthalte in Berlin, dies alles zeigt, wie tief dieses Deutschland ihn peinigte.

Doch sollte darüber nicht vergessen werden, wieviel ihm andererseits das Vaterland bedeutete. Es ist nur auf den ersten Blick ein Widerspruch, wenn er in der Aufstellung »Kurt Tucholsky liebt – haßt« unter beiden Rubriken »Deutschland« vermerkt. Der Haß aus Liebe, schreibt er 1929 anläßlich der Rezension eines Deutschlandbuches von Alfons Goldschmidt, sei der fruchtbarste Haß.

Zur Liebe gab ihm das Land wenig Anlaß, aus der Analyse der politischen Entwickung erklärt sich Tucholskys Pessimismus. Er fürchtete den kommenden Sieg der Rechten und wollte sich doch nicht kampflos ergeben. Er traute den Nazis zu, Deutschland zu erobern und argumentierte zugleich, diese »Nationaille« sei doch zu primitiv und geistlos, darauf könnten selbst die anfälligen Deutschen nicht hereinfallen.

Eben weil Tucholsky das Unheil so früh hatte kommen sehen, mußte er sich in der Emigration aufs grausamste bestätigt fühlen und vermochte sich deshalb nicht in die Gruppen der emigrierten Nazigegner einzureihen. Er hatte, als es an der Zeit war, tausendfach gewarnt und war nicht gehört worden. Er konnte von den Exilierten nichts erwarten, dafür durchschaute er zu tief ihre Macht- und Hilflosigkeit. Tucholskys Zusammenbruch in der Emigration bezeugt, daß er sich die Niederlage voll eingestand. Da war nichts zu retten. Jetzt nicht mehr. Er hatte kein Ersatz-Heimatland zur Hand. Von Frankreich war er ebenfalls tief enttäuscht, zumindest von der Art und Weise, wie es auf die Nazi-Herrschaft reagierte. So blieb er nicht in Paris - er übersiedelte nach Schweden und täuschte einen Schweizer Wohnsitz vor. Mit gutem Grund, denn er hatte die tödliche Feindschaft der Machthaber des Dritten Reiches mehr zu fürchten als mancher andere. Aber er war durch den Triumph Hitlers auch schwer getroffen. Für ihn bedeutete der nationalsozialistische Sieg nun die vollkommene Heimatlosigkeit. Vor 1933 war er aus Gründen allergischer Empfindlichkeit von Deutschland weggegangen. Die Verfestigung der braunen Herrschaft vertrieb ihn endgültig. Er, der den Kampf gegen die Rechte auch benötigte, um sich selbst aufzurichten, der jahrzehntelang gegen die reaktionäre Übermacht anschrieb, weil er sie als größte Gefahr diagnostiziert hatte, war durch den Lauf der Geschichte bestätigt worden. Die Idiosynkrasien, die ihn aus Deutschland fortgetrieben hatten, wandten sich nach 1933 nach innen: Das alte Leiden der Luftwege verschlimmerte sich – wer will schon entscheiden, ob die Krankheit mehr physischer oder psychischer Art war.

Historisch gesehen gibt Kurt Tucholsky die Antwort darauf, was die Deutschen aus dem von ihnen leichtfertigdumm und folgerichtig verlorenen Ersten Weltkrieg gelernt hatten – gar nichts. Literarisch und politisch steht Tucholsky dafür, was ein Volk hätte daraus lernen können: alles. Dem frühen Tod Tucholskys kommt die gleiche symptomatische Bedeutung zu. Mit ihm erhebt sich der Mann zum Symbol, der am reinsten und lautersten die Lehre des Ersten Weltkrieges verkörperte: die Absage an die Gewalt der Waffen.

Der Pazifist verlor vor der Geschichte.

Die anderen Linken, die nicht wie er heimatlos blieben, sondern ihre Heimat in der Sowjetunion oder in Amerika suchten, kehrten mit den Siegermächten 1945 nach Deutschland zurück. Tucholsky wäre in der Uniform eines Kommissars der Roten Armee oder als US-Umerziehungsoffizier unvorstellbar gewesen. Dafür sah er die Fehler und Mängel des sowjetischen und amerikanischen Gesellschaftssystems zu scharf und hatte mit seiner Kritik daran nie hinterm Berge gehalten. Er hatte beizeiten umerziehen wollen, ab Ende des ersten großen Krieges und die zwanziger Jahre hindurch. Seine Gewaltlosigkeit war unwirksam geblieben. Sein Tod ist das Eingeständnis der Niederlage, die die unbewaffnete Vernunft erlitten hatte. Der Platz zwischen allen Stühlen war auf die Dauer nicht zu halten. Wer links ist, muß sich in eine der bestehenden großen Organisationen einfügen, also auch ihre Fehler und Bewußtlosigkeiten wo nicht mitmachen, so doch wenigstens aus Taktik akzeptieren. Das war nicht Tucholskys Leben und Schreiben. Der Individualist war seiner kollektivistischen Zeit zu weit voraus, darin lag seine Tragik. Der zu früh gekommene Gewaltlose lebte als einzelner in einer Zeit, in der sich die Schriftsteller und Publizisten bewaffnete Schutztruppen zulegten. Indem er das ablehnte, verurteilte er sich zur Wehrlosigkeit. Indem er die Häuptlinge der armierten Haufen kritisierte und reizte, lenkte er deren mörderische Rachsucht auf sich. Gerade in dieser seiner weit in die Zukunft weisenden Voraussicht wurde Tucholsky zu der Gestalt, an der die Geister sich von den Un-Geistern scheiden.

Wenn der Mann aus Braunau die Widerlegung und Überwindung der »Systemzeit« war, so sind »Weltbühne« und Kurt Tucholsky die Gegenpole dazu. Sie verteidigten die Substanz der Republik bis zum bitteren Ende.

In der »Weltbühne« hatte diese Republik ihr adäquates Diskussionsforum gefunden. Von der nüchtern-unpathetischen Bestandsaufnahme des Bestehenden reichte es bis in den Himmel Utopia.

Kurt Tucholsky war der Gegentyp zum Nazi. Gottfried Benn sprach einst vom »Phänotyp«, und daß der Phänotyp Tucholsky so vereinzelt blieb, führte in den Untergang der Republik. Die rechten Phänotypen mit ihren nationalen, nationalistischen Merk- und Markenzeichen wurden den Massen zu Leitsternen, denen sie treuherzig nachfolgten, erst zu den Jubelplätzen und hernach auf die Schlachtfelder und in die Massengräber. Der Gegenpol Tucholsky war zu zivil, zu rational, zu wenig »national«, zu witzig – und das mißverstehen die Teutonen als »zersetzend«. Sie sind fürs Aufbauen; so ordneten sie sich dem großen Autobahnbauer Hitler unter, der danach mit dem »Dritten Reich« zugleich das ganze Deutschland demontierte.

Der Krieg der deutschen Nationalen gegen Tucholsky setzte sich bezeichnenderweise nach dem Zweiten Weltkrieg in der BRD fort. Die DDR führt den Kampf gegen Tucholsky durch Auslassungen, sie pflegt sein Werk in »gereinigter« Form.

Die beiden Deutschlands, die auf so verschiedene Weise dem großen Publizisten und Kritiker zu begegnen suchen, ahnen nicht, wie sehr sie sich damit decouvrieren. Sie wissen noch immer nicht, was sie tun.

Gegen das Vaterland und die eigene Sache

Für den vielbeschäftigten, renommierten, konservativen Publizisten Winfrid Martini war der Fall klar:

»Ich vergesse nie, wie ich zum erstenmal das Buch von Kurt Tucholsky ›Deutschland, Deutschland über alles‹ sah, dessen Umschlag die Köpfe von deutschen Heerführern des ersten Weltkriegs mit der Unterschrift ›Tiere sehen dich an‹ zeigte. Ich dachte schaudernd an die Hunderttausende, die allein dadurch in die Arme Hitlers getrieben werden mußten. Diese fatale Rolle der ›Weltbühne‹ wird heute einfach nicht mehr gesehen. Sie war ein Organ zur wöchentlichen Beleidigung des Volkes.«

So nachzulesen in »Kristall« Nr. 6/1966. Die Zeitschrift ging dahin, der Publizist wirkte weiter auf der ganzen Bandbreite des Spektrums Fernsehen bis Tagespresse. Die »Weltbühne« beleidigte also das deutsche Volk. Mit der horrenden Auflage von maximal 20000 Heften auf rund 66 Millionen Einwohner. Sollte Martini recht haben, sind die Deutschen wirklich leicht zu beleidigen. Immerhin hatte Tucholsky selbst per Satire darauf gezielt: »Wenn einer bei uns einen guten politischen Witz macht, dann sitzt halb Deutschland auf dem Sofa und nimmt übel.« Bei ihm war es immerhin nur halb Deutschland = 33 Millionen. Martini macht das Doppelte draus.

Nicht Industrielle finanzierten Hitlers Partei und Propaganda. Nicht die deutsche Rechte rettete sich in Hitlers Mörderarme, sondern die kleine »Weltbühne« und ihre Tucholskys, Ossietzkys »trieben« die Bürger in den Faschismus. Denn wer in Deutschland aufklärt, der tritt dem Volk zu nahe.

Alles klar? Martini fährt fort: »Und auch damals fanden Intellektuelle ihr Vergnügen daran, den Souverän zu beleidigen. Erich Kästner veröffentlichte in der ›Weltbühne‹ ein Gedicht, das begann: ›Wenn wir den Krieg gewonnen hätten, / Dann wären wir ein stolzer Staat, / Ein Volk von Laffen und Laffetten, / Und ringsherum wär' Stacheldraht‹ / und das schloß ›Zum Glück gewannen wir ihn nicht.‹ Das Gedicht war witzig, aber es war eben ein gefährlicher Witz, einer, der geeignet war, das Volk in eine wütende Erregung zu versetzen.«

In wütende Erregung über den verlorenen Krieg? Da geht's nicht um historische Tatsachen, nicht um Kunst. Die Wahrheit beleidigt die Leute. Doch solche Hintergründe interessieren einen aufrechten Konservativen nicht. Auch nicht, wie zutreffend das Gedicht Kästners war und ist, wie es wahr-sagte – Hitler als Über-Kaiser stand bevor und der Stacheldraht ringsherum ließ nicht auf sich warten. Gleich stellt sich Applaus für den Kästner-Kritiker ein, also kam bei »Kristall« das Volk in Gestalt prompter Leserbriefschreiber zu Wort: »Ein ›Bravo!‹ für Martinis Zivilcourage. Obwohl ich selbst Verfolgter des Naziregimes bin und im KZ Dachau interniert war, begrüße ich es, daß von Herrn Martini die unheilvolle Rolle, die Herr Tucholsky in der Weimarer Republik gespielt hat, einmal schonungslos angeprangert wird.« Unterschrift: »Hugo Kotulla, Schriftsteller, Ludwigshafen (Rhein)«.

Auch ein »Joh. Mayer, Bad Homburg v. d. H.« meldet: »Martini sei Dank für seine Absage an die geistreichelnden Intellektuellen, die sich die Freiheit nehmen, ihre makabren Witze auf Kosten des deutschen Volkes von sich zu geben. Verzweifelt fragt man sich: Wo eigentlich sind der Freiheit und ihrem Mißbrauch Grenzen gesetzt?« Ja, wo eigentlich? In den Leserbriefen jedenfalls nicht.

Da geht's hurtig weiter: »Ignoriert wurde von den Tucholskys vor allem das, was mit dem deutschen Vaterland, der deutschen Tradition und dem deutschen Volk zusammenhängt...« So tiefgründig »Wolfgang Strauß, München 45, Dülferstr. 24c« am 5. 2. 1966 in der »Süddeutschen Zeitung«. Am 11. 2. meldete sich »Hans Löwensen, Oberstleutnant a. D. Hannover« zu Wort: »Was der Deutschenhasser Sebastian Haffner alias Dr. Raimund Pretzel, dieser große ›Umerzieher‹ der von ihm für dumm gehaltenen Deutschen, sich wieder... leistete, wäre eine massive Antwort wert... Ein Wunder, daß er bei der Aufzählung gewesener Deutscher, wie Brecht und Tucholsky, oder solcher, die glauben, es noch zu sein, wie Neuss und der Ostharlekin Wolf Biermann, sich bescheiden nicht nennt.«

Abgesehen von dem frühen Büchsenlicht, in das der Herr Oberst a. D. den Wolf Biermann anno 1966 schon zielvoll tauchte, ist seine Ausdruckskraft besonders prägsam. Wie elegant liest sich die Wendung von den »gewesenen Deutschen«. Brecht war damals zehn Jahre tot, Kurt Tucholsky seit gut drei Jahrzehnten. Oder meint er das gar nicht, der Herr Oberst a. D.? Soll es vielmehr heißen, ausgebürgert von den Nazis ist ausgebürgert und da wollen wir uns fein dran halten?

Nachdenkenswert ist auch der Plural, mit dem Leserbriefsteller Wolfgang Strauß (München) Tucholsky ehrte: »Ignoriert wurde von *den* Tucholskys...« Der Familienname als Gattungsbegriff; so was hat doch Tradition: *die* Juden, *die* Russen, *die* Zigeuner, *die* Schwulen, *die* Demokraten, *die* Novemberverbrecher und folgerichtig *die* Tucholskys. Kein Wunder, daß Tucholsky und seine Kollegen im rassistischen Südafrika auf dem Index stehen: Südafrika – *die* Neger und *die* Tucholskys. Da weiß man doch, woran man ist.

Es war einmal ein Gerhard Stoltenberg, Bundesminister für Wissenschaft, der diskutierte anno 1966 mit Schriftstellern. Was brachte das? Die »CDU und die ›Pinscher‹ kommen ins Gespräch« (»Bergische Landeszeitung«); »Intellektuelle abermals als Zielscheibe« (»Kölner Stadtanzeiger«); »Minister warnt die Intellektuellen« (»Hildener Zeitung«); »Stoltenberg beschimpft Brecht und Tucholsky« (»Schweriner Volkszeitung«, DDR).

Was hatte der Bundesminister gesagt? Ganz exakt sind die Stoltenberg-Worte nirgendwo überliefert. Einig war man sich darin, was er ungefähr gesagt hatte und was gemeint worden ist: »Linksintellektuelle wie Brecht und Tucholsky haben sich damals gegen die Gesellschaft gestellt, ohne aufbauende Gedanken vorzutragen.« Das ist zwar nachweislich falsch, hat aber seinen rechten Sinn. Natürlich meldete sich zur gleichen Zeit der streng südlichternde »Bayern-Kurier« zu Wort, wonach die Proteste westdeutscher Schriftsteller gegen den Vietnam-Krieg der Amerikaner eine »getarnte Aufforderung zum Selbstmord des Westens« seien. Inzwischen sind die Amis raus aus Vietnam. Der Westen hat Selbstmord begangen, laut »Bayern-Kurier«. Wir Armen, die wir nicht wissen, daß wir schon tot sind. Doch die Parole hatte ihre Schuldigkeit getan. »Die Linksintellektuellen« der BRD waren an die gleiche Schandmauer gestellt worden, wohin man schon »die Tucholskys« gestellt hatte. Wer die Wahrheit schreibt, beleidigt das Volk. Der vom Linksextremismus zum FAZ-Mitarbeiter bekehrte Günter Maschke ist da gerechter, wenn er im April 1976 in der FAZ für »Unbefangenheit gegenüber der intellektuellen Rechten der Weimarer Republik« plädiert. Denn: »Wenn es eine Mitschuld der Intelligenz am Untergang

Weimars gibt, so gilt das für Linke wie für Rechte; so tragen an ihr die marxistischen Theoretiker ebenso wie Carl Schmitt, Bertolt Brecht, wie Ernst Jünger, Tucholsky oder George Grosz nicht weniger als Moeller von den Bruck.«

Unterdessen formulieren die Volks-Leserbriefschreiber sich tüchtig ab: »Tucholsky zu zitieren, lohnt sich kaum noch. Hans Grimm zu lesen und über ihn nachzudenken, immer.« (So Dr. W. Kuchenmüller, Stuttgart, in der »Stuttgarter Zeitung«, Datum unleserlich.) »Zwar hinter dem glänzend begabten und witzigen, doch heute über Gebühr gepriesenen, mit wachsender Popularität sich zum Vielschreiber degradierenden Tucholsky trat die Figur Schwarzschilds zurück. Die Leute von der ›Weltbühne‹ verstanden von Politik nicht viel. Aber sie vertrieben einen auch heute noch nicht ganz unbeliebten intellektuellen Salonkommunismus...« (H. Schneider, Bonn, in »Die Welt« vom 6. 2. 1967.) Auch ein Politiker hat was gelernt: »FDP-Chef Mende hält nicht viel von modernen Literaten. Vor Parteifreunden verkündete er: ›Ich lege Wert auf Stammwähler und verzichte auf linksintellektuellen Flugsand. Ich gönne Kurt Tucholsky denen, die ihn damals hatten...« (»Möller Kreisblatt« vom 4. 5. 1967)

Also lernt das Volk vom Politiker und der Politiker vom Volk.

Ursula von Kardoff wurde Ohrenzeugin, wie jemand aus Köln äußerte: »Brecht und Tucholsky sind für mich Gully und Gosse«, was die Journalistin mit Abscheu vor dem sich derart ausspeihenden Nazi-Mitläufer in der »Münchner Abendzeitung« publizierte. Das Gefühl des Anstands ist so selten wie die Wahrheit, die Emil Carlebach in »Die Tat« vom 12. 5. 1973 formuliert: »Für sie war Tucholsky immer ein ›Judenlümmel‹.«

»Für sie« – das bezieht sich auf die deutschen Nationalen. Man vergesse nicht: »Heinrich von Brentano konnte im Bundestag vor aller Öffentlichkeit Bert Brecht mit dem Nazi-Zuhälter Horst Wessel auf eine Stufe stellen... Denn für ihn waren Brecht wie Tucholsky weiterhin ›zersetzend‹.«

»Deutsche Wochenzeitung«, Hannover, 23. 9. 1966: »Auf dem Jüdischen Weltkongreß in Brüssel bezeichnete der Professor der Hebräischen Universität in Jerusalem, Scholem, den Antifaschisten Kurt Tucholsky als einen der ›begabtesten und widerwärtigsten jüdischen Antisemiten‹.«

In der »Deutschen Wochenzeitung«, Hannover, vom 5. 1. 1968 ist zu lesen: »Schmock in Bayreuth / Aus der Schule von Tucholsky, Sternheim und Genossen / Von Dr. Hans Severus Ziegler... Daß diese drei Literaten mit ihrem ungehemmten Antigermanismus immer noch Schule machen, dafür hat ein gewisser Peter Leonhard Braun einen von den vielen neuzeitlichen Beweisen geliefert. Seine oben genannten Vorbilder haben sich einst auf ihre geistigen Ahnherren Heine und Börne berufen können, die man als Begründer jenes zersetzenden ›Feuilletonismus‹ bezeichnen kann, in dessen Bereich sich negierende Kritikaster seit mehr als hundert Jahren haben austoben können...«

»Niederelbe Zeitung« vom 28. 9. 1966: »Kurt Tucholsky, der mit kaum je wieder erreichter Klarheit deutsche Wesens- und Regierungsschwächen erkannt hatte, nützte mit seinen brillanten Angriffen der ersten deutschen Demokratie wenig, sondern half mit, die verzweifelt um ihr Leben kämpfende Weimarer Republik verächtlich zu machen... Böll erweist... der Demokratie den gleichen Bärendienst...«

»Deutsche National-Zeitung«: »...Wäre unserem Volk bekannt, in welch unflätiger Weise Tucholski Deutschlands Vergangenheit beschimpfte... Seine Feigheit während des Krieges proklamierte er als wahres Heldentum... Besonders niederträchtig ist ein Aufsatz, den Tucholski in der von ihm herausgegebenen ›Weltbühne‹ schrieb... Und dieser Tucholski soll Vorbild der Jugend sein? – Ich danke schön! – R. Burger, München.«

Zwar schreibt R. Burger den Namen Tucholsky konstant mit »i«, doch ist das noch das geringste Falsche in seinem Leserbrief.

Allerdings darf die liberale Prominenz nicht fehlen, wo die rechtsextremistische sich tummelt. Also feiert Georg Böse Golo Manns 60. Geburtstag in der »Hannoverschen Allgemeinen Zeitung« vom 27. 3. 1969 gebührend: »...Längst gilt Golo Mann... als eine der brillantesten Federn unter den deutschen Historikern, somit das literarische Erbe Thomas Manns nicht verleugnend... bietet der Band ›Geschichte und Geschichten‹ (1962)... auch die Veröffentlichungen während der fünfziger und sechziger Jahre... mit scharfen Angriffen gegen... Kurt Tucholsky und Erich Kästner...«

Das ist, kein Zweifel, lobend gemeint. Von Georg Böse für Golo Mann. Der hat das wirklich verdient. Sein Haß hat Konsequenz und Dauer.

Golo Manns überlebenslange Feindschaft gegen Kurt Tucholsky hebt, was bei den Trivial-Rechten als bloßer Gefühlsmulm wabert und wogt, auf die vornehme Ebene geschichtswissenschaftlicher Torheiten.

»Die hellsichtige Bosheit, mit der Kurt Tucholsky die Republik verspottete, alle ihre Lahmheiten und Falschheiten, erinnert von ferne an Heinrich Heine. Von Witz und Haß des großen Dichters war ein Stück in ihm, nur leider wenig von seiner Liebe.« Das ist, als Schlußfolgerung so falsch, daß schiere Unkenntnis zugrunde liegen muß. Befragt, weshalb er nach 1933 so hartnäckig schweige, hatte Tucholsky geantwortet: »Man kann nicht schreiben, wo man nur noch verachtet... Schreiben ist, wie mir scheint, Kraftüberschuß.« Er besaß ihn nicht mehr, hatte jahrzehntelang alle Energie verbraucht. 1922 schrieb er: »Warum quälen wir uns eigentlich mit dieser Republik herum? Regierungsrat will keiner von uns werden, und einen Orden wollen wir auch nicht – wir haben nur Kummer, Arbeit und sonst nichts davon. Gut. Aber nun auch noch von eben dieser Republik dauernd auf den Kopf zu kriegen, weil wir uns im Endeffekt schließlich gegen ihre Feinde wenden – dieses, Verehrte, fällt uns uff. Kampf ist eine schöne Sache – Herr Geßler [Wehr-Minister der Republik, G. Z.] hat schon einmal die Stätte des Gerichts leise weinend verlassen –, und ich kann noch ganz schön. Ich sehe auch von dem fehlenden Gefühl für Nuancen ab: wenn der Mann in seiner langen Amtsführung nicht gelernt hat, zu unterscheiden, wer der Republik wirklich schadet, und wer sie züchtigt, weil er sie lieb hat – dann ist ihm nicht zu helfen.«

Weil er die Republik lieb hat – kann man das deutlicher ausdrücken? Wenn schon der lebende Geßler den lebenden Tucholsky nicht verstand, wie sollte man dann Verständnis von den Nachfolgenden erwarten. Allerdings zeichnet den Historiker Golo Mann bei anderen Gelegenheiten aus, daß er liest, was er verurteilt. Offensichtlich hat er sich bei Tucholsky dieser Mühe nicht erst unterzogen. Texte von ihm, im Tenor wie der eben zitierte, finden sich im reichen Maße, doch paßten sie nicht ins Republikfeindbild, das Professor Mann sich von Tucholsky gemacht hatte.

Daß Tucholsky für das Ende der Weimarer Republik, vor dem er durch Jahrzehnte gewarnt hatte, nur noch Verachtung empfand, wer könnte das nicht nachvollziehen. Dem Haß lag enttäuschte Liebe zugrunde, auch verletzte Liebe. Dies nicht zu sehen und sie Tucholsky abzusprechen ist gehässige Verleumdung. Wer Tucholskys Engagement für den deutschen Staat nach 1918 mißtraut, hätte die Pflicht, die Gründe für sein Mißtrauen anzuführen. Golo Mann aber flüchtet in die leichtfertige Denunziation der Andeutung und Umschreibung: »Die radikale Literatur konnte kritisieren, verhöhnen, demaskieren und erwarb sich eine leichte, für die Gediegenheit des eigenen Charakters noch nichts beweisende Überlegenheit damit.« Das nenne ich auf ein Grab spucken. Golo Mann spielt dann Brecht gegen Tucholsky aus. Freilich: »Aber selbst in den Dichtungen und Theaterstücken Brechts fehlte es nicht an provozierender Frechheit und Unverantwortlichkeit...« Also hätte Brecht raunen und dichten sollen, dann wäre er noch besser als Tucholsky. Fragt sich, was Golo Mann der »ungebundenen Linksliteratur« von Weimar konkret ankreidet. Er erklärt: »Sie tat der Republik doppelt weh; indem sie unbarmherzig ihre Schwächen aufdeckte...« Offenbar hätten die linken Literaten die Schwächen »barmherzig« aufdecken sollen. Oder überhaupt nicht. Vor lauter Verantwortlichkeit käme man nach diesem Mann dann zu gar keiner Kritik mehr. Doch der Zensor hält noch einen zweiten kapitalen Vorwurf an die Linksliteratur bereit: »...indem sie trotzdem als gültiger Ausdruck republikanischen Geistes empfunden wurde«.

Die Linksliteratur von Weimar, die so empfunden wurde. Von wem empfunden? Von den Rechten und Nazis? Mit Recht. Wo bleibt der Vorwurf? Wer tat da wem weh? Golo Mann aber rundet seine Replik ab, indem er zum »republikanischen Geist« anmerkt: »So als sei dieser ein rein negativer, am besten vertreten durch Witzbolde, die ihr Vaterland und wohl gar ihre eigene Sache verhöhnten.«

Welcher Satz nun die Grabsteine von Brecht und Tucholsky zerschlägt. Wiedervereint als dem Golo Mann gemeinsam feindliche Brüder im linken Geiste bekommen die bösen Toten eins drauf. Diese bubenhaften Negativen, denen das Vaterland nicht heilig gewesen ist. Die es verhöhnten. Welches Vaterland? Da bleibt Golo Mann vage. Mag sein, sein Vaterland und das von Tucholsky und Brecht sind sehr verschiedene Vaterländer. Er aber schiebt ein giftiges »wohl gar« nach, diese linken »Witzbolde verhöhnten« nicht nur »ihr Vaterland«, was sie gewiß und beweisbar *nicht* taten, sondern »wohl gar ihre eigene Sache«.

Da haben wir es. Herr Mann verunglimpft die beiden Toten wie nationalistische Deutsche seit eh und je Heinrich Heine mit Dreck bewarfen – der habe sein Vaterland verlassen und sei überhaupt ein Gesinnungswechsler gewesen, also Gesinnungslump. Herr Mann benutzt den traditionellen Wort-Unflat nicht. Er weiß sich feiner auszudrücken und in der »eigenen Sache« noch blamabler. Manns leichtfertige Polit-Urteile über Tucholsky und Brecht sind in perfekter Unkenntnis des Werks geschrieben, das da getroffen werden soll. Sie bezeugen bestürzend Golo Manns Hang zum häßlichem Vorurteil.

Zu Silvester 1977 hielt der scheidende Intendant des Saarländischen Rundfunks, Dr. Franz Mai, eine Ansprache, die über die Europawelle Saar ausgestrahlt wurde. Zwar nannte Mai dabei nicht ausdrücklich den Namen Tucholsky, doch sind er und seinesgleichen von damals und heute gemeint. Weil sich in dem Angriff auf selbständige Denker und freie Autoren die alten Unkenntnisse und bemühten Mißverständnisse der deutschen Konservativen mit erschreckender Deutlichkeit zeigen, seien daraus die entsprechenden Passagen zitiert: »Die Demokratie ist ihrer Natur nach ein unvollkommenes Staatssystem, mit Schwächen und Fehlern behaftet, aber gerade deshalb ist sie das menschlichste Staatssystem, weil es am vollkommensten der natürlichen Unvollkommenheit des Menschen entspricht. Wir sind unserem Wesen nach gezwungen, mit unserer eigenen Unvollkommenheit zu leben, und die Demokratie ist im staatlichen Bereich das erträglichste Spiegelbild unserer eigenen Unzulänglichkeit.

Unser deutscher Hang zum Perfekten und Absoluten sträubt sich aber dagegen, diese einfachen menschlichen Tatbestände hinzunehmen.

So war es schon in der Weimarer Republik. Literaten, Journalisten und Intellektuelle haben schon damals mit ihrer beißenden Kritik und ihrem inquisitorischen Idealismus die menschlichen Fehler dieser Republik zu einer Kette von Skandalen hochstilisiert, sicher in dem Bewußtsein, einen moralischen Beitrag zur Vervollkommnung dieser Weimarer Republik zu leisten. Sie haben dabei nicht bemerkt, daß sie mit dieser Kritik und diesem inquisitorischen Idealismus die Grundlagen dieser ersten deutschen Republik so zerstörten, daß es für die Nationalsozialisten ein leichtes Spiel war, zur Erreichung ihrer radikalen politischen Ziele das sogenannte Weimarer System als korrupt und vernichtungswürdig zu denunzieren und zu zerstören. Dabei waren jene Literaten, Journalisten und Intellektuelle keineswegs Sympathisanten der Nazis, sondern eher das Gegenteil. Aber dennoch wurden sie in tragischer Verstrickung ihre Helfershelfer, denn sie waren typisch deutsche Apostel des Perfekten und Absoluten.

Welche verblüffende Ähnlichkeit mit heute!

Da gibt es sicherlich ehrenwerte Dichter und Literaten, Journalisten und Intellektuelle, die sich in ihrer echt deutschen Wesensart mit den Unzulänglichkeiten und Ungerechtigkeiten unserer zweiten deutschen demokratischen Gesellschaft innerlich nicht abfinden können, die nicht begreifen, daß alles Menschenwerk unvollkommen ist, die nicht verstehen wollen, daß menschliche Mängel unserer Gesellschaft der sehr behutsamen Korrektur bedürfen, die glauben, daß unablässige Kritik und revolutionäre Veränderung den Wandel zur perfekten Gesellschaft vollbringen könnten.

Sie sind gewiß keine Sympathisanten der linken Terroristen, aber sie sind, sicherlich gegen ihren eigenen Willen, die Urheber und Motivanten für den unreflektierten emotionalen Haß jener jungen Terroristen gegen unsere demokratische Gesellschaft, denn sie haben ihnen durch ihre unbedachten Publikationen die Hoffnung gegeben, man könne eine perfekte Gesellschaft auf Erden verwirklichen. Und insoweit sind sie durch ihre dauernde und umfassende Kritik in hohem Maße mitverantwortlich für das Entstehen jener Gruppen, die nunmehr versuchen, auch die zweite deutsche demokratische Gesellschaft zu zerstören.

Das sollten unsere Dichter, Journalisten und Intellektuellen überlegen. Sie könnten sonst in die Gefahr geraten, die Väter einer neuen Katastrophe für unser Volk und unsere demokratische Verfassung zu werden.«

Die Ansprache zeigt, wie zu Tucholskys Zeiten bekämpft der Konservative den Aufdecker von Mängeln, nicht den Verursacher. Man sah in Tucholsky den »zersetzenden Intellektuellen« und setzt ihn mit dem Kommunisten gleich. Der Kritiker erscheint als ideologischer Feind. Wo er's nicht ist, wird er gewaltsam dazu gemacht. Der bürgerliche Konservatismus stimmt dabei im Prinzip mit dem institutionalisierten Marxismus überein. Beide lehnen die Kritik ab und erklären den Kritiker zum Feind. Beiden sind deshalb die amerikanischen Zustände höchst zuwider, wo Presse, Literatur, Film und Theater die Funktion einer vierten öffentlichen Gewalt wahrnehmen. Tatsächlich gehören Tucholsky und die »Weltbühne« in der Art und Weise, wie sie Kritik üben, mehr zur amerikanischen Gesellschaft als in die bürgerlichen und sozialistischen Gesellschaften Europas. Die radikaldemokratische liberale Presse der USA, die im Vietnamkrieg der eigenen Regierung zu schaffen machte und hernach viele Skandale aufdeckte bis hin zu Watergate, sie wäre mit ihrer Haltung und Unbestechlichkeit den »Weltbühnen«-Autoren der Weimarer Republik gewiß nicht fremd – im Gegenteil, die »Weltbühne« war eben eine im Prinzip eher amerikanische Zeitung, jedenfalls war sie weniger »deutsch« oder »russisch«. Ihr Mißtrauen gegenüber der eigenen Obrigkeit, ihre Wächterrolle gegenüber dem Staat, ihre stets wache Intellektualität zeichneten sie aus und unterschieden sie von den anderen Organen, bei denen die vorgefaßte ideologische Staatstreue unweigerlich zum Nationalismus und Opportunismus führen mußte.

Allerdings muß man sich davor hüten, Tucholsky eine bewußte Sympathie für Amerika zu unterstellen. So war es keineswegs. Die Parallele und Nähe ergibt sich lediglich in der ablehnenden Haltung zur Staatsvergötzung, wie sie in Deutschland und Rußland Tradition hat. Ansonsten war Tucholsky zutiefst deutsch, das geht soweit, daß seine Texte schwer übersetzbar sind. Die Besonderheiten, nicht einem ausgeklügelten Stil, wohl aber der Wirklichkeit der gesprochenen Sprache entsprungen, lassen sich nur mit größter Mühe in eine Fremdsprache übertragen. Tucholskys Deutschtum ging soweit, daß er Amerika fast vorurteilshaft ablehnte. Es wurde ihm selbst nie klar, wie amerikanisch er in seinem Verständnis als Bürger und Autor war. Er war dies konstitutionell. Ein Staat oder eine Partei, die Meinungskonformität forderten, mußten auf seinen Widerspruch stoßen. Das ist eine Frage der Würde des Menschen. Kein Wunder also, wenn die Nachfahren der Preußen gegen Tucholsky sind. Die roten Preußen ertragen ihn ebensowenig wie die schwarzen. Die Staatsmarxisten zensieren ihn. Die bürgerlichen Konservativen heißen ihn einen Kommunisten. Die redliche individuelle Freiheit, die er vertritt, ist beiden Seiten verhaßt. Weil sie sich scheuen, das offen zu sagen, verfälschen sie ihn. Die einen führen ihn nur als Fragment vor, um ihn ertragen zu können. Die andern verfälschen ihn, um gegen ihn polemisieren zu können, ohne die eigene Schande zu offenbaren.

Der ausgelassene Tucholsky

Leider ist dieses Kapitel nicht so lustig wie die Überschrift vermuten läßt. Dabei geht zunächst alles bunt und erfreulich zu. Vor mir liegt die schöne, farbenfroh gebundene Tucholsky-Auswahl des DDR-Verlages Volk und Welt, Berlin, liebevoll und sorgfältig gemacht, gedruckt auf erstaunlich luxuriösem Papier, ausgestattet mit genauer Bibliographie und verständigen Nachworten der beiden Herausgeber Roland und Christa Links.

Die sechs Bände sind gut anzusehen, gut anzugreifen, gut zu lesen und vor allem gut zu bezahlen. Für fast 600 Seiten pro Buch hat man nur 15 DDR-Mark hinzulegen. Der BRD-Buchkonsument erblaßt vor Neid. Hier kostet die leuchtend violette Taschenbuchausgabe umgerechnet pro Band 10 DM, und bedauerlicherweise sind die lila Taschenbücher so schlecht gebunden, daß sie sich bald nach der ersten Lektüre in fliegende Blätter auflösen.

Das muß man bei den sechs Volk-und-Welt-Bänden nicht fürchten, die Seiten bleiben alle schön an dem Platz, wo sie hingehören, dafür stellen sich andere Ärgernisse heraus. Um mit dem Berliner zu sprechen: »Ich kucke eenmal / ick kucke zweemal und denk / da hat doch eener dran gedreht!«

Nun ist eine Auswahl keine Gesamtausgabe, aber wie perfekt ist da weggelassen. Tucholsky würde sich selbst nicht wiedererkennen, sähe er diese sozialistische Edition. Um ein kulinarisches Bild zu gebrauchen: Man wird geladen zu einem opulenten, appetitlich hergerichteten Tucho-Mahl, dann merkt man, der Suppe fehlt Salz, dem Braten Würze, dem Salat ein Schuß Zitronensaft oder Essig und allen Gängen zusammen ermangelt es an Pfeffer und Paprika.

Sie haben Schonkost gekocht aus Tucholskys kräftigen Zutaten; tatsächlich hatten die beiden Herausgeber auf sehr viele empfindliche Mägen Rücksicht zu nehmen. Da ist allen voran der Große Bruder Sowjetunion, für den wurde sofort als unverdaulich ausgesondert, was ihm ein wenig Sodbrennen oder Bauchgrimmen hätte bereiten können.

Über die UdSSR wird von Tucholsky nur serviert, was man dem mächtigen russischen Bären als Honig ums Maul schmieren kann. Zu Grießbrei mit rötlicher Himbeersoße wurde alles, was der Analytiker je über Marxismus, Arbeiterbewegung, KPD, die Rolle der Linken und deren Galionsfiguren sagte, jede Schärfe ließ man als unzuträglich für die empfindlichen Patienten weg.

Setzen wir uns zu Tisch und schmecken im einzelnen nach, was bei diesem Diät-Tucholsky nicht verwendet werden durfte.

Unter dem Titel: AUS MOSKAU ZURÜCK bespricht Tucholsky 1920 ein Buch von Alfons Goldschmidt, erschienen im Rowohlt Verlag, Berlin. Er bemerkt einleitend über den Verfasser:

»Goldschmidt ist ein anständiger, ehrlicher und völlig unbestechlicher Börsenkritiker, ein Mann, der sich auf wissenschaftlichen Grundlagen zum Kommunisten entwickelt hat, in den letzten Jahren eine erfreuliche und erfrischende Erscheinung unter den deutschen Nationalökonomen. Ein Mann von einer fanatischen Offenheit, ein glühendes Temperament und immerhin ein Kerl. Goldschmidt ist einer der ersten Journalisten gewesen, die in Deutschland ihre russischen Erlebnisse in die Buchform gebracht haben; er war der größten Aufmerksamkeit gewiß. Er muß also auch gewußt haben, welche Verantwortung er als Verfasser des ersten populären Buches über Rußland trägt.
Dieses Buch war in seinem Kopf vor der Reise fertig.
Dieses Buch konnte gar nicht anders geschrieben werden, als es ge-

schrieben worden ist; denn Goldschmidt glaubt an Lenin, wollte an ihn glauben, und wir sehen ja alle nur, was wir sehen wollen. Mehr nicht.«

Tucholsky konzediert durchaus, daß der Reisebericht des Lenin-Fans Goldschmidt »tendenziös« sein dürfe, er ist bereit, mit dem Verfasser zugleich »die große, nun einmal vorhandene Leistung Lenins und der Seinen« anzuerkennen.

Gleichwohl, und dies beunruhigt Tucholsky, hatte der Reisende die »Pflicht, mit den Augen zu sehen und nicht nur mit dem Herzen. Das hat er nicht getan.«

So was kann ihm Kurt Tucholsky nicht durchgehen lassen. Wer bei der Betrachtung des eigenen Landes keine rosarote Brille trägt, sollte das erst recht nicht tun, kommt er ins Land der roten Träume.

»Es ist reizend, wie er sich bemüht, aus den geringsten Kleinigkeiten etwas für Rußland herauszulesen. Daß ein Mehltransport von 18 Wagen nicht überfallen wird, scheint ihm eine Großartigkeit.« Dies ist genau die Haltung, die offensichtlich in den Ländern des »realen Sozialismus« auch heute noch von Rußlandreisenden erwartet wird. Statt freundschaftlicher Kritik frenetische Lobeshymnen.

In Tucholskys Goldschmidt-Rezension ist kein Wort antisowjetisch. Daß sie gleichwohl, fünf Jahrzehnte später, für die Leser in der Sowjetunion und in den sozialistischen Ländern weggelassen werden muß, deutet auf mangelnde Bereitschaft zur Selbstkritik.

Natürlich formuliert Tucholsky eigene Einwände anläßlich dieses frühen Rußlandberichts, er war ja nicht, wie das die Auswahl bei Volk und Welt vermuten läßt, auf dem linken Auge blind.

Kritisch merkt er an: »Es gibt wenig zu essen, es gibt fast nichts anzuziehen, es wird in klarer nationalistischer Tendenz Krieg geführt... wenn man dem Autor die Augen verbunden, ihn ein paarmal um seine eigene Achse gedreht und ihm dann gesagt hätte, er befinde sich in Deutschland, so hätte er wohl den ganzen Laden erheblich ›verschweint‹ gefunden...« So aber sind für den liebenswürdigen Rußlandbetrachter die »Fabriken in der besten Ordnung, sie triefen von Öl, haben Schutzvorrichtungen und werden wundervoll verwaltet. Nur«, ergänzt Tucholsky, »Kohlen haben sie leider nicht.«

Was K. T. aus der Rußlandreportage Goldschmidts nicht erfährt, führt er im einzelnen selbst auf: »Ja, was organisieren denn die Leute eigentlich? Ist überhaupt noch etwas da zum Organisieren? Ist die neue Geistesrichtung wirklich ins Volk gedrungen? Wie tief? Was sagt das ungeheure weite Land zu den zwei Großstädten? Wie sind die Transportverhältnisse für die Landwirtschaft? Werden überhaupt noch Güter ausgetauscht?«

Der begeisterte Goldschmidt schwärmt: »Das Telefon ruht nicht. Oft arbeitete Plawnik mit zwei Telefonen auf einmal, mit dem Ferntelefon und dem Haustelefon. Man sah: hier war, hier wurde Organisation.«

»Das«, notierte Tucholsky skeptisch, »wäre also der Bolschewismus.«

Die Anweisungen durch zwei, zwanzig oder zweihundert Telefone mögen ja in Rußland auch in den folgenden Jahren immer befolgt worden sein, doch was wirklich davon bis in Industrie und Landwirtschaft durchdrang, steht auf einem anderen Blatt. Die Sowjetunion erkannte in späteren Perioden ihre aufgeblähte zentralistische Leitung selbst als Fehler- und Versagensquelle an, warum ist es dem deutschen Autor Kurt Tucholsky nicht vergönnt, seine hellsichtigen Befürchtungen in einem Werk abgedruckt zu finden, das er an anderen Stellen mit Hoffnung auf das große Land der Oktoberrevolution genügend ausstattete. Die Skepsis haben sie ihm wegzensiert und durch die Auswahl einen Apologeten geschaffen.

Auch die Ironie, unabdingbar für den Satiriker Tucholsky, fand keine Gnade vor den Augen der Zensoren. Nachdem er einige reale Sätze von Goldschmidt angeführt hatte, so gutgemeint wie verstiegen – (Originalton Goldschmidt): »Wir warten drei Stunden am Nicolaibahnhof und betrachten die Mädchen, die an der Säuberung des Schienengeländes und an den Waggons lächelnd arbeiten. Mädchen darunter in Samtkleidern, mit guttuchigen, russischen Kopfbedeckungen, mit Handschuhen und mit gepflegten Nägeln. Sie reinigen den Bahnhof von Müll. Es ist keine liebliche Arbeit, aber sie amüsieren sich dabei. Ich beobachte eine Stunde lang fünf Mädels, wunderhübsche, knallbackige darunter. Sie schieben pustend einen müllgefüllten Waggon. Eine mit roter Blume im schwarzen Haar und rotem Gürtel um die Samttaille. Eine andere fegt Treppe und Vorhof des Bahnhofs. Sie ist pelzumschlungen.« – geht der Parodist mit Tucholsky durch und er karikiert prophetisch, wohin blinde, begeisterte Reiseberichterstattung à la Goldschmidt eskalieren könnte: »Auf dem Theaterplatz in Moskau steht eine Rotunde. Eine runde Rotunde... Ich trat heraus. Der Himmel blaute. Ein Falter gaukelte vorbei. Eine Schwalbe strich. Spatzen lärmten. Die Sonne schien. So sah man überall den Einfluß Lenins.«

Tucholsky mit seinem untrüglichen Gespür für falsche Töne hat hier kritisch vorgefühlt, was später tatsächlich den Lesern zugemutet wurde. Da hatte man dann hinter jedem Sonnenstrahl den Einfluß des weisen Stalin zu vermuten; der Tendenz nach lag Tucholsky richtig, wenn er den ersten Rußlandreisenden schon 1920 besorgt fragte: »Weiß Goldschmidt nicht, was er mit solchen Dingen anrichtet? Wäre es nicht viel besser, offen zu sagen, daß die da drüben durchaus noch nicht so weit sind? Es scheint sehr viel Mut dazu zu gehören. In dem Buch steht einmal am Schluß eines Kapitels, das ein proletarisches Meeting schildert: ›Beim Ausgang sagte jemand hinter mir: Das ist sicher ein deutscher Genosse, der kriegt die Pfeife nicht aus dem Maul.‹ Ich möchte das Wort abändern: Das ist sicher ein deutscher Genosse, der kriegt den Idealismus nicht aus dem Hirn.«

Freud variierte einmal das alte deutsche Sprichwort vom Brett vorm Kopf so: Der habe ein Ideal vorm Kopf – das hatten und haben heute noch viele kritiklose Anbeter der Sowjetunion und des Kommunismus. Deshalb ließen sie auch den folgenden kurzen Tucholsky-Text weg:

DER WAGEN

»Auf einem Wagen saßen Vertreter aller politischen Parteien. Als der Wagen stecken blieb, geschah folgendes: Der Deutschnationale schoß den Führer nieder, der Zentrumsmann sagte: ›Mit Gott!‹ und blieb sitzen, der Demokrat schlug vor, die große Koalition zu bilden, der Mehrheitssozialist wollte den Karren aus dem Dreck schieben, ließ aber keinen aussteigen, die Unabhängigen schimpften und schoben mit, und die Kommunisten gaben gute Ratschläge, brüllten aber so, daß sie kein Mensch verstand.

Und wenn den Wagen keiner herausgezogen hat, dann steht er noch.«

Wo hat denn hier der arme beschnittene K. T. das Klassenziel mal wieder nicht erreicht? Durch die bloße Feststellung, daß »die Kommunisten brüllten und deshalb ihre guten Ratschläge kein Mensch verstand«.

Kann man Fehler in der Agitation vorsichtiger und treffender diagnostizieren? Schwerlich, aber selbst dieser freundschaftlich witzige Hinweis geht heutzutage noch nicht durch.

Da wundert es gar nicht, wenn die folgenden bedenkenswerten Passagen, in den zwanziger Jahren von Tucholsky formuliert, auch in den siebziger Jahren den Lesern des sozialistischen Ostens vorenthalten werden:

DER GEIST VON 1914. »Die Arbeiterschaft hatte ihren Marx. Oder vielmehr: sie hatte Leute angestellt, die ihn gelesen haben mußten. Im übrigen paukte sie ihre Lohnkämpfe aus. Das bis zur Erschlaffung wiederholte Geplapper von der Präponderanz der Wirtschaft ließ vergessen, daß die Dinge auf der Welt eben nicht allein vom Ökonomischen ausgehen; und so wichtig und nötig es auch ist, den faulen Sprüchen einer Kaste, die nur verdienen will, immer wieder entgegenzuhalten, daß Lebensgefühl und Lebensbild sich zum allergrößten Teil nach dem Lebensstandard richten, so kümmerten sich doch die neuern Sozialisten einen Schmarrn um den kleinen Rest, um die winzige, so oft den Ausschlag gebende Summe von Imponderabilien. Manche hatten eine Seele, alle hatten ein Mitgliedsbuch, und Charakter hatte am 4. August 1914 keiner.«

»... daß die Dinge der Welt eben nicht allein vom Ökonomischen ausgehen«, das darf der Publizist Tucholsky in der DDR so wenig öffentlich sagen, wie es der Philosoph Ernst Bloch feststellen und der Liedermacher Wolf Biermann singen durfte.

In der Lyrik hielt sich Tucholsky offenbar strenger an eine sogenannte Parteilinie. Gedichte werden sehr selten ausgesiebt. Aus dem

Jahr 1920 fehlt RECHTS UND LINKS, vermutlich wegen folgender Zeilen: »Rechts sind Schieber, links sind Schieber. / Jedes Antlitz ein Kassiber.«

Ein elf Jahre später veröffentlichtes Gedicht PARTEIMARSCH DER PARTEILOSEN ist nicht abgedruckt, darin heißt es: »Wir brauchen keine Innung, / wir brauchen kein Vaein! / Wir machn uns, wir machn uns / unsan Dreck allein!« Wenige Zeilen vorher steht, was nicht ins Bild des DDR-Tucholsky paßte: »Dem eenen weht die Fahne rot – / un wer nich mitmacht, isn Idiot... / Is ja kaum ze jlohm! / « Weiter: »Nur wir, wir wissen janz jenau, / wat jeda machn soll. / Wir ssiehn vajnücht vorbei. / Wir sinn die Nullpachtei...!«

Mir scheint eher, daß die berlinernden Strophen mit der Kritik an der Nullpartei jene meinen, die sich nicht entscheiden wollen, doch die Herausgeber interpretieren diese Lyrik wohl anders.

Einigermaßen ratlos vermißt man ein paar der bekanntesten Tucho-Strophen, Titel: WAHRE LIEBE. »Wenn ich so müd nach Hause komm, / zerredet und zerschrieben: / dann sitzt du da, so lieb und fromm. / Man muß, man muß dich lieben! / Die Nacht gleich einem Feste ist. / Ich weiß, daß du die Beste bist. / Und warum ist das? Nämlich: / Du bist so himmlisch dämlich.«

Schien das zu frech? Beleidigung für die gleichberechtigte Frau im realsozialistischen Staat? Immerhin wird der nicht übertrieben höfliche antiweibliche Refrain: »Du bist so himmlisch dämlich« dreimal wiederholt und Lisa Matthias berichtet in ihrem umstrittenen Buch »Ich war Tucholskys Lottchen«, diese Verse seien einem zwar schönen, aber strohdummen Mädchen gewidmet gewesen, einer der zahlreichen Freundinnen Tucholskys, deretwegen sich seine vielen intelligenten Partnerinnen genierten, weil sie fanden, mit solchen Gänschen ins Bett zu gehen, sei weit unter seinem Niveau. Vielleicht fanden auch Roland und Christa Links, damit werde dem Autor Abbruch getan, es sei denn, nicht private, sondern politische Gründe wurden wirksam bei der Aussonderung. Die zweite Strophe beginnt mit: »Du hast es gut. / Du ahnst es nicht, / was Stalin jüngst gesprochen...«

Big brother is watching you? Das Tabu, das für fast alle Rußlandurteile gilt, es sei denn, sie enthalten schieres Lob auf den Mann, dessen Image nach dem XX. Parteitag ja auch in der DDR stark angekratzt war. Ob der Genosse Stalin bei der Aussonderung dieses Gedichtes in Schutz genommen werden sollte, steht dahin, ganz unzweifelhaft aber wurde der Genosse Lenin gehütet wie ein Augapfel, es fehlt denn auch die schöne Satire unter der Überschrift: DAS WILL KEIN MENSCH MEHR WISSEN aus dem Jahr 1923, wo Tucholsky die Abgebrühtheit der Zeitlungsleser exemplifiziert, die sich »über jahnischt mehr wundern«, wie Otto Reutter es nannte. In der Glosse heißt es: »Und wenn vermeldet würde, man habe Frau Lenin in den Armen Hitlers gefunden –: es will keiner mehr wissen.« Weder mit Lenin noch mit der Krupskaja sind solche Scherze erlaubt und so erstaunt es nur auf den ersten Blick, wenn man eine Rezension Tucholskys über das Buch »Die genialen Syphilitiker« von Brunold Springer in der DDR-Auswahl vergeblich sucht. K. T. bemerkt kritisch:

»Und nun werden die Geschichtshelden durchgehechelt. Das ist allerdings bitter. Wenn man sich schon einen ganzen Korb voller Namen hernimmt und aufzeigt, daß alle diese Leute: Napoleon und E. T. A. Hoffmann und Beethoven und Lenau und Schopenhauer und Schumann und Lassalle und Gauguin und Lenin und Manet Syphilitiker waren: dann muß man das anders machen.

Zunächst einmal sind die Behauptungen miserabel dokumentiert. Bei Lenin steht, gleichzeitig für die Krankheit Wilsons, als Quelle in der Anmerkung: ›Schweizer Frauenblatt‹ vom 9. Februar 1924, und dann wirds ja wohl stimmen...«

Vor allem aber betont Tucholsky ausdrücklich, daß es weder lächerlich noch eine Schande ist, dieser Krankheit zum Opfer gefallen zu sein, ridikül wirkt auf uns nur, wenn auch heute noch ein Geheimnis daraus gemacht werden soll, daß der Führer der Weltrevolution, W. I. Lenin an Lues litt. Als ob das seine Leistung schmälerte.

Folgerichtig fehlt auch eine zweite große Arbeit, die sich wieder mit einem Syphilitiker auseinandersetzt, sehr kritisch übrigens, nicht wegen der Erkrankung selbstverständlich, sondern wegen seiner Werke. Tucholsky beschäftigt sich mit der Art und Weise, wie Frau Förster-Nietzsche den Nachlaß ihres Bruders betreut und kommt zu vernichtenden Urteilen über ihre Aktivitäten, aber auch Nietzsches Philosophie bleibt in Tucholskys Analyse nicht ungeschoren. Da ja Nietzsche nicht gerade zu den Heiligen im Philosophischen Kalender des Ostens zählt, hätte die Kritik an ihm dortzulande gut gepaßt, wenn man trotzdem auf den Abdruck dieser Arbeit verzichtete, müssen wohl wieder moralische Bedenken im Hintergrund gestanden haben. Syphilis, auch wenn sie historische Persönlichkeiten betrifft, paßt nicht ins optimistische Programm, genausowenig wie ein Hymnus Tucholskys auf einen genialisch verstörten Dichter: Oskar Panizza, von dem K. T. berichtet: »... er selbst lebt in Franken in einem Irrenhaus. Dahin brachte man im Jahre 1904 den Dr. Oskar Panizza, der wohl, als er noch bei Verstande war, der frechste und kühnste, der geistvollste und revolutionärste Prophet seines Landes gewesen ist. Einer, gegen den Heine eine matte Zitronenlimonade genannt werden kann und einer, der in seinem Kampf gegen Kirche und Staat, und vor allem gegen diese Kirche und gegen diesen Staat, bis zu Ende gegangen ist.«

Tucholsky faszinierten die gebrochenen Persönlichkeiten, deren poetische Produktivität Grenzen sprengt, die nicht eindimensional dachten und dichteten, er bevorzugte Lyriker, Philosophen und Belletristen, die den Menschen in seinem Widerspruch schildern, nicht nahtlos einzufügen in ein Klassenkampfschema. Offensichtlich war das den beiden Herausgebern häufig zu kompliziert: So rührend bemüht sie alle gradlinigen Aussagen des Gesellschaftskritikers Tucholsky sammelten und kommentierten, die Irritationen und psychologischen Exkurse des Autors ängstigten eher und verwischten wohl das Porträt des aufrechten Bilderbuch-Demokraten. Der ist Tucholsky zeitlebens nicht gewesen. Er feuerte die Leute zwar an, sich ihrer ökonomischen Situation bewußt zu werden und konkrete Schritte zu deren Verbesserung zu tun, aber darüber hinaus war dem sensiblen Schriftsteller der weite Bereich gegenwärtig, der sich nicht in klare parteipolitische Erkenntnisse und Taktiken fassen ließ. 1929 veröffentlicht er eine größere Arbeit: HENRI BARBUSSE UND DIE PLATTE ›LORD HELP ME –!‹. In diesem Aufsatz beschäftigt er sich mit »Facts divers« von Barbusse, ein Buch in dem der französische Schriftsteller jahrelang aus europäischen Zeitungen gesammelte Berichte und Nachrichten veröffentlicht hatte. Zunächst referiert Tucholsky die vielen politischen Morde, die von den Rechten an Linken begangen worden sind. Barbusse hatte erschütternde Materialien darüber gesammelt und publiziert.

Daß Menschen nicht nur Menschen peinigen, sondern im Interesse der Politik auch andere Geschöpfe, dokumentiert Barbusse in seinem Dritten Kapitel: »Et le Reste«. Tucholsky schreibt dazu: »Darunter einer der erschütternsten Abschnitte – noch viel stärker als bei Zola –: über die Minenpferde in französischen Bergwerken. Da arbeiten Tausende und Tausende von Pferden unter Tag, bis zum Verrecken, unter den elendsten Bedingungen; ihre Hufe verfaulen, die Augen sind ausgelaufen, blind, lahm geprügelt, fast ohne Pflege, nie einen Strahl Licht... Produktion! Produktion! Das Herz krampft sich einem zusammen. Und das ist heute noch so.«

Zu all diesen Brutalitäten, zu denen der Mensch fähig ist, stellt Tucholsky die Frage: »Und warum ist das alles so? Die Sache ist mit dem Marxismus nicht erklärt; hier steckt eine gewaltige Unterlassungssünde im Denken der Kommunisten.

...Es ist der tiefe Grausamkeitsdrang des Menschen, der einen gesetzlichen Ablauf findet.«

Anläßlich dieses Tucholsky-Textes, der sich mit den irrationalen Aspekten des Menschen beschäftigt, die vom Marxismus weitgehend ignoriert werden, ergibt sich ein interessanter editorischer Gesichtspunkt: Er ist nicht abgedruckt in der DDR-Auswahl, wohl aber ein Artikel mit dem Titel REPLIK, in dem Tucholsky auf seinen großen Barbusse-Aufsatz Bezug nimmt. K. T. repliziert hier also für den Leser im anderen Deutschland auf etwas, das dem gar nicht bekannt ist. Kennt man die Frage nicht, klingt auch die Antwort schief, zumindest verwirrend, solche Ungereimtheiten sind nicht die Regel bei Christa und Roland Links, doch sollte in diesem besonders frappanten Fall auf das Elend zensierender Auswahl verwiesen werden. Die Replik Tucholskys heißt: »›Es ist deshalb unbillig von Wrobel, den Klassenkampf als plakatierte Mordlust und organisierte Quälerei zu bezeichnen.‹ Sicherlich wäre das unbillig; so ist er aber gar nicht bezeichnet worden. Sondern ich habe gesagt: Im Menschen steckt ein Grausamkeitstrieb; dieser Trieb gibt sich mitunter als Klassenkampfidee. Ist das richtig –?«

Es ist zumindest großzügig, daß der DDR-Leser hier die Glocken läuten hören darf, wenn er auch nicht weiß, wo sie hängen. Da wäre wohl die sonstige Herausgeber-Konsequenz angebracht gewesen, alles auszumerzen, was nicht in den Streifen paßt.

Radikal wurde so verfahren bei sämtlichen Arbeiten Tucholskys, die sich mit Zensur befassen. Der berühmte Aufsatz RUNDFUNKZENSUR muß bei der Volk- und Welt-Ausgabe vermißt werden, eine Analyse, die an Aktualität nicht zu überbieten ist. Der Kabarettist Dieter Hildebrandt zitierte vor einigen Monaten im ZDF, wo er mühselig seine »Notizen aus der Provinz« durch die Kontrolle bringt (und manchmal auch nicht), große Passagen, z. B. diese Sätze: »Die Zensoren verstecken ihre wahren Ziele hinter zwei Ausreden: erstens, der Rundfunk solle unpolitisch sein; zweitens, der Hörer beschwere sich über zu krasse und radikale Vorträge. Einen ›unpolitischen‹ Rundfunk kann es deshalb nicht geben, weil es etwas Unpolitisches auf der Welt überhaupt nicht gibt... Der zweite Einwand für die Zensur ist, der Hörer wolle solche Vorträge nicht. Hier hat nun – grade wie beim Kino – eine Erziehung des deutschen Volkes einzusetzen, die ihm so sehr fehlt: nämlich die Erziehung zur Toleranz.«

Inzwischen haben wir schon zwei deutsche Völker, doch um die Toleranz ist es immer noch nicht gut bestellt, die einen möchten vielleicht, aber dürfen nicht und die anderen dürfen, möchten aber lieber nicht.

Tucholsky, schon zu Lebzeiten mit skeptischen Einsichten und schlimmen Erfahrungen über die Maßen gesegnet, publizierte 1932 einen Stoßseufzer-Schnipsel: PRO DOMO: »Manchmal finde ich Aufsätze von mir in Zeitungen wieder, Nachdrucke, Auszüge aus meinen Büchern – mitunter versehen mit kleinen kritischen Zusätzen: ich sei ein destruktives Element. Das kann jeder sagen. Doch wenn ich dann das Abgedruckte näher prüfe, dann muß ich oft entdecken, daß ganze Sätze fehlen: den Schlangen sind die Giftzähne herausgebrochen. Nun ist es mir gewiß gleich, wie diese verängstigten Verlagsangestellten ihre Leserschaft einschätzen – weitaus tiefer als es nötig wäre; man glaubt es nicht, was da alles nicht ›tragbar‹ ist. Mir solls recht sein. Aber eine Bitte hab ich an die verehrte Kollegenschaft. Druckt meine Aufsätze nicht, wenn eure Abonnenten und Inserenten zu fein dafür sind. Laßt mich unzensiert. Ich möchte nicht mit einer Ausgabe für Kinder und Militär herauskommen, bar aller Schärfe, ohne jene Salzkörner, um derentwillen die Speise serviert worden ist. Euern Leuten bekommt das nicht? Dann laßt das ganze Gericht fort... Ich bin gewohnt, zu Lesern zu sprechen, die ein offnes Wort vertragen. Vertragen es eure nicht? Dann setzt ihnen weiterhin reizende kleine Feuilletons vor... Aber druckt mich nicht, wenn ihr meine Arbeiten nicht so abdrucken könnt, wie ich sie geschrieben habe.«

Ach, Tucho!

Ach DDR, ach BRD! Das östliche halbe Deutschland hat sich abzufinden mit seinem kastrierten Tucholsky, im Westen verfügen wir zwar über die Gesammelten Werke, doch drohen in nicht zu weiter Ferne 88 a und 130 – die Anti-Gewaltparagraphen samt »Störung des Gemeinschaftsfriedens«.

Die Perfektion, mit der in der DDR alles vermieden wird, was die sowjetischen Freunde vergrätzen könnte, hat schon wieder deutsche Größe. Sogar die Schnipsel wurden von den Zensoren-Lektoren mit Argusaugen betrachtet und so entging ihnen nicht die »Unbotmäßigkeit« Tucholskys, der 1932 zu fragen wagte: »Warum sagen die Russen eigentlich niemals, wieviel Geld sie sich im Ausland geliehen haben, um den Fünfjahresplan durchführen zu können? Ihre Leistung verkleinerte es nicht. Es ist geschickt und gut, daß sie den Kapitalismus mit dessen Waffen schlagen – doch sollte das Geschrei über eine neue Fabrik auf das richtige Maß zurückgeführt werden. Hier ist Geld investiert worden –: wird es richtig und fruchtbringend arbeiten –?

Verzeiht, o Kleriker des marxistischen Korans, mir die Sünde.«

Sie haben nicht verziehen. Verständnis für Ironie war noch nie die starke Seite der Partei. Zwar braucht die Sowjetunion heute einmal LKWs und ein andermal Getreide aus dem kapitalistischen Westen, doch sollte man nicht so laut drüber reden, immer uff det Schlimme! hätte Tucholsky mit dem Berliner gesagt.

Im Laufe der Jahre fällt für Christa und Roland Links immer häufiger unter den Tisch, was Tucholsky in seiner berühmten Kolumne AUF DEM NACHTTISCH schrieb. Mal passen einzelne Bemerkungen zu Ilja Ehrenburg nicht (»Die ›Rote Fahne‹ hat neulich bestritten, daß Ehrenburg den ›richtigen Marxismus adhibiere‹ – ich weiß zum Glück nicht, was das ist«), mal paßt die ganze Richtung nicht. So in seiner Bücherkolumne von 1931, die anhebt: »Die Gesamtausgabe der Freudschen Schriften ist da. Elf Bände, die die Welt erschütterten.« Behagte der Anklang nicht an die fulminante Oktober-Revolutions-Reportage des John Reed: »10 Tage, die die Welt erschütterten«? Oder fürchtete man die Freud-Feier? Dabei ist Tucholsky durchaus kein kritikloser Freudianer, er stellt fest: »Das Modische an diesen Schriften wird vergehen; die kindische Freude der Amerikaner und sonstiger puritanisch verbildeter Völker, nun einmal öffentlich über Sexualität sprechen zu können... das hat mit Freud nicht viel zu tun. Bleiben wird der große Erneuerer alter, verschütteter Wahrheiten – der Wahrheit: der Wille des Menschen ist nicht frei.«

Hier ist Tucholsky wieder mit dem Unbewußten und den unleugbaren Triebstrukturen des Menschen zugange, was die Rationalität des realen Sozialismus auf den Tod nicht verkraften kann. Möglicherweise scheiterte die Aufnahme dieser Bücherkolumne in die DDR-Auswahl jedoch an folgenden Passagen: »Matwey Liebermann ›Im Namen der Sowjets‹ (erschienen im Malik-Verlag zu Berlin). Ein moskauer Sling berichtet aus den russischen Gerichtssälen... Ob es nun am Berichterstatter oder an den prozeßführenden Organen liegt, es geht eine Art Fibelton durch das Buch. Nun kann ich nicht russisch; ich höre also den Ton nur in der Übersetzung, und da mag er unrein klingen. Aber es ist etwas von erhobenem Zeigefinger, vom braven und vom bösen Russen; doch wenn das Auditorium höhnisch dazwischen ruft, weil der ungeschickte und ›nicht sympathische‹ Angeklagte dumme Ausreden vorbringt, so ist das schließlich nichts andres als das, was jedes Gerichtssaalpublikum auf der ganzen Welt empfindet. Es ist aber hier um neunzig Grad gedreht, und man hat manchmal den Eindruck, in einem Kindergarten zu sein. Vielleicht ist diese strenge dogmatische Behandlung der Angeklagten notwendig, vielleicht muß die neue Sittlichkeit, die die Russen realisieren wollen, erst in die Gehirne gehämmert werden, und zwar so und nicht anders –: das kann ich nicht beurteilen. Soweit es sich um eindeutige politische und sowjetfeindliche Akte handelt, ist das verständlich; geht es ins Gefühlsleben hinab, so trennt mich von dieser Anschauung eine Welt.«

Wie vorsichtig und rücksichtsvoll meldet Tucholsky in diesen Sätzen seine Zweifel an der neuen sozialistischen Welt an. Mit ihm zugleich war eine Reihe von Leuten bereit, im Kampf um den »neuen Menschen« vieles runterzuschlucken.

Und was macht der »neue Mensch« zum Dank mit Tucholsky? – Einen Verschnitt. Daß sie dort drüben wohl noch über Jahrzehnte hin außerstande sein werden, die GESAMMELTEN BRIEFE Tucholskys zu veröffentlichen, verwundert keinen, der die strengen Kriterien erkennt, nach denen bereits die Auswahl aus den Schriften vorgenommen wurde, daß aber so was wie der BRIEF AN EINEN KATER fehlt, irritiert doch ziemlich. »Lieber Mingo«, fängt das Schreiben an und bringt dann eine der schönsten Menschen-Katzen-Schilderungen, die sich bei dem erklärten Katzenfreund finden. Wodurch der reizende Mingo (»atmendes Kissen« nennt ihn K. T.) den Zensorenzorn erregt haben könnte, bleibt unklar, also muß es an einem anderen liegen, wenn die DDR-Bürger den Brief nicht zu Gesicht kriegen dürfen. Da ist nämlich von Axel Eggebrecht die Rede und der wird für sein Buch über Katzen sehr gelobt, schon zum zweitenmal, wie sich der aufmerksame Leser erinnert.

Das erste Lob fehlt ebenfalls. Durchgeschlüpft ist lediglich *ein* positiver Satz in einer anderen Rezension: »Das Katzenbuch Eggebrechts, der auch vertreten ist, steht weit über allen diesen Proben.« Bedenkt man, wie ausführlich und liebevoll Tucholsky Eggebrechts Buch besprochen hat, ist die kurze Erwähnung ausnehmend lieblos. Ähnlich knapp, was über den Autor im Personenregister des letzten Bandes der

DDR-Auswahl zu lesen ist: »Eggebrecht Axel (geb. 1899), Schriftsteller; sein Sammelband ›Katzen‹ ist 1927 erschienen.«

Sie verschweigen also den Widerstandskämpfer und KZ-Häftling Eggebrecht nicht völlig, aber gönnen ihm nicht den Platz, den Tucholsky dem Kollegen in seinen Kritiken einräumte. Vielleicht ist die DDR mit dem früheren häufigen DDR-Besucher Eggebrecht nicht ganz im reinen, der, wie Alfred Kantorowicz in seinem »Deutschen Tagebuch« berichtet, als ausgezeichneter Ossietzky- und Tucholsky-Kenner drüben zusammen mit Kantorowicz an Filmprojekten über diese beiden Autoren arbeitete. Die Filmpläne zerschlugen sich.

Alle anderen Katzen-Texte Tucholskys sind vollständig abgedruckt, also muß doch Eggebrecht schuld sein.

BITTE FÄDELN SIE MAL EIN! Dieser Psychologie-Parodie-Artikel wurde auch weggelassen, was hat daran bloß gestört? Vielleicht gab's in der DDR gerade einen Engpaß in Nähnadeln und Faden und man wollte die Bevölkerung nicht noch zusätzlich vergrämen. Mancher empfindet so was möglicherweise als billige Ironie, aber irgendwas müssen sich die Aussonderer bei ihren Verdikten ja gedacht haben. »Die Zeit schreit nach Satire«? Die DDR-Auswahl eines berühmten Satirikers schreit noch lauter danach.

Revolutionäre und Revolution – das waren für die verantwortlichen Herausgeber Roland und Christa Links besonders heiße Eisen. Alle darauf bezogenen Tucholsky-Texte müssen die Ärmsten mit der Lupe gelesen haben, damit ihnen ja kein Versäumnis nachzuweisen wäre. Fast erscheint es unfair, die beiden verdienstvollen K. T.-Kenner immer wieder zu nennen, sie waren letztlich nur ausführende Organe. Ich möchte unter solchem ideologischen Druck die Volk-und-Welt-Bände nicht zum Druck vorbereitet haben. Da gibt es aus dem Jahr 1927 eine große justizkritische Arbeit Tucholskys, sie heißt DER RECHTSSTAAT. Zunächst schwer einzusehen, warum sie ausgesiebt wurde. Doch dann findet sich ein Anhaltspunkt. Breiten Raum nimmt Ernst Tollers Bericht über seine Justizerlebnisse ein. Moskau hatte ein gebrochenes Verhältnis zu diesem deutschen Revolutionär und Mitglied der Münchner Räteregierung, darauf verweist Tucholsky auch an anderer Stelle: Toller war zu Besuch in Rußland. In der »Prawda« war eben ein kritischer Artikel über den Revolutionär und Autor erschienen; wer ihm in Moskau begegnete, wendete den Kopf weg und redete kein Wort mit Ernst Toller.

Im RECHTSSTAAT ist zu ihm zusammenfassend bemerkt: »Toller ist den Sozialdemokraten, die an seinem Unglück mitschuldig sind, unangenehm, und den Kommunisten zu sehr ›bürgerlicher Ideologe‹, oder was sie sonst für einen falschverstandenen russischen Ausdruck kopieren.« Das reichte, um den Aufsatz zu kippen. Hier muß prinzipiell gesagt werden, daß sich die Zensor-Tätigkeit der DDR-Instanzen in Tucholskys Werken nie auf einzelne Textstellen erstreckt. Was ihnen untragbar zu sein scheint, lassen sie in corpore weg, und auf diese Weise genügt ein kleiner Ausrutscher des Publizisten, um die gesamte Arbeit nicht abzudrucken.

Die ideologische Achse Moskau-Berlin beschäftigte Tucholsky immer wieder von neuem. Folgerichtig fehlen in der DDR-Auswahl alle Artikel, die sich kritisch mit den Kreml-Weisungen für die deutschen Kommunisten auseinandersetzen.

Tucholsky bespricht wieder mal Gedrucktes über Rußland»... Ich weiß: ihr habts beinah satt, ich auch.« Allein dieser Satz hätte wahrscheinlich zur Aussonderung des Artikels genügt, aber es kommt noch dicker.

K. T. beschäftigt sich mit einem Bericht von E. J. Gumbel »Vom Rußland der Gegenwart«. Er lobt den Verfasser und zitiert zustimmend: »›Von allen anderen Staaten unterscheidet sich nun der russische dadurch, daß er diese Fiktion [der Demokratie] aufgibt und seine klassenmäßige Struktur offen zugibt. Das gilt auch für seine Rechtsprechung.‹ «

»Und«, fügt K. T. einverständig an, »da es eine Gesellschaftsstruktur ist, die wir bejahen, so bejahen wir auch den Mut, mit dem die Folgerungen gezogen sind.« Nämlich, die Fiktion der Demokratie nicht vorzuspiegeln. Weshalb diese prosowjetische Haltung den Artikel doch nicht retten konnte, erhellt die nachfolgende Passage. Gumbel hatte die dortige Presse attackiert und dazu bemerkt: »›Das Bild, das die russischen Zeitungen vom kapitalistischen Europa entwerfen, ist genau so grotesk verzerrt, wie das Bild, das die meisten europäischen Zeitungen von Rußland bieten.‹ «

Das wäre ja nun noch eine Kritik auf Gegenseitigkeit, was aber über die Toleranz der DDR-Herausgeber hinausging, steckt in diesen Sätzen: Die verzerrende russische Presseberichterstattung »läßt sich«, so K. T., »leider an den Weisungen kontrollieren, die die deutschen und französischen Kommunisten von Moskau empfangen. Daß sie Weisungen, Führer und Geld ›vom Ausland‹ beziehen, ist rechtens; daß Führer und Befehl nicht besser sind, beklagenswert.«

Tucholsky äußerte seine Sorgen schon 1927. Wie schwerwiegend sich die mangelnde Qualität der Weisungen aus Moskau für die KPD auswirken sollte, zeigte sich in den kommenden Jahren im Fehlverhalten gegen den aufsteigenden Faschismus.

Man hätte das damals bei Tucholsky lernen können.

Sie hatten eben ihre ganz eigenen Vorstellungen dort im Kreml über Strategie und Taktik für die Kommunisten Europas, und wenn die nicht mit der Realität übereinstimmten, war das, wie schon Hegel wußte, »um so schlimmer für die Tatsachen«.

Rußland hatte seine Oktoberrevolution gemacht, und da behielten sie sich fortan die Interpretation vor. Was nicht der offiziellen Lesart entsprach, wurde untergebügelt. So auch das berühmte Buch von Isaak Babel »Budjonnys Reiterarmee«. Tucholskys Rezension darüber fehlt ebenfalls. Er schreibt dazu: »Ich und mein Kater ›Parteivorstand‹ (verschnitten, weiß es aber nicht): wir haben es schon dreimal gelesen und nicht schlecht dabei geschnurrt. Der Betroffne, der General Budjonny, soll außer sich sein über das Buch. Das ist möglich. Ebenso möglich wie die Tatsache, daß auch nicht ein Buchstabe darin der Wahrheit entspricht. Aber darauf kommt es ja gar nicht an. Das, was dieses Buch auszeichnet, ist vor allem sein Ton. Ich kann mich nicht besinnen, eine so seltsame Mischung von Gelassenheit, Verdrehtheit, Anteilnahme, Hitze und Kälte noch einmal angetroffen zu haben. Von der Großaufnahme: ›Roter Remonten-Kommandeur reitet ein halbtotes Pferd wieder lebendig‹ bis zur Weltanschauung ist alles da. Die Bauern und die einhertosenden Scharen der Roten Armee: das berührt sich kaum, dringt gar nicht ineinander ein, unvermischt stehen die beiden etwas irren Lager einander gegenüber und sehen sich an. Und schütteln übereinander die Köpfe und sind doch so tief verbunden... Söhne einer Mutter, Söhne der Matuschka, der Muttersau Rußland.«

Außer sich über das Babel-Buch war offensichtlich nicht nur der General Budjonny, außer sich scheinen auch alle orthodoxen Kommunisten zu sein und vermutlich haben sie sich bis heute noch nicht eingekriegt vor Empörung, sonst verleugneten sie nicht weiterhin Babel und seinen begeisterten Rezensenten Tucholsky.

Vermochten sie die »Muttersau Rußland« nicht zu akzeptieren oder die tiefe Poesie der Babelschen Schilderung, der sich einen Teufel darum scherte, ob er dabei auf der Parteilinie blieb? Bauern und Rote Armee darzustellen als einander kaum berührende, etwas irre Lager, so was ist natürlich mit dem Dogma unvereinbar. An der Oktoberrevolution hatte nichts emotional zu sein, die sollte aus dem Kopf und der Theorie herrühren, nicht nur Babel paßte nicht in das Schema, auch Majakowsky nicht und der Filmemacher Eisenstein.

Was da an Aufbruch und Wirren des Umbruchs vorhanden war, wurde eingeschirrt ins Parteidogma, die Epiker und Poeten, die den Menschen sahen und nicht den hohlen Repräsentanten einer Klasse, mußten ihr Fehlverhalten büßen.

Isaak Babel verschwand im Stalinschen Straflager, Majakowsky erschoß sich.

Für Europa bestand das Faszinosum der Oktoberrevolution nicht nur in der notwendigen und begrüßenswerten ökonomischen Umwälzung der Gesellschaft, hier feierte man auch die Poesie des Aufstandes. Tucholsky ist für diese Haltung ein Kronzeuge, wenn er zu Babel bemerkt: »Auf welchem Planeten diese Geschichten spielen, weiß ich nicht. Die Leute auf dem Kampfwagen, und die verrückten Heiligenmaler, und der Mann, der neben dem Toten schlafen muß, und dieses unbegreifliche Durcheinander...«

Genossen in den kommunistischen Ländern, die schon seine vor 1933 gedruckten Schriften nur ausgejätet zur Kenntnis nehmen dürfen, wobei kein Unkraut ausgeharkt wird, sondern Nutzpflanzen, sie werden für immer und ewig auf die Briefe Tucholskys verzichten müssen. Bestenfalls dürfen die Herausgeber in ihren Nachworten einzelne Sätze zitieren, die werden als Verwirrung des Publizisten abgetan und institutionalisieren weiterhin einen Apologeten Rußlands, der Tucholsky mit guten Gründen seit langem nicht mehr war. Deshalb winken die DDR-Bewohner heute nur müde ab, will man mit ihnen über Tucholsky reden, ihnen verkauft man seit Jahrzehnten den eindimensionalen Autor, was nur möglich wurde durch entscheidende Eingriffe ins Gesamtwerk und durch die Ausklammerung von Tucholskys Briefen der letzten Jahre.

Fazit: Wer den im Sozialismus gedruckten Tucholsky kennt, kennt Tucholsky nicht. Das läßt sich auch mathematisch beweisen.

Die DDR-Edition enthält 3421 Seiten, pro Seite etwa 36 Zeilen, auf der Zeile durchschnittlich 60 Anschläge.

Die BRD-Taschenbuchausgabe umfaßt 3897 Seiten, pro Seite etwa 44 Zeilen, auf der Zeile durchschnittlich 70 Anschläge.

Die Seitenzahl scheint auf den ersten Blick nicht stark zu divergieren. Multipliziert man aber die Anschläge mit den Zeilen, und diese Summe mit der Seitenzahl, sieht das Resultat so aus:

DDR: 36 × 60 = 2160 malgenommen mit 3421 = 7389360 und für die

BRD: 44 × 70 = 3080 malgenommen mit 3897 = 12002760, ergibt sich ein Fehlbestand von etwa zweieinhalb Millionen Schriftzeichen.

Das sind eine Reihe von Buchstaben, Punkten, Kommata, Gedankenstrichen, Frage- und Ausrufezeichen, auf die der DDR-Bürger verzichten muß.

Für ihn bleiben viele Tucholsky-Worte ungesagt, viele Fragen ungefragt. Gerade bei diesem Autor haben auch die Punkte, Gedankenstriche, Frage- und Ausrufezeichen ihre Funktion. Wer hier ausläßt und tilgt, tilgt einen Autor.

Viereinhalb Millionen weggelassene Schriftzeichen verändern die Schriften eines so wichtigen Schriftstellers beträchtlich. Wenn eine Auswahl zwangsläufig auswählt und also auch wegläßt, so bleibt doch nach deren Prinzip zu fragen. Ein derart politisch-ideologisches Auswahlprinzip, wie wir es hier vorfinden, ist eine ins Unstatthafte reichende Zensur, die überdies noch literarisch unhaltbar und dem vormaligen Kampfgenossen gegenüber unfair ist. Ein Staat, der sich mit dem schmückt, was Tucholsky einst so geschrieben hat, daß es heute noch für diesen Staat spricht, sollte wahrhaftig und stark genug sein, auch das vorzulegen, was Tucholsky von der heutigen DDR trennt. Es ist gewiß und nicht zuletzt eben diese Zensorenpraxis.

Als wir am 22. 11. 1977 auf dem Friedhof Mariefred, nahe Schloß Gripsholm, Tucholskys letzte Ruhestätte filmen wollten, fand sich auf der Grabplatte ein Kranzgebinde, dessen Schleife besagte, der Botschafter der Bundesrepublik habe es niedergelegt oder niederlegen lassen. Ich wunderte mich darüber. Weder Tucholskys Geburtstag noch sein Todestag standen an, was also hatte den westdeutschen Botschafter veranlaßt, die Stätte so auffallend zu schmücken. Mir war die Blumenpracht etwas peinlich, sie brachte mich in eine ungute Lage. Beließ ich bei den Dreharbeiten den Kranz mit seiner unübersehbaren Inschrift am Ort, sah das aus wie staatliche Propaganda. Entfernte ich ihn, war das auch nicht korrekt. Ich rief die BRD-Botschaft in Stockholm an. Der Pressereferent erklärte, man habe in Schweden zum Volkstrauertag nicht wie in den meisten anderen europäischen Ländern Blumen auf Kriegerfriedhöfe zu bringen, die es ja der Neutralität Schwedens wegen nicht gebe, deshalb schmücke man die Grabstätten zweier toter deutscher Schriftsteller, das Grab von Nelly Sachs in Stockholm und das von Kurt Tucholsky in Mariefred.

Die Auskunft ließ aufatmen. Der Totenkranz hatte eine ganz einfache Erklärung gefunden. Weder das Fernsehteam noch ich hatten an den Volkstrauertag gedacht, geschweige an die besonderen Modalitäten, die dieser Gedenktag im neutralen Schweden mit sich brachte.

Nun erinnerte ich mich der Botschaft der DDR, die es ja in Stockholm auch gibt. Tucholsky »gehörte« schließlich beiden deutschen Staaten. Mir, dem vormaligen Bürger der Deutschen Demokratischen Republik, bereitete es Unbehagen, die DDR, die am Ort präsent war, zu ignorieren. Ein Film, der nur den Kranz des BRD-Botschafters zeigte, konnte allein dadurch als einseitig empfunden werden. Dem aufmerksamen Betrachter mußten sich dieselben Fragen stellen wie mir: Bedachte die DDR-Botschaft ebenfalls das Grab in Mariefred mit Kränzen? Und bei welchen Anlässen tat sie es? Oder kümmerte sie sich nicht um die Grabstätte? Ich beschloß, mit der Botschaft des zweiten deutschen Staates zu telefonieren, zögerte aber, weil die DDR mir eine Woche vorher die Transitreise über die Autobahn von Bayern nach Westberlin verboten hatte. Das Gefühl, ungerecht behandelt worden zu sein, lag im Widerstreit mit dem Drang, so objektiv wie nur möglich zu berichten. Schließlich rief ich doch an. Man verband mich mit einer Frau, die bestes heimatliches Sächsisch sprach, ihre Namensnennung verweigerte und erst nach beharrlichem Ausforschen verriet, sie sei für Kulturfragen zuständig. Leider blieben die Informationen mager. Die Diplomatin belehrte mich über die großartige Kulturpolitik der DDR gegenüber toten Schriftstellern, wobei mir, dem Rascheln von Papier und dem Papierdeutsch nach zu urteilen, eine obrigkeitliche Verordnung vorgelesen wurde. Als ich die Bredouille, in die ich geraten war, zu schildern versuchte, fand ich nicht das geringste Verständnis und wurde gar heftig abgekanzelt als einer, der der DDR-Regierung was am Zeuge flicken wolle. Da ich in diesem Fall unschuldig wie ein Lamm war und meine Anfrage keineswegs die allgemeine DDR-Kulturpolitik

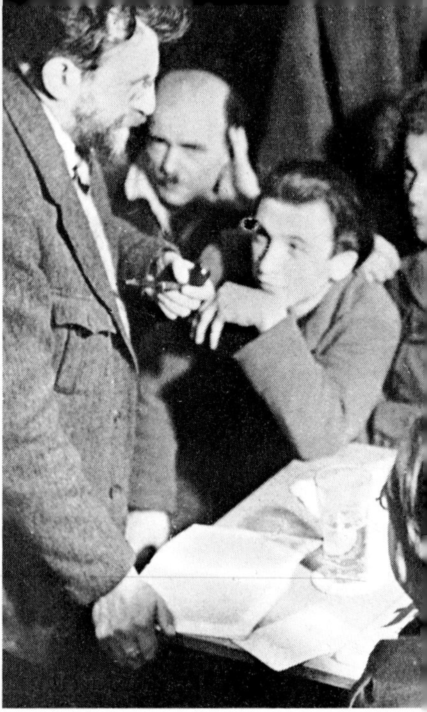

Vordere Seite: Kurt Tucholsky in seinen letzten Lebensjahren. *Oben links:* Im Gespräch mit Walter Hasenclever. *Oben rechts:* Erich Mühsam in der Diskussion. *Unten links:* 1925 in den Pyrenäen. *Unten rechts:* Friedrich Holländer (links), Rudolf Nelson (Mitte) und Marcellus Schiffer.

Oben rechts: Arnold Zweig. *Oben links:* Der Bruder Fritz Tucholsky. *Unten links:* Das Haus in Hindås. *Unten rechts:* Das Grab in Mariefred. *Rückseite:* Die Totenmaske.

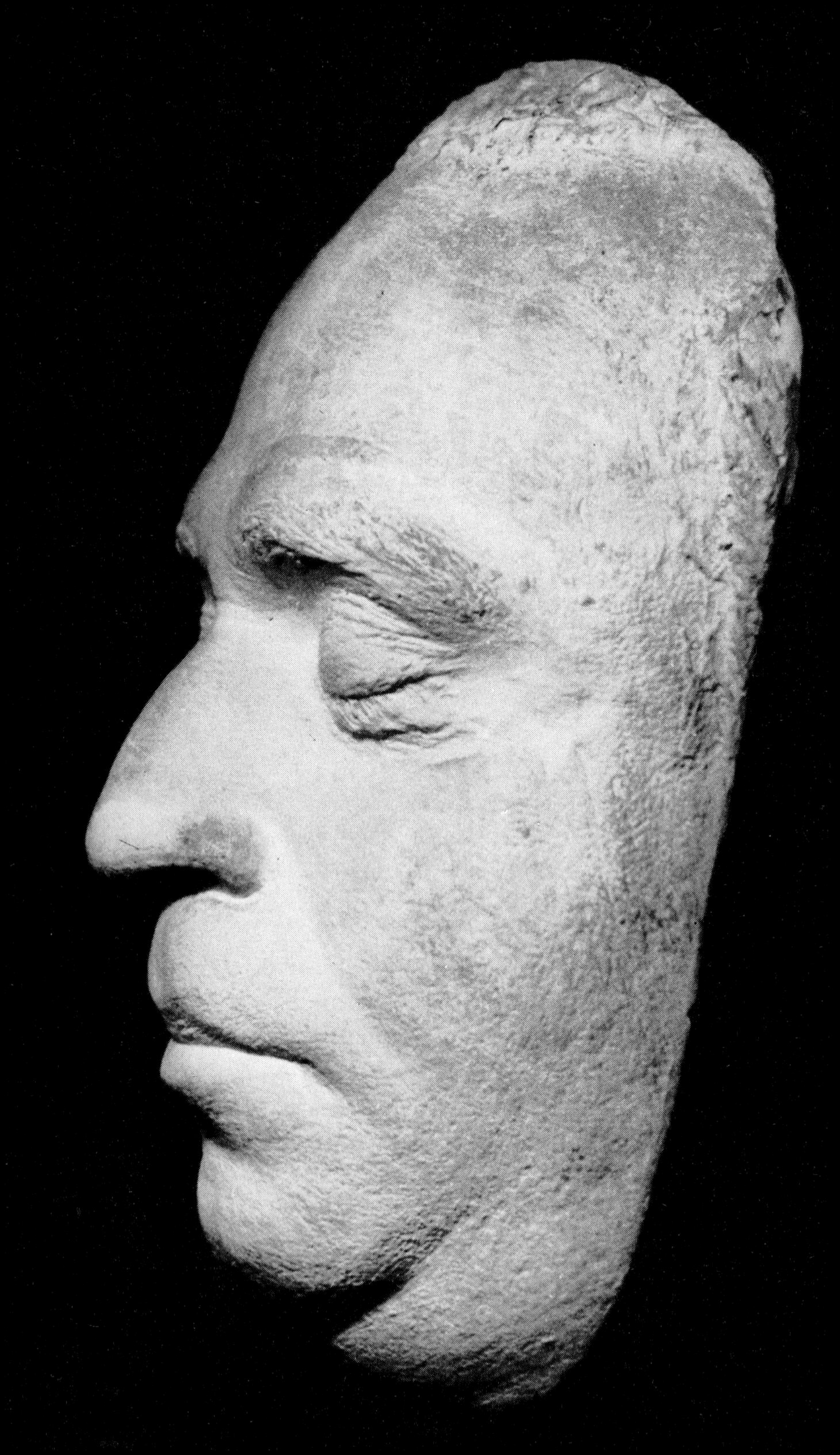

betraf, wollte ich schon resignierend einhängen. Plötzlich redete die Dame mich mit meinem Namen an.

Ich beteuerte nochmals, kein abträglicher Bericht läge mir im Sinn, ich wünschte nur eine konkrete Auskunft über Tucholskys Grab, und wenn die Bilder von der geschmückten Grabstätte im westdeutschen Fernsehen zu sehen seien, wollte ich wenigstens im Kommentar erläutern, weshalb der Kranz des BRD-Botschafters dort liege und wie es die DDR damit halte. Die Antwort darauf war der für DDR-Kulturfragen zuständigen Dame nicht zu entlocken. Ob die Deutsche Demokratische Republik, vertreten in Stockholm, Tucholskys Grab zu seinem Geburts- und/oder Todestag schmückt – ich erfuhr es nicht und bekam nur das anfängliche Papier nochmals verlesen, auf dem in zünftigstem Amtsdeutsch irgendeine Obrigkeit feierlich verkündete, die Regierung der DDR kümmere sich um die toten antifaschistischen kulturellen Persönlichkeiten. Da bedankte ich mich höflich und gab es auf.

Weil ich einen Gast erwartete, saß ich danach einige Zeit im kalten zugluftigen Vestibül des Stockholmer Grand-Hotels, in das es unser Kamerateam verschlagen hatte. Hier, in dem altehrwürdigen, von vergangenem Glanz zeugenden prächtigen und plüschigen Ambiente der Nobelabsteige, wo alljährlich die Nobelpreisträger untergebracht werden, verspürte ich den ganzen Jammer deutscher Geschichte und Gegenwart; das Übermaß bereitete physische Übelkeit bis hin zum Schweißausbruch. So elend hatte ich mich seit Jahren nicht mehr gefühlt. Ich war auf den Spuren eines großen Schriftstellers und armen Kerls, der vier Jahrzehnte früher in diesem melancholischen Lande zum Gift gegriffen hatte. Da saß ich und mußte erleben, noch auf seinem Grab wurden die alten deutschen Streitigkeiten ausgetragen. Wenn es etwas gibt, das mit dem guten alten und wohl auch unpassend veralteten deutschen Wort Jammer ausgedrückt wird, hier paßte das Jammerwort.

Autor einer radikalen Minderheit

In den frühen einzelnen Taschenbuch-Ausgaben des Rowohlt Verlages dominierte aus verständlichen Gründen der humoristische und satirische Tucholsky, so daß die Leser anfangs seine leichteren Texte kennenlernten. Es verwundert denn auch nicht, wenn Tucholsky in den ersten Jahren nach 1945 besonders von Kabaretts und kleinen Bühnen gepflegt wurde. Zwar wechseln auch dabei gefällige und beißende Geschichten und Gedichte einander ab, insgesamt fragmentierte die knappe Auswahl das Gesamtwerk aber beträchtlich. Der andere Tucholsky blieb unbekannt.

Wer dagegen Tucholskys heute verfügbare Gesammelte Schriften liest, begegnet statt des vermuteten Feuilletonisten einem Epiker. Das Werk ist ein einziges Riesenepos und der Kunstgriff mit den vielen Pseudonymen erscheint als Kniff, der die vielerlei Produktionen gestattete. Wäre Tucholsky mit dem Vorschlag zu einem Verleger gegangen, zehn oder zwanzig Romanbände über die Weimarer Republik zu schreiben, hätte das Projekt vorab schon an den Kosten scheitern müssen. Indem er sich als Klein-Autor verkleidete und nochmals in mehrere Schriftsteller aufspaltete, konnte er auch in minimalen Honoraren bezahlt werden. Und so begann er das Monumentalgemälde der Epoche zu entwerfen, in Form eines Puzzles, als Mosaik, und da er keinen Gesamtplan, keine Konstruktion im Kopf hatte, sondern ganz als der schrieb, der er war, hielt er sich immer hart an die Wirklichkeit, und selbst seine Verse, Märchen und Fabeln blieben realitätsnah. Auf diese Weise entstand *das* Epos der Weimarer Zeit. Nicht Thomas und nicht Heinrich Mann, nicht Feuchtwanger und nicht Döblin, nicht Brecht und nicht Fallada hinterließen ein so kolossales Spektrum, wiewohl Fallada mit seinen Büchern auf dem Wege dazu war und Lion Feuchtwanger mit dem Roman »Erfolg« bewiesen hatte, daß er das Zeug dazu besaß... Die Romanciers schafften, und das hat seine Gründe, nicht die Gesamtschau der deutschen Republik. Der sie schaffte, war kein Romanschreiber, ein Erzähler mit langem Atem schon gar nicht; während er lebte und schrieb, vermutete auch niemand dieses umfassende Panorama in seinem Werk. Erst 1975 mit den GESAMMELTEN WERKEN in Taschenbuch-Ausgabe vermittelte sich einer breiteren Leserschicht, was 1960 in der teuren Edition der GESAMMELTEN WERKE nur einem skandalös-schmalen Publikum deutlicher geworden sein mag. Jetzt erst vermögen viele die Fülle zu erfassen, die in diesen zehn Bänden steckt. Wobei die Tatsache, daß der Geschichtsschreiber, seine Subjektivität nicht verleugnend, als Geschichtenschreiber hervortrat, seinen Rang nicht mindert, sondern begründet. Nirgendwo sonst wird das Leben dieser Zeit so Fleisch und Blut, Geist und Wort, erlittene Geschichte und kein Papier.

Bis Jahresende waren 40000 der Taschenbuch-Ausgabe vergriffen. Im Januar 1976 erschien das 41.–55. Tausend, hernach verlangsamte sich der Absatz.

Nun liegt die TB-Kassette der GESAMMELTEN WERKE mit 98 DM noch immer recht hoch im Preis, wenn das auch im Verhältnis zur Leinenausgabe von 1960 erträglich ist. Man muß annehmen, daß sich die obere Grenze der Tucholsky-Käufer bei etwa Hunderttausend einpendelt, womit man die Summe derer erfaßt haben dürfte, die in Freundschaft oder Feindschaft voll auf ihn und sein Werk eingeschworen sind.

So imposant die Verkaufszahl zunächst klingt, so mager ist sie im Vergleich zu anderen Auflagenhöhen. Das Bedürfnis, die Weimarer Republik, das nationale Deutschland und das Aufkommen des Nationalsozialismus in den Schriften des zugleich subjektivsten und objektivsten Beobachters dieser Zeit kennenzulernen, ist erstaunlich gering. Es zeigt den Grad der Lernfähigkeit unseres Volkes an. Die Deutschen lieben ihre Mythen und Geschichtslügen, und wenn sie ihnen mit Gewalt entwunden worden sind, dann rächen sie sich durch Flucht in gelangweiltes Desinteresse. Es nimmt denn auch nicht wunder, wenn in Deutschland, d. h. in der BRD, das Interesse an Hitler und seinem Dritten Reich erst wieder richtig aufflammte, als konservative Autoren den sogenannten Nationalsozialismus mit seinen Propagandasprüchen in »schönen« Bildern und Filmsequenzen vorführten. Die Deutschen wollen erhoben sein. Ihre Begeisterungsfähigkeit benötigt den Rausch, sich zu verwirklichen. Der bittere Witz, die ironische Pointe, der aufdeckende Sarkasmus, die selbstkritische Einsicht in eigene Schwächen, der elegante gallische Esprit sind nicht sehr verbreitet in diesem Volk, man versteht Tucholsky hierzulande nicht als deutschen Schriftsteller, so wenig wie Heinrich Mann.

Er ist der Lieblingsautor einer schmalen radikaldemokratischen Minderheit von Deutschen geblieben. Im Verhältnis der Deutschen zu ihm wird die politische Situation dieses Landes sichtbar.

Wissenschaftliche Arbeiten über Tucholsky gibt es viele, er wurde zum beliebten Dissertationsthema, auch Einzelkritiken und Würdigungen sind zahlreich vorhanden. Insgesamt verstellen die vielen verstreuten Aufsätze eher den Blick auf ihn. Er verschwindet dahinter.

Gesamtdarstellungen wagte kaum jemand. Klaus-Peter Schulz im Rowohlt Verlag ist der einzige im deutschen Sprachraum. Seine Monographie ist in vielen Partien fragwürdig und überdies veraltet. Sie hätte längst überarbeitet werden müssen. Die (vergriffene) Schrift »Kurt Tucholsky« von Hans Prescher, 1959 im Berliner Colloquium Verlag erschienen, ist verständnisvoll und nobel, doch blieb sie zu sehr Fragment. Es gibt noch eine (ebenfalls vergriffene) Bildbiographie von Fritz J. Raddatz im Münchner Kindler Verlag (1961) und in der DDR eine Bibliographie von Karl Kleinschmidt (Leipzig VEB Verlag Enzyklopädie 1961).

Im Jahre 1958 bat mich der Colloquium Verlag in Westberlin zu einem Gespräch. Ich wohnte damals für kurze Zeit in Charlottenburg. Man eröffnete mir, der Verlag wende sich jetzt größeren Objekten zu, sei gerade dabei, etwas über Tucholsky zu veröffentlichen und ob ich Lust hätte, ein Buch über Brecht zu schreiben.

Ich bat mir Bedenkzeit aus, kam aber dann nicht auf das Angebot zurück. Mein Interesse galt in dieser Zeit weniger Brecht als vielmehr Tucholsky. Ich hatte ein Manuskript über die Geschichte der »Weltbühne« und ihrer wichtigsten Mitarbeiter begonnen, kam nur nicht recht voran. Beim Gespräch in dem kleinen Verlag hatte ich von mir aus einen Tucholsky-Vorschlag machen wollen, ließ es aber sein, als ich von dem ohnehin geplanten Buch hörte. Ich war etwas verärgert und kümmerte mich Jahre hindurch nicht um meine Tucholsky-Materialien. Anfang der siebziger Jahre, als ich wieder darüber zu arbeiten begann, stieß ich auf die Studie »Kurt Tucholsky« von Hans Prescher, die damals, 1959, im Colloquium Verlag erschienen und inzwischen längst vergriffen war. Nachdem ich das kleine Buch auch antiquarisch nirgends aufstöbern konnte, wandte ich mich endlich an den Verfasser, der in der Fernsehspielabteilung des Hessischen Rundfunks arbeitet und mir freundlicherweise gestattete, von seinem einzigen und letzten Autorenexemplar eine Kopie herzustellen.

Bei der Lektüre verwunderte mich das starke Gefühl von Sympathie, das mich ergriff. Vergleicht man Preschers Arbeit mit der Tucholsky-Monographie von Klaus-Peter Schulz, die im selben Jahr 1959 bei Rowohlt erschien, erweist sich das Schulz-Buch als faktenreicher und umfassender. Wer also *viel* über Tucho wissen will, ist bei Schulz am richtigen Platz. Dennoch ziehe ich Preschers kleine Studie vor.

Verwirrt durch meinen Widerstreit zwischen Gefühl und Überlegung las ich beide Bücher nochmals und erkannte, Schulz hatte eine Menge Informationen verarbeitet, Prescher aber war die Annäherung an ein psychologisches Porträt gelungen. Seine Studie, obwohl fragmentarisch, wirkte nach. Sie weckte starkes Interesse, weil sie Brüche nicht verschwieg.

Man würde bei einem neuen Buch über Tucholsky versuchen müssen, die Stärken der beiden frühen Biographien zu vereinen. Gerade bei diesem Autor, wo vieles und nur allzu vieles unaufgehellt war, käme es auch auf eine Vervollständigung von Sachinformationen an. Das fertige Ganze jedoch sollte nicht eine Lebensgeschichte im traditionellen Sinn werden. Das würden irgendwann die Enzyklopäden und Lexikographen schon besorgen, wenn das Thema nicht mehr so aktuell war und Tucholsky gleichzeitig sowohl zum Klassiker hinaufstilisiert wie abgesunken wäre.

Der Erfolg wie das Scheitern, Aktion wie Resignation aber mußten am Werk herausgearbeitet werden, die GESAMMELTEN WERKE und viele wichtige Briefe Tucholskys lagen inzwischen vor.

Dann kam die Zeit, da mir die Fülle der Fakten und Zitate die Sicht auf den Autor verdeckte. Dem Aufschwung durch die Menge des Materials folgte die Verzweiflung. Wie sollte man ordnen und werten? Dieser Tucholsky war nicht zu fassen. *Eine* Figur reichte nicht aus, die Dimensionen schienen sich ins Unendliche zu erstrecken. Seine Zerrissenheit war so plausibel wie andererseits die Einheit.

Mitunter schien mir, Tucholsky entzog sich im Leben wie im Tode. Dann glaubte ich, sichere Spuren ausgemacht zu haben, eine Gewißheit, die nicht lange anhielt, denn schon fanden sich Zitate und briefliche Äußerungen, die eine klare Linie wieder verwirrten. Man konnte konstatieren, aber schwer analysieren, vergleichbar dem langen Streit um die Philosophie des Demokrit. Marx hatte seine Doktordissertation über dieses Thema geschrieben, genauer gesagt, über »Die Differenz der demokritischen und epikurischen Naturphilosophie«. Laut Demokrit gefielen die Atome sich in einer Deklination, einer Abweichung, sie wichen von ihrer Richtung ab, von ihrer Normalität. Es fragte sich aber warum.

Mit den Fragen nach dem *Warum* drang ich immer tiefer in Tucholskys Leben ein. Es war wie das Eindringen in einen Urwald. Man lief Gefahr, darin zu verschwinden. Preschers Schreibmethode ließ mich erkennen, weshalb das so war. Es gibt psychische Verursachungen, denen wir herkömmlich literarisch ebensowenig gerecht werden können wie mit den auf den ersten Blick exakteren, wissenschaftlichen Begriffen der Psychologie. Sie mögen noch so fein und elastisch sein; sie sind immer noch zu grob für die höchstentwickelte Individualität. Was da als tiefste Sensibilität in einem Menschen gewirkt hat, ist nur aufzuspüren, wenn wir es wagen, völlig auf das einzelne einzugehen. Bei Tucholsky bedeutet das: Je stärker ein Autor, der über ihn schreibt, von Emotionen, gar Affekten besetzt ist, um so weniger trifft er. Hier liegt einer der Gründe dafür, weshalb Lisa Matthias, die Tucholsky sicher gut und intim kannte, nur geringe Annäherungen an die Wahrheit zustande bringt. Ihre Gefühle lassen sie ihre Schlüsse zu früh ziehen, ihre Urteile brachial fällen. Die sich beleidigt und verkannt, wo nicht bewußt zurückgesetzt und benachteiligt fühlt, reagiert zu heftig. Das Heftige könnte durchaus ein literarischer Gewinn sein, aber es verführt zur Ungenauigkeit. Selbst in den Partien, wo die einzelnen Details stimmen, wird das Gesamtbild schief. Das Porträt, das diese vormalige Geliebte vom geliebten und hernach gehaßten Tucholsky zeichnet, hat einen einzigen Vorzug – es stoppt den möglichen Hang zur Idealisierung unseres Helden. Der Teufel aber, den Lisa Matthias an die Wand malt, ist eine Satire auf Tucholsky. Selbst dagegen wäre nichts einzuwenden, ausgenommen: Es fehlt dazu an Notwendigkeit.

Dies ist der Unterschied zu den Satiren, die Tucholsky selbst schrieb.

Das erstaunliche Desinteresse, das sich im Fehlen größerer Arbeiten anzeigt, hat mehrere Ursachen. Dazu zählt zweifellos das Unbehagen der Deutschen an Tucholsky, über das alle seine Kleinkunst-Erfolge nicht hinwegtäuschen können.

Tucholsky war nach 1945 nie in der großen intellektuellen Diskussion. Er geriet nur in den Meinungsstreit, wenn seine Freunde oder Feinde irgendwo ihre Thesen veröffentlichten. Dann ergaben sich Kontroversen. An Tucholsky als der intellektuellen Personifizierung des deutschen Grundwiderspruchs entzündete sich kein umfassender Meinungsstreit. Er wurde bis heute weder hinreichend verstanden noch ausreichend reflektiert. Er ist, obwohl vielgenannt, fast ein Tabu der westdeutschen Nachkriegsgesellschaft. Der Grund dafür liegt im schlechten Gewissen der Deutschen. Dem objektiven, tatsächlich unvoreingenommenen Beobachter wird rückblickend deutlich: »Drittes Reich«, Krieg und Nachkriegskonflikte hätten sich vermeiden lassen, wäre eine größere Anzahl Deutscher den politischen Ratschlägen des Kritikers gefolgt. So aber teilte nur eine verschwindend und geradezu lächerlich kleine Minderheit seine Ansichten, und eine etwas größere Zahl ergötzte sich an seinen Kunstleistungen. Die Massen blieben abseits; nur zwei Liebesgeschichten Tucholskys drangen zum Volk durch. Die Gemeinde der »Weltbühne»-Leser blieb dagegen eine esoterische Gruppe von Intellektuellen, und selbst hier mißverstand man häufig den politischen Aktivismus. Die Gründe dafür sind freilich in der Konzeption der »Weltbühne« selbst mit zu suchen, zugleich auch im Verhalten ihrer Mitarbeiter. Der Aktivismus Tucholskys und Hillers war nicht übertragbar, oft nicht einmal mitteilbar.

Selbst unter den überlebenden Altersgenossen Kurt Tucholskys finden sich nur sehr wenige, die dem Autor tatsächlich begegnet sind. Zwar war der Dr. Peter Panter im Berlin der frühen zwanziger Jahre ein bekannter Mann und wenn er in einer größeren Gesellschaft Notizblock und Stift zückte und dabei fragte: »Darf ich das aufschreiben, was Sie eben gesagt haben?«, so wußte man Bescheid und fühlte sich durch das Interesse des berühmten Tucholsky geehrt, dergleichen Erinnerungen lassen sich aber heute nur sehr schwer nachprüfen, die meisten Zeugen sind verstorben, es ist nahezu unmöglich, Leute vor Kamera und Mikrophon zu bekommen, die mit Tucholsky zusammengetroffen sind.

Man weiß von den guten Beziehungen, die er zu den Kollegen Walter Mehring und Erich Kästner unterhielt, darüber ist im Werk nachzulesen. Mehring, heute in Zürich lebend, war dann auch einer der ersten auf meiner Interviewliste, in Hamburg suchte ich Alfred Kantorowicz und Axel Eggebrecht auf, gern hätte ich in Ostberlin Wieland Herzfelde und Ernst Busch befragt, doch die DDR-Behörden verwehrten bereits die Durchfahrt durch ihre Republik, als ich mit dem Fernsehteam von Bayern aus über die Autobahn nach Westberlin wollte, so würde man mir den Besuch in Ostberlin erst recht verweigern.

In Westberlin fand sich niemand, der Tucholsky gekannt hatte. Vielleicht leben noch Zeitgenossen, sie sollten dann bitte diese Zeilen zum Anlaß nehmen und mir schreiben.

Während ich im betriebsamen, menschenwimmelnden Westberlin Tucholskys Spuren nachging, wurde mir schmerzhaft klar, wie gegenwärtig dieser Schriftsteller ist, wie sehr er sich aber als Person gleichzeitig entzieht, weil er Deutschland fast ein Jahrzehnt vor 1933 schon verlassen hatte, ab 1924 im Ausland lebte und nach Berlin nur noch zu kurzen Besuchen heimkehrte.

Wenn jemand, der damals 20 Jahre zählte, Tucholsky um 1920 in Berlin begegnete, so wäre er heute hoch in den Siebzigern – wie weit sind Erinnerungen da noch verbindlich? Etwas besser sähe die Rechnung aus, hätte jemand um 1930 Tucholsky getroffen, in dieser Zeit aber hielt sich der Autor bereits im Ausland auf; in Schweden fand ich dann auch Menschen, die Tucholsky aus seinen letzten Jahren kannten, das ergab wichtige Aspekte zur Biographie, doch ist uns Tucholsky so mit dem Deutschland der Weimarer Republik und vor allem mit Berlin verbunden, daß diese Informationen zwar interessant, doch etwas peripher erschienen.

Nun ist gerade Tucholsky ein Autor, der durch die Authentizität seiner Schriften auch biographische Details mitteilt, doch sind sie verfremdet und verraten wenig über seinen persönlichen Umkreis. Es fällt nicht allzu schwer, die Gestalten seiner Geschichten und der beiden kurzen Romane zu entschlüsseln, wenn man aber die Expedition weitertreiben will, um das reale Leben des Kurt Tucholsky und seiner Freunde, Frauen, Freundinnen, Feinde zu ergründen, wird das Unternehmen beschwerlich. In dieser Hinsicht liefern die Briefe mehr Material als die sonstigen Schriften.

Kein anderer Autor entzieht sich in seiner lebendigen Wirklichkeit so wie er hinter einem Werk, das in großen Teilen pure Autobiographie zu sein scheint. Der literarische Schein, den dieser Schriftsteller herstellte, erweist sich beim Nachprüfen als haltbarer, kunstvoller und undurchdringlicher als die vielgepriesene Kunsthaftigkeit anderer schreibender Zeitgenossen, deren Dichtertum nie in Zweifel gezogen worden ist. Wir dürfen hier getrost betonen: Die literarische Qualität Tucholskys, die von vielen geleugnet oder abgewertet wurde, erweist sich im Abstand der Jahre als gesichert und dauerhaft. Selbst was auf den ersten Blick zu sehr zeitgebunden oder zufällig erschien, offenbart heute andere Dimensionen.

Was so der literarischen Wirkung dient, entzieht sich der biographischen Ausdeutung. Manchmal ist mir, Tucholsky habe sich bewußt gegen spätere Entschlüsselungen gewehrt. Gewinnt man aus der Lektüre seiner Schriften den Eindruck, ihr Verfasser sei immer »mittenmang« gewesen und habe sich in den vielfältigen Kämpfen und harten ideologischen Auseinandersetzungen regelrecht getummelt, so erkennen wir bald, er hielt sich, ganz im Gegenteil, eher abseits. Seine nervöse Sensibilität hätte den realen tagtäglichen Clinch nicht durchgestanden. Für ihn genügten geringste Erschütterungen, vermittelt durch Gedrucktes, oder die Bekundungen verläßlicher Informanten, die Schreibmaschine in Bewegung zu setzen.

Eine hassende Geliebte

Im Jahre 1962 erschien im Hamburger Marion von Schröder Verlag das Buch »Ich war Tucholskys Lottchen« von Lisa Matthias, die sich rühmen kann, runde vier Jahre (genauer: »vom 27. 1. 27 bis Herbst 1931«) mit Kurt Tucholsky »intim befreundet gewesen« zu sein.

Das Buch machte sofort Skandal. Während die Rechtspresse der BRD bis hin zu Autoren wie Golo Mann sonst an Tucholsky kein gutes Haar ließ, vereinten bürgerliche, liberale und linke Blätter sich nun in einem Aufschrei der Entrüstung. Selbst der »Münchner Merkur« konterte, das Buch sei eine »Fundgrube für Schnüffler«, und im Westberliner »Tagesspiegel« urteilte Walther Karsch: »Große Leute aus der Perspektive des Kammerdieners, also in Unterhosen, gesehen – das ist schon nicht sehr erfreulich; sie in noch weniger als Unterhosen von der enttäuschten Geliebten präsentiert zu bekommen, geht über unseren wahrhaftig nicht gerade puritanischen Geschmack weit hinaus... Das... hier ist nur widerwärtig.« Kurt Lothar Tank verkündete im »Sontagsblatt«: »...Geschmackloseste Publikation des Jahres oder des letzten Jahrzehnts... peinliches Privatalbum...« Im Züricher »Volksrecht« stand: »Wer wird sich denn dazu hingeben, Lottchens Afterkunst noch mit einem Nachwort zu verzieren? Hermann Kesten tut es... Denn Tucholsky ist tot und dem kessen Lottchen wie ›Freund‹ Kesten wehrlos ausgeliefert.« In »konkret« notiert Kurt Hiller: »...die Dame... beschränkt sich auf Bekenntnisse im Denkstil arrogant-leerer Äffinnen aus dem Urwald der berlinischen Inflations-Lebewelt... Ist das Buch Pornografie? Nur beinahe. Ich finde das Buch aus einem anderen Grunde zum Kotzen. Jede männliche Persönlichkeit von einiger Rundheit hat zwei Pole. Einen Nord-, einen Südpol. Mit ›Südpol‹ ist der Sexus gemeint. Die Vorgänge in der Südpolargegend eines Mannes der Öffentlichkeit gehen die Öffentlichkeit einen Dreck an.«

Man sieht, Hillers Einschätzung der beiden Polargebiete deckt sich mit der Tucholskys. Das ist nicht nur ein Freundesdienst, weil Hiller und Tucholsky zum engeren Mitarbeiterstab der »Weltbühne» gehörten und sie auch sonst manches miteinander verband, denken wir nur an die Aktivismus-Thesen und den revolutionären Pazifismus; bei Hiller artikuliert sich auch die verständliche Vorsicht eines Mannes, der vom schändlichen § 175 bedroht allen Grund hatte, den Schnüffeljournalismus zu fürchten und zu bekämpfen.

Die breite Gemeinsamkeit der Empörung zeigt an: Lisa Matthias hatte in alle verfügbaren Fettnäpfchen getreten; insofern mußte also doch an ihrem zweifelhaften Opus irgend etwas sein.

Denn wenn die Deutschen, die sich sonst den Teufel um ihre großen Aufklärer und Satiriker scheren, unisono einen dieser Ungeliebten verteidigen, ist ein wichtiger Bezirk tangiert worden.

Es ist seltsam – so lange Golo Mann den Autor und Deutschlandkritiker Kurt Tucholsky skandalös falsch darstellte und interpretierte, ertrugs die Literaturkritik zugleich mit der Volksseele ruhig und gelassen. Nun jedoch, da eine abgelegte Geliebte aus ihrem Schlafzimmer plauderte, war die Ehre eines großen deutschen Dichters angetastet.

Das war sie in der Tat, weil Lisa Matthias nicht nur ihre Erfahrungen mit dem Mann Tucholsky schilderte, sondern sich anmaßte, über den Autor zu urteilen, das allerdings hanebüchen. So spricht sie ihm ab, daß er jemals an »Deutschland« oder überhaupt unter politischen Entwicklungen gelitten hätte, Tucholskys Sorge hätte einzig und allein seiner Potenz oder gefürchteten Impotenz gegolten.

Ähnlich grandiose Fehleinschätzungen leistet sich das »Lottchen« öfter, was Angriffe auf ihr Buch leicht macht. Kalkulieren wir die maskuline Empfindlichkeit ein, die es nicht erträgt, wenn ein Geschlechtsgenosse öffentlich entkleidet wird, dazu noch durch eine Frau, bleibt als Vorwurf gegen Lisa Matthias bestehen, daß sie in der nicht unangebrachten Ent-Heroisierung Kurt Tucholskys weit über das Ziel hinausschießt. Ihr Buch ist nicht deshalb skandalös, weil sie den berühmten Autor mancher Mythe beraubt, sondern weil sie unvorstellbar nachlässig vorgeht. Das ist um so bedauerlicher, weil wir sonst wenig Zeugnisse besitzen, die Tucholsky so unmittelbar in seinem Alltag zeigen. Die Verzerrungen abgezogen, haben die Matthias-Memoiren einigen dokumentarischen Wert. Wir wissen nur nie, wo sie verbindlich sind und wo lediglich Lisasche Nebel wallen. Immerhin kann man sich anhand des vorzüglichen Photo-Teils und nachprüfbarer Fakten ein Bild machen, nein, eine Synopsis, die Tucholsky in gewissen Bereichen, und hier meine ich nicht nur die sexuellen, erschließt.

Wahrscheinlich liegt hier ein zusätzlicher Grund für die Empörung der Kritik: Man spürt bei der Lektüre des Buches, wie wichtig es sein könnte und reagiert gereizt, weil mit Fakten geschlampt und fast immer ohne einen vernünftigen Maßstab gewertet wird.

Der Leser, der sonst nichts über Tucholsky weiß, ist am Ende fehlinformiert und verwirrt.

Lisa Matthias steckte selbst gute Leute vom Bau an, so den sonst akkuraten, zuverlässigen Übersetzer Helmut M. Braem, einen Mann, der sich auch als sensibler, verständiger Literaturkritiker einen Namen gemacht hatte. Er verstieg sich, um ein Vorwort für die Matthias-Memoiren gebeten, zu Lyrismen von der Qualität: »Kühllippig schwappte der See.« Was Tucholsky-Mitherausgeber Raddatz bewog, an den Rand seines Buchexemplars sarkastisch das Wort »Literatur« zu schreiben. In Anführungszeichen.

De mortuis nihil nisi bene – aber es unterliefen dem kürzlich verstorbenen Helmut M. Braem in seinem Vorwort noch andere unverzeihliche Ungenauigkeiten, offenbar bringen Begegnungen mit »Lottchen« selbst kluge Leute um ihren literarischen Sachverstand.

Die Matthias, zu Beginn ihrer Erinnerungen, legt sich gleich voll ins Zeug. Sie sei nicht nur einfach intim gewesen mit Tucholsky, sondern »... so intim ... wie man das als Frau mit einem Mann sein kann ... Während dieser Jahre sind viele seiner besten Artikel und Gedichte entstanden. Seine Sammelbände. Die ›Sommergeschichte‹ SCHLOSS GRIPS-

HOLM, die mir gewidmet ist. Auf der ersten Vorsatzseite steht: ›Für IA 47 407‹ – das war meine Autonummer.« Etwas weniger Penetranz, etwas mehr Zurückhaltung – was heißt hier mehr – überhaupt ein wenig Zurückhaltung, und Lisa Matthias stünde besser da. »Text und Bilder aus dem Kintopp meines Lebens«, so der Untertitel ihres Buches, ist vergriffen und wurde nicht neu aufgelegt. Es kam auch nicht zu einer Taschenbuchausgabe. Soll man sich darüber freuen oder ärgern. Das nicht vorhandene Buch ist eine peinliche Lücke. Das vorhandene Buch wäre noch peinlicher. Hier handelt es sich um den seltenen Fall, daß eine Autobiographie notwendig ist, weil sie Informationen bringt, die sich nirgendwoanders finden. Zugleich sind sie aber unter solch einem Gestrüpp von Verdrehungen verborgen, daß es zur Sichtung eines hyperkritischen Verstandes bedarf.

Lisa Matthias steht mit ihrem Buch und ihrer darin sich ausdrückenden Haltung in Gegensatz zu Mary Gerold-Tucholsky, die kein Intim-Bekenntnis vorlegte.

Mary, die zweite Frau von Kurt Tucholsky, trennt zwischen dem Autor und dem privaten K. T. Ihre Ehe mit ihm rechnet sie zur Intimsphäre, über die sie lieber schweigt; dem Schriftsteller gilt ihre gesamte Arbeit. Als Sammlerin, Herausgeberin, Propagandistin seines Werkes ist sie unermüdlich tätig gewesen bis ins hohe Alter.

Dieser Standpunkt ist legitim und akzeptabel. Er hat aber Konsequenzen, die auf einen geteilten Tucholsky hinauslaufen. Auch das Werk wurde dadurch mitgeformt, was besonders die Briefbände und Anmerkungen betrifft. Mary Gerold-Tucholsky schreibt nichts über die Jahre mit ihrem Ehemann. Das ist ihr gutes Recht. Doch der Aufhellung dient sowas nicht. Mehr noch: wenn die Dunkelheiten zu literarischem wie politischem Mißbrauch führen können, wirkt die Zurückhaltung störend. Außerdem kollidieren das Gebot selbstauferlegter privater Verschwiegenheit und die Pflicht zur Objektivität einer Herausgeberin.

Wenn etwa im Band AUSGEWÄHLTE BRIEFE 1913–1935 die Korrespondenz zwischen Mary und Kurt Tucholsky wertvoll und wichtig ist, so bleibt doch schwer einsehbar, weshalb K. T.'s Briefe an bestimmte andere Frauen, mit denen er zusammenlebte, nicht abgedruckt werden, ja wenn diese Frauen gänzlich unerwähnt bleiben. Dies alles mag psychologisch verständlich sein, es wird hier auch nicht polemisch vorgebracht, vielmehr geht es um die Methode, ein Material zu bereiten und der Öffentlichkeit vorzulegen. Die Herausgeberin Mary Tucholsky vermochte nicht immer die Frau Tucholsky weit genug zu objektivieren und umgekehrt; hieraus resultiert ein Bruch in den Prinzipien gegenüber dem Autor.

Die Trennung eines Menschen in Privatperson einerseits und sein Werk andererseits ist schwierig. Bei einem Schriftsteller ist sie nahezu unmöglich.

Gerade daraus leitet Lisa Matthias die Berechtigung zu ihrem Buche ab. Lisa Matthias lernte vor allem, wie Hiller bösartig-scharfsinnig konstatiert, den »Südpol« des K. T. kennen. Davon berichtet sie und insofern ergänzt sie manche bisherige Vorstellung. Sobald sie sich aber dem »Nordpol« nähert, wird es grotesk. Da es selbstverständlich zwischen den Bereichen unzählige Übergänge gibt, lassen sich die beiden Pole auch nie streng scheiden.

Lisa Matthias zeichnet Tucholsky als Chaotiker, der daraus aber kein Geheimnis machte: »Er hat so gut wie alles gesagt, was man sagen kann.« Das stimmt sicher, obwohl viel davon abhängt, *wie* es gesagt wird. Tucholskys Jagd nach genauen, einprägsamen Wendungen ist ja kein bloßer Tick gewesen. Wenn Marcel Proust für sein vielbändiges Werk »Auf der Suche nach der verlorenen Zeit« die Pariser Aristokratie inclusive Dienerschaft dafür aktivierte, ihm genau zu schildern, welche Toiletten sie bei welchem Anlaß trugen, wie sie speisten, was sie redeten, in der Beletage und im Souterrain, wird kein Literaturkenner darüber zu witzeln wagen. Tucholsky gilt als Feuilletonist, also neigt die Kritik dazu, seine Methode, sich gute Formulierungen zu notieren und diejenigen, die sie gebraucht haben, ums Verwertungsrecht zu bitten, als Manie einzustufen.

Darin drückt sich aber nicht der Feuilletonist aus, sondern der Satiriker, der zugleich ein Mann der Neuen Sachlichkeit ist. Dem satirischen Autor stehen viele mögliche Schreibweisen zur Verfügung. Er kann sich in einem Text als bloßer Spaßmacher gerieren, als Humorist sich anbiedern und im Handumdrehen den ätzenden Satiriker hervorkehren. Mitunter mündet bei ihm die Satire statt in der gezielten Übertreibung in einem exakten Stück Wirklichkeit, also gänzlich un-übertrieben.

Das Unberechenbare, Nichtschematische und damit auch nicht Voraussehbare ist es, was zählt. Der Humorist läßt sein Publikum lachen, tiefere Bedeutung eingeschlossen oder nicht. Der Satiriker läßt es lachen, erschrecken, schmerzlich aufschreien, nachdenklich sich abwenden. Er setzt uns zu mit wechselnden Dosierungen.

Lisa Matthias begreift das ebensowenig wie sie die publizistische Situation Tucholskys durchschaut, von dem sie behauptet, er sei unabhängig gewesen: »Seine Unabhängigkeit – als Mitarbeiter und später als Redakteur der ›Weltbühne‹ – legte ihm keinerlei Beschränkung auf.« Das war ein Wunschtraum Tucholskys. Daß der sich nicht oft verwirklichte, zeigen manche Briefe an Jacobsohn, in denen er sich bitter über Eingriffe und Verstümmelungen an seinen Texten beklagte. K. T. scheint das nach dem Tode Jacobsohns verdrängt zu haben, ebenso wie seine ständigen Bitten von Paris nach Berlin, das ihm zustehende Honorar doch einigermaßen pünktlich zu überweisen. Im Nachhinein neigte Tucholsky dazu, Siegfried Jacobsohn immer mehr zum »väterlichen Freund« zu stilisieren. Sein Bedürfnis nach der Vaterfigur war groß. Weil er mit dem Nachfolger Jacobsohns, Carl von Ossietzky, nicht gleichermaßen harmonierte – er vermißte das feed back aus der Berliner Redaktion –, erschien ihm der frühere Herausgeber als Ideal. Das soll keine Abstriche an der Bedeutung Jacobsohns machen, aber die vorhandenen Differenzen zwischen ihm und Tucholsky auch nicht vertuschen.

Schätzte das »Lottchen« K. T.'s Verhältnis zur »Weltbühne« zu positiv ein, versteigt sie sich in einem anderen Bereich zu ebenso unberechtigter Negation. Lisa Matthias nennt Tucholsky einen schlechten Briefeschreiber.

Lisas Unglück war, daß 1962, als ihr Lebensbericht erschien, auch der von Mary Tucholsky und Fritz J. Raddatz zusammengestellte erste große Briefband herauskam, auf den voll zutrifft, was Walter Mehring 1953 geschrieben hatte: »K. T. ist der Briefschreiber par excellence des Deutschland zwischen den zwei Weltkriegen gewesen.« Wir kennen inzwischen große Teile der Tucholsky-Korrespondenz, und wenn es eine Brief-Literatur und Brief-Kunst gibt, so bedeutet Kurt Tucholsky den Gipfel.

Lisa Matthias, so flott wie falsch: »Seine Korrespondenz war oft umfangreich, aber dem Inhalt nach immer äußerst ›flach‹. Ich weiß, wie ungern er Briefe beantwortete! Er war viel zu unseriös, um sich mit Gedanken und Problemen anderer Leute zu befassen.«

Schlagend widerlegt wird dieses Urteil durch den Band BRIEFE AN EINE KATHOLIKIN, der 1970 bei Rowohlt erschien. Zwischen 1929 und 1931 korrespondierte Tucholsky mit der jungen katholischen Journalistin Marierose Fuchs. Sowohl die Briefe als auch die Schilderung der Empfängerin, die Tucholsky einmal in der »Weltbühnen«-Redaktion besuchte, zeigen einen so gänzlich anderen Tucholsky als den, der von Lisa Matthias dargestellt wird, daß größere Gegensätze kaum denkbar sind. Hier hilft auch nicht der Verweis auf Tucholskys tatsächliche Zerrissenheit. Wer den Briefeschreiber K. T. so fehleinschätzt, hat ihn nicht wirklich gekannt und erkannt.

Eine andere Frage ist, ob Tucholsky nicht ein Teil Schuld trägt, indem er Lisa Matthias nur auf einer »unteren« Ebene begegnete und sie zum Objekt seiner erotischen Neigung und literarischen Neugier machte. Das allerdings gehört zu den allgemeinen Problemen literarischer und publizistischer Produktion, bei der sich zwangsläufig ein Ausnutzungsverhältnis herstellt. Zwar fällt das beim Schriftsteller nicht so auf wie beim handfesten Reporter, der sein Opfer ausquetscht, doch die Verfeinerung schafft den Sachverhalt nicht weg, sie tarnt ihn nur und läßt ihn erträglicher werden. Aller Literatur haftet der Makel an, die Gegenstände ihres Interesses zu verletzen. Das Schildern eines Subjekts ist stets ein Eindringen, der Literat ein Eindringling; mag er noch so vorsichtig vorgehen, er verwertet das Subjekt und zwingt es damit in die Rolle eines Objekts.

Man könnte insofern in Lisa Matthias eine Rächerin sehen, in der und mit der die Objekte der Literatur gegen ihre Betrachter und Verwerter, die Autoren aufstehen.

Lisa Matthias schwankte schon zur Zeit ihrer Liaison mit Tucholsky zwischen stolzer Eitelkeit und beleidigtem Stolz, wenn sie sich in den Gedichten und Geschichten des Autors porträtiert fand. Wie alle »Urbilder« fühlte sie sich in ihren »wahren« Werten nicht erkannt und gewürdigt. Sie verlangte realistisches Nachzeichnen ihres Lebens, vielleicht sogar Idealisierung, statt dessen wurde sie charakterisiert. Aus den »Lottchen«-Stories geht kaum hervor, daß die Frau selbst Geld verdiente, sie wird, wenn auch charmant, als ausgehaltenes Weibchen dargestellt. Andererseits zog Lisa Matthias für sich berufliche Vorteile aus »Lottchens« steigender Berühmtheit, je mehr die anwuchs, um so leichter und schneller verkaufte die schreibende Lisa ihre Reportagen und Artikel; der Glanz von Tucholskys Namen kam auch ihrem eigenen zugute. Lisa Matthias leugnet die Tatsachen nicht, vergißt aber diese positive Wirkung, wenn sich zwischen Tucholsky und ihr Unstimmigkeiten ergaben, was häufig geschah. Sofort gewinnen Eifersucht und Rachegefühle in ihr die Oberhand.

Lisa M. verdient hier Nachsicht. Zwar war sie ebensowenig monogam wie Tucholsky, doch scheint sie die Schwächere gewesen zu sein, die auf Dauer nicht Geduld, Toleranz, Gleichgültigkeit genug aufbrachte, um die erotischen Eskapaden des Liebhabers zu ertragen. Es ist fraglich, ob eine Frau für längere Zeit das Leben an der Seite dieses unruhigen Mannes hätte aushalten können.

Tucholskys Hang zur Promiskuität überforderte nach einer kurzen friedlichen Periode alle seine Partnerinnen, die sich anfangs dem ebenso liebenswürdigen wie schnodderig-modernen Kavalier gewachsen fühlten und dann doch feststellten, daß die große Menge der Nebenfrauen sie kränkte. Der bald gutverdienende, bald erbärmlich mittellose Schriftsteller, der sich in den teuersten Geschenken gefiel, galt es, bei einer Frau schnell anzukommen oder bei einer guten Freundin weiterhin bleiben zu dürfen, konnte harsch und böse reagieren, brachten sich Verflossene mit materiellen Forderungen in Erinnerung. Er gab, solange ihm Liebe gewährt wurde, mit vollen Händen. Schloß die Frau ihn aber aus ihrem Herzen und Bett aus, wollte er nicht mehr an sie erinnert werden.

Die einzige Ausnahme bildete Mary Gerold, die er 1917 im Baltikum kennen und lieben gelernt hatte. Als Mary jedoch 1920 nach Berlin kam, klappte es nicht zwischen den beiden. Tucholsky heiratete am 3. 5. 1920 die Ärztin Dr. Else Weil, jene vormalige Medizinstudentin, die unter dem Namen »Claire« in RHEINSBERG geschildert ist. Die Ehe wurde am 20. 3. 1924 geschieden, es folgte ein lang sich hinziehender Streit um eine monatliche Zahlung von 100,- Mark, zu der Tucholsky sich verpflichtet hatte.

Kurz darauf, am 30. 8. 24 war Hochzeit zwischen Mary Gerold und

Kurt Tucholsky. Die beiden hielten es vier Jahre miteinander aus und trennten sich dann, doch korrespondierten sie weiterhin miteinander, die gegenseitige Achtung und Freundschaft hielten an.

Die Scheidung am 21. 8. 1933 hatte politische Gründe. Mary war als ehemalige Frau des verhaßten, verfolgten Nazi-Feindes gefährdet genug. Nach der juristisch besiegelten Trennung nahm sie ihren Mädchennamen Gerold wieder an, arbeitete und war finanziell unabhängig.

Wir wissen von Mary Tucholsky nichts über ihr privates Leben mit dem Autor. Allerdings lassen seine Briefe an sie Rückschlüsse zu. Der letzte Brief von K. T. an Mary enthält die Bitte: »Soll verzeihen« und die späte Einsicht: »Hat einen Goldklumpen in der Hand gehabt und sich nach Rechenpfennigen gebückt.«

Offensichtlich beruhten alle Konflikte zwischen Tucholsky und der jeweils mit ihm lebenden Frau auf den gleichen Ursachen.

Lisa Matthias bringt das Problem mit dem ihr eigenen Hang zur Vereinfachung auf eine nahezu mathematische Formel, wenn sie summiert:

»Während er bei mir ein Heim hatte, betrog er mich täglich mit irgendeiner alten oder neuen Freundin. Ich kam ihm jedesmal auf die Schliche. Frauen haben ein sicheres Gefühl für derartige Eskapaden, und Tucholsky benahm sich völlig hemmungslos. Er schützte ›wichtige Besprechungen‹ vor – und warum sollte er keine geschäftlichen Besprechungen haben? Aber sein Nachhausekommen war immer der Beweis für seine Lüge. Die Geschicklichkeit, ein glaubhaftes Alibi zu finden, ging ihm ab.

In meinem kleinen Portemonnaiekalender vom Oktober 1929 steht:

am 6. 11.: Musch
am 7. 11.: Hedi
am 8. 11.: Grete
am 10. 11.: Emmy
am 11. 11.: wieder Musch und
am 12. 11.: Charlottchen.

Natürlich wollte ich ihn hinauswerfen. Dann jammerte er vor sich hin, machte seine überall beliebten ›Plüschaugen‹, floß über von Witzen, kam mit Blumen und Geschenken und beteuerte, wieder und wieder, daß ich doch seine *Beste* sei und ihn nicht verlassen dürfe.«

Die biedere Treuherzigkeit, mit der hier eine Frau nachrechnet und urteilt, zum Beweis die von ihr geführte Leporello-Liste vorlegend, hat in Ansätzen den Reiz einer »Sicht von unten«. Wir sind nicht sicher, ob Anzahl und Namen stimmen und haben keinen Anlaß, die Empörung zu teilen, die klischierten Ausdrücke schrecken ab (»während er bei mir ein Heim hatte« – während er bei mir wohnte, hat offenbar nicht genügt). Lisa Matthias und die anderen Frauen müssen gewußt haben, daß sie sich mit einem nichts weniger als monogamen Mann einließen. Tucholsky hat das in seinem Werk nicht verschwiegen, weshalb sollte er es in Wirklichkeit unterdrücken. Nun war das, immer vorausgesetzt, das »Lottchen« zählte zuverlässig, allerdings eine volle Berliner Woche.

Ähnlich pedantisch listet Lisa Matthias die Tage auf, da Tucholsky verschnupft und vergrätzt im Bett liegt, nicht ansprechbar und nicht arbeitsfähig ist, Nase und Schnauze voll hat, was ihm eigentlich nur vorwerfen könnte, wer sich aus dem Polemiker und Publizisten einen Helden stilisiert hat. Banale Verstrickungen des Alltags-Tucholsky, nicht nur wegen amouröser Affären, werden breit erzählt. Wir haben eine Warnung verdient: Gerade wer den Antifaschisten und Linksintellektuellen, den glänzenden Stilisten und Satiriker Tucholsky schätzt, steht in Gefahr, ihn rundum zu idealisieren, ganz als entspräche den demokratischen Schwächezuständen der Deutschen ein komplementärer Hang zur Heroisierung. Es überfordert aber schon fast das Leistungsvermögen, hat einer so lange und hart und ehrlich gekämpft wie Tucholsky. Da werden jeder Nerv und jedes Quentchen Energie gebraucht und verbraucht. Nur Unverstand läßt uns von solchen Menschen auch noch alle jene privaten Größen und Vorbildlichkeiten erwarten , die wir selbst nicht besitzen, ja von denen noch nicht einmal sicher ist, ob es sie geben kann, und, wenn ja, ob sie so positiv wären, wie wir annehmen. Lassen wir also denen und gerade denen, die wir hochachten, ihre Schwächen, Anfechtungen und Fehler bis hin zum Ärgerlichen und Peinlichen. Gerade daß manches ärgerlich und peinlich erscheint, signalisiert unsere Betroffenheit.

Man sollte Lisa Matthias nicht mit einem Achselzucken begegnen, sondern ihren Lebensbericht tolerieren, was allerdings einer ziemlich großen Toleranz bedarf. Wenn sie Tucholsky etwa als »geschickten Handwerker« abtut und dann fortfährt: »Tucholsky war ein außerordentlich begabter Schriftsteller...« so stört der gouvernantenhafte, gönnerische Ton, und da sie nicht müde wird, ihre Karriere als Journalistin herauszustreichen, verwundert es um so mehr, wie wenig sie mit Worten umgehen kann. Offenbar genügt es nicht, mit einem »außerordentlich begabten Schriftsteller« zu schlafen, man muß bei der Arbeit an der eigenen Schreibmaschine hellwach sein.

Manche Tagebuchnotizen im Lottchen-Slang gelingen ihr recht gut, was sie aber ernsthaft über Erotik von sich gibt, klingt so: »Erotik: gut und schön, und in vielen Variationen, aber immer nur als ›organisiertes Abenteuer‹, nie als Ausschweifung und schon gar nicht aus ›innerem Zwang‹ heraus. Mein Charakter... schließt jede Art von Zwangsvorstellung aus.«

Was soll das heißen? Wenn sie in der Liebe nicht einem »inneren Zwang« folgte, mußte sie ihr dann von außen aufgezwungen werden? Eine Art Vergewaltigung? Durch Tucholsky? Später zitiert sie aus einem ihrer »kleinen Portemonnaiekalender«: »Orgasmus ohne Liebe ist mir unmöglich.« Demnach fehlte es ihr an Liebe, mit welchem Wort sie wohl ihre Versuche umschreibt, Tucholsky dauerhaft an sich zu binden. Das weist sie wortreich immer wieder von sich – doch auf jedes Leugnen folgt das ungewollte Bloßstellen ihrer wahren Absichten.

Hier liegt der Quell ihres Streites mit Tucholsky. Sie war zwar ebensowenig »treu« wie der Liebhaber, doch gab er es offen zu und verstellte sich nur unter dem Druck der Frau, mit der er jeweils zusammen war und die dann plötzlich ihr Anrecht auf Alleinanspruch entdeckte.

Tucholsky, auf der Suche nach der großen Hetäre, geriet anscheinend meist an Damen, deren schauspielerische Talente für die ersten Vorstellungen ausreichten, die sich einige Wochen später aber als Frauen mit der unstillbaren Sehnsucht nach Ausschließlichkeit entpuppten.

Lisa Matthias: »Tucholsky... wollte vor allem seine Ruhe haben. Er war außerstande, jemandem zu helfen oder mit Rat beizustehn. Und da er seine Begrenzung kannte – und mit ihr zufrieden war – vermied er es, Ratschläge zu erteilen.«

Hier muß man doch ernsthaft befürchten, daß der von ihr geschilderte K. T. ein reines Phantasieprodukt ist.

Zwischendurch gefällt sich Lisa M. in ehrlichen Geständnissen. Weil Tucholsky ihr einmal die hundert Mark nicht gab, um die sie ihn gebeten hatte, einer anderen Freundin aber eine Schreibmaschine für über dreihundert Mark kaufte, rächte sich die abgeschmetterte Bittstellerin auf die ihr eigene Weise: »Diese Schreibmaschine und die Ablehnung meiner Bitte um lumpige hundert Mark kosteten ihn nachträglich erheblich mehr. Ich hatte nämlich allmählich gelernt, meinen Teil an Geschenken in guter Qualität zu fordern...«

Lisa Matthias entstammte einer nicht unbegüterten Familie: »Ich wurde Ende 1894 als die Tocher eines damals schon wohlhabenden Berliner Kaufmanns geboren... Ich ging in eine der modernsten Schulen des Berliner Westens, die Auguste-Victoria-Schule...«

Mit 19 Jahren heiratete sie zum erstenmal. Der Mann starb an der Grippe. Ein Jahr darauf ging sie die Ehe mit dem Schriftsteller Leo Matthias ein. Die Zeiten sind schlecht. Es ist Inflation. Lisa Matthias versucht sich in einem praktischen Beruf; sie »engagierte eine Zuschneiderin und zehn Nähmädchen und komponierte nun extravagante Kleider für die bessere Konfektion...«. Komponierte Kleider – nun ja, drunter tuts Lisa M. eben nicht.

Später ließ sie sich von Matthias scheiden, ihr »Übergang in die Literatur« begann. Sie arbeitete für Modeblätter und Ullstein-Zeitschriften.

Tucholsky hat Lisa sicher sehr gern gehabt, nicht nur weil sie ihm den Rohstoff zum »Lottchen« lieferte. Er traf sich über Jahre hin häufig mit der Berlinerin. Wir wissen nicht, was ihn mehr interessierte, der Nord- oder Südpol. Unleugbar verdankt der Autor Lisa M. viele Anregungen, wie die Spuren im Werk bezeugen.

Tucholskys Arbeitsweise brauchte realistische Zutaten, Lisa war ihm die Verkörperung eines Berliner Frauentyps, den er intensiv und oft beschrieb.

Im Verhältnis und in den Konflikten zwischen Lisa Matthias und dem Liebhaber Kurt Tucholsky offenbart sich die Spannung zwischen Sexualität und zeitgebundener Sittlichkeit. Als Aufklärer war Tucholsky viel weiter vorangekommen als etwa ein Karl Marx, der mit seinen geschlechtlichen Problemen ganz ins 19. Jahrhundert gehörte, mehr noch in dessen erste Hälfte. Tucholsky, 72 Jahre nach Marx geboren, war ein Mann des 20. Jahrhunderts, seine erotischen Wünsche und die Komplikationen ihrer Verwirklichung verlagerten sich fast völlig nach außen in den Umgang mit anderen Menschen. Wie es stets die Crux früh oder auch zu früh kommender Aufklärer ist, überfordert ihr Denken und Leben die Möglichkeiten und Toleranzen der meisten Zeitgenossen. Tucholsky tarnte seine Libertinage nur ungern und stellte sich dabei so ungeschickt an, daß es keiner seiner Frauen schwer fiel, ihm »auf die Schliche zu kommen«. Fühlte er sich ertappt, spielte er schlechtes Gewissen und Reue, was er wohl nur in den seltensten Fällen wirklich empfand. Das völlig ehrliche und nicht verheimlichte vielfältige Sexualleben erwies sich als unmöglich, weil es nicht nur ständigen Streit mit den Partnerinnen nach sich zog, sondern auch noch politisch bedenklich schien. Es drohte das von den Nazis genüßlich ausgemalte Zerrbild vom »geilen Juden«, dem »Lüstling und Nimmersatt«. Das war vielleicht die am schwersten zu ertragende Gemeinheit antisemitischer Propaganda, daß sie die Sexualität verteufelte.

Wir haben die verheerenden Folgen antisemitischer Hetze auch heute noch zu bedenken. Offen und nicht verklausuliert zu beschreiben, was es mit dem Erotiker Kurt Tucholsky auf sich hatte, ruft Verdächtigungen hervor. Doch fehlt dem Biographen die Alternative. Die Sexualsphäre auszusparen hieße, sich der antisemitischen Propaganda zu beugen. Wer hier nachgibt, bestätigt einen späten Sieg der Ideologie des »Dritten Reiches«.

Die Geschlechtlichkeit dieses Autors darf so wenig verschwiegen werden wie seine analytische, kritische und unbestechliche Intellektualität. Kopf und Bauch gehören zusammen. Wir billigen den Vorgestrigen und Gestrigen keine zensuristische Funktion zu. Der eine Bereich erfordert soviel Genauigkeit wie der andere. Da schreibt uns keiner was vor. Der Mucker, Philister und Antisemit schon gar nicht.

22 Straßen in Ost und West

Der große Meister der kleinen Form war kein Medien-Günstling. Ohne die »Weltbühne« wäre er verhungert. Zwar wurde er in einigen Zeitungen gedruckt, doch nur als Humorist, Plauderer, Reiseberichterstatter und Verfasser lockerer Liebeslyrik. Der Großteil der deutschen Presse blieb ihm aus politischen Gründen verschlossen. Das rechtsgeneigte Bürgertum mag keinen Humoristen, der ein linker Satiriker ist. Fürs Gelächter hält man sich seine kleinen Spaßmacher, die vertrauten Gartenzwerge des deutschen Humors.

Bleiben die Versuche, für die Bühne zu schreiben. Aus einem Revue-Plan zusammen mit Erich Kästner und Walter Mehring wurde nichts. Eine andere Revue mit Polgar kam ebenfalls nicht zustande. Raddatz erwähnt eine »frühere Bearbeitung von ›Fräulein Julie‹«, über deren Aufführung ich nichts in Erfahrung bringen kann.

Es gibt das Bühnenstück »Christoph Columbus«, eine historisch-witzige lose Szenenfolge, die Tucholsky und Hasenclever zusammen verfaßten. Beide Autoren blieben der Uraufführung am 24. 9. 1932 in Leipzig fern. Das Stück brachte es auf nur zwei Vorstellungen. Es wurde nach dem Krieg in Dortmund noch mal aufgeführt (16. 1. 1960). Das Publikum war sehr angetan.

Großen Erfolg brachten Tucholsky seine Songs, Lieder, Couplets, Chansons, die er, oft auf Bestellung, für viele Künstler schrieb.

Mit diesen Texten gehört er zu den wichtigsten Autoren der deutschen, nein der Berliner Kabarettszene, aus der er 1933 mit Hitlers Machtantritt verschwand und auf die er mit Hitlers Abgang 1945 zurückkehrte.

Einer ersten Tucholsky-Welle in den vierziger und fünfziger Jahren folgte, nach einem Abflauen, eine zweite Welle, die Mitte der siebziger Jahre einsetzte. Hier wie in den vielen Fernsehsendungen bevorzugt man den humoristischen Tucholsky. Auch der Satiriker erscheint meist mehr als Humorist, denn manche Objekte seiner Satire sind vergangen und verstorben. Insofern sich dennoch Bezüge zur Gegenwart herstellen, wird die Satire schneidend. Um so deutlicher wird dann, daß wir heute keinen vergleichbar ätzenden Gegenwartssatiriker besitzen; nicht weil es an den Personen und ihrer Kunstfertigkeit fehlte, wohl aber weil die Medien der Schärfe enge Grenzen setzen. Der Tendenz nach nennen wir nur noch Satire, was Humor ist. Wo ein Satiriker wirklich reüssiert, ruft man sogleich nach dem Staatsanwalt. Meist kommt der Satiriker schon nicht mehr durch. Motto Stanislav Lec: »Nun bist du mit dem Kopf durch die Wand – und was fängst du an in der Nachbarzelle?«

In Tucholsky wie in Ossietzky deutet sich das Deutsche als seine bessere Möglichkeit an, die schlechte, gewordene Wirklichkeit weit und hoch überfliegend. An dem Freiraum, den diese Männer und jene, die zu ihnen halten, im Lande haben, erweist sich der Freiheitswert vorhandener Ordnung. Wollen wir die Bedeutung und das Gewicht dieser Namen recht einschätzen, müssen wir uns einen Moment vorstellen, es handelte sich nicht um Deutsche. Kein Zweifel, ein so scharfer Analytiker, wie jeder der beiden gewesen ist, fände auch in Frankreich oder Italien seine Gegner und gar Feinde, ja selbst in den USA, wo es immerhin zur quasi öffentlichen Einrichtung des scharfäugigen und scharfzüngigen Großkolumnisten gekommen ist, mit dessen erklärter Aufgabe, Kritik zu üben.

Alles in allem betrachtet hätten Tucholsky und Ossietzky in den genannten Ländern ein dankbareres Betätigungsfeld gefunden und nicht so wie bei uns den schäbigen Undank des Vaterlands. Mithin ist der Stoff, aus dem diese politischen Autoren gemacht sind, so undeutsch wie nur möglich, wenn wir als deutsch das nehmen, was sich uns traditionell überwiegend zeigt: konservativ bis reaktionär, intolerant, illiberal, dem weiten Horizont gegenüber verschlossen, erst recht der Utopie, verbiestert aufs enge kleine, egoistische Glück aus und nicht danach fragend, ob es andere zugleich ins tiefste Unglück stürze. Die Deutschen, sollte man meinen, haben allen Grund, sich von diesem Schrekkensbild zu entfernen, und da wären ihnen also zwei Vorbilder gegeben. Freilich gehört schon wieder Charakterstärke dazu, sie als Vorbilder zu erkennen, hieße das doch Abschied nehmen von den alten Untugenden und einen neuen Anfang, eine bessere Daseinsweise wagen. Carl von Ossietzky könnte dem mehr auf Sachanalyse setzenden Leser Halt, Programm und Ziel geben, und Tucholsky wäre der Mann, der das Leben mit seinen Schönheiten zu lieben begehrt, ein Desillusionierer, was den hochgedrehten deutschen Idealismus betrifft, ein poetisch-skeptischer Weltbejaher aber in allen kleinen Genüssen leiblicher Unschuld, wobei der Intellekt in jeder seiner Arbeiten aufleuchtet, also vorhanden ist.

Da hätten wir zwei prächtige Symbolgestalten, denen nachzuleben sich lohnte. Was aber tun die Deutschen? Sie überlassen es von ihnen gewählten Obrigkeiten, Ossietzky über die Jahrzehnte hinweg zu verleugnen und zu verleumden, und sie verbannen Tucholsky auf Kleinkunstbühnen, wo der Vielfältige vereinseitigt wird zum Kabarettisten, der er auch war, aber nicht nur. Derart erschreckend wenig vermögen die Deutschen mit ihren großen Publizisten und Rationalisten anzufangen, eben deshalb braucht man nur nach dem Schicksal Tucholskys und Ossietzkys zu fragen, und wie heutzutage mit ihrem Werk und Namen umgegangen wird, und man weiß, was die Stunde geschlagen hat.

Immerhin verzeichnet das Tucholsky-Archiv bereits 22 Straßen mit seinem Namen. Sie verteilen sich auf BRD und DDR ohne Übergewicht einer Seite. Wie viele Carl-von-Ossietzky-Straßen es gibt, hat bisher niemand gezählt. Es dürften wenige sein. Den Namen zu schreiben fällt den Deutschen sehr schwer.

Kurt-Tucholsky-Strassen

1. Ost-Berlin
2. Hohen-Neuendorf bei Ost-Berlin (früher Kurfürstenstraße)

3. Kleinmachnow b. Berlin-Ost: *Tucholsky-Höhe*
4. Dortmund
5. Halle/Salle
6. Hamburg: Tucholskyring
7. Plauen im Vogtland
8. Thale im Harz (DDR)
9. Wiesbaden-Schierstein
10. Wolfsburg
11. Düsseldorf-Garath
1». Grimmen/DDR
13. Mainz (Stadtteil Mainz-Lerchenberg)
14. Köln-Bocklemünd-Mengenich
15. Bremen
16. Stuttgart-Feuerbach
17. Leipzig-Lößnig
18. Frankfurt/Main
19. Potsdam
20. München-Neu-Perlach
21. Offenbach (s. Plan Frankfurt/M.-Offenbach)
22. Gütersloh (Kurt-Tucholsky-Weg)

Herbstlaub

Zwanzig Jahre lang wollten wir jeden Sommer nach Schweden fahren und kamen nie hin. Einmal kehrten wir in Kopenhagen wieder um.

Im November 1977, als es um den Fernsehfilm über Tucholsky ging, mußte ich endlich nach Schweden. Am Tag nach der Ankunft in Stockholm stand ich mit dem tv-Team im Hof von Schloß Gripsholm. Das Schloß gehört zur Gemeinde Mariefred am Mälarsee, wo Tucholsky begraben liegt. Mein Jahr um Jahr hinausgeschobener Reisewunsch war inzwischen in Grabesangst umgeschlagen. Anfangs hatte ich nur eine leise Enttäuschung gefürchtet, die mich an Gräbern meist mißmutig werden läßt. Ich gehe gern auf Friedhöfe und lese die Namen und Daten der Verstorbenen. Vor den Gedenksteinen berühmter Persönlichkeiten aber erfaßt mich Ödnis, es ist wie bei feierlichen Bestattungen. Ein bitterer Geschmack von Sinnlosigkeit.

Beim Besuch in Mariefred verlief alles anders. Wir waren ein Fernsehteam und hatten zu arbeiten. Die sachliche Atmosphäre gestattete keine Befremdung. Dabei war ich durch eine eben vernommene Information irritiert. Ich hatte immer geglaubt, Tucholsky sei erdbestattet worden. Jetzt wußte ich, nur seine Urne lag unter der mächtigen Steinplatte. Ich akzeptiere die Totenverbrennung, empfinde es jedoch als unpassend, für die Urne ein so aufwendiges Grab zu wählen. Ein toter

Leib gehört in die Erde zur Verwesung. Weshalb das Häufchen Asche, von dem man nicht einmal sicher sein kann, ob es die des Verstorbenen ist, so prätentiös verwahrt werden soll, begreife ich nicht. Urnengräber scheinen mir eine Vorspiegelung, die Unstimmigkeit reizt mich. Als wir vor Tucholskys Grabplatte standen, war gar keine Zeit für meine Bedenken und Idiosynkrasien. Es ging um Bildsequenzen, Blickwinkel, Sonnenintensität, Kameraschwenk nach links oder rechts, ist die Inschrift bei dieser Einstellung zu lesen, von wo aus gehen wir in die Totale oder ins Off.

Während der Aufnahmen in Deutschland waren Bilder von herbstlich-bunten Blättern vergessen worden, die holten wir auf dem schwedischen Friedhof nach, ein paar Schritte seitab von Tucholskys Grab fand sich genug herabgefallenes Laub. In der Nacht hatte es gefroren. Den Reif konnten wir nicht brauchen, unser deutscher Herbst lag zeitlich vor schwedischer Kälte und Rauhreif, also stocherten wir in den Blättern herum, wendeten sie mit der unteren, unbereiften Seite nach oben. Franz Brandeis, der Kameramann, blickte skeptisch. Schottka klemmte Lampen an kaum meterhohe Kiefern, so kam Kunstbeleuchtung zum spärlichen, novemberlichen Naturlicht. Im Film wird das schwedische Friedhofslaub dann so aussehen wie das, was wir bei Mary Tucholsky im bayerischen Rottach-Egern zu drehen versäumt hatten. Ich fand den Gedanken nicht schlecht, Tucholsky in seiner Urne drunten würde trotz seiner Vorbehalte gegen Bayern diese Internationalisierung von Natur mit einem späten Schmunzeln gutheißen.

Als ich, zurückgekehrt vom Grab in Mariefred, im Vestibül des Stockholmer Nobelpreis-Hotels saß, zitierte ich mir, mehr traurig als bewußt, den Goethe-Satz auf Tucholskys Grabplatte: »Alles Vergängliche Ist Nur Ein Gleichnis.«

Inzwischen haben wir zwei deutsche Republiken. In welcher hätte Tucholsky sich heimisch zu fühlen vermocht. Es gibt viele, nur zu viele, die gleich ihm hüben und drüben nicht ihr Vaterland finden können. Der geschichtliche Fatalismus entmutigt. Büchners Innenwelt war derart beschaffen, als er »Dantons Tod« schrieb. Tucholsky gesellt sich ihm bei, der als einer der frühesten Kritiker Georg Büchners Größe erkannte und würdigte. Wozu Revolutionen, sieht das Resultat nicht anders aus. Wenn der lebendige Fluß der Hoffnung erstarrt, ist es als ob das Blut in den Adern stockt. So viele Tode lassen schaudern.

Anhang

Anmerkungen

Seite 7: Es existieren drei Sudelbücher. Die Handzeichnung befindet sich in Mary Tucholskys Exemplar. Zwei weitere Sudelbücher wurden von Mary Tucholsky und dem Marbacher Literatur-Archiv auf einer Auktion erworben. Die Vorbesitzerin war wahrscheinlich Hedwig Müller. Soweit die Auskunft von Mary Tucholsky. Allerdings werden die beiden Bücher in Marbach als »Taschenbücher« geführt und sind, im Gegensatz zu dem Exemplar bei M. T., öffentlich einsehbar und wohl auch weniger wichtig,

Seite 15: Die Lues-Krankheit von Tucholskys Vater wird in der Tucholsky-Literatur ansonsten nicht erwähnt. So gefühlvoll unterschlagend arbeitet Literaturwissenschaft im aufgeklärten 20. Jahrhundert. Daß damit bestimmte Verhaltensweisen, Ängste, indirekte Auskünfte bei Kurt Tucholsky nicht oder schwerer entschlüsselt werden können, kümmert offenbar nicht. Mitherausgeber Raddatz, bei Karl Marx aufs intimste Detail versessen, behält hinsichtlich Tucholskys sein Wissen lieber bei sich. So entsteht eine auswählende, eine »Ausgewählte Biographistik«.

Seite 20: Am 18. Juli 1978 wurde der Tucholsky-Biograph Klaus-Peter Schulz in zweiter Instanz von einer Großen Jugendstrafkammer des Westberliner Landgerichts zu neun Monaten Freiheitsstrafe bei dreijähriger Bewährung und zu einer Buße von 5000 Mark verurteilt. Dem 63jährigen Arzt und früheren Bundestagsabgeordneten der SPD, der seine Partei 1971 nach 40jähriger Zugehörigkeit wegen ihrer Ostpolitik verlassen hatte, wurde Mißhandlung von Schutzbefohlenen in Tateinheit mit gefährlicher Körperverletzung in zwei Fällen zur Last gelegt. Er wurde für schuldig befunden, zwei Pflegetöchter im Alter von jetzt 15 und 20 Jahren schon bei geringen Verfehlungen mit Schlägen auf das nackte Gesäß bestraft zu haben. Höchststrafe bei »Lügen«, »Gemeinheiten« oder Verstößen gegen das sogenannte Familiengesetz waren 39 Schläge, in der Regel mit der flachen Hand. Bei »schweren Verstößen« wurden die beiden Mädchen, die zur Bestrafung gebückte Haltung einnehmen mußten, mit einem Stöckchen geschlagen.

Als ich davon erfuhr, waren die Kapitel dieses Buches, in denen ich mich mit Herrn Schulz befassen mußte, bereits geschrieben und beim Verlag. Der manchmal polemische Ton erklärt sich selbstverständlich aus rein sachlich-inhaltlichen Differenzen. Anklage und Verurteilung haben nichts damit zu tun. Allerdings wirft das undelikate Delikt ein bezeichnendes Licht auf die seltsamen Kapriolen des Biographen, wenn es um Tucholskys Jugend geht, und es wird auch nur wegen dieser Beziehung hier mit einigen Details erwähnt. Denn Schulzens Fehlinterpretation und seine Polemik richten sich jeweils besonders gegen Tucholskys Kritik an der autoritären Schule und jedweder Prügelgewalt von Erziehern. Herr Schulz war hier so nachhaltig anderer Meinung, daß er vor Gericht gestellt werden mußte, wo er sich expressis verbis zur Prügelerziehung bekannte. Ein rechter deutscher Mann! Ihm ist die Hand nicht ausgerutscht, sondern Vollzugsorgan. Vor Gericht lieferte er eine Verprügelungs-Theorie. Diese erst macht es unmöglich, mit Stillschweigen zu antworten. Der Tucholsky-Biograph ist essentiell ein Anti-Tucholsky, und mit Bewußtsein. Das erst macht seine Polemik gegen Tucholsky begreiflich. Es handelt sich nicht um Entgleisungen oder versehentliche Fehler, sondern um Moral und Methode.

Seite 25: Die Bezeichnung »5 PS« kommt von Tucholsky selbst. Genaugenommen stimmt sie nicht. Es sind 4 Pseudonyme und sein wirklicher Name. Daß er den auch als Pseudonym zählte, pointiert das Gespaltene ebenso wie das Spielerische seiner Person und seines Charakters. (s. a. S. 50).

Seite 31: Mary Tucholsky sieht in der Vermännlichung durch das »er« nur die spielerische Form. Gerade das Spielerische verselbständigte sich bei K. T. Er vermännlichte nicht nur Mary, sondern auch andere Frauen. Der grammatikalisch offenbar werdende Drang verweist ins Unbewußte.

Seite 57: Ex cathedra, also von seinem literaturpäpstlichen Stuhl aus, läßt Marcel Reich-Ranicki am 9. 9. 78 auf einer Doppelseite der FAZ dem Autor Kurt Tucholsky die Redseligsprechung zuteil werden. Der Kritiker rezensiert die neuen Editionen – BRIEFE AUS DEM SCHWEIGEN und DIE Q-TAGEBÜCHER und bringt dabei ganz die alten Vorwürfe gegen Tucholsky vor. Der habe in der Weimarer Republik die Demokratie bekämpft, »Politik war seine Sache nicht«, »er hatte keinen Sinn für die Realität der unmittelbaren Gegenwart«, war ein »Intellektuellenclown«, »avancierte... zu einer Art Symbolfigur der deutschen Intellektuellen – und für viele fatalerweise auch zu einem Vorbild«.

Die Redseligsprechung begründet der Feuilletonchef mit der Tatsache, daß Tucholsky in den jetzt publizierten Tagebüchern »quatsche«. Der große Ent-Würdigungsartikel für den Toten reduziert den politischen Publizisten ebenso (»Tucholskys Prophezeiungen« hätten sich »mit einer schon erstaunlichen Regelmäßigkeit allesamt als falsch erwiesen«) wie den Buch-Rezensenten (»reagierte... auf die Literatur... seiner Zeit nicht analytisch, sondern vorwiegend allergisch«).

Tucholsky als politisch sich fortwährend irrender, kranker Mann also, krank, als er Büchners und Kafkas Werke lobte, den faschistoiden Arnolt Bronnen verriß? Diese Folgerungen verwundern nicht, engt man, wie Reich-Ranicki es tut, Tucholskys Produktivität allein auf die »Angst« ein. Was kann man von einem derart ängstlichen Schriftsteller schon erwarten. Mitschuld am Untergang der Weimarer Republik zum Beispiel: »Gerade diese extreme Figur macht das Exemplarische augenscheinlich.« Tucholsky demnach ein Extremist – im Zeitalter des Extremistenerlasses wahrlich eine äußerst geschmackvolle Formulierung. Doch Reich-Ranicki lastet dem K. T. noch mehr an: er habe »die politische Publizistik auf fatale Weise feuilletonisiert«. Wie soll man dann bloß nennen, was Reich-Ranicki treibt?

Von den sachlichen Fehlern in diesem unsachlichen Text gar nicht zu reden, oder doch, wenigstens in ein paar Beispielen: Da heißt es, Tucholsky habe den Goethe-Spruch auf seiner Grabplatte selbst ausgewählt. Was nicht zutrifft. Da erfährt der Leser, Tucholsky habe sich von Mary getrennt. Es war umgekehrt. Da wird »eine Hinwendung zum Katholizismus« als dem »zentralen geistigen Ereignis seiner letzten Jahre« konstatiert, belegt mit ein paar Zitaten, zu denen sich mindestens ebenso viele Gegenzitate anführen ließen.

Von den Fehlern zu den Fehlinterpretationen: Da wird Lisa Matthias an Giftigkeit noch übertroffen mit Behauptungen dieser Qualität: »Im Grunde waren ihm die ›Geschundenen‹, jene also, in deren Namen und in deren Sache er zu schreiben vorgab, fremd.« Was eine elende Ehrabschneidung gerade bei diesem Autor ist. Beziehungsvoll setzt Reich-Ranicki die Geschundenen in Anführungsstriche. Konsequenterweise zitiert er aus einer 1941 (!) veröffentlichten Literaturgeschichte von Josef Nadler: »Kein Volk dieser Erde ist jemals in seiner eigenen Sprache so geschmäht worden wie das deutsche durch Tucholsky.«

Das stimmt zwar nicht, doch sollte Reich-Ranicki, von dem man weiß, daß er viel und gern liest, mal wieder bei Goethe nachblättern, der sagte: »Ich habe oft einen bitteren Schmerz empfunden bei dem Gedanken an das deutsche Volk, das so achtbar im einzelnen und so miserabel im ganzen ist. Eine Vergleichung des deutschen Volkes mit anderen Völkern erregt uns peinliche Gefühle, über welche ich auf jegliche Weise hinwegzukommen suche...«

Klassiker, was nun? Runter vom Olymp? Auf die Goethe-Doppelseite in der FAZ darf man gespannt sein. Der Essenz nach hat Tucholsky nie Kritischeres geschrieben über sein Vaterland... Ähnlich undifferenziert wie Tucholskys »Anti-Deutschtum« wird auch wieder mal sein »Antisemitismus« denunziert. Reich-Ranicki stützt sich dabei auf ein »Ver-Urteil« von Gershom Scholem, der Tucholsky »einen der begabtesten und widerwärtigsten Antisemiten« nannte, welche Einschätzung durch die ständige Wiederholung nicht zutreffender wird. Um Gershom Scholem einmal anders als immer nur in diesem Anti-Tucholsky-Zitat zu präsentieren, sei hier ein Kurzporträt wiedergegeben, das sich bei Robert Neumann in seinem Tagebuch »Vielleicht das Heitere« findet. Neumann sollte als Jude einigermaßen gefeit sein gegen antisemitische Vorwürfe. Er schreibt: »Man könnte sich hier sehr verbreiten, wollte man antiisraelisch sein. Man will es nicht. Widersteht der Lockung . Erinnere dich an diesen in all seiner brillanten Gescheitheit ein wenig größenwahnsinnig wirkenden Eranos-Mystiker Gershom Scholem und seine sympathische, lebendige, leider judäo-faschistische Frau, die für Augenblicke den Ehrgeiz zu haben schien, sich über sich selber lustig machend, ein Jerusalemer Pendant der Nazisse Scholz-Klinck zu sein – unsere Tischrunde attackierend: ›Warum kritisiert ihr Israel, statt hinzugehn und es besser zu machen? Warum kommen Sie nicht, Professor Goldstein?‹ Darauf dieser reizende Fünfundachtzigjährige aus New York, ein weiser Mann: ›Warum ich nicht komme? Es ist mir bei euch nicht jüdisch genug.‹«

Soviel zum Tucholsky-Kritiker Scholem und seiner Frau. Da wir nun einmal bei den jüdischen Autoren Tucholsky und Scholem, Reich-Ranicki und Robert Neumann sind, sei hier der Vollständigkeit halber noch zitiert, was Neumann über Reich-Ranicki sagt: »Ich muß mich von meiner Antipathie gegenüber diesem Mann freimachen und das dämpfen... Dieser Ranicki hat über Bücher von mir selten Gutes gesagt und oft Schlechtes; zu Unrecht Schlechtes, doch glaubt man das immer. Derlei ärgert einen, wenn es erscheint... am übernächsten Tag fragt man sich: vielleicht hat der Mann recht... diese sympathische Überlegenheit gegenüber Kritiken bringt man nur auf... wenn man den Kritiker für einen ohnedies von niemandem ernst genommenen Dummkopf hält.

Damit bin ich, diesen Ranicki betreffend, der Wahrheit schon um einen Schritt näher. Ich halte die von ihm verrissenen Arbeiten für gut; er und ich ziehen politisch (bis auf Einzelheiten, Kleinigkeiten) am selben Strick; also wäre sein Verriß nur zu pardonieren, wenn ich ihn für einen Dummkopf hielte. Ich halte ihn aber für alles andere als einen Dummkopf... vielleicht entdecke ich doch noch trotz allem, daß er ein Dummkopf ist?... Derart überprüft, erweist sich dieser Ranicki als ein Mann von flinker Intelligenz und als höchst beredt, aber – wie soll man es sagen? Er wird jedem literarischen Thema auf eine zeigefingerwackelnde Manier sehr gerecht, ganz ohne Humor; aber doch so, daß man sich sagt: stimmt, nur: wo läßt das aus, warum ist dieser Mann so ahnungslos bezüglich des Wirklichen, der oberen Hälfte, auf die es ankommt, wenn das von ihm bezüglich der unteren Hälfte Gesagte auf eine beredte Weise (gut, zugegeben, eine ledern beredte Weise) so überaus richtig ist? Ich ertappe mich bei dem Gedanken: vielleicht hat dieser Mann mit dem flinken Hirn einfach auf eine subtile Art seinen Beruf verfehlt? Wenn er nun nicht Litterateur geworden wäre – ja: was, am ehesten? Ein höchst tüchtiger, ja geradeaus brillanter Floor Walker oder Abteilungsleiter in einem Warenhaus? Nicht die Textur von ›Texten‹ befingernd, sondern die Textur von Textilien?... Das hier geht über das Maß der für mich durch die Sache gegebenen Aggression hinaus. Warum? Vielleicht weil dieser Ranicki gleich mir ein Jude ist? ›Jüdischer Judenhaß‹ – das will zu Ende gedacht sein.«

Seite 57: Durch die Herausgabe der faksimilierten »Weltbühne« im Königsteiner Verlag Athenäum fand sich auch Rudolf Augstein bereit, dem wichtigsten und umstrittensten Blatt der Weimarer Republik einen Artikel zu widmen. (»Spiegel« Nr. 42/78) Dabei zitiert er ganz nach Herausgeberlaune, also Willkür, und jedem Zitat ließe sich ein entgegengesetztes beigeben. Publizistisch-kolumnistisch läßt sich der »Weltbühne« (wie Ossietzky, wie Tucholsky, wie...) eben nicht beikommen. Die Machart des Objekts schließt bestimmte Zugriffe und die üblichen Methoden aus. Immerhin hat Augstein, die Totengräber-Metapher traktierend, darüber nachgedacht: »Zu den Totengräbern der Weimarer Republik, da hilft kein Vertun, muß man auch die ›Weltbühne‹ rechnen... Die Metapher ›Totengräber‹, so wie sie auch heute noch im Schwange ist, bedarf dabei der Korrektur. In den seltensten Fällen sind es ja die Totengräber, die einen Lebenden zu Tode bringen. Vielmehr, sie tun den Leichnam, den bereits Toten, unter die Erde.«

Da denkt sich tatsächlich einer, der schreibt, was. Und lehnt es kategorisch ab, die »Weltbühne«, wie von rechts geschehen, als Steigbügelhalter Hitlers zu denunzieren. Das nun waren sie mitnichten. Auch scheut Augstein die Paralelle »Weltbühne« – »Spiegel«. Zwar unterscheiden sich beide Zeitschriften gar, wenn auch nicht ganz; zerstörte die »Weltbühne« die Weimarer Republik, zerstört vielleicht der »SPIEGEL« die Bonner Republik. Also wehrt man auch aus eigenem Interesse die Unterstellung ab. Aber nicht so ganz, nicht genau, nicht mit der früheren stilistischen Courage. Warum nicht. Mag sein, die ersten Federn matten altershalber dahin. Das andere aber ging mit um. Es ist das große Beispiel, das Exempel, das die »Weltbühne« vorschrieb, vorkämpfte, vorlebte. Der Blick zurück macht klein. So geriet der Erinnerungsartikel diffuser, zwiespältiger, so beunruhigter wie beunruhigender. Wer im Glashaus sitzt, wirft ungern mit dem Stein. Mit dem Augstein schon gar nicht. Da weiß einer, wir können nicht alles auf die Umstände abschieben, was uns bedrückt.

Seite 116: Lubarsch war Direktor des pathologischen Instituts der Universität Berlin.

Seite 144: Jakopp schämte sich, als Arbeitsplatz »Gaswerk« anzugeben und sprach lieber von einem »Wasserwerk«. Es war aber das Gaswerk, wo er beschäftigt war. Soviel denen ins Stammbuch, die fortwährend einwerfen, Jakopp habe selbst mehrfach das Wasserwerk als Arbeitsstelle genannt. Hat er tatsächlich. Aus eben diesen genannten Gründen.

Seite 173: Indem das Gericht Ossietzky als und damit zum Landesverräter verurteilte, genügte es seinen innerrechtlichen Normen und den Erwartungen der Politiker. Daß Ossietzky mit der Aufrüstung des Reichs und seiner Reichswehr einen Rechtsbruch des Reiches aufdeckte, schützte ihn nicht vor der Strafe, sondern brachte sie ihm ein. Wie sehr Bonn zu Weimar wird, ergeben Parallelprozesse wie die Anklageerhebung gegen den Verfassungsschutzbeamten Karl Dirnhofer und den Journalisten Hans-Georg Faust. Durch beide waren Informationen über rechtswidriges Vorgehen der Behörden gegen den Atomwissenschaftler Klaus Traube an die Redaktion des »Spiegel« gelangt. Die Behörden suchen ihr erstes rechtswidriges Vorgehen durch ein zweites zu stützen. Die beiden Informanten, die die Öffentlichkeit aufklären, werden nicht, wie es normal und sittlich wäre, dafür belobigt, sie sollen vielmehr bestraft werden. Zeitweise zog die Bundesanwaltschaft den Fall an sich, wegen Verfassungssabotage, § 88 StGB. Nun soll die Dritte Große Strafkammer in Bonn Recht sprechen. Falls sie die Angeklagten verurteilt, realisiert sich die Parallele zu Ossietzkys Verurteilung vollständig. Die essentielle Lehre hieße dann: Wer unrechtmäßige Handlungen der eigenen Behörden aufdeckt, wird bestraft. Wer die unrechtmäßigen Behördenhandlungen begeht, bleibt straffrei. Selbstverständlich bleibt diese vollständige Verkehrung des Rechts streng im rechtsstaatlichen Rahmen.

Bezeichnend wie die Parallele ist zugleich die Differenz. Die Weimarer Justiz scheute sich nicht, mit Ossietzky die »Weltbühne« anzuklagen. Die Bonner Justiz unterließ dagegen die Anklage gegen den »Spiegel« und Herrn Augstein und bescheidet sich mit dem Verfahren gegen die Informanten. Während Weimar direkt einen »Weltbühnen«-Prozeß ansteuerte, scheut Bonn einen »Spiegel«-Prozeß; man weiß nicht, fühlt Bonn sich soviel schwächer als Weimar oder wird der »Spiegel« als soviel stärker eingeschätzt denn die »Weltbühne«. Mag sein, das Desaster einer früheren »Spiegel«-Verfolgung wirkt warnend nach. Wie lange noch?

Seite 185: Hat Kassandra so gesprochen, erheben sich die berufsmäßigen Abwiegler und bezichtigen sie der Übertreibung und Utopie. Als Ossietzky 1931 angeklagt war, sagte sein Rechtsanwalt Alfred Apfel vor Gericht: »Hier ist ein politischer Prozeß.« Ossietzky werde verfolgt, sei verfolgt worden: »Es ist die Frage, ob er vernichtet werden soll und mit welchen Mitteln... man das erreichen will.«

Da hatten die berufsmäßigen Abwiegler viel zu tun. Es ginge keineswegs darum, Ossietzky zu vernichten. Man lebe in keiner Diktatur, sondern in einer Republik. Die Justiz sei frei und unabhängig.

An Ossietzky demonstriert sich der schleichende Übergang vom Gefängnis zum KZ, vom Urteil zum Mord. Die Nazis beriefen sich auf die Weimarer Justiz. Ossietzky sei rechtsstaatlich als Landesverräter verurteilt worden.

1931 hatte Ossietzkys Anwalt die Weimarer Justiz gefragt, ob sein Mandant vernichtet werden solle und mit welchen Mitteln. Er wurde vernichtet. Die Mittel und Büttel sind bekannt. Kassandra hat recht behalten. Die Abwiegler wählen neue Opfer aus.

An dieser Stelle, stellvertretend für viele andere, sei eine weitere Parallele gezogen zwischen Weimar und Bonn. Als der von der Weimarer Justiz zum Landesverräter gestempelte Ossietzky die Haft antrat, begleiteten ihn Ernst Toller und viele andere Schriftstellerfreunde, vorher hatte Thomas Mann für den Angeschuldigten gesprochen. Die Weimarer Geschichte ist voll von Autorenprotesten gegen die reaktionäre Justiz, gegen den reaktionären Staatsapparat, gegen die mörderische Volksabrichtung. Die vielen Schriftsteller-Proteste in der Bonner Republik haben in Weimar ihre genauen Vorläufer. Wenn die Ursachen sich gleichen, gleichen sich in der Folge auch die Bilder. In den Autoren sammelt sich der residuale liberale Bürgergeist. Die Staatsgewalt zerniert ihn. Ist die Entfremdung und Vereinsamung weit genug fortgeschritten, können Bücher verbrannt werden.

Bonn ist nicht Weimar, steht aber in Gefahr es zu werden. Wegen einer Glosse von Tucholsky, in der es geheißen hatte, »Soldaten sind Mörder«, stellte Reichswehrminister Groener Strafantrag gegen Carl von Ossietzky als verantwortlichen Redakteur. Ossietzky, der in der Strafanstalt Tegel einsaß, wurde nach Moabit zur Verhandlung beurlaubt, dort freigesprochen, weil nicht sicher sei, ob Tucholsky mit den »Soldaten« auch die Reichswehr gemeint habe. Ossietzky verteidigte sich brillant, das Wort »Mörder« sei von Tucholsky nicht im juristischen, sondern sittlichen Sinne gebraucht worden. Freispruch also und Rückkehr in die Strafanstalt, denn die »Weltbühne« hatte die illegale Aufrüstung der Reichswehr verraten, dafür saß Ossietzky.

Ein Exempel der Zeitgeschichte? Vergangenheit? Am 10. Juli 1978 schreibt Norbert Blüm im »Spiegel« zum Fall Filbinger: »Ob einer im KZ Hitler gedient hat oder an der Front, macht in meinen Augen nur einen graduellen Unterschied aus. Das KZ stand schließlich nur so lange, wie die Front hielt.« Damit umschreibt Blüm Tucholskys Worte »Soldaten sind Mörder«. Nicht juristisch, aber sittlich. Jeder deutsche Soldat, der nicht Widerstand leistete, trägt Schuld daran. Die Einsicht schmerzt. Prompt meldet sich Franz Josef Strauß, der Blüm laut »Frankfurter Rundschau« vom 11. 7. 78 eine »massive Beleidigung« und »Herabsetzung aller deutschen Frontsoldaten« vorwirft. Die CSU könne so was ebensowenig hinnehmen wie »andere Geschichtsverfälschungen«.

Die beiden Prozesse gegen die »Weltbühne« waren von Ossietzky wie von Thomas Mann als erste Kraftanstrengungen des Dritten Reiches erkannt worden, dem Widerstand zu leisten sei. Da der Ungeist mit dem Dritten Reich nicht vergangen ist und wieder welche antreten, die Wahrheit zu verfolgen, kann auch der Widerstand nicht hinfällig sein. Auf Tucholskys prophetische Worte »Soldaten sind Mörder« hin fühlte die Reichswehr sich beleidigt. So kam Hitler, und Soldaten wurden Mörder. Hernach soll die Wahrheit wiederum nicht gesagt werden dürfen. Wieder steht einer auf und unterstellt allen Soldaten, sie seien beleidigt worden. Seltsames Deutschland, in dem die Wahrheit beleidigend wirkt. »Die Gendarmen... haben Deserteure niedergeschossen. Sie mordeten also, weil einer sich weigerte, weiterhin zu morden.« So Tucholsky 1931 über die Feldgendarmen. 1978 kam auf, daß ein Ministerpräsident Filbinger 1945 als Kriegsjurist Todesurteile beantragt, ausgesprochen und eine Exekution beaufsichtigt hatte, im sittlichen Sinne mithin Mörder genannt werden muß. Das erträgt weder der Angeschuldigte noch Franz Josef Strauß. Nicht der Täter ist schuldig, sondern der Benenner. Ossietzky in seiner Verteidigungsrede vor dem Weimarer Gericht: »... dem kleinen Mörder schlägt man den Kopf ab, dem großen setzt man einen Lorbeerkranz auf.« Und macht ihn zum Ministerpräsidenten.

Indessen spitzt sich die Frage, ob Soldaten Mörder seien, weltweit zur letzten Überlebensfrage zu. Die einen nennen jedes Töten Mord. Die anderen rechtfertigen einen Teil des Tötens, den Hauptteil, die juristische Exekution und die Produktion der Militärmaschinen. Am Ende wird ein Streit entstehen: Sind die Kommandeure, die den Atomuntergang durch Knopfdruck auslösten, Weltmörder oder Vaterlandsverteidiger. Der Kasus dürfte im Nachhinein nicht mehr geklärt werden können. Die Menschheit atomisiert sich lieber in die Luft als beizeiten eine friedliche Lösung zu finden.

Indessen hat Blüm seine klare Einsicht mit Bedauern revidiert. Er habe nicht die deutschen Soldaten beleidigen wollen. Als ob es um Beleidigungsdelikte ginge, wo die Lebensfrage der Menschheit aufkeimt. Aber die Parteidisziplin steht über der Moral. Umgekehrt würde Sittlichkeit draus. Der deutsche Weltkriegsteilnehmer, den seine Schuld beleidigt, erweist sich nun als unbelehrbar. Schuld einsehen und Wiederholungen vermeiden, beides erst wäre Charakterstärke. Tröstlicherweise gab es einige Stimmen aus der Bundeswehr, die so argumentierten. Die Kommißköpfe tragen heute nicht Helm, sondern Hut und Mütze. Jedenfalls gibt es Soldaten, die keine Mörder sein wollen, und Zivilisten, die nichts zulernen.

Seite 194: Tucholskys Rückzug aus der polemisch-satirischen Publizistik ist nicht allein aus seiner Krankheit und der daraus folgenden physischen Ermattung zu erklären. Offenbar kann kein Mensch den publizistischen Kleinkrieg lebenslang aushalten. Die garantierte Erfolglosigkeit des deutschen Aufklärers macht diesen kaputt. Man kann sich nicht jeden Tag erneut mit Optimismus aufladen. Die Reserven sind erschöpfbar. Das Sonderbare dieser Einzelkämpfer kann zum Sonderlingstum werden – eine Entwicklung, die bei Karl Kraus noch deutlicher abzulesen ist als bei Kurt Tucholsky. Irgendwann amalgamieren sie ihre Methode und Person und hernach fallen beide immer mehr auseinander. Der Tote am Ende ist nicht mehr das, was sein Name ausdrückt. Der Höhepunkt liegt zurück. Kein Mensch kann lange auf seinem Höhepunkt leben. Der dauerhaften Begegnung mit der furchtbaren Sprachlosigkeit der Staatsgewalt ist niemand lange gewachsen.

Vielleicht gilt dies für Personen und ganze Redaktionen, was ein Grund wäre für die ansteigende und nachlassende Wirkung von Rundfunksendern und Zeitungen. Nur wenige Zeitungen erringen Größe; alle großen Zeitungen aber unterliegen Abnutzungsprozessen und schrumpfen sich ungesund.

Seite 196: Auf meinen Reisen, Erkundungen und Ausforschungen verwunderte mich immer erneut, daß ich feststellen mußte, von deutscher Seite ist nichts nachrecherchiert worden. Anders in Schweden und der Schweiz. Bemühen sich in Schweden Institutionen und Wissenschaftler um Aufhellung, kommt in Zürich Gustav Huonker das alleinige Verdienst zu.

Abgesehen davon, daß er tüchtig dabei ist, die Spuren von Tucholskys Aufenthalten in der Schweiz zu sichten und die letzten lebenden Zeugen ausfindig zu machen, ist er der Entdecker der Briefe Tucholskys an Frau Dr. Hedwig Müller. Ich betrachte es als einen Skandal erster Ordnung, daß die Ärztin vor Huonker von keinem Tucholsky-Experten aufgesucht worden ist. Dabei war die Verbindung des Autors zu Frau Müller in Zürich durchaus bekannt.

Es scheint die reportierende Arbeit, die Recherche, soweit unter der Würde eines promovierten Literaturwissenschaftlers zu sein, daß er lieber schuldig bleibt, was er doch exakt zu leisten hätte: Tatsachenforschung. Aufklärung. Beweislegung.

Seite 197: So Robert Neumann in Nr. 1/1973 der Zeitschrift »sprit«, wonach Tucholsky im Herbst 1933 bei Neumann in Wien gewesen sei. Neumann gibt an gleicher Stelle ein prägnantes Kurzporträt von Tucholsky: »...hellwach, zugleich in den Tag hineinlebend und depressiv, vielfältig brillant begabt: weder ein Geistesheros noch ein Engel.«

Das Verhältnis Tucholskys zu Lisa Matthias nennt Neumann »die intensivste, fünf Jahre währende Liebesbeziehung seines Lebens«. Das ist wahrscheinlich überzogen.

Seite 200: Am Ende mehren sich die Irrtümer, nehmen jedoch nicht überhand. Fehleinschätzungen gesteht Tucholsky 1934 im Brief an Walter Hasenclever: »...und wenn ich denke, daß ich mich öffentlich nur ein Mal, vor dem Kriege, in der Frage des Kinos, grundlegend geirrt habe, und daß ich 1918/19 in meinem Kopf nicht richtig verstanden habe, was vorging, daß ich aber sonst kaum danebengehauen habe, so traue ich mich schon.«

Diesem Resümee seiner wichtigen politischen Arbeiten ist zuzustimmen. Im Jahr zuvor, ebenfalls in einem Brief an Freund Hasenclever, sagt er: »Ich glaube nicht, daß Hitler kippt.« Hier ist eine Korrektur enthalten. 1930 hatte Tucholsky in dem Artikel DER HELLSEHER geschrieben: Die radikalen Flügel »der Kleinbürger werden rasch unterdrückt; auch Herr Hitler hat seine Schuldigkeit getan und kann gehn«.

Eine falsche Prognose. Drei Jahre später diagnostiziert er die sichere Position des Führers, übertreibt dessen Rolle nun nach der anderen Seite: »Meine Überzeugung, daß er diesen Krieg gewinnt, wächst immer mehr.«

Der zuverlässige Analytiker, seiner analytischen Kräfte nicht mehr gewiß?

Dazu muß man sehen, der Krieg, den Tucholsky so früh bereits als sicher ansah, lag für die Zeitgenossen jenseits des Vorstellbaren. Er sagte ihn voraus, verkannte aber, daß Hitler keine Chance hatte, eine ganze Welt zu besiegen. Zumindest nicht äußerlich.

Wenn hier von Tucholskys Irrtümern gesprochen wird, muß man unterscheiden zwischen den von ihm zur Veröffentlichung vorgesehenen Texten und den Briefen.

In dem, was er publizierte, sind Fehlprognosen außerordentlich selten. Korrespondenz und Q-TAGEBÜCHER aber waren nicht zum Druck bestimmt. Die Schwelle lag niedriger. Warum sollte der Briefschreiber nicht auch Meinungen äußern, die ungesichert waren, im privaten Text gibt man sich legerer.

Verallgemeinert werden kann: Tucholsky hat in seinen politischen Arbeiten vor der Geschichte vollkommen bestanden. Sie gab ihm recht. Nicht seinen Gegnern. Da heute offensichtlich schon wieder Zivilcourage dazu gehört, das zu konstatieren, sei es einer gewissen national verquetschten Presse verdeutlicht. Brächten sie nur ein Zehntel der Tucholskyschen Klarsicht und Charakterstärke auf, wären ihre Vertreter längst aus ihren hochdotierten Posten gegangen worden.

Seite 208: In DIE Q-TAGEBÜCHER, Seite 148, ist Tucholskys Bitte an Hedwig Müller abgdruckt: »Bitte wieder Opiumkeller.« Das wird in den editorischen Bemerkungen der Herausgeber als Bitte um Schlafmittel erklärt. Demnach besorgte Frau Dr. Müller den Nachschub an Veronal. Allerdings verweist das Schlüsselwort weniger auf Veronal als auf Opiate. Was nichts beweist. Tucholsky liebte solche Veränderungen, bei denen die Etymologie nichts mehr deuten muß. Möglicherweise hatte er auch seine früheren Morphiumverstecke »Opiumkeller« genannt und das Wort beibehalten.

Seite 209: An den Tucholsky-Mitherausgeber Raddatz richtete ich in einem Brief eine erkleckliche, wenn auch längst nicht vollständige Anzahl von Fragen, weil seine Darstellungen viele Lücken lassen, wichtige Dinge auch poetisch verschwommen bleiben, wie etwa die Frage nach dem Gift.

Besonders bei dem, was die bürgerliche Presse die »Intimsphäre« nennt, spart Raddatz bei Tucholsky tüchtig aus. Vornehme Dezenz? Andererseits hat Raddatz, geht es um Heinrich Heine oder Karl Marx, keine Hemmungen. Einen Friedrich Engels unterschobenen illegitimen Marx-Sohn präsentiert er mit triumphaler Entdecker-Freude, als hätte das vorher keiner gewußt.

Jedenfalls werden Marx und Heine durch Raddatz in ihren oberen und unteren Regionen ausführlich beschrieben. Weil sie länger tot sind als Kurt Tucholsky – oder?

In seiner brieflichen Antwort blieb Raddatz die Auskünfte auf die wichtigen Fragen ebenso schuldig wie in seinen Arbeiten über Tucholsky. So muß ich also deutlicher werden: Entweder wurde bisher nicht oder erstaunlich nachlässig recherchiert, und dann ist diese Art von Literaturgeschichtsschreibung ein Skandalfall erster Ordnung. Oder man hat recherchiert und hält die Ergebnisse geheim. Ich sehe nicht, wieso dadurch der Skandal weniger skandalös würde. (Soweit ich es überblicken kann –: Man hat tatsächlich kaum etwas überprüft, und das Wenige, das dennoch aufkam, wurde ausgesiebt; so entstanden die desaströsen Teilbilder von Tucholsky, mal geschludert, bald überstilisiert, nie an den Fakten entlang. Wolfgang Neuss über Tucholsky: »Wer über Tucholsky spricht, spricht immer von sich selbst.«)

Ein Briefwechsel zwischen Mary G.-T. und Gertrude M. kündet vom unguten Streit um Tucholskys Grab und Grabstein, was sich wie eine makabre Satire aus der Schreibmaschine des großen Spötters liest. So verbietet seine zweite geschiedene Frau Mary Gerold-Tucholsky seiner letzten Gefährtin Gertrude Meyer expressis verbis, sich an des Toten Seite auf dem Friedhof in Mariefred bestatten zu lassen. Gertrude wiederum weist es von sich, daß sie sich je habe »danebenlegen« wollen, ihre Familie besitze seit langem eine Ruhestätte in Göteborg und ihr eigener Grabstein sei schon »zugeschnitten«.

Diese Sorge von Frau Gerold-Tucholsky ist also gegenstandslos.

Seite 210: Tucholskys Abschiedsbrief an Mary ist ein erschütterndes Dokument. Allerdings ist mir der Brief bisher so fragmentarisch bekannt geworden, wie ihn der Leser des Briefbandes zu Gesicht bekommt. Das Original befindet sich bis heute auch nicht im Marbacher Literatur-Archiv. So leid es mir tut, ich kann mich zu einer abschließenden Beurteilung des Dokuments solange nicht entschließen, bis ich es tatsächlich kennenlernen darf – ungekürzt und im Original.

Seite 211: Das Schicksal der letzten Tucholsky-Briefe ist seltsam. Sein Abschiedsbrief an Gertrude Meyer existiert offenbar nicht mehr. Dasselbe gilt für seinen letzten Brief an Hedwig Müller; hier konstatiert Herausgeber Huonker ausdrücklich das Fehlen des Briefs vom 19. 12. 1935. Der letzte Brief an Mary Gerold-Tucholsky ist von ihr in Kurt Tucholsky AUSGEWÄHLTE BRIEFE abgedruckt worden; aber nur auszugsweise. Das Original ist nicht einsehbar. Im Ende 1978 herausgekommenen Verzeichnis des Marbacher Kurt-Tucholsky-Archivs wird zwar der gesamte Briefwechsel zwischen Kurt Tucholsky und Mary Gerold-Tucholsky als vorhanden aufgeführt. Wer aber nachfragt, erfährt, die Briefe Marys an Kurt und Kurts an Mary seien nicht in Marbach. Dasselbe gilt vom SUDELBUCH. Das Marbacher Verzeichnis führt es auf. Doch ist es weder in Marbach noch sonstwo einsehbar. Hinweise auf diese Sonderbarkeiten fehlen. Erklärt wird nichts. Offenbar tut die Nachwelt sich noch immer schwer mit Tucholskys Hinterlassenschaft. Es ist wie bei Tucholskys großem Abrechnungsbrief an Arnold Zweig. Viele druckten ihn nach – aber nur auszugsweise. Man ließ weg, was nicht in den Streifen paßte.

Vollkommen unbekannt blieb bisher der seinerseits vermächtnishafte Text der Antwort von Arnold Zweig an Gertrude Meyer auf die Nachricht vom Tode Tucholskys hin. Zweig schrieb:

Verehrte Gertrude Meyer, 13. Jan. 1936.
ich danke Ihnen aufrichtig für die schmerzliche Benachrichtigung, die ich am 4. oder 5. Januar von Ihnen bekam. Obwohl der Stoss noch nicht verebbt ist, den Sie mir übermitteln mussten, habe ich mich inzwischen an den Gedanken gewöhnt, dass Kurt Tucholsky den Schmerzen und Verzweiflungen der Emigration entronnen ist. Sonderbar berührt mich nur der Gedanke, dass ich mich seit dem Eintreffen seines Briefes am 24. oder 25. Dezember unablässig mit ihm unterhalten habe, während er schon in der Erde lag. Sie werden sich selber denken können, dass ein so umfangreicher gedankenschwerer und wundervoll aufrichtiger Brief wie der seine gründlich überlegt werden wollte, bevor man an die Niederschrift der Antwort ging, sonst hätte ich ihm sofort geschrieben und das Tragische noch empfindlicher gemacht. Meine Absicht bleibt nun, diesen seinen letzten langen Brief zu veröffentlichen und meine Antwort auch, aus der er gesehen hätte, dass ich ihn sehr gut verstanden habe. Bitte schreiben Sie mir alles, was Sie wollen und können. Ich will meinen Nachruf so halten, dass die kostbare und einmalige Figur, die er uns bedeutet hat, der liebenswürdige kindliche Mensch und der bedeutende Schriftsteller, ganz sichtbar und durchsichtig werden, damit nicht der Schatten eines Irrtums entstehe, wenn man seinen Brief lesen wird. Können Sie mir sagen, was für Aerzte ihn behandelt haben, nur zu meiner persönlichen Information? Nicht zu irgend einer Klage oder Anklage? Und wissen Sie, ob er in den letzten Jahren seiner schweren Depressionen wegen Nervenärzte aufgesucht hat und welche? Sie können sich kaum vorstellen, wie stark die Wirkung seines Todes auf die Freunde seiner Schriften hier ist; er wird einen langen Nachruhm haben. Aber das tröstet weder Sie noch uns, ich weiss es wohl. Hoffentlich erreicht Sie dieser Brief trotz der ungenügenden Adresse. Auch möchte ich wissen, wieso Ihr Brief in Holland auf die Post gegeben wurde.
Mit besten Wünschen Ihr ergebener
Arnold Zweig

Seite 220: Nach Abschluß des Manuskripts gibt es im Fall des Pazifisten Heinrich Häberlein eine neue Variante. Das höchste bayerische Verwaltungsgericht hob das Urteil des Verwaltungsgerichts Ansbach auf und verpflichtet den Freistaat Bayern, Häberlein als Lehrer einzustellen. (FR vom 30. 8. 78) Man wird sehen, was geschieht. Der gleiche Senat hatte allerdings dem SPD-Mitglied Charlotte Nieß die Aufnahme in den bayerischen Justizdienst verweigert mit der Begründung, Frau Nieß gehöre der Vereinigung Demokratischer Juristen an, in der auch Kommunisten mitarbeiteten.

Seite 224: Tucholsky, das ist auch die Medienfrage. Was er schrieb, wurde meist nur im Ausnahmeorgan »Weltbühne« gedruckt. Verständlich, wenn sich heute festangestellte Journalisten gern in Tucholsky spiegeln. Er schaffte, was sie nicht mehr schaffen, er war, im wesentlichen, einer ohne Zensur. Wer heute fest im Sessel sitzt, legt sich auch in seinem Schreiben fest. Wird zensiert oder zensiert sich selbst. Tucholsky ist für alle heute ein Wunschtraum. Auch für die sogenannten freien, also nicht festangestellten Autoren. Wo wir ein Stück Arbeit für die großen Medien liefern, laufen wir immer Gefahr, mediengerecht, also verkleinert zu produzieren. Schon aus Angst, nicht wieder zu dürfen. Da haben wir stets gegen uns selbst zu kämpfen. Freier Autor – welch ein Euphemismus. Tucholsky war einer der letzten. Vielleicht der letzte.

Seite 231: Das jeweilige jähe Übergewicht der Rechten verdammt die Linke in Deutschland zur Janushaftigkeit. Das Doppelgesichtige vereinfacht sich unterm Druck der Staatsmacht zu jeweils einem Gesicht. Entweder der Linke wird zum moskaugläubigen Dogmatiker und da hat das Objektive sein Übergewicht. Oder das Subjektive bleibt erhalten, dann wird der Typus Tucholsky daraus, Rückzug also in die schöne, scheiternde Sensibilität. Kasernierung oder Trauer. Befehl oder Achselzucken. Preußischer Stechschritt oder aus der Reihe tanzen. Subjektivität, Selbstmord eingeschlossen. Die dermaßen sich zerspaltende Linke bestärkt die deutsche Rechte derart, daß sie bald ableugnen kann, eine zu sein. Ihre unangefochtene Stärke macht sie zum Synonym für deutsch.

Seite 258: 1958 wollte die Büchergilde Gutenberg einen Tucholsky-Auswahlband mit einem Vorwort von Hermann Kesten herausbringen, was auf den Widerstand Mary Tucholskys stieß, die meinte, Kesten würdige Tucholsky durch einen »kritischen Aufsatz« herab. Daraufhin wurde Kestens Text im »Monat« (Heft 13 vom Februar 1958) vorabgedruckt. Die Lektüre ergibt, Kesten unterliefen einige unglückliche Formulierungen und ein paar vermeidbare Irrtümer. Manches konnte er damals noch nicht besser wissen, es wurde erst hernach bekannt. Auch Haus-Biograph Klaus-Peter Schulz sah manche Fakten in seiner ein Jahr vorher erschienenen K.-T.-Monographie ebenso schief wie Kesten. Die Fehler sind geringzuschätzen gegenüber der Brillanz und Qualität des Textes. Ein guter Kesten, Tucholsky ebenbürtig, also eine schöne Würdigung, kenntnisreich, im Ton zwischen Essay und Feuilleton. Dem Abdruck schloß sich eine bezeichnende Diskussion an. Viele Sauertöpfe befehdeten Kesten. Einige wenige Vernunftstimmen erhoben sich. Am gerechtesten, klügsten und zugleich liebevollsten der große, antifaschistische Schriftsteller Armin T. Wegener, der Tucholsky kannte. Wegener war durch Jahrzehnte vergessen, erst Jürgen Serke machte in seinem ausgezeichneten Buch »Die verbrannten Dichter« wieder auf diesen Autor aufmerksam.

Der Vorgang insgesamt hat leider weiterreichende Bedeutung. Mary Tucholsky sah nicht oder wollte nicht sehen, daß sie mit ihrer zum Engherzigen tendierenden Totenpflege die eigenständigen Denker und starken Charaktere abschreckte. So bekamen die lauernden schwachen Figuren ihre Chance.

Nun muß man Frau Tucholsky allerdings zubilligen, daß ihre allergische Empfindlichkeit gegenüber Kritik an Tucholsky zumindest bei Beginn ihrer Herausgebertätigkeit berechtigt war. Es ist ja nicht so, daß dieser Autor nach Kriegsende ohne weiteres in seiner Bedeutung erfaßt und erkannt worden wäre. Gerade gegen ihn wurden Vorurteile und Verleumdungen erhoben. Die Rechte mochte diesen Linken sowieso nicht. Die vormaligen Kenner und Freunde waren dezimiert worden, von denen aber, die überlebt hatten, beobachteten einige den Nachkriegserfolg ihres früheren Kollegen nicht ohne Neid. Wieso denn auch nicht. Von den verfolgten, ausgetriebenen, linken Schriftstellern fand Tucholsky nach 1945 die meisten Leser, und in überraschend kurzer Zeit. Daß die Erbin es war, die dabei mit Fleiß, Umsicht und Tatkraft vorging, konnte erbittern. Bei vielen Literaturwissenschaftlern aber, bei bürgerlichen Autoren und in der breiten Presse herrschten die alten Disqualifizierer vor, die in Tucholsky nur den wendigen, wo nicht windigen Feuilletonisten sehen wollten. Die deutschen Literaturbeamten unterschieden nach wie vor den Kriegen zwischen bloßer Zivilisation und hoher Kultur, ergo zwischen Asphaltliteraten und bedeutungsschweren Dichtern. Soweit Mary Tucholsky den Neidern und Feinden zu begegnen suchte, handelte sie richtig. Nur behielt sie ihre Kampfstellung auch noch bei, als sich manches gewandelt hatte und jetzt wehrte sie mit jeder Kritik auch jede Analyse, jeden neuen Aspekt ab. Ihr Autor fiel unter die Zwerge, die sich auf dem großen Toten tummelten.

Es gab einige wenige Leute, die sich nicht einschüchtern oder gängeln ließen. Sie wurden von der Meute weggebissen oder blieben selbst weg, weil ihnen das Ritual nicht behagte. Wieder andere gaben es auf, über Tucholsky zu schreiben, hielten aber Freundschaft zur einflußreichen, interessanten Erbin. Deren starke Natur obsiegte. Auf sie läßt sich anwenden, was der Alte Fritz von Maria Theresia gesagt haben soll: Sie ist der einzige Mann dort bei Hofe.

Seite 258: Bei Ausgewählten Werken erhebt sich immer die Frage nach den Auswahlprinzipien. Sie mögen so oder so sein. Unakzeptabel ist allein diejenige Auswahl, die den Autor in seinem Charaker verändert, also zensiert. Die Zensur, die die DDR gegen Tucholsky anwendet, wird nicht entschuldigt, doch immerhin ein wenig verständlicher, müssen wir bemerken, die Herausgeber Mary Gerold-Tucholsky und Fritz J. Raddatz haben ihrerseits eine Anzahl jener Texte Tucholskys nicht abgedruckt, die zu seinen politisch oder erotisch schärfsten Produktionen gezählt werden müssen. Man fürchtete, das Publikum ins Unzumutbare hinein zu provozieren, das aber würde dem Autor schaden. So wagte man nicht nachzudrucken, was der Satiriker einst zu schreiben gewagt hatte und was der Leser, der es wissen will, eben nun nicht in Tucholskys GESAMMELTEN WERKEN vorfindet, wohl aber im faksimilierten Nachdruck der »Weltbühne«. Dem Athenäum Verlag sei Dank, daß nun zu einem erschwinglichen Preis der unzensierte Tucholsky erlangbar ist.

Seite 262: Mit dem Stichwort »Volksschriftsteller« pointierte Hermann Kesten die schöne Lesbarkeit Tucholskys, ohne zu unterstellen, der habe sich das Schreiben leicht gemacht oder es sei ihm leichtgefallen. Genau das Leichte, eben der »Volksschriftsteller« bereitet dem Tucholsky-Mitherausgeber Raddatz Unbehagen. So endeckt er in Tucholsky zwar »Güte«, aber: »Die degeneriert in manchen seiner Arbeiten zu Sentimentalität, in mancher politischen Betrachtung zu Schwäche, in mancherlei privatem Lebensdetail zu Hilflosigkeit...« Was soll das heißen? Wer ist denn nicht privat auch hilflos, politisch auch schwach, wer ist nie sentimental gestimmt? Nichts als Banalitäten werden hier mitgeteilt, und sie dienen als Vorstufen falscher Verallgemeinerungen. Das Verfahren dieser Essayistik, die einmal eine gewesen ist, beruht auf der Faulheit dem Konkreten gegenüber, das Detail macht zuviel Arbeit, also wird eingespart, endlich gar nicht mehr aufgespürt. Die Vorform des Vorworts von Raddatz zur TB-Ausgabe der GESAMMELTEN WERKE, der Text zur Kindlerschen Bild-Monographie also, enthielt noch viele Details, und es waren so arg viele davon falsch, da mußte gestrichen werden. Es entfielen mit den summierten Fehlern leider auch die notwendigen Fakten, und so entsteht jene hohle Verallgemeinerungs-Essayistik, die nichts mehr verallgemeinert als die Stimmungen und Vorurteile des Essayisten. Raddatz konstatierte einen »Verzerrungsprozeß, der Tucholskys Leben schließlich zerstörte«. Nur nicht exakt untersuchen. Ein Leben mit seinem Widerspruch? Nein, ein Verzerrungsprozeß. Was ist Tucholsky als Literaturkritiker? Er ist »privatistisch«. Wie ist das Verhältnis von Tucholsky zu Ossietzky? »...menschlich sind sich beide fremd geblieben.« So wird übergebügelt. Exaktheit ist überflüssig. Fakten zählen nicht. Untersucht zu werden braucht nicht. So ein Herr Essayist hat eine Meinung. Die teilt er mit. Wer Kenntnisse sucht, soll woanders bohren. »1928 ist die Verbindung mit seiner zweiten Frau auseinandergegangen.« Gemeint ist Mary. Wie geht so was vor? Geht auseinander? Wer geht auseinander? Keiner. Nur die Verbindung geht auseinander. Fragt nur nicht nach den Gründen. Es kommt noch schöner. Dem Satz vom Auseinandergehen folgt direkt nach: »Und die Leser der ›Voss‹ schmunzeln über des kessen Lottchens schnoddrig-schnelles Mundwerk, dem lebenden Original getreulich nachgebildet.« Wer ist das lebende Original des kessen Lottchens? Im Satz davor war von der zweiten Frau die Rede, von Mary. Ist also Lottchen Mary getreulich nachgebildet? Die Abfolge der Sätze führt und verführt zu dem naheliegenden Schluß. Das wirkliche Original des Lottchens, Lisa Matthias, wird nicht genannt. Darf ja auch nicht. Und so schweigt unser Literaturhistoriker, wo er sprechen müßte. Aber lieber die Ehre verloren als die Protektion. Es wird eh niemand merken, wie zurechtgeschustert wird, die Deutschen haben Respekt vor ihrem Tucho, und wo nicht, sind sie blöd und blind. Was ist SCHLOSS GRIPSHOLM? Eine »pikante Urlaubserzählung«. Klar, was Erfolg hat und an die Leser gelangt, kann ja nur was Leichtes sein, bestenfalls pikant. Freilich darf man seinen Gegenstand auch nicht zu niedrig hängen, man hinge ja sonst auch mit unten, also erigiert dem Herrn Lehrer der Zeigefinger: »...die Einwände zu Kästner oder Mehring kommen nicht von einem Besserwisser, sondern von einem Besserkönner.« So vergibt er im Namen Tucholskys Noten. Was tut Tucholsky 1924, wenn er von Berlin nach Paris übersiedelt? Er entflieht »dem wirrseligen Muff Deutschlands«. Und weiter: »...und am 30. August 1924 wird er Mary Gerold heiraten.« Daß niemand denke, Mary Gerold habe Karl Tucholsky geheiratet oder beide hätten einander geheiratet. Wie verlief eine frühere Begegnung Tucholskys mit Mary? Nun sie »verlief unselig«. Das ist noch nett von der Begegnung, vergleicht man es mit der Stadt Paris, die Tucholsky viel Schlimmeres antat: »Paris überfällt ihn wie ein Rausch.« Das haben Räusche so an sich, daß sie einen überfallen. Was hat Tucholskys Mentor Jacobsohn? »...dieselben Nerven, dieselbe Kultur... denselben Witz...« Gemeint ist die Gleichheit von Nerven, Kultur, Witz, was auch nicht stimmte, doch immer noch besser wäre als das elende Los siamesischer Zwillinge, die tatsächlich »dieselben Nerven« haben. Das schöne Vorwort zeigt schon im zweiten Satz die Krallen, wenn es heißt: »In diesem Jahrhundert-Herbst ist der Mann geboren, der sich voller Besessenheit, Kampflust und auch bitterer Melancholie in das 20. Jahrhundert stürzte...« Gemeint ist tatsächlich Kurt Tucholsky. Den besessen zu nennen eine Beleidigung ist. Der niemals kampflustig gewesen ist. Dessen Melancholie gewiß nie bitterer gewesen wäre als in dem Moment, in dem er das Vorwort zu seinen GESAMMELTEN WERKEN zu Gesicht bekommen hätte. Wenigstens das ist ihm erspart geblieben.

Seite 265/66: Reich-Ranicki schreibt über Tucholsky mit der löblichen Absicht, das »erbauliche linke Klischeebild« zu korrigieren und verfällt dabei in überzogenen

Feuilletonismus. Raddatz wiederum schmückt die Klischeebilder weiter aus. Da er das Feuilleton als Genre verachtet, versucht er sich in der poetisch überhöhten Diktion, wie sie bürgerlichen Marxisten vom Anfang des Jahrhunderts eignet. 1961, in seinem Text zur Kindlerschen Tucholsky-Bildmonographie, gefiel er sich in unzählbaren schiefen und verrutschten Sprachfügungen. So heißt es bei Raddatz: »Daß selbst in dieser so scheinbar allem offenen Zeit bereits die Steine gefügt waren, ohne einen Spalt zu lassen für die kühlen Wasser der Vernunft – er sollte es wenig später erkennen.« Gemeint ist Tucholsky. Der sich totgelacht hätte bei der Lektüre dieses Satzes. Aber Raddatz kann's noch besser: »Zwei Jahre ohne Nerven leben, ohne Geist, ohne Sensibilität. Zwei ungelebte Jahre.« Womit er Tucholsky im Kriege meint. Was inhaltlich falsch ist. Und formal idiotisch. Wenn Tucholsky von der Front seine geistreichen, sensiblen Briefe schrieb, nahm er wohl seine Nerven, seinen Geist und seine Sensibilität aus dem Schrank. Dank Raddatz' Stilkünsten wird alles möglich. Nebenbei löst der große Akademiker gleich das leidige Kraftstoffproblem: »Wir, die nächste Generation, durften ja noch erleben, wie das Hochgefühl des Fliegens sie die Stukas gegen Warschau rasen ließ.« Wer lacht da? Tucholsky in seiner Urnengrube? Alle Welt denkt, Flugzeuge benötigen Treibstoff. Raddatz tankt sie auf mit dem Hochgefühl des Fliegens. Ein Nobelpreis für Chemie und Literatur auf den Mann. Er hat ihn verdient. Wer war Siegfried Jacobsohn? Eine »Persönlichkeit«. Was ist eine Begegnung, wenn sie keine »echte Begegnung« ist? Was eine Qualität, wenn keine »menschliche Qualität«? Eine Bindung, wenn keine »menschliche Bindung«? Was ist eine Lösung? Natürlich eine »echte Lösung«. Da hat Tucholsky sein Leben lang solche Floskeln verlacht und verhöhnt; sein Biograph und Herausgeber verwendet sie dutzendweise, welche Schwäche er mit vielen Leuten teilt. Aber so was ausgerechnet bei einem Tucholsky-Spezialisten?

Was taten K. T. die Pyrenäen an? Raddatz weiß es genau: Tucholskys PYRENÄENBUCH »entstand 1925 anläßlich einer mehrwöchigen Reise durch diese Landschaft, die Tucholsky außergewöhnlich überwältigte«. Wer überwältigte wen? Egal, Hauptsache »außergewöhnlich«. Und so ein schönes Buch wurde nicht einfach geschrieben, sondern es »entstand anläßlich...« Noch Proben gefällig? Humor ist, wenn einer nicht weiß, daß »Hindenburg ... neben Noske und Ludendorff zum Ziel von Tucholskys gesträubter Feder« wurde. Na, welchem Stilisten sträuben sich da nicht die Haare. Tucholsky, der selbst Privatestes, auch seine Liebesbriefe, in die Tasten hämmerte, bekommt vom Doktor Raddatz eine Feder angedichtet, eine »gesträubte« gar. Bilder sind Glücksache, Glück ist nicht jedem beschieden, wie dieses Beispiel zeigt. Wegen Jacobsohns Tod fährt Tucholsky nach Deutschland, bei Raddatz liest sich das so: »Tucholsky weiß, was ihn erwartet, und man mag sich leicht vorstellen, mit welch unerbittlichem Rhythmus die Räder des D-Zuges Paris–Berlin Fragen über Fragen hämmerten.« Ich will mir das ja gern vorstellen, aber es fällt mir verdammt schwer, wie mir auch diese von Raddatz ersonnene Aufgabe unlösbar scheint: »Tucholsky hat Frauen erreicht, hat geliebt – die Idee Frau, die sich ihm mit vielerlei Belastungen und vielerlei Hoffnungen gebildet hatte, hat er nicht erreicht.« Preisfrage: Wie erreicht man eine Idee? Gar noch die »Idee Frau«? Schlag nach bei »Emma« oder Kant, es wird nicht helfen.

Nach diesem Exkurs, der beliebig fortsetzbar ist, erscheint mir die Formulierung: »Kühllippig schwappte der See« im Vorwort zum Matthias-Buch tatsächlich als Beispiel für reines Deutsch, und das, was ich bei Raddatz lesen muß, als »Literatur«: die Anführungszeichen erfüllen ihre Funktion.

Natürlich hagelte es Hohn, als das Raddatzsche Sprachkunstwerk erschienen war. So dumm sind die Leser nicht, daß sie alles schluckten ohne auszuspeien. Also kürzte der Stilartist seinen Text oder ließ kürzen, jedenfalls erschien sein Produkt dann als Vorwort zur Rowohlt-Ausgabe der GESAMMELTEN WERKE von

Tucholsky. Zuvor hatte jemand die ärgsten Stilblüten gerupft, doch einige blieben stehen: »Die Freikorps, Landsknechtsbanden gleich, würgten das Land wie gierige Kraken.« Ohne poetische Bilder tut er's nun mal nicht, der Meister. Warum aber muß gerade Tucholsky dafür herhalten? Wäre Hans Grimm nicht viel passender?

Lassen wir mal die Form beiseite. Warum immer Nieten ziehen. Wie sieht's mit dem Inhalt aus? Vergeben wir Raddatz die frühen sprachlichen Entgleisungen bei Kindler, er zählte damals ja erst dreißig Jahre. Eine Jugendsünde also. Aber was hat er uns mitzuteilen? Wer die Fehler in der Kindler-Bildmonographie zählen wollte, fände ein reiches Betätigungsfeld, wie steht es mit dem Vorwort zu den GESAMMELTEN WERKEN? Nichts, aber auch gar nichts Neues. Nur abgeschrieben. Kein frischer Fakt, keine aktuelle Information. Nur unklarer als bei Prescher oder Schulz. Behandeln wir, als kleines Beispiel, die Gift-Frage. »Am 19. Dezember nimmt er das Gift, das er seit langem bei sich trug.« So zu lesen im Kindler-Buch von 1961. Im Vorwort zur Rowohlt-Taschenbuchausgabe findet sich der Satz verwandelt in die Vergangenheitsform: »Am 19. Dezember nahm er das Gift, das er seit langem bei sich trug.« Recherchiert hat er nicht, der Wissenschaftler. Offenbar nicht einmal mit Mary Tucholsky genau darüber gesprochen. Nichts findet sich bei Raddatz von den Details, die Frau Tucholsky mir mitteilte. War ihm dieser wichtige Punkt nicht wichtig genug? Seit wann besaß Tucholsky Gift? Was heißt überhaupt Gift? Handelte es sich nun um das früher deponierte, für Selbstmordzwecke bestimmte Morphium oder um das Schlafmittel Veronal? Gab es auch in Schweden ein Suicid-Depot? War es leer, als Tucholsky tot war? Raddatz erwähnt auch den Zettel: »Trotz eines Zettels, den er zurückläßt und auf dem er bittet, ihn in Ruhe sterben zu lassen, werden die Ärzte alarmiert.« Hat der Herausgeber und Literaturwissenschaftler diesen Zettel selbst gesehen? Sich darum bemüht? Niemand hat diese letzten Zeilen Tucholskys zu Gesicht gekriegt, auch Mary Tucholsky nicht. Sie hat davon gehört. Das hat sie Raddatz gesagt. Der schreibt darüber wie von einer Tatsache. Schulz hielt es ebenso. Das war allerdings früher. Und es war Schulz. Wären die Herren Biographen nicht verpflichtet, mitzuteilen, was sie wirklich verbürgt wissen, was sie gesehen haben und belegen können, und wovon sie nur gehört haben, gar noch von jemandem, der's auch nur vom Hörensagen weiß? Wie steht's da mit der ganz einfachen Ehrlichkeit? Das ist mir eine schöne Literaturgeschichte, in der einer dem andern von den Lippen abschreibt. Und vom Buch. Dafür gibt's ein gutes, deutsches Wort: Schludern.

Mancher mag einwenden, das sei ein unzulässiger Schluß von einigen peripheren Fehlern aufs Ganze. Mitnichten. Das ist Methode; dazu hier nur noch ein Exempel. SCHLOSS GRIPSHOLM, »die wörtliche Chronik eines Sommerabenteuers«, so Raddatz über Tucholsky, in »nicht unbedingt liebenswürdiger Weise hat er sie einer Autonummer gewidmet: IA 47407.« So teilt es das Vorwort zur Rowohlt-Taschenbuchausgabe mit.

Das ist nicht nur falsch, es liegt darin eine bewußte Irreführung der Millionen Leser. Die Autonummer war das polizeiliche Kennzeichen von Lisa Matthias' Wagen. Sie berichtet darüber in ihrem Buch. Es ist 1963 erschienen. Raddatz kennt und besitzt es. Er weiß also Bescheid. Aber er läßt die Fehlinformation noch 12 Jahre später drucken. Warum?

Lisa Matthias ist zur Unperson erklärt worden. Es hat sie nicht gegeben, weil es sie nicht gegeben haben darf. Der Herr Literaturwissenschaftler wagt sich nicht etwa an eine Analyse, reflektiert das nicht durch. Er läßt weg, stellt falsch dar: »In nicht unbedingt liebenswürdiger Weise...« Umgekehrt wird Kurt Tucholsky draus – es war eine unbedingte Liebenswürdigkeit seiner damaligen Geliebten gegenüber, ihr Kfz-Kennzeichen in der Widmung aufzuführen.

Literaturgeschichtsschreibung. Oh, Herr Doktor Fritz J. Raddatz. Keine Ohren. Keine Augen. Keine Neugierde. Keine Nachforschungen. Jeder kleine Provinzreporter recherchierte da genauer und höbe mehr ans Licht.

Seite 266: Die BRIEFE AUS DEM SCHWEIGEN, Tucholskys Korrespondenz mit Hedwig Müller, sind gekürzt ediert worden von Mary Gerold-Tucholsky und Gustav Huonker. Kürzungen sind oft notwendig und immer problematisch, doch zeigt sich hier eine Methode. So wurden in Tucholskys Briefen alle Lisa-Matthias-Erwähnungen gestrichen, was der Generallinie von Rottach-Egern entspricht.

Nun kann man auch das verstehen. Lisa Matthias' Buch über Tucholsky wird weder dem Autor noch Mary Tucholsky gerecht. Darüber aber könnte sich die Betroffene äußern, die jetzt praktizierte Verdammung einer Rivalin zur Unperson verrät Kleinlichkeit.

Das Liquidationsverfahren nimmt an Verständlichkeit nicht zu, wenn man die Bedeutung der Lisa Matthias reduziert. Was immer gegen sie eingewendet werden kann, unleugbar ist: »Kurt Tucholsky hat einige stehende Figuren geschaffen: Wendriner. Das Lottchen. Und den Doktor Kurt Tucholsky.« (Hermann Kesten) Lottchens Vorbild aber ist Lisa Matthias gewesen, Lisa wie Lottchen gehören zu Tucholskys Werk und Leben. Das Herausoperieren der Matthias aus seinen Briefen ist schwer zu legitimieren, gleichgültig, ob sich der Autor positiv oder negativ über L. M. äußerte. Die Manipulation wird von einem unabhängigen Literaturwissenschaftler, falls es so was noch geben sollte, im Detail aufzudecken sein, wobei festzustellen wäre, ob L. M. nur ein Einzelfall ist.

Zu diesem Buch und seiner Methode

Von den Schwierigkeiten bei Biographien steht an erster Stelle die Verführung zur vorgetäuschten Allwissenheit. Wer unbedenklich genug ist, kann des Erfolgs sicher sein. Nur feste darauflosbiographiert. Da ist mir der biographische Roman schon lieber, bis heran zur bebilderten biographischen Romanspekulation des Norman Mailer über Marylin Monroe. In dieses Dickicht wird man mit solchen und ähnlichen Methoden einzudringen suchen, wenn die Fakten unsicher sind und zu Faktoiden verkommen, was bei den Prominenzen des modernen Show-Geschäfts sicher ist. Ganz anders bei einem Mann wie Kurt Tucholsky. Zwar zählt er zu unserem Jahrhundert, doch stärker als seine Prominenz bleibt die Unfaßbarkeit von Person und Leben. Ein Schriftsteller mit einem Riesenwerk, das Biographisches nicht ausspart, wie es scheint. Wer sich genauer damit befaßt, erkennt, hier entzog sich einer dem biographischen Zugriff. Der Prozeß setzt sich fort: Je mehr Einzelheiten ich herausfinde, um so rätselhafter das Ganze. Aber auch: Bin ich hocherfreut, weil ein Detail aufgehellt ist, stürzt mich in Konflikte, daß ich sehen muß, nun ist ein anderes Detail erneut in Dunkelheit gehüllt.

Eine Zeitlang wollte ich, die Probleme umgehend, einen Roman über Tucholsky schreiben; da legitimiert das Genre die Erfindung. Aber dann erschien mir das unpassend bei einem Menschen unseres Jahrhunderts. Vielleicht kann man irgendwann einmal sein Leben als Roman erzählen, vorerst empfände ich diese Form als Ausflucht. Wenn also Fiktion nicht angebracht war, empfahl sich eine detektivisch-reportierende Biographie. Mag sein, mitunter drängt sich der Spurensucher vielleicht ungebührlich in den Vordergrund, Mißerfolge und ungeklärte Einzelheiten nicht verschweigend. Die Schwierigkeiten bei der Annäherung an die Person Tucholskys schlagen sich in Fragen nieder, offenen Kapiteln, die den Leser und Mitsucher zum Nach- und Weiterdenken animieren sollten.

Mein sowieso stets waches Mißtrauen gegenüber der göttlichen Allwissenheit bei Romanciers und Biographen alter Schule vergrößerte sich noch. Wenn es schon so schwer ist, das Leben Kurt Tucholskys bis ins Letzte zu erforschen, eines Mannes, der doch in unserer Zeit lebte, wie kompliziert muß es dann sein, Personen und Vorgänge der Geschichte aufzuhellen. Ja wir werden nur zu oft mit Konstruktionen, Verdrehungen, Lügen abgespeist. Das wird nicht zu verhindern sein. Doch sollten wir es im Gedächtnis behalten und Obacht geben.

Wir können die Lücken in Lebensgeschichten nicht einfach durch Erfindungen ausfüllen – wir könnten schon, doch man sollte sich davor hüten –, aber es ist erlaubt, im Besitz einer, wenn auch nur fragmentarischen Basis von Wissen, zu fahnden, Hypothesen aufzustellen, Erörterungen zu eskalieren, ungesicherte Aussagen zu wagen, dienen sie einer umfassenderen Sicht. Diesen Annäherungscharakter an die Wahrheit zur detektivischen Methode zu machen, könnte das biographische Genre beleben. Dabei bin ich mir bewußt, mein Tucholsky-Porträt ist immer noch verbesserungsbedürftig. Ich wäre froh, könnte ich zeigen, wo zu verbessern und weiterzuarbeiten sein wird. Mein Wunschtraum ist, einer möge in naher Zukunft das Grundmaterial so weit komplettieren, daß dann ein Roman möglich würde, unter Verwendung der Fakten und logischen Schlüsse. Ein episches Porträt mit Tiefendimension wäre das Ziel. Die ins detaillierte Psychische reichende Biographie des Menschen und Künstlers Kurt Tucholsky, der immer noch verkannt wird, weil es uns schwerfällt, eine zugleich so exzessiv zerrissene wie produktive Persönlichkeit zu verstehen und zu begreifen. Unsere Phantasie, unsere Gestaltungskraft, unsere Emotionen sind wohl nicht groß und schwarz genug dafür. Vielleicht mangelt es uns auch an Liebe.

Die Einteilung des Manuskriptes in vier Bücher ergab sich zwingend aus dem Arbeitsprozeß, der es geboten sein ließ, das erschütternde Tucholsky-Dokument der dreistufigen Treppe zugrunde zu legen. Die drei Stufen »Sprechen – Schreiben – Schweigen« bilden somit die Grundmuster. Sieht man von unwichtigen Einzelheiten ab, ordnen sich Tucholskys Lebensperioden tatsächlich zu den benannten drei Stufen. Das suchende Sprechen gehört dem jungen K. T, das feststellende Schreiben dem heranreifenden und gereiften Manne. Seine letzten vier Lebensjahre schwieg er. Folglich unterteilten sich unsere Arbeitsmethoden nach dem gleichen Muster. Im 1. Buch herrscht der private Tucholsky vor. Im 2. Buch verlassen wir uns auf die Werkanlyse. Es mußte auf seine Grundstrukturen hin gelesen und entschlüsselt werden. Im 3. Buch sind wir auf die Briefe, die Q-Blätter sowie die Aussagen der wenigen Zeugen angewiesen. Das Schweigen freilich, und seine unfaßbaren und vielfältigen Übergänge in die Grenzbereiche des Todes – auch als Vorbereitung auf ihn –, behindert am meisten. Wo Fakten fehlen, können nur Phantasie und Sprache aushelfen. So findet gegen Ende die Möglichkeitsform ihren Platz, der Konjunktiv mit seinen denkbaren Modellen. Im 4. Buch endlich wird resümiert, was geblieben ist. Es gibt keinen guten Frieden zwischen den deutschen Staaten, von welcher Art sie auch seien, und ihren frühen großen kritischen Schriftstellern. Das wirklich Neue in den beiden heutigen deutschen Staaten ist zu schwach, das schlechte Alte zu stark. Unvorstellbar, ein Tucholsky oder Ossietzky bekäme den Nationalpreis der Deutschen Demokratischen Republik oder das Bundesverdienstkreuz der Bundesrepublik Deutschland oder den Buchhändlerfriedenspreis. So sehr sind manche Tote lebendig, daß die Lebenden sie durch ihr Schweigen noch begraben wollen.

Zeit-Tafel

1890 Kurt Tucholsky wird am 9. 1. in Berlin-Moabit, Lübecker Straße 13, geboren. Eltern: Der Kaufmann Alex Tucholsky und Doris Tucholsky, geborene Tucholski.

1893 zieht die Familie Tucholsky nach Stettin, wo Kurt mit 6 Jahren, demnach 1896, eingeschult wird. Wann die Familie von Stettin wieder nach Berlin übersiedelt, ist ungewiß. Fritz J. Raddatz schreibt, es sei »um 1900« gewesen. Klaus-Peter Schulz meint: »Spätestens um die Jahrhundertwende kehren die Eltern nach Berlin zurück.« Er fährt fort: »Jedenfalls lautet die Adresse von 1900 bis 1907 gleichbleibend Dorotheenstr. 11.« Ich frage mich, ob man das alles nicht genauer eingrenzen kann. Gibt es in Berlin keine Quellen mehr? In Stettin? Das ist im II. Weltkrieg schwer zerstört worden und nach Kriegsende an Polen gekommen. Hat dort schon jemand recherchiert? Wir brauchten genauere Informationen über Kurts erste Schuleindrücke. Auch läßt sich seine Liebe zur Ostsee nur aus seinem späteren Leben ersehen. Da gibt es Rückbezüge. Lisa Matthias gegenüber soll er von den »kühlen Buchenwäldern seiner Jugend« gesprochen haben, die er in Schweden suche oder finde. Worauf spielt er mit den Buchenwäldern an? Welche Jugend meint er? Und weshalb wollte Tucholsky die Buchenwälder ausgerechnet am schwedischen Mälarsee wieder »rauschen« hören?

1895 Geburt des Bruders Fritz, der von Kurt Tucholsky »Kohn« genannt wurde.

1896 Einschulung Kurts in Stettin

1897 Geburt der Schwester Ellen, von Kurt »Hippel« genannt.

1900 (ungefähre Angabe) Rückkehr der Familie nach Berlin.

1905 Tod des Vaters Alex Tucholsky im Alter von 50 Jahren. Übernahme der Erziehungsgewalt durch die Mutter. Sie schickt Kurt aus dem Haus und gibt ihn in Pension. Die Disharmonien mit Doris Tucholsky, damit offenbar geworden, halten lebenslang an.

1907 Im »Ulk«, der satirischen Beilage des »Berliner Tageblatts«, erscheint das MÄRCHEN, Tucholskys erste Veröffentlichung. Deutschland behandelte später Kurt Tucholsky wie der Kaiser in dessen Märchen seine Flöte: (Es) pfiff darauf.

1909 Abitur als Externer. Im Herbst Beginn des Jurastudiums in Berlin, dann Genf und wieder Berlin.

1911 Fußwanderung gemeinsam mit Kurt Szafranzki nach Prag, wo sie Max Brod und Franz Kafka besuchen. Kafka notiert Eindrücke von K. T. in seinem Tagebuch.
Erste Arbeiten Tucholskys erscheinen im sozialdemokratischen »Vorwärts«. Wie K. T. mitteilt, ist er in diesem Jahr »aus dem Judentum ausgetreten«. Später verübelten ihm manche Juden diesen Schritt als Beginn seines »Antisemitismus«, während die Nazis den Austritt ignorierten und ihre Judenhetze voll gegen K. T. richteten.

1912 Verlobung mit Kitty Frankfurter.
RHEINSBERG EIN BILDERBUCH FÜR VERLIEBTE erscheint und wird ein großer Erfolg, der Tucholsky berühmt macht, ihm materiell aber nicht viel nützt; er hatte die Rechte für eine einmalige Abfindung verkauft.

1913 Zu Tucholskys 23. Geburtstag am 9. Januar erscheint seine erste Arbeit in der »Schaubühne«: DIE BEIDEN BRÜDER H., eine Theaterkritik. Bis 1915 Mitarbeiter auch in der Redaktion und Beginn der engen Beziehungen zum Herausgeber Siegfried Jacobsohn.

1914 Die Universität weist die eingereichte Dissertation zurück und nimmt dann eine verbesserte Fassung an. Am 19. 11. mündliche Doktorprüfung.
DER ZEITSPARER, ein Bändchen Grotesken, erscheint.

1915 Am 12. Februar Promotion zum Dr. jur.
Im April Einberufung zu einem Armierungsbataillon. Arbeit bis August 1916 als Schipper an der nördlichen Ostfront. Berichte über seine Lage besonders in Briefen an die acht Jahre jüngere Schwester Ellen. Aus der Zeit nach 1920 sind keine Briefe von K. T. an Ellen bekannt.

1916 Beförderung zum Unteroffizier, Versetzung nach Kurland, dort Leiter einer Bibliothek. Eintritt in die protestantische Kirche. Bekanntschaft mit Dr. Erich Danehl (»Karlchen«). K. T. lernt seine spätere zweite Frau Mary Gerold kennen.
Noch während der Militärzeit Verlobung mit Kitty Frankfurter gelöst.

1918 Tucholsky ist bei Kriegsende in Rumänien. Theodor Wolff, Herausgeber des »Berliner Tageblatts«, bietet ihm an, die Chefredaktion des »Ulk« zu übernehmen. K. T. akzeptiert. Zugleich wird er zum wichtigsten Mitarbeiter der »Weltbühne«, vormals »Schaubühne«. Eintritt in die USPD, nach deren Verschmelzung mit der sozialdemokratischen Partei Mitglied der SPD.

1919 Der Gedichtband FROMME GESÄNGE erscheint. Tucholskys Beiträge werden in vielen Zeitungen gedruckt. Die Republik steht an ihrem Anfang. Linke sind noch gefragt. In den Berliner Kabaretts ist K. T. ein vielgesungener und vielgespielter Autor, auch ein vielbeklauter, Tantiemen werden ihm oft vorenthalten.

1920 Aufgabe der Stellung als Chefredakteur des »Ulk«, weil K. T. die Richtung des Blattes nicht entscheidend bestimmen kann und deshalb nicht die Verantwortung dafür tragen möchte. Schwierige finanzielle Lage. Heirat mit der Ärztin Dr. Else Weil, genannt »Claire Pimbusch«, am 3. 5. 1920.

1923 Wegen Geldmangels, die Honorare sind durch die Inflation fast völlig entwertet, Eintritt als Volontär in das Berliner Bankhaus Bett, Simon & Co. K. T. wird bald Privatsekretär des Bankiers und vormaligen Preußischen Finanzministers Hugo Simon. Nach Ende der Inflation kündigt Tucholsky die Stellung. Aus dem Milieu wichtige Studien für die berühmte Figur des »Wendriner«. Wieder freier Schriftsteller mit festen Verträgen bei der »Weltbühne«, der »Vossischen Zeitung« und dem »Prager Tagblatt«.

1924 Am 20. 3. Scheidung von Else Weil. Am 30. 8. Heirat mit Mary Gerold. Tucholsky gibt die Berliner Wohnung auf und übersiedelt nach Paris. Von da an hat er nie mehr einen festen Wohnsitz in Deutschland und kehrt nur für kürzere Besuche zurück. Weil K. T. wie auch Heinrich Heine stark unter dem Lärm seiner Umwelt litt, zog er auch in Paris oft um.

1925 Pyrenäenreise, gemeinsam mit Mary.

1926 Am 3. 12. stirbt Siegfried Jacobsohn. Tucholsky muß nach Berlin kommen und die Chefredaktion der »Weltbühne« übernehmen. Am 7. 12. erscheint das erste Heft mit seinem Namen im Impressum.

1927 Tucholsky will die Chefredaktion nicht behalten und gibt sie an Carl von Ossietzky ab. Rückreise nach Paris. Das PYRENÄENBUCH erscheint. In Berlin Beginn der Bekanntschaft mit Lisa Matthias, dem »Lottchen«.

1928 Mary Gerold-Tucholsky verläßt die gemeinsame Pariser Wohnung und geht zurück nach Berlin. K. T. bleibt allein in Frankreich. Der erste Sammelband MIT 5 PS erscheint. Spessartwanderung mit »Karlchen« und »Jakopp« (eigentlich: Hans Frisch). Die beiden sind die engsten persönlichen Freunde Tucholskys. K. T. reist viel: nach England, nach Schweden, in die Schweiz.

1929 Tucholsky verläßt Frankreich und nimmt in Schweden (Hindås) festen Wohnsitz. Der zweite Sammelband DAS LÄCHELN DER MONA LISA erscheint. Außerdem gibt K. T. zusammen mit John Heartfield den Band DEUTSCHLAND, DEUTSCHLAND ÜBER ALLES heraus, ein Buch, das heftigste Reaktionen der Reaktion auslöst. Auch manche Freunde Tucholskys sind befremdet über die Härte von K. T.'s Texten und die Fotomontagen Heartfields.

1931 SCHLOSS GRIPSHOLM erscheint. Tucholskys größter Auflagenerfolg. Lisa Matthias und K. T. trennen sich.

1932 Der dritte Sammelband Tucholskys kommt heraus: LERNE LACHEN, OHNE ZU WEINEN. Das Theaterstück CHRISTOPH COLUMBUS, das er zusammen mit Walter Hasenclever geschrieben hatte, fällt in Leipzig vor einem empörten Kleinbürgerpublikum durch und wird nur zweimal aufgeführt. Tucholsky veröffentlicht fortan nichts mehr. Reise von Schweden nach Frankreich, Österreich und in die Schweiz. Hier lernt K. T. im Sommer »Nuuna« kennen, die Züricher Ärztin Dr. Hedwig Müller. Beginn eines Briefwechsels, der bis zu seinem Tode anhält.
Carl von Ossietzky muß wegen »Landesverrats« am 10. Mai eine Gefängnisstrafe in Tegel antreten, wird am 22. Dezember amnestiert, weigert sich, Deutschland zu verlassen. K. T. hatte lange überlegt, ob er zum Ossietzky-Prozeß nach Berlin kommen sollte, sieht darin aber keinen Nutzen für den »Weltbühnen«-Herausgeber.

1933 Am 21. 8. Scheidung von Mary Gerold, für die es gefährlich geworden ist, im »Dritten Reich« unter dem Namen Tucholsky zu leben, und bei der mehrfach Haussuchungen stattgefunden haben. Durchsucht werden auch die Redaktionsräume der »Weltbühne«, dabei wertvolle Unterlagen beschlagnahmt, die seither verschwunden sind. Am 23. 8. wird Kurt Tucholsky von den Nazis »ausgebürgert«. Seine Bücher werden verboten und verbrannt.
K. T. lebt bis in den Spätsommer in Nuunas Wohnung in Zürich, Florhofgasse 1. Als Emigrant hat er für die Schweiz keine Arbeitserlaubnis. Er reist zurück nach Schweden, wo er in Hindås ein Haus gemietet hat.
Bruder Fritz wurde von den Faschisten als städtischer Angestellter in Berlin entlassen. Zwei Jahre später Emigration nach den USA.
Ossietzky wieder verhaftet. Die letzte Nummer der »Weltbühne« erscheint am 7. März.

1934 Im Juli beginnt K. T. seinen Briefen an Nuuna sogenannte »Q-Seiten« beizulegen. Er verschweigt seinen Wohnsitz in Schweden und benutzt Hedwig Müllers Züricher Anschrift als Tarnadresse, über die er seine Post laufen läßt. Die Nazis sollen annehmen, er lebe in der Schweiz. Vergebliche Bemühungen um Einbürgerung in Schweden. Ersatzweise Antrag auf schwedischen Ausländerpaß, der die Aufenthaltserlaubnis und Reisen sichert. Im März bekommt K. T. den Ausländerpaß, der viele Einschränkungen enthält. Letzte Reise im Mai über Paris zur Kurzkur in ein Schwefelbad, dann über Genf nach Zürich. Am 2. Juli Rückkehr nach Hindås. Verzicht auf weitere Reisen wegen der damit verbundenen Schwierigkeiten.

1935 Am 21. 12. stirbt Tucholsky im Sahlgrenschen Krankenhaus in Göteborg. Die Urne mit seiner Asche wird in Mariefred beigesetzt. Die große Steinplatte mit der Goethe-Inschrift »Alles Vergängliche ist nur ein Gleichnis« wagte man erst nach dem Ende des »Dritten Reiches« auf das Grab zu legen.
Nuuna reist nach Schweden und übergibt auf der Rückreise Mary Gerold-Tucholsky in Berlin den Abschiedsbrief von K. T. an seine geschiedene Frau und das Testament, in dem er sie zur Universalerbin einsetzte.
Mit der Grab-Inschrift wie mit dem Grab gab es Ärger. Das Goethewort wurde anfangs orthographisch falsch eingemeißelt.

1936 Tucholskys Bruder Fritz kommt in den USA bei einem Autounfall ums Leben.

1938 Carl von Ossietzky stirbt an den Folgen der im KZ erlittenen Mißhandlungen.

1945 Mary Gerold-Tucholsky, durch Kurt zur Universalerbin eingesetzt, beginnt unmittelbar nach dem Zusammenbruch Hitler-Deutschlands mit der Sammlung von K.-T.-Schriften und der Vorbereitung der Neuausgabe. Gründung des Kurt-Tucholsky-Archivs in Rottach-Egern.

1962 »Ich war Tucholskys Lottchen« von Lisa Matthias erscheint. Kurt Tucholsky AUSGEWÄHLTE BRIEFE 1913–1935 erscheinen.

1963 Lisa Matthias bietet ihre Tucholsky-Sammlung der Königlichen Bibliothek in Stockholm zum Kauf an. Zwei Jahre später wird der Kauf perfekt und ergibt den Grundstock einer größeren K.-T.-Sammlung in Schweden.

1965 Im Herbst Tucholsky-Ausstellung der Königlichen Bibliothek Stockholm mit z. T. bis dahin unbekannten, geheimen Materialien.

1966 Am Deutschen Institut der Universität Stockholm legt Christine Tegling die Arbeit »Das Tucholsky-Material der Königlichen Bibliothek zu Stockholm« vor. Nachdem die Arbeit fertig ist, wird ein Teil des Ausstellungsmaterials von privater Seite (Gertrude Prenzlau) wieder zurückgezogen.

1969 im Herbst telefoniert Gustav Huonker erstmals mit Dr. Hedwig Müller (»Nuuna«).

1970 G. Huonker besucht H. Müller und erhält einen Karton voller Tucholsky-Briefe sowie die »Q«-Seiten.

1971 H. Müller stirbt.

1973 Ausstellung »Exil« in Zürich. Im Dezember wird ein Großteil der Briefe von H. Müller an K. T. entdeckt. Sie sind bei einem Züricher Rechtsanwalt hinterlegt.

1976 Anfrage im Abgeordnetenhaus in Westberlin, weshalb das K.-T.-Archiv nicht in die Stadt geholt werde.

1977 BRIEFE AUS DEM SCHWEIGEN erscheinen.

1978 Das Verwaltungsgericht Ansbach entscheidet, daß der 29jährige parteilose Pazifist und Tucholsky-Stipendiat Heinrich Häberlein aus Nürnberg nicht Lehrer werden dürfe. H. sei zwar kein Verfassungsfeind, aber auch kein überzeugter Antikommunist, weshalb er nicht Beamter werden dürfe. Das Urteil provoziert den Schluß, daß der erklärte Pazifist Kurt Tucholsky, lebte er heute in der BRD, ebenfalls nicht Lehrer werden dürfe. Das erklärt vielleicht, weshalb K. T. an westdeutschen Schulen selten gelesen wird.
Die Q-TAGEBÜCHER erscheinen.
Bestrebungen von Angehörigen der Universität Oldenburg, ihrer Universität den Namen des ersten deutschen Friedensnobelpreisträgers Carl von Ossietzky zu geben, sind wiederum gescheitert.
Der Großteil des Kurt-Tucholsky-Archivs ist von Rottach-Egern nach Marbach gebracht worden.

Auszug aus dem Aufsatz »Das Tucholsky-Material der Königlichen Bibliothek zu Stockholm«

(geschrieben 1966 im Auftrag des deutschen Instituts der Universität von Stockholm. Verfasserin: Christine Tegling)

DIE SAMMLUNG FRAU GERTRUDE PRENZLAUS

Diese Sammlung besteht ausschließlich aus Originalen und Durchschlägen. Sie ist der Königlichen Bibliothek nur vorläufig zur Verfügung gestellt. Getrude Prenzlau besitzt u. a. Briefe von Tucholsky, handgeschriebene Dokumente, einige Werke von ihm, seinen Ausländerpaß, Fotos und etliche interessante Zeitungsausschnitte. Da Frau Prenzlau zur Zeit nicht zu erreichen ist, scheint es ungewiß, ob das Originalmaterial auch zukünftig in der Verwaltung der Königlichen Bibliothek verbleibt. Jedoch sind Kopien von dem Material hergestellt worden, so daß dieses Material der Öffentlichkeit auch weiterhin erhalten bleibt.

DIE BRIEFE

Fast in sämtlichen Briefen wird Carl von Ossietzky erwähnt, der alte Freund Tucholskys. Tucholsky versuchte, wie viele andere, mit allen ihm zur Verfügung stehenden Mitteln, Ossietzky zu helfen.[1] Er wünschte, ihn als Friedens-Nobelpreisträger zu sehen.

Briefe an Tucholsky von:

Angell, Norman, (1874–), Korrespondent des europäischen Büros der Carnegie-Stiftung, Friedens-Nobelpreisträger	1, 1935 (0)
Arbeiderbladet, Oslo	1, 1935 (0)
Bergkvist, Zenta	1, 1933 (0)[2]
Hayer, Barbara, N. Angells Sekretärin	1, 1935 (0) 1 Warnungszettel n.d. (0)

Briefe von Tucholsky an:

Angell, Norman, (1874–), Korrespondent des europäischen Büros der Carnegie-Stiftung, Friedens-Nobelpreisträger	2, 1935 (Dk)
Arbeiderbladet, Oslo	1, 1935 (Dk)
Det Norske Studentersamfund, Oslo	1, 1935 (Dk)[3]
Lady Asquith (1864–1945) 1, 1934	(Dk)[4]

[1] s. S.35.
[2] Haushalterin in Hindås. s. S.48.
[3] s. S.49f.
[4] Sie spielte eine hervorragende Rolle in Londons intellektueller Societé.

die Redaktion der »Nationalzeitung«, Basel	1, 1935 (Dk)
Steed, Wickham, (1871–), Chefred. der Londoner »Times«	1, 1934 (Dk)

Brief an Gertrude Meyer von:

Dobbs, Richard, (1905–), Pädiatriker	1, n.d. (0)

Im Brief an Wickham Steed vom *6. Februar 1934* heißt es u. a.: »... erlauben Sie mir, Ihnen für Ihr Eintreten für meinen Freund Carl von Ossietzky zu danken... Wir, seine Freunde, und besonders ich, haben die ganze Zeit hindurch geschwiegen, um sein Schicksal nicht zu verschlimmern – sicherlich hätte er jedes Eingreifen von uns büßen müssen... Sie rächen sich an ihm, für uns... ich weiß, daß die Wut der Nazis maßlos ist, mich nicht gekriegt zu haben... das muß er büßen... Wiegt die englische Stimme in Deutschland schwer. Wird von London aus gedrückt, so kann es sein, daß sie ihn herauslassen. Ich bitte Sie von Herzen darum, sehr geehrter Herr, in diesem Sinne zu wirken; mir ist das verwehrt...«

Im Brief an Lady Asquith vom *1. März 1934* heißt es u. a.: »... Im Dezember 1932 aus dem Gefängnis entlassen, hat er seine politische Tätigkeit sogleich wieder aufgenommen. Er hat noch in den letzten Wochen vor der Machtergreifung Hitlers die Nationalsozialisten auf das schärfste angegriffen. Die Ratschläge seiner Freunde, zu pausieren oder sich aus Deutschland zu entfernen, hat er nicht befolgt... Er befindet sich zur Zeit im Zuchthaus Sonnenburg... Es ist Ihnen sicherlich bekannt, wie die deutsche Regierung mit jenen verfährt, die sie in ihrer Gewalt hat: wenn sie sie nicht tötet oder zum Selbstmord treibt, tötet sie die menschliche Würde in ihnen... Er würde, erführe er von meinem Schritt sicherlich sagen: »Bitten Sie für alle, die dort leiden – nicht nur für mich!«... Die Wut, nicht alle Mitarbeiter[5] verhaftet zu haben, ist bei den Hitlerleuten ungeheuer... Ossietzky büßt für uns... Verhelfen Sie diesem tapferen Kämpfer zur Freiheit. Er hat an Europa geglaubt. Soll er für nichts gekämpft haben –?«

Im Brief an Norman Angel vom *11. Juni 1935* heißt es u. a.: »... In dem mehrere Jahrzehnte umfassenden Kampf, den ich in Deutschland als Pacifist geführt habe (was mich die Aberkennung der deutschen Staatsangehörigkeit gekostet hat), habe ich keinen tapferen, keinen nobleren, keinen klareren Pacifisten gekannt als Carl von Ossietzky. Der Mann hat, wie Sie, den Krieg für einen wirtschaftlichen Nonsens gehalten... Er hat... uns alle begeistert; wir haben auf ihn gesehen, und er hat uns eine Fahne vorangetragen, mit der er in einen Kampf mit geistigen Waffen zog – gegen andere, die andere Waffen in den Händen hatten... Carl von Ossietzky befindet sich seit dem Reichstagsbrand 1933 in der Gewalt der deutschen National-Sozialisten. Das entsetzliche Leiden, das er dort durchmacht,... scheint mir allein noch keine Legitimation für einen Nobel-Preisträger... Aber er hat mehr aufzuweisen als ein Martyrium...«

In der Antwort Norman Angells heißt es u. a.: »... I have made two substantial subscriptions to funds raised for helping Ossietzky. Furthermore, we here in England arranged for an Englishman to see Ossietzky's behalf. I had already been committed before Ossietzky's case came up to the nomination of someone else for the next Nobel Prize, but we are doing our best here in England to co-operate with Continental groups acting on Ossietzky's behalf...«

Im Brief an Norman Angell vom *3. Oktober 1935* heißt es u. a.: »... Ich wende mich nun an Sie, weil Sie von einem englischen Schritt für Ossietzky geschrieben hatten. Sehn Sie, was mich und uns alle, die wir ihm nicht helfen können, so bedrückt,

[5] Mitarbeiter der »Weltbühne«.

ist: er trägt auf seinen zwei Schultern tapfer und still die Folgen unsrer Mitarbeit, unsrer alten Aufsätze... Die Stimme Englands gilt in Deutschland viel. Kann man dem Mann helfen –?... Ich verstehe, wenn das Interesse Fremder nicht so groß wie das meine – die Welt geht weiter, es gibt so viel größere Sorgen, so viel schwerere Schicksale... Aber während Sie dieses lesen, liegt ein Mann auf der Pritsche und denkt. Er denkt: »Für wen habe ich um Frieden gekämpft? Um der Sache willen. gewiß. Aber bin ich ganz allein –?« Ich bitte... für einen aufrechten und tapferen Mann, den man so lange gefangen halten will, bis ein amtliches und sauber gestempeltes Zeugnis melden kann: ›Lungenentzündung.‹ Ich meine: man sollte nicht so lange warten...«

Im Brief an die Redaktion der »Nationalzeitung« vom *14. Dezember 1935* heißt es u. a.: »... Darf ich für meinen Kameraden bei Ihnen eintreten –?... Was mich treibt, diese Anfrage an Sie zu richten, ist das Gefühl: hier wird einer angegriffen, der es nicht verdient und der sich nicht wehren kann... Ich muß wohl nicht hinzufügen, daß ich nicht beabsichtige, Hamsun[6] mit Beschimpfungen zu überhängen, also etwa die Tonart aufzunehmen, in der er die Schweizer als das ›kleine Scheißvolk in den Bergen‹ bezeichnet – damit wäre nichts getan...«

Im Brief an »Arbeiderbladet« vom *17. Dezember 1935* heißt es u. a.: »... Darf ich bei Ihnen für Ossietzky eintreten –?... ich will ausgiebig Hamsun[6a] zitieren, und diesen alten Burschen, der offenbar in den Händen der übelsten deutschen Agenten ist, auf den Kopf schlagen... Um ihm nicht zu schaden habe ich lange geschwiegen – Man sagt mir aus Deutschland, daß er für jeden Artikel mit Prügelstrafe büßen müßte. Nun aber ist das Maß voll...«

Das »Arbeiderbladet« hatte aber keinen Platz für weitere Artikel, da man schon sehr viel über diese Frage veröffentlicht hatte.

Im Jahre 1928 unternahm Tucholsky Vortragsreisen durch Deutschland. Seine Vorträge wandten sich gegen das immer noch gültige kaiserliche Strafrecht, dessen Reform schon damals aktuell war. Die vorliegende, undatierte, schriftliche Warnung erhielt er während seines Aufenthaltes in Köln: »Man hat etwas gegen Sie vor. Nach Ihrem heutigen Vortrag will eine Gesellschaft mit einem Angebot von wenigstens 10 Mann Sie so zwischen nehmen, daß Sie nicht mehr heil und mit ganzen Knochen von Köln fortkommen. Sichern Sie sich rechtzeitig durch polizeilichen Schutz. Eventuell soll es auch zur Störung Ihrs Vortrages kommen. Für die gerechte Sache. i. A.«

[6] Der Norweger Knut Hamsun war einer der meist geliebten Schriftsteller Tucholskys (s. S. 23). Nachdem sich dieser jedoch in u. a. der Osloer »Aftenposten« über Deutschland geäußert hatte, wandte Tucholsky sich, am Ende seines Lebens, ganz von ihm ab. Hamsun hatte die Entwicklung im Nazi-Deutschland in Schutz genommen und die Weimarer Republik einen Staat, »wo die Kommunisten, die Juden und Brüning (Reichskanzler 1930–1932) dies nordische Land regierten«, genannt (»Kurt Tucholsky. Ausgewählte Briefe 1913–1935.« S. 545).

[6a] In der norwegischen Zeitung »Tidens Tegn« (in der Königlichen Bibliothek zugänglich) schrieb Knut Hamsun am 22. November 1935 über Ossietzky: »... Det er kanske ikke helt avveien at minde om at Hr. Ossietzky kunde ha forlatt Tyskland baade før og efter at Nazismen hadde tat Makten. Men det vilde han ikke. Han regnet med at folk vilde skrike op, når han blev satt fast. Og han regnet ikke feil. Han skrev selv i sit Blad den 10/5.32: ›Naar jeg gaar i Fængsel er det ikke av Loyalitet, men fordi jeg faktisk er mest ubekvem for de nuvaerende tyske Makthavere naar jeg sitter indesperret... Som Fange blir jeg en levende Demonstrasjon...‹ Denne eiendommelige Fredsven tjener nu sin Fredsidéved at vaere permanent ›ubekvem‹ for Myndigheterne i sit Faedreland! Og Aar efter Aar sker det Henvendelser om at han er ›indesperret og plaget til døde‹ i en Koncentrasjonsleir. Og' Aar efter Aar bør han faa Fredsprisen. Hvad om Hr. Ossietzky heller hjalp til litt positivt nu i denne svaere Overgang da hele Verden flekker Taender mot Myndigheterne i det store Folk han tillhører? Hvad vil han – er det den tyske Oprustning han nu som Fredsven vil demonstrere mot? Saa denne Tysker heller at hans Land fremdeles laa knust og nedvaerdighet blandt Landene, prisgit fransk og engelsk Naade?«

Am 7., 9., 14., 19. und 20. Dezember 1935 sind weitere Artikel in dieser Frage in »Tidens Tegn« vorhanden.

Vita Dr. Tucholsky[7] (Dk)
5 Gedichte[8]
3 »Zettel«
1 Notizbuch
Das Testament

Das Gedicht »Media in vita« ist gerahmt worden. Es erschien, mit geringen Veränderungen, am 15. Dezember 1931 in der »Weltbühne«. Der Autor war Theobald Tiger:

»Die läuft rum, d. mir d. Augen zudrückt,
eine Krankenpflegerin.
Ordnet still d. Fläschchen auf d. Nachtisch,
wenn ich schon gestorben bin.
Leise kreuzt sie meine Hände übern Bauch.
Das ist ein Beruf wie andre auch.

Jd. Morgen, wenn ich mich rasiere
in d. Glanz d. (n.l.) lampenscheins:
denk ich, während ich mich voller Seife schmiere:
jetzt sinds nur noch n mal minus eins.
U. da steh ich voller Seifenschaum u. Frömmigkeit
U. ich tu mir außerordentlich leid.

Da, wo d. (n.l.) Parallelen
schneiden, fliege ich dann hin.
Ach, ich werde mich doch mächtig fehlen,
wenn ich einst gestorben bin.
Wer d. Augen aufmacht sieht:
Sterben ist, wie wenn man einen Löffel aus d. Kleister zieht.

Die Gedichte »Der schöne Brunnen« und »Kommet wieder« von Conrad Ferdinand Meyer (1825–1898), und die Gedichte »Chloris an die Nachtigall« und »Der wankende Entschluß« von Christian Felix Weisse (1726–1804) hat Tucholsky auf einem Briefbogen abgeschrieben.

Die »Zettel«

Auf einem Einband steht oben: »Er führte das ruhelose Leben eines, der ein warmes Nest sucht. Stevenson« In der Mitte: »Auf Reisen begonnen –.« Und ganz unten etwas nicht Lesbares.

Einer der »Zettel« sieht wie eine Kinderzeichnung aus. Mit farbiger Kreide ist ein dicker, blauer Strich gemalt, der »der Zorn« ist. Darüber befindet sich ein Halbkreis, der die Sonne darstellt. Oben steht: »Mahnung Kungörelse«, und unter der Zeichnung: »Lasset die Sonne nicht über eurem Zorn untergehn! Eph 4,26«

»Nichts ist umsonst, und alles kommt zurück.« Dieser Satz ist durch einen Papp-Rahmen eingefaßt.

[7] s. S. 3ff.
[8] 4 sind abgeschrieben.

Das Notizbuch

Auf der ersten Seite steht: »Et àprès –? 2 – 3–31.«

In dieses Buch trug Tucholsky sämtliche Beiträge, die er in der Zeit vom 21. März–16. April 1932 für die »Weltbühne« schrieb, ein. Einige der Artikel erschienen nicht im Druck. Drei vom 16. April datierte Seiten sind mit grünem Farbstift durchgestrichen worden. Es steht dort: »Urlaub« »das hat sich zerschlagen« zu lesen. (Er sieht zwar einen Erfolg seines Schaffens darin, daß seine Werke Anklang finden, jedoch bleiben die erstrebten Wirkungen und Folgerungen aus). Darüber hinaus folgen keine weiteren Eintragungen. Beiträge Tucholskys wurden aber auch später in der »Weltbühne« publiziert. Der letzte Beitrag erschien am 17. Januar 1933.[9]

Das Testament

Das Testament Tucholskys wurde am 30. November 1935 in Hindås aufgesetzt und von Märtha Andersson und Gertrude Meyer beglaubigt. Es lautet: *»Als Erbin* meines Vermögens setze ich meine zweite, von mir geschiedene Frau Mary, geb. Gerold, ein. Meine Mutter und, falls meine Geschwister Fritz und Ellen nach schwedischem Recht erbberechtigt sein sollten, auch diese – setze ich auf ihren *Pflichtteil,* auf den ich sie zu verzichten bitte. Ich bitte das insbesondere meine Mutter. Ich schulde Fräulein Dr. Hedwig Müller, Zürich, die Summe von 10000 (zehntausend) schweizer Franken, die aus meinem Nachlaß bezahlt werden sollen. Fräulein Gertrude Meyer, Hindås Herr Dr. Erich Danehl in Leipzig sollen als Legat aus meinem Nachlaß sich Bücher oder sonstiges nach ihrem Wunsch auswählen. (Tucholskys Unterschrift)«

DIE WERKE TUCHOLSKYS

Die, leider, geringe Anzahl der Bücher ist nach den Jahren ihres Erscheinens geordnet.

1912 Rheinsberg – ein Bilderbuch für Verliebte. Von Kurt Tucholsky. (Axel Junker Verlag, Berlin) 2 Ex. (0)[10]

1914 Der Zeitsparer. Grotesken von Ignaz Wrobel. (Reuss & Pollack Verlag, Berlin) 2 Ex. (0)[11]

1920 Träumereien an preußischen Kaminen. Von Peter Panter. (Fritz Lehmann Verlag, Charlottenburg) (0)[11]

In einer der beiden Ausgaben des Buches »Der Zeitsparer« hat Tucholsky auf Seite 16 folgende Bemerkung geschrieben: »Dem Entdecker der ›Interrupticität‹ als kleinen Beitrag für denselben mit großer (n.l.) gewidmet. Herzlichst Ihr T.«

In der vorhandenen Ausgabe von »Träumereien an preußischen Kaminen« sind mehrere Sätze in den beiden ersten »Walpurgisnacht« und »Bei Stadtzaubers« betitelten Kapiteln durchgestrichen worden.

Es ist auch ein maschinegeschriebenes *Manuskript* vom 10. August 1931, das für die »Weltbühne« vorgesehen war, vorhanden. Der Artikel ist von Peter Panter geschrieben und hat den Titel »Tagebuch einer Abneigung«. Von England erhielt er die Anregung zu diesem Beitrag. Es erschien nicht im fertigen Druck, soweit es den hier vorhandenen Büchern zu entnehmen ist. Dieser Artikel wurde in dem o. e. Notizbuch[12] gestrichen, und er ist auch nicht in der Bibliographie[13] erwähnt.

[9] s. S. 57.
[10] s. S. 13.
[11] s. S. 20.
[12] s. S. 42.
[13] s. S. 12 1)

Auf einer Zinkschallplatte, die ungefähr aus dem Jahre 1930 stammt, sind die Gedichte »Bürgerliche Wohltätigkeit«[14] und das Arbeiterlied »Warte nicht zu lange«[15] eingeprägt. Die Platte ist jedoch nicht mehr abspielbar. Die Schlußstrophe des zuletzt erwähnten Gedichtes lautet:

»Du, Kämpfer für die Freiheit deiner Klasse!
laß dich nicht einschläfern!
Von den Reden der Wichtigtuer,
der Schreiberseelen, der falschen Führer!
Manches Jahr ging ungenützt hin,
laß dir nichts prophezein!
Deine Klasse wartet auf dich –
hilf sie vom Joch befreien!
Warte nicht zu lange!
warte nicht zu lang –!
Lausch dem Weltenklange –,
die Zeit geht ihren Gang.
Jeder hat im Leben
eine Melodie...
Und wenn du dir vom Lebensbaum
die Früchte nicht einmal an dich reißt –
bekommst du sie nie –!

LEGITIMATIONSHANDLUNGEN

Der Ausländerpaß[16]
Carte d'identité
Carte d'identité.

In Paris, wo sich Tucholsky von 1924 bis 1929 aufhielt, war er Mitglied der »Association Syndicale de la Presse etrangère«. Dieser Ausweis wurde am 11. Januar 1929 ausgestellt und galt bis 1930. Die Mehrzahl der einzelnen Seiten diente für Eintragungen über Wohnsitzwechsel. Sie blieben jedoch leer.

ZEITUNGSAUSSCHNITTE aus:

Deutscher Reichsanzeiger und Preußicher Staatsanzeiger	1, 25. August 1933
Eine französische Zeitung	1, 20. März 1933
Reichsangabe der Frankfurter Zeitung	1, 12. Mai 1933

Die französische Zeitung enthält einen Artikel über »Le terrorisme Hitlérien«. U. a. wird dort Carl von Ossietzky erwähnt. Tucholsky vermerkte auf diesem Ausschnitt: »Wenns wahr ist...«

Reichsangabe der Frankfurter Zeitung: »Die Berliner Studentenschaft hat gestern gegen Mitternacht das beabsichtigte Autodafé an jenen Büchern, die sie in ihrer Aktion »wider den undeutschen Geist« aus den Leihbibliotheken geholt hatte, durchgeführt. Die von ihr aufgestellte schwarze *Liste* war sehr umfangreich. Nicht nur *Karl Marx, Bebel* und *Lasalle, Remarque, Renn und Tucholsky,* Theodor *Heuss, Rathenau* und *Gumbel,* sondern auch *Schnitzler, Werfel* und die Brüder *Zweig* waren un-

[14] s. S. 19.
[15] auch im Sammelband »Lerne lachen ohne zu weinen« vorhanden.
[16] wird unten auf S. 53f. behandelt.

ter vielen anderen auf ihr zu finden ... die Liste ... umfaßte nicht das gesamte Schaffen der aufgeführten Autoren ... Durch das Brandenburger Tor marschierten sie dann nach dem Opernplatz. Hier beleuchteten Scheinwerfer die große Menschenmenge, die sich um den Holzstoß versammelt hatte. Die Fackeln wurden auf den Scheiterhaufen geworfen. Ihnen folgten die Bücher ... Neun Studenten riefen dann in »Feuersprüchen« deren Namen aus. Man hörte u. a. Heinrich *Mann*, Emil *Ludwig*, Theodor *Wolff*, Georg *Bernahrd*, Alfred *Kerr*, Peter *Panther*, *Remarque*, *Ossietzki*, Siegmund *Freud*, *Marx* und *Kautsky* ...« Danach hat Dr. Goebbels eine Ansprache an die Studentenschaft gehalten.

Am 25. August 1933 wurde Tucholsky die deutsche Staatsangehörigkeit aberkannt. Sein Name stand auf der ersten Ausbürgerungsliste. In der Zeitung »Deutscher Reichsanzeiger und Preußischer Staatsanzeiger« war an diesem Tag folgendes zu lesen: »Amtliches. Deutsches Reich. Bekanntmachung. Auf Grund des § 2 des Gesetzes über den *Widerruf* von *Einbürgerungen* und die *Aberkennung der deutschen Staatsangehörigkeit* vom 14. Juli 1933 (RGBl. I. S. 480) erkläre ich im Einvernehmen mit dem Reichsminister des Auswärtigen folgende Reichsangehörige der deutschen Staatsangehörigkeit für verlustig, weil sie durch ein Verhalten, das gegen die Pflicht zur Treue gegen Reich und Volk verstößt, die deutschen Belange geschädigt haben:

Dr. *Breitscheid*, Rudolf, geb. am 2. November 1874[17]
Feuchtwanger, Lion, geb. am 7. Juli 1884[17]
Dr. *Foerster*, Friedrich-Wilhelm, geb. am 2. Juni 1869[19]
Dr. *Kerr*, Alfred, geb. am 25. Dezember 1867[20]
Mann, Heinrich, geb. am 27. März 1871[21]
Pieck, Wilhelm, geb. am 3. Januar 1876[22]
Scheidemann, Philipp, geb. am 26. Juli 1865[23]
Toller, Ernst, geb. am 1. Dezember 1893[24]
Dr. *Tucholski*, Kurt, geb. am 9. Januar 1890

Das Vermögen dieser Personen wird hiermit beschlagnahmt ... Berlin, den 23. August 1933. Der Reichsminister des Innern. J. V.: *Pfundtner*.

DAS ÜBRIGE MATERIAL DER SAMMLUNG

Fotos. Fünf von diesen sind mit Kommentaren von Tucholsky versehen. Zwei Fotos zeigen ihn und Jakopp.[25] Darauf steht: »Zwei leicht besoffene Herren – für Tydde[26] von Peter.« »Spessart 1929. Die Wirkungen des Alkohols. (Abschreckend.) Na, Tüdde –?«

Tucholsky schrieb auf einige Fotos, auf denen er allein abgebildet ist: »Tydden – Tucholsky. ›Es ist durch nichts bewiesen, daß nur ein dummer Mensch saublöd aussehen kann.‹ Karl Valentin.« »Det ist er –! Pete Pante. 1932.«

Bei seinem Tode lagen » *Goethes Gedichte* in zeitlicher Folge, Band 1 und 2«[27] auf seinem Nachttisch.

[17] gest. 1944, sozialdemokratischer Politiker.
[18] gest. 1958, Schriftsteller.
[19] Pädagoge, Professor, gest. 1968.
[20] gest. 1948
[21] gest. 1950.
[22] gest. 1960, kommunistischer Politiker.
[23] gest. 1939, sozialdemokratischer Politiker.
[24] Schriftsteller, gest. 1939
[25] s. S. 7 2)
[26] Gertrude Prenzlau.
[27] Insel-Verlag, Leipzig.

Es gibt in Frau Prenzlaus Sammlung zahlreiche *Bücher*, die Tucholsky vormals besessen hat. Da sie jedoch keine Bemerkungen Tucholskys enthalten, verdienen sie hier kein besonderes Interesse.

Nachdem Ch. Tegling zu Beginn ihrer Arbeit angemerkt hatte, daß der Verbleib der Prenzlau-Materialien in der Sammlung ungewiß sei, die Kopien davon aber verbleiben dürften, sah sie sich nach Beendigung gezwungen, folgende Bemerkung dem gesamten Aufsatz voranzusetzen:

»Nachdem dieser Aufsatz fertig geschrieben war, kam ein Bescheid von Frau Gertrude Prenzlau, daß das gesamte, ihr gehörende Material an sie zurückgesandt werden sollte, ebenso die Kopien von ihrem Material.

Alle Ausführungen über ihr Material in diesem Aufsatz sind daher ungültig, da es nicht mehr in Zukunft in irgendeiner Form in der Königlichen Bibliothek zu finden ist. Ebenso darf nichts von ihrem Material veröffentlicht werden.«

Beziehungsvoll ist noch dies: Christine Tegling druckt den Lebenslauf Tucholskys aus »Moderna Språk« in ihrem Aufsatz als Eingangskapitel nach. In den von ihr stammenden nachgesetzten Zeilen findet sich über Tucholskys Todesursache der vorsichtig zurückhaltende Satz: »Wahrscheinlich hatte er eine Überdosis Schlafpulver eingenommen.« Ganz abgesehen von der Frage, ob es Tabletten waren oder ein Pulver – vorsichtiger kann man nicht formulieren.

Ein selbstgeschriebener Lebenslauf Kurt Tucholskys

In der schwedischen Zeitschrift »Moderna Språk« Nr. 3/1966 erschien unter dem Titel »Tucholsky über sich selbst« ein Aufsatz von Uno Willers, dem es durch besondere Verbindungen gelungen war, offiziell nicht zugängliche Dokumente, die bei der Schwedischen Ausländerkommission lagerten, freizubekommen. Uno Willers druckte daraus erstmals den von Tucholsky am 22. 1. 1934 in Hindås selbstgeschriebenen Lebenslauf ab, mit dem er sich nach Ablauf seines deutschen Reisepasses um einen schwedischen Ausländerpaß bemühte. In dem mit Schreibmaschine geschriebenen Original sind verschiedene Textstellen unterstrichen, was wahrscheinlich auf die schwedischen Behörden zurückgeht. Die Lektüre zeigt, daß Tucholsky beim Schreiben des Lebenslaufs sein Ziel, einen Ausländerpaß zu erhalten, nicht aus den Augen verlor. Er war sich über die Schwierigkeiten, die ihm bevorstanden, vollkommen im klaren. Bemerkenswert ist noch die Ablehnung einer Arbeitserlaubnis durch die schwedischen Behörden. Das wird offiziell von schwedischer Seite so begründet, wie Uno Willers es ebenfalls mitteilt, weil »Arbeitslosigkeit herrschte, nicht zuletzt, was die intellektuellen Berufe betraf«. Dabei wird beziehungsvoll übersehen, daß es sich bei Tucholsky nicht um jemanden handelte, der einem Schweden den Arbeitsplatz weggenommen hätte. Der Arbeitsplatz eines Schriftstellers ist dem eines Bäckers oder Handwerkers insofern unvergleichbar, als der Schriftsteller keinen festen Arbeitsplatz vorfindet, sondern ihn sich mit seiner Arbeit erst schafft. Seine Auftraggeber und Kunden wie sein Publikum sind nicht national zu begrenzen. Außerdem schafft ein Autor, wenn er schreibt, Arbeit für andere, er nimmt keinem etwas weg. Er gibt. Die Vorstellung, Tucholsky hätte in Schweden einem Einheimischen Arbeit wegnehmen können, ist so grotesk, daß sie nur der bürokratischen Internationale entstammen kann.

Kurt Tucholsky wurde am 9. Januar 1890 als Sohn des Kaufmanns Alex Tucholsky und seiner Ehefrau, Doris, geborene Tucholski, in Berlin geboren. Er besuchte Gymnasien in Stettin und in Berlin und bestand im Jahre 1909 die Reifeprüfung. Er studierte in Berlin und in Genf Jura und promovierte im Jahre 1914 in Jena cum laude mit einer Arbeit über Hypothekenrecht.

Im April 1915 wurde T. zum Heeresdienst eingezogen; er war 3 1/2 Jahre Soldat (die Papiere über seine Militärzeit liegen bei). Zuletzt ist T. Feldpolizeikommissar bei der Politischen Polizei in Rumänien gewesen.

Nach dem Kriege war T. unter Theodor Wolff, dem Chefredakteur des »Berliner Tageblatt«, Leiter der humoristischen Beilage dieses Blattes, des »Ulk«, vom Dezember 1918 bis zum April 1920.

Während der Inflation, als ein schriftstellerischer Verdienst in Deutschland nicht möglich gewesen ist, nahm T. eine Anstellung als Privatsekretär des früheren Finanzministers Hugo Simon an (in der Bank Bett Simon & Co in Berlin).

Im Jahre 1924 ging T. als fester Mitarbeiter der Berliner Wochenschrift »Die Weltbühne« und der »Vossischen Zeitung« nach Paris, wo er sich bis zum Jahre 1929 aufhielt. Er ist dort Mitglied der »Association Syndicale de la Presse etrangère« gewesen. Seine Carte d'identité liegt bei.

Nachdem T. bereits als Tourist längere Sommeraufenthalte in Schweden genommen hatte (1928 in Kivik, Skåne, und 5 Monate im Jahre 1929 bei Mariefred), mietete er im Sommer 1929 eine Villa in Hindås, um sich in Schweden niederzulassen. (Der Mietvertrag liegt bei.) Er bezog das Haus, das er ab 1. Oktober 1929 gemietet hat, im Januar 1930 und wohnt dort ununterbrochen bis heute. Er hat sich in Schweden schriftstellerisch oder politisch niemals betätigt. Zahlreiche Reisen, die zu seiner Information und zur Hebung eines hartnäckigen Halsleidens dienten, führten ihn nach Frankreich, nach England (Papier anliegend), nach Österreich und nach der Schweiz. Sein fester Wohnsitz ist seit Januar 1930 Hindås gewesen, wo er seinen gesamten Hausstand und seine Bibliothek hat.

T. hat im Jahre 1920 in Berlin Fräulein Dr. med. Else Weil geheiratet; die Ehe ist am 14. Februar 1924 rechtskräftig geschieden. Am 30. August 1924 hat T. Fräulein Mary Gerold geheiratet; die Ehe ist am 21. August 1933 rechtskräftig geschieden. T. hat keine Kinder sowie keine unterstützungsberechtigten Verwandten, die seinen Aufenthalt in Schweden gesetzlich teilen könnten.

Tucholsky hat zu den bestbezahlten deutschen Journalisten gehört. Seit dem Jahre 1931 hat er so gut wie nichts publiciert. Seine in Deutschland befindlichen Vermögenswerte sind laut Bekanntmachung im Deutschen Reichsanzeiger vom 25. August 1933 beschlagnahmt worden (Verlagsrechte, Honorare pp.). T. hat ein Konto bei der Skandinaviska Kredit A. B. in Göteborg, seit er in Schweden ist, und ein Konto bei der Schweizerischen Kredit-Anstalt in Zürich, um über Geld auf Reisen verfügen zu können. Er hat keinerlei Schuldverpflichtungen, wie auch die Göteborger Firmen bezeugen können, bei denen er die Einrichtung seiner Wohnung vorgenommen hat und bei denen er seinen Hausbedarf deckt.

Daß T. Angebote von Verlagen und Zeitschriften zur Zeit abgewiesen hat, hängt mit seiner literarischen Entwicklung zusammen.

Tucholsky hat seine literarische Tätigkeit mit einer kleinen Geschichte »Rheinsberg. Ein Bilderbuch für Verliebte« begonnen, das im Jahre 1912 in Berlin erschienen ist und heute im 120. Tausend vorliegt. An Büchern hat er bis heute ferner erscheinen lassen:

Der Zeitsparer. 1913. Vergriffen
Fromme Gesänge. 1920. Vergriffen
Träumerein an preußischen Kaminen. 1920. Vergriffen
Ein Pyrenäenbuch. 1927. 11. Auflage
Mit 5 PS. 1925, 26. Auflage
Das Lächeln der Mona Lisa. 1928. 26. Auflage
Deutschland, Deutschland über alles! 1929. 50. Auflage
Schloß Gripsholm. Eine Sommergeschichte 1931. 50. A.
Lerne lachen ohne zu weinen. 1931. 20. Auflage.

Das Deutschland-Buch ist im Neuen Deutschen Verlag in Berlin erschienen; Rheinsberg bei der Singer A.G. in Berlin – alle andern Werke bei Ernst Rowohlt in Berlin.

Im Jahre 1913 hat Tucholsky seine feste Mitarbeit an der Berliner Wochenschrift »Die Weltbühne« begonnen, die damals noch »Die Schaubühne« hieß; diese Mitarbeit erstreckte sich bis zum Jahre 1931. Dem im Jahre 1926 verstorbenen Herausgeber des Blattes, Siegfried Jacobsohn, verdankt Tucholsky alles, was er geworden ist. Nach dem Tode Jacobsohns hat er das Blatt kurze Zeit selber herausgegeben, um es dann seinem Gesinnungsfreunde Carl von Ossietzky abzutreten.

T. hat sich ferner als freier Mitarbeiter für den socialdemokratischen »Vorwärts« in Berlin, für die socialdemokratische »Freiheit«, den »Simplicissimus« und die »Arbeiter-Illustrierte« betätigt; er hat gelegentlich im Verlage Ullstein am »Uhu«, an der »Berliner Illustrirten Zeitung« und an der »Dame« mitgearbeitet.

Neben der literarischen Arbeit hat sich T. vom Jahre 1913 bis zum Jahre 1930 als Pacifist schärfster Richtung in Deutschland betätigt. Seine Betätigung in dieser Richtung bewegte sich im Rahmen der Gesetze – er ist nicht bestraft. T. hat in Deutschland und in Frankreich durch zahlreiche Vorträge für die deutsch-französische Verständigung zu wirken versucht; er hat gegen die Kriegshetzerei gearbeitet, wo er nur konnte: mit feinen und leisen Mitteln in der Kunst und mit den gröbsten für die Massen. In diesem Kampfe ist es ihm um die Wirkung zu tun gewesen, und diese Wirkung ist bei Freund und Feind gleich stark gewesen. Da die öffentliche Meinung, wenn die Geschäfte nicht gutgehn, gern alles, was ihr nicht paßt, als »bolschewistisch« ansieht, so wurde T. mitunter als Kommunist bezeichnet. Das ist unrichtig: er war nach dem Kriege Mitglied der unabhängigen socialdemokratischen Partei, und nach deren Verschmelzung mit der socialdemokratischen Partei Mitglied der S.P.D. Andern Parteien hat er nicht angehört.

Solange sich T. an Deutschland gebunden fühlte, hat er als Deutscher und in Deutschland das, was er dort für nicht gut hielt, scharf kritisiert. Seine publicistische Tätigkeit hat im Jahre 1931, also lange vor der Machtergreifung der Nationalsocialisten, ihr vorläufiges Ende gefunden. Trotzdem wurde ihm 2 Jahre später die deutsche Staatsangehörigkeit aberkannt. Die Aberkennung erfolgte wegen der pacifistischen Tätigkeit Tucholskys; sie hat ihren Grund ferner in einem Angriff, den T. im Jahre 1931 in Versen gegen einen der Führer der Nationalsocialisten gerichtet hat. Die Aberkennung geschah unter Angriffen des deutschen Propagandaministeriums auf Tucholsky, die jedes Maß, das unter civilisierten Menschen üblich ist, überschritten haben. Eine Antwort auf diese Angriffe ist von seiten Tucholskys nicht erfolgt.

Die Aberkennung der Staatsangehörigkeit beruft sich auf ein Reichsgesetz vom 14. Juli 1933. T. hat sich weder seit diesem Tage noch überhaupt zur Machtergreifung durch die Nationalsocialisten öffentlich geäußert. Die Aberkennung der Staatsangehörigkeit, die als Strafe gedacht ist, stellt also einen Rechtsbruch dar, einen Bruch des obersten Grundsatzes aller Strafjustiz: nulla poena sine lege.

Dr. Tucholsky ist im Begriff, seine schwedischen Sprachkenntnisse zu vervollkommnen. Er hat den Wunsch, die schwedische Staatsangehörigkeit zu erwerben, falls dies zulässig ist.

KURT-TUCHOLSKY-ARCHIV, MARY TUCHOLSKY
8183 ROTTACH-EGERN/OBB., ROSSWANDWEG 7 TELEFON 08022/6276,
31. 5. 78

Herrn Gerhard Zwerenz
605 Offenbach/Main
Starkenburgring 10

Lieber Herr Zwerenz,
der französische Text von Tuchos letztem Zettel am 19. 12. 35 lautet:
Laisse moi mourir en paix
Das berichtete mir Gertrude Meyer-Prenzlau, als sie mich nach KTs Tod in Berlin besuchte. Der Zettel soll auf dem Nachttisch gelegen haben, die Tür des Schlafzimmers war verschlossen und mußte aufgebrochen werden. Abschiedsbriefe, außer dem an mich, sollen nicht vorhanden gewesen sein.
Ihre Mary Tucholsky

kleine anfrage nr. 1505 des abg. horst kollat, spd ueber den nachlasz kurt tucholskys

ich frage den senat:
besteht die wohl unumgaengliche absicht, absprachen mit dem schiller-nationalmuseum in marbach zu betreiben, um den nachlasz des urberliners kurt tucholsky an die spree zu holen (u. u. auf dem tauschwege), damit ein treppenwitz unserer stadtgeschichte vermieden wird (vgl. praesident wormit am 21. d. m. im »tagesspiegel« und dr. kutzsch vom landesarchiv am 18. v. m. vor dem ausschuss fuer wissenschaft)?

Der Senat von Berlin
WissKunst – III K 1 –
Tel.: 3032354 (987) 354

Herrn Abgeordneten Horst Kollat – SPD –
über
den Herrn Präsidenten des Abgeordnetenhauses von Berlin
über Senatskanzlei – I S –
Betr.: Antwort
auf die Kleine Anfrage Nr. 1505
vom 25. November 1976 über den Nachlaß Kurt Tucholskys

Der Senat von Berlin beantwortet Ihre Kleine Anfrage wie folgt:
Der Senator für Wissenschaft und Kunst beabsichtigt, wegen der Fragen, die sich aus der Absicht von Frau Tucholsky ergeben haben, den Nachlaß von Kurt Tucholsky dem Schiller-Nationalmuseum in Marbach zu überlassen, ein Gespräch mit Frau Tucholsky zu führen. Vom Ergebnis dieses Gesprächs wird es abhängen, ob mit dem Direktor des Schiller-Nationalmuseums Gespräche geführt werden können, in denen die Möglichkeit der wissenschaftlichen Auswertung eines Teiles des Tucholsky-Nachlasses in Berlin geprüft werden soll.

Dem Senat von Berlin ist allerdings bekannt, daß die Vereinbarungen, die Frau Tu-

cholsky über diesen Nachlaß mit dem Schiller-Nationalmuseum getroffen hat, schon sehr weit gediehen sind, so daß die Möglichkeiten Berlins für Verhandlungen sehr beengt sein dürften. Trotzdem wird der Senator für Wissenschaft und Kunst alles daran setzen, in dieser Angelegenheit ein für Berlin möglichst günstiges Ergebnis zu erzielen.
Berlin, den... Dezember 1976
Reg. Bürgermeister, Senator für Wissenschaft und Kunst

Abgeordnetenhaus von Berlin – 7. Wahlperiode
37. Sitzung vom 14. Oktober 1976

Präsident Lorenz: Zusätzliche Fragen liegen nicht vor.

Dann erteile ich das Wort dem Abgeordneten Giese zu einer Mündlichen Anfrage über *Tucholsky-Archiv.*

Giese (SPD): Herr Präsident! Meine Damen! Meine Herren! Ich frage den Senat:

1. a) Treffen Pressemeldungen zu, nach denen der Senat kein Interesse an dem Nachlaß des Schriftstellers und Satirikers Kurt Tucholsky gezeigt habe, und welche sind gegebenenfalls die Gründe dieses Desinteresses?

b) Hat es in der zurückliegenden Zeit Kontakte oder Verhandlungen des Senats von Berlin mit Frau Mary Tucholsky bezüglich der Übernahme des Nachlasses gegeben?

2. Sieht der Senat Möglichkeiten, nach der andernorts getroffenen Entscheidung, im Marbacher Schiller-Nationalmuseum ein Tucholsky-Archiv einzurichten, den Nachlaß doch noch für Berlin, die Geburts- und Wirkungsstätte dieses bedeutenden Mannes, zu retten?

Präsident Lorenz: Zur Beantwortung hat Herr Senator Löffler das Wort.

Löffler, Senator für Wissenschaft und Kunst: Herr Präsident! Meine Damen und Herren! Herr Kollege Giese! Ich beantworte Ihre Fragen im Zusammenhang:

Zwischen den größeren Archiven in Berlin und in anderen Ländern besteht seit langem die Praxis, sich über zu erwartende bedeutende Nachlässe aus dem künstlerischen und wissenschaftlichen Bereich gegenseitig zu informieren. Den Berliner Institutionen auf diesem Gebiet, nämlich dem Archiv der Akademie der Künste, der Staasbibliothek, der Stiftung Preußischer Kulturbesitz – Handschriftenabteilung – und der Amerika-Gedenkbibliothek war bekannt, daß der sich zur Zeit noch überwiegend in Rottach-Egern befindliche Nachlaß von Kurt Tucholsky bereits seit längerem in Zusammenarbeit mit Wissenschaftlern des Schiller-Nationalmuseums in Marbach von Frau Tucholsky sachgerecht betreut wird, und es war zweitens bekannt, daß dieser Nachlaß Anfang der sechziger Jahre dem Deutschen Literatur-Archiv im Schiller-Nationalmuseum in Marbach zugesagt worden war. Aus diesem Grund, weil die Entscheidung vor mehr als zehn Jahren getroffen war, gab es in den zurückliegenden Monaten und Jahren keine Interventionen und Verhandlungen seitens Berlins. Der Senat sieht, nachdem diese Entscheidung vor so langer Zeit gefallen war, keine Möglichkeit, die von Frau Tucholsky getroffene Entscheidung zu beeinflussen. Damit beantworte ich auch Ihre erste Textfrage mit Nein. Ein Interesse besteht; aber aufgrund der geschilderten Sachumstände hat Berlin keine Möglichkeit mehr, sein Interesse zu realisieren.

Präsident Lorenz: Zu einer Zusatzfrage hat Herr Abgeordneter Roloff das Wort.

Roloff (F.D.P.): Herr Senator! Wenn die Gegenstände in Marbach zusammengetragen sind, wird sich dann der Senat bemühen, eine umfassende Ausstellung des Nachlasses nach Berlin zu holen, um sie den Berlinern wenigstens zeitweise zugänglich zu machen?

Präsident Lorenz: Herr Senator Löffler!

Löffler, Senator für Wissenschaft und Kunst: Herr Kollege Roloff, ich sehe darin eine interessante und zu verfolgende Anregung.

Präsident Lorenz: Zu einer weiteren Zusatzfrage hat Herr Abgeordneter Kollat das Wort.

Kollat (SPD): Herr Senator! Wäre es nicht angebracht, trotz Ihrer heutigen Ausführungen noch einmal ein Gespräch mit Frau Tucholsky zu führen? Ich bin nämlich der Meinung, daß es an und für sich ein Treppenwitz Berliner Stadtgeschichte ist, wenn der Nachlaß des Urberliners Tucholsky, der eigentlich in den Bezirk Tiergarten – wo er geboren ist – gehört, nach Marbach geht.

Präsident Lorenz: Herr Senator Löffler!

Löffler, Senator für Wissenschaft und Kunst: Herr Kollege Kollat! Es ist sehr schwierig, eine vor 14 Jahren von Frau Tucholsky getroffene Entscheidung jetzt rückgängig machen zu können. Ich möchte vor aller Öffentlichkeit darlegen, wie ich meinem Interesse, das ich so sehe, wie Sie es und auch die anfragenden Kollegen beschrieben haben, Geltung zu verschaffen versuche. Aber ich kann hier keine Hoffnungen erwecken.

Präsident Lorenz: Herr Abgeordneter Hönig!

Hönig (CDU): Herr Senator! Sind die Gründe für dieses Verzögern der Entscheidung im Fall Tucholsky auch darin zu suchen, daß dieser Dichter und Satiriker eine sehr dezidierte Auffassung bezüglich sozialdemokratischer Abgeordneter im allgemeinen und bezüglich sozialdemokratischer Landesgeschäftsführer im besonderen geäußert hat? (Heiterkeit bei der SPD – Abg. Rheinländer: Sagen Sie doch, was er über die Konservativen geschrieben hat! Tucholsky würde rotieren im Grab!)

Präsident Lorenz: Herr Senator Löffler!

Löffler, Senator für Wissenschaft und Kunst: Die Entscheidung fiel zu einer Zeit, als der von mir sehr geschätzte Herr Tiburtius Kultussenator für Berlin war. Bei der bekannten Liberalität des Herrn Tiburtius in seiner Amtsführung kann ich Ihre Zusatzfrage nur so deuten, daß Sie entweder Herrn Tiburtius nicht kannten oder aber Sie seine Liberalität in Frage stellen. (Beifall bei der SPD)

K. T.-Psychogramm – Kurzfassung: Modellfall der Nachgeborenen

I.

Er wuchs auf unter nicht genügend geklärten Umständen. Mehrfacher Wohnungswechsel wirkte nach. Die Erfahrungen der Heimatlosigkeit prägten sich früh ein. Spannungen im gutbürgerlichen Elternhaus kamen hinzu. Konflikte zwischen den Eltern neurotisierten. Der Vater, viel abwesend, hatte es dadurch leichter, dem Jungen als Idealbild zu erscheinen. Zur Mutter stellte sich lebenslang kein ungetrübtes Verhältnis her. Der Konflikt zwischen übergroßer Sensibilität und übergroßem Mitteilungsdrang zwang schon den Jungen zu literarischen Übungen. Nach anfänglichen Versuchen, die patriotischen Ergüsse des Kaiserreichs nachzuahmen, die in Übersteigerung endeten, läuterte K. T. sich zum hellsichtigen oppositionellen Schriftsteller. Aus den Massenschlachten des Ersten Weltkriegs zog er die radikale Konsequenz, anders zu leben. In dem Maße, in dem das Deutsche Reich den umgekehrten Weg ging, vergrößerte sich die Feindschaft. K. T. sah in der Weimarer Republik bald nur noch die Hülle, innerhalb derer das Nazi-Reich als erneuertes, vergröbertes, verunmenschlichtes Kaiserreich heranwuchs. Die nicht verwirklichte politische und soziale Revolution war der Ansatzpunkt für neuen Nationalismus. Insoweit neigte K. T. zu den revolutionären Linken. Von den Kommunisten trennte ihn der Unglaube an die Diktatur des Proletariats. Er sah in Stalin das Gegengewicht zu Hitler, doch nicht die Inkarnation des Sozialismus. Er erlitt zwei tödliche Enttäuschungen: die stalinistische Verunstaltung der Sowjetunion verbot ihm zuletzt ein Engagement für diesen Kommunismus. Die Hitler-Herrschaft in Deutschland raubte ihm den Glauben an die Deutschen. Zu den vielfachen Nöten kamen Krankheit und Geldmangel hinzu. So schwieg er, in schwedischer Emigration, dahin. Sein Tod war der Vollzug dessen, was sich an Voraussetzungen angesammelt hatte. Es gibt eine Welt, in der das eigene Leben nicht mehr lebenswert ist. K. T. trat aus dieser Welt aus. Sein Erbe wird seitdem ebenso wahrgenommen wie verfälscht. Es gibt zwei deutsche Staaten und zwei Tucholskys.

II.

Tucholsky war die Versinnbildlichung des Zivilisten. Stets zur Dicklichkeit neigend, versuchte er seine Fülle durch maßgeschneiderte Anzüge erträglich erscheinen zu lassen. Auch für sich selbst. K. T. war bequem, den leiblichen Genüssen zugeneigt, ein Libertin, der gern und viel liebte, sich lieben ließ, den großen Romanzen aber abhold, wie er allen Übergrößen mißtraute. K. T. war scheu. Er benötigte viel Energie, wollte er gesellig sein. Ihn prägte die einzige Disziplin, die er sich mal gern und mal wütend immer erneut auferlegte: die Arbeitsdisziplin. Als Alleinschreiber war K. T. der Gegentyp zum geselligen und das Teamwork bevorzugenden Brecht. BB schrieb vorwiegend fürs Theater, die kollektive Literaturform. K. T. war der einsame Schreibmaschinenarbeiter. Ihn störte jede Bewegung, jeder Laut. Er wechselte die Arbeitszimmer und Wohnungen, weil seine Geräuschanfälligkeit ihm jedes Haus zur Hölle werden ließ: »Über mir ackert eine Hausfrau ihr Schlafzimmer.« Er teilte mit Heine und Schopenhauer die Abneigung gegen laute Geräusche. Der fremde Ton war der Eindringling, der die Gedankenarbeit störte und den Schreibfluß hemmte. Wo K. T. auch lebte, er lebte als einzelner, beobachtete, befand, bedachte, beschrieb. K. T. war der vernünftige Mensch, der niemanden unterdrücken, bedrängen, bezwingen wollte. Die gleiche Vernunft erwartete er auch von den Staaten. Hier überforderte er die Gesellschaft. Konnte er diese Vernünftigkeit schon bei anderen Menschen nicht voraussetzen, wie wenig dann erst bei den künstlichen Zwangsgebilden der Staaten.

Aus der Unangemessenheit des Anspruchs resultiert die Kraft des Schriftstellers. K. T. war das Gegenteil von Machiavelli. Er hatte Verständnis dafür, daß die Politik angewandter Machiavellismus ist. Doch die Weimarer Republik paktierte mit den alten Herrn, was den neuen Herrn zugute kam. National waren beide. Also Kapital plus Imperialismus. Dazwischen die deklarierte Volksgemeinschaft als Massenbasis. Wo der Glaube fehlte, half die Guillotine nach. K. T. war zu all dem der Gegentyp.

III.

K. T. ist Größe und Moral der Literatur. Die Größe liegt in der nur das eigene und kein fremdes Leben unterordnenden Konsequenz, mit der es ablief und endete. Die Moral liegt in der zivilen Liebe, Form, Güte. K. T. war das Gegenteil von gehässig. Aber er konnte hassen. K. T. war das Gegenteil von militärisch, aber er war militant. Er verteidigte die Zivilisation. Er war, Einzelkämpfer, angewiesen auf die Existenz vieler Einzelkämpfer. Es gab nur zu wenige. K. T. war das Genie, das es ablehnte, eins zu sein. Er lebte bewußt gegensätzlich. Alle menschlichen Schwächen waren ihm lieb und wert. Nur die menschlichen Stärken ängstigten ihn. Wo er Waffen sah, vergegenwärtigte sich in ihm die Waffenerfahrung des Krieges, an dem er teilgenommen hatte, ohne einmal zu schießen, was er als wirkliche Tapferkeit verstand: Keinen zu töten. Das Kriegsunwesen des Zeitalters erfüllte ihn ebenso mit Abscheu wie Zorn. Hierin blieb er unerbittlich. Wer Krieg führte oder führen wollte, den bekämpfte er. Er kämpfte waffenlos. Mit Kopf, Herz und Schreibmaschine. Die deutschen Nationalen sahen in K. T. einen Vaterlandsverräter. Er war es, indem er das Vaterland der Nationalen verriet, wo es nur einen neuen nationalen Aufrüstungsakt zu verraten gab. Was als anti-deutsch galt, war anti-militaristisch und mehr: antimilitärisch. Deutschland in Waffen war ihm die größte Gefahr. Er hatte recht damit, wie die Geschichte beweist. Wer K. T. verlebendigen will, darf ihn nicht auf die Weimarer Republik beschränken. Sein Kampf gegen den Krieg war immer auch ein Kampf gegen die vorbereitende Rüstung, die stets als kriegsverhindernd dargestellt wird von ihren Interessenten und es nie sein kann. Die Potentiale vergrößern sich. Ihre absolute und letzte Vergrößerung ist die absolute und letzte Vernichtung.

IV.

K. T. war alles andere als plakativ. Die Vorstellung, die die Welt sich von einem militanten Publizisten macht, ist ihrer Eindimensionalität wegen falsch. K. T. hatte etwas an und in sich, das zu falschen Vorstellungen drängte. Seine Leser unterteilten sich in Gruppen, ihrer Vorliebe entsprechend. Die einen liebten besonders seine Humoresken. Sie sahen in Tucholsky einen lustigen dicken Mann. Andere bevorzugten seine Satiren, und ihnen stellte Tucholsky sich schärfer dar. Die Gegner, vorab die Nazis, verabscheuten in ihm den »jüdischen Bolschewisten«, der er nie war und, seinem Naturell entsprechend, auch in Annäherungen nicht sein konnte. Doch die Feinde, indem sie Tucholsky so ins Feindliche verzerrten, konnten ihm eine Macht andichten, die er nie besessen hatte. Er war das Gegenteil von Macht. Selbst in den kurzen Zeiten, Ende der zwanziger, Anfang der dreißiger Jahre, als es ihm finanziell gut ging, sein Ruhm am größten war, sein Wort Wirkung erlangte, auch wenn er selbst das nicht glauben konnte, selbst in dieser kurzen Zeitspanne war seine Legende größer als sein wirklicher Einfluß und seine tatsächliche Kraft. Seine Artikel erschienen zwar in einigen bürgerlichen Zeitungen, doch die druckten nur seine Humoresken. In der »Weltbühne« wurde er nach wie vor mit all seinen schattierenden Pseudonymen vorgestellt, aber sein Verhältnis zu Carl von Ossietzky blieb kühl, und so bildeten sich zwar mehrere Sympathisanten-Gruppen, aber keine Schule. K. T. war nicht der Mann dafür. Er war ein Melancholiker, der sich gern als Optimist tarnte, was freilich schnell mißlang. Er hat seit seiner Jugend an Verschnupfung und Atembeschwerden gelitten und sich davor ins Krankenbett zu retten gesucht. Er liebte es, Geld mit vollen Händen auszugeben, auch wenn er es nicht besaß. In den kurzen Zeiten der Wohlhabenheit lebte er über seine Verhältnisse. Das war sein Stil. So saß er bald wieder arm da. In den letzten Jahren vor dem Rückzug ins Schweigen, als ihm seine Bücher ein paar ansehnliche Honorare einbrachten, prophezeite Tucholsky von Paris aus die bevorstehende Herrschaft des Nazismus in Deutschland, doch er benutzte seine Gelder nicht zur Gegenwehr oder auch nur für die Vorbereitung auf die einkommenlose Zeit und für seine persönliche Absicherung. Er gab, was er einnahm, unverzüglich wieder aus. Fast hat es den Anschein, als wollte er sein Geschick mit dem Lauf der deutschen Geschichte untrennbar verbinden. Ging die Weimarer Republik zugrunde, wollte er ebenfalls so enden. Seine politische Einsicht in das immer unvermeidlicher Kommende und seine Weigerung, im eigenen Verhalten daraus Konsequenzen zu ziehen, beides widerspricht einander und legt mindestens die Vermutung nahe, hier habe sich einer sehr zeitig entschieden. Der scharfe Blick des Analytikers und Warners war ihm gegeben wie seine Krankheit. Er litt daran wie an einer nicht heilbaren Allergie. Oft wollte er seinen Scharfblick gar nicht wahrhaben. Seine Verwandlungen, seine ewigen Fluchten in verschiedene Personen sind Ausfluchten. Kassandra will nicht immer Kassandra sein. Sie lächelt und macht Späße. Der Satiriker tritt als Spaßmacher auf. Danach blickt er um sich, und es ist abermals sein Scharfblick, der ihm gegeben ist, mit dem er geschlagen ist, an dem er leidet. Nun spricht er wieder als politischer Schriftsteller, Satiriker, Polemiker und macht sich alle die Feinde, die er sich lieber nicht machen möchte. Er hat keine Wahl. Zwar kann er verzögern, taktieren, sich anders geben, doch immer nur auf Zeit. Hernach verwandelt er sich unversehens wieder in seine erste Natur mit dem Namen Kurt Tucholsky. Da sind die Pseudonamen nutzlos. Das machte ihn krank. Denn er wäre gern seriös gewesen. Als Dr. Kurt Tucholsky war er es. Nur hielt er's nicht lange aus dabei. Was Carl von Ossietzky konnte, das konnte Kurt Tucholsky auch. Aber nach einem scharfen politischen Artikel, den der Dr. Kurt Tucholsky geschrieben hatte, blieb er nicht bei sich selbst und verwandelte sich flugs in eine seiner anderen Figuren. Er war ein Verwandler, und dann, als Spaßmacher, Possenreißer, Parodist und Alleinunterhalter ödete ihn auch diese Rolle an. Das Spiel begann von vorn.

Oft gelang es ihm, seine kleinen Geschichten als romantische Idyllen enden zu lassen. So schuf er sich eine Anzahl von Ruhepunkten. Aber nichts wäre falscher, als ihn deshalb einen Romantiker oder Idylliker zu nennen. Er war es nicht. Er war das Gegenteil – ein Infernaliker, und das wiederum entsetzte ihn am meisten. Seine letzten Bemühungen, von der Tagespublizistik wegzukommen zum großen Roman, fallen in die Zeit, da er gar keine Wahl mehr hatte. Im Exil war die Publizistik unmöglich gemacht worden. Vorausgesetzt, Geldgeber fänden sich, konnte die längere Prosa versucht werden. Allerdings hatte Tucholsky den Wunsch schon früher verspürt. Für den scharfäugigen Analytiker wäre der Übergang in die Romanproduktion eine Rettung vor der Mühsal der Kassandra. Tucholsky hatte so laut und vielfältig, wie seine Kräfte und Möglichkeiten es zuließen, vor den schweren politischen Fehlern gewarnt, die die Gewarnten dennoch begingen. So kam ihm der Glaube an die Vernunftfähigkeit der Deutschen abhanden. Er lebte in anderen Ländern. Als er dort heimisch genug war, holte ihn die alte Heimatlosigkeit erneut ein. Alles trieb auf den nächsten großen Krieg zu. Europa verabredete sich zum Untergang. Der Beobachter war es müde, Tag für Tag das Inferno zu signalisieren. So erschien ihm die Flucht in den Roman als begrüßenswerte Abwechslung. Zwar würde er seinen Roman auch als Inferno gestalten, doch wäre es ein Inferno in der Kunst, als Kunstschöpfung also und von der tristen Alltagswirklichkeit abgehoben. Alle seine Wünsche – die verwirklichten wie die unverwirklichten – waren Fluchten vor sich selbst. Folgen ungewollter Selbstisolation. Er fand nie eine Heimat und mußte immer davongehen.Er kehrte auf der Suche zurück und ging erneut davon. Wenn er seine tiefe Liebe zu Deutschland erklärte, hielten selbst die Freunde das für Taktik. Aber er liebte wirklich, und weil die großen Worte von den anderen besetzt waren, scheute er sie und gefiel sich in Schnoddrigkeiten und Zynismen. Er hätte ums Leben gern Deutschland und die Deutschen bejaht und inmitten Berlins gewohnt. Er erkannte schon früh, die Sorglosigkeit und Unbefangenheit der anderen, die da so sorglos und unbefangen lebten, hatten zur Voraussetzung eine Blindheit, die ihm nicht gegeben war. Er litt an seiner unverschämten Hellsichtigkeit. Er war ihr oft selbst nicht gewachsen. Die fatalen Erkenntnisse – auch Selbsterkenntnisse – schmetterten ihn nieder. Da lag er wieder, in seine alte Krankheit geflüchtet, verbannt; die geliebten Freundinnen traten an zur Tröstung. Es gab gar keine.

V.

Immer mehr Menschen steigen einfach aus. Sie verlassen ihr Haus, die Familie, den Beruf, die Stadt, das Land. Sie gehen fort und weg und beiseite. Fangen irgendwo neu an, ganz anders oder auch nicht. Es gibt welche, die müssen nur aufhören und weggehen. Was dann wird, man wird sehen. Ganze Gruppen verlassen die Städte, Büros, Hochhäuser und ziehen aufs Land. Zurück zur Natur. Weniger Kunst, Kunststoff, Künstlichkeit. Ganze Gruppen wenden sich ab von den Regierungen, Staaten, Parteien. Sie glauben nicht mehr an die Möglichkeiten dieser Gesellschaften. Sie haben es so versucht und so, sie haben sich hier engagiert und dort, haben Niederlagen eingesteckt und sich krank gearbeitet. Sie empfangen keine Liebe mehr und besitzen keine Liebe mehr und wissen nichts mehr zu geben. Nichts bleibt ihnen, als sich zu entfernen. Wer weiß wohin. Schlechter als es mir geht, jetzt, da es mir so gut geht, kann es mir nie gehen. Es ist keine Frage des Einkommens, des Besitzes, Erfolges. Es ist eine Frage auf Leben und Tod. Sie fühlen sich innerlich absterben. Sie wollen keine Politik mehr. Nicht diese und nicht jene. Sie haben sich lange vorgesagt, es müsse noch übler werden, wenn sie auch noch davonliefen. Sie sind lange dageblieben. Dann fühlten sie sich erpreßt auf Dauer und erschraken vor dem Gedanken, sich lebenslang erpressen zu lassen. Sie machten sich davon.

Tucholsky lebte seiner Zeit, den Goldenen zwanziger Jahren voraus. Er lebte schon zuvor wie in den zwanziger Jahren. Er lebte auch noch weiter voran. Manchmal war er einer, der nichts als Politik war. Er wußte, Politik ist der Stoff, aus dem die Gesellschaft gemacht ist. Die Gesellschaft ist der Stoff, aus dem das Leben der Menschen gemacht wird. Tucholsky war Politik als Leidenschaft, war leidenschaftliche Politik, ganz wie Carl von Ossietzky. Dann wieder übermannte ihn das Gefühl zwanghaft, da wollte er nicht mehr, da reiste er in andere Länder, nahm andere Namen und Gestalt an. Oder er flüchtete in die Kindheit, die Urform des Menschen, embryonale Existenzweise. Seine Krankheiten und Allergien geleiteten ihn auf dem Rückzug. So lebte er im ersten Jahrhundertdrittel vor, wie im dritten Drittel immer mehr Menschen aus Verzweiflung und Ziellosigkeit leben. Im Wechselspiel zwischen Angriff und Defensive, vorangetrieben im Rhythmus der Empörung, davongehend, weil zutiefst resigniert, der Bürger und der Sponti, getrennt durch des Messers Schneide, bald hüben, bald drüben, denn drüben ist stets die Gegenseite zu hüben, wer in den Untergrund absinkt, ist für die oben verloren, wer auftaucht, mischt mit, aber wie lange, wie soll hier noch einer auf Dauer standhalten, da ihn der Ekel doch würgt mit zunehmender Macht. An Tucholsky bewirkte die Staatsmaschine frühzeitig den ständigen Wechsel von Anziehung und Abstoßung. Er war der Prototyp. Zeit ist viel vergangen seitdem, es ist nichts Wesentliches anders geworden. Wir sind nicht über ihn hinaus. Wir stehen in seinem Schatten. Er ist unser Modellfall.

VI.

Er hat exemplarisch vorgelebt, was die deutschen nichtmarxistischen Linken und Liberalen seither nachleben: moralisch empört, mit sauberen Händen, sauberem Gewissen, also unfähig, politische Praxis zu meistern. Auf der Suche nach Freunden, und doch zu introvertiert für Freundschaft. Epikureer, denen der Weltschmerz noch heute die beste Suppe versalzt. Erotiker, die davor und danach vor Zorn beben und bald auch dabei die Liebe vergessen, denn sie wäre ein Unrecht gegenüber den vielen Unterdrückten. So begeben sie sich weltverbesserungsdurstig in die politische Arena und halten sie doch nicht aus. Also Rückzug ins Abseits. Von dort her scharfsinnige Analysen und Kritiken, die den Gegner verärgern, nicht aber schwächen. Flucht nach innen. Statt politischer Polemik Liebesgeschichten, Märchen, Idyllen, Romanzen, bis das werte Publikum erstaunt feststellt, so hart und böse ist der Mann ja gar nicht. Daraufhin schwere Schuldgefühle und blitzhafte Rückkehr ins Gewühl politischer Kämpfe. Wiederholung des vorigen auf noch schlimmere Weise mit eskalierender Erbitterung. Hernach pünktlich eintretende Resignation. Erneute Abwendung. Wieder aufs Individuelle aus. Man ist ja schließlich auch noch Privatmensch. Auf diese politischen Nullen gar nicht angewiesen. Kann ohne sie und alle Feindschaft auskommen. Man liebt die Natur, die Stille, die Frauen. Man liebt die Welt und geht als Reisender auf und davon. Man verachtet die heimatlichen Zeitungen und liest sie also heimlich. Anfangs das Gefühl von Triumph. Sie machen doch weiterhin alles falsch und falscher. Bald ist kein Aushalten in der Fremde. Rückkehr wenigstens besuchsweise. Die verdammte Sprache nimmt gefangen, hat Sogwirkung. Man liebt das Land doch. Die Menschen. Erklärt ihnen leise seine Zuneigung. Erklärt ihnen seinen Haß, wo er unverzichtbar ist. Muß den Krieg immer lauter erklären, denn das Leise bleibt wirkungslos im Reich der Dröhnenden, auch spricht man selbst so laut, die eigenen Widersprüche zu übertönen. Man möchte so gern sanft sein, liebevoll, zärtlich und darf es doch nicht, die Zustände verbieten es. Wir verschieben das auf spätere bessere Zeiten, wenn die Vernunft gesiegt, die Humanität sich durchgesetzt haben wird, dabei gefährdet man das Ziel durch die eigene Unstetigkeit, Unentschiedenheit, die phasenhaft durchbrechenden Verzweiflungsschübe, die abgelöst werden von sturzhaften Aktivitäten. So vergeht ein Leben, das nichts so verabscheut wie pathetische Größe und Tragik in pathetischer Größe und ergreifender Tragik.

Am Ende liegt der Stadtmensch auf dem fernen Friedhof im hohen Norden, doch die lebenslang ersehnte unendliche Ruhe bleibt aus, denn nun reisen die Leser an und häufen Blumen aufs Grab. So lange er lebte, blieben sie die Einsicht ebenso schuldig wie Freundschaft und Nähe. Nun er vergangen ist, organisieren sie tränenschwere Trauerzüge. So genießen sie einen, den zur Kenntnis zu nehmen sie sich weigerten, wenn sein Herz stillsteht, seine Gedanken nicht mehr Aufruhr stiften, seine Knochen zerfallen sind. Er war ein unlieber Ruhestörer, Kritikaster, Zersetzer, solange er auf dieser unserer Katastrophen-Erde weilte. Hat er sie verlassen, ist er nur erst zwei Meter untergegangen, bestürmten wir ihn mit unserer Aufmerksamkeit, Herzlichkeit, unendlich tiefen Zuneigung. Er liegt wehrlos unter unseren Schuhen. Endlich können wir auf ihn hinabblicken. Trauer, das herzergreifende Gefühl, ist ein Stimulans. Wir mögen die Trauer, wie wir die vernünftige Verbesserung unseres Lebens nicht mögen. Man störe uns nicht auf aus dem ungerechten Schlaf. An fürchterlichen Träumen tragen wir schon schwer genug. Wir lassen den Alpdruck im Bett zurück, wenn wir frühmorgens oder an Sonn- und Feiertagen gegen Mittag hin aufwachen. Wir wollen ja nicht viel. Nur aufstehen. Nicht auferstehen. Da beruhigt, begütigt, beglückt es uns, ist der Unruhestifter endlich dahin. Er wird keine Wiederauferstehung feiern. Er ist so sterblich gewesen wie wir es sind. An einem Tag wie jedem andern unterließ er das Aufstehen. Daß er tot ist, dessen vergewissern wir uns an seinem Grab. Und je gewisser wir des Gestorbenen sind, um so befriedigter und befriedeter dürfen wir seine nachgelassenen Werke genießen. Sie sind, wie schön, so folgenlos wie wir sein werden. Es sind reine Kunstwerke. Endlich können wir bewundernd anerkennen, was wir so angstvoll umgingen, mieden, verachteten. Er ist zu Erde geworden.

Bildquellennachweis

I. *1. Seite* oben links (Kurt-Tucholsky-Archiv, Mary Tucholsky, Rottach-Egern); oben rechts (Kurt-Tucholsky-Archiv, Mary Tucholsky, Rottach-Egern); unten (Bildarchiv Preußischer Kulturbesitz Berlin, West).
2. Seite oben links (Kurt-Tucholsky-Archiv, Mary Tucholsky, Rottach-Egern; oben rechts (Kurt-Tucholsky-Archiv, Mary Tucholsky, Rottach-Egern); unten (Bildarchiv Preußischer Kulturbesitz Berlin, West).
3. Seite oben links (Kurt-Tucholsky-Archiv, Mary Tucholsky, Rottach-Egern); oben rechts (Ullstein Bilderdienst Berlin, West); unten (Bildarchiv Preußischer Kulturbesitz Berlin, West).
4. Seite oben und unten (Bildarchiv Preußischer Kulturbesitz Berlin, West).

II. *1. Seite* (Kurt-Tucholsky-Archiv, Mary Tucholsky, Rottach-Egern);
2. Seite links oben (Bilderdienst Süddeutscher Verlag München); oben rechts (Ullstein Bilderdienst Berlin, West); unten (Bildarchiv Preußischer Kulturbesitz Berlin, West).
3. Seite (Bildarchiv Preußischer Kulturbesitz Berlin, West).
4. Seite oben links und rechts (Ullstein Bilderdienst Berlin, West); unten (Kurt-Tucholsky-Archiv, Mary Tucholsky, Rottach-Egern).

III. *1. Seite* oben und unten (Ullstein Bilderdienst Berlin, West).
2. Seite (Ullstein Bilderdienst Berlin, West).
3. Seite (Bildarchiv Preußischer Kulturbesitz Berlin, West).
4. Seite (Ullstein Bilderdienst Berlin, West).

IV. *1. Seite* (Kurt-Tucholsky-Archiv, Mary Tucholsky, Rottach-Egern);
2. Seite oben links und unten links (Kurt-Tucholsky-Archiv, Mary Tucholsky, Rottach-Egern); oben rechts und unten rechts (Ullstein Bilderdienst Berlin, West).
3. Seite oben links, unten links, unten rechts (Kurt-Tucholsky-Archiv, Mary Tucholsky, Rottach-Egern); oben rechts (Ullstein Bilderdienst Berlin, West).
4. Seite (Bildarchiv Preußischer Kulturbesitz Berlin, West).

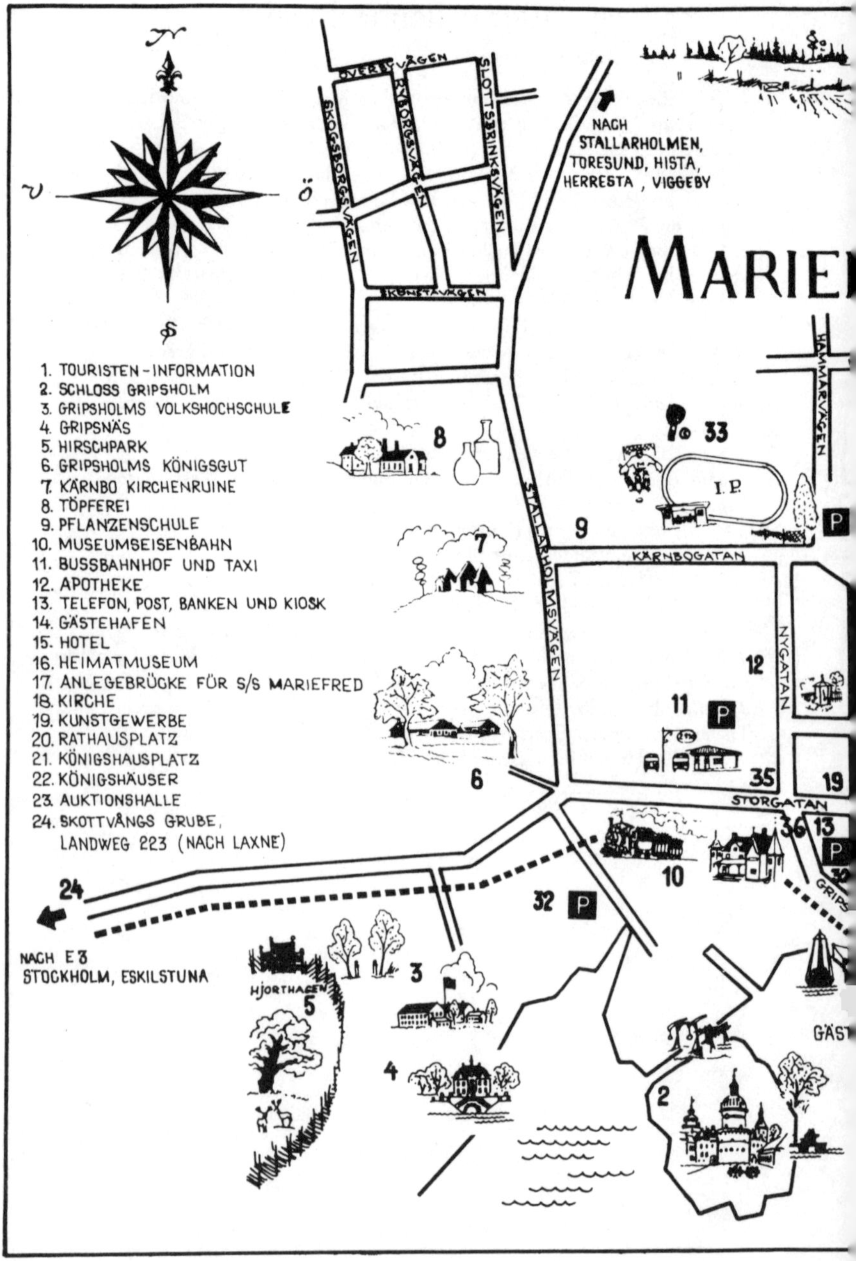
MARIEF
N
V
Ö
S
1. TOURISTEN-INFORMATION
2. SCHLOSS GRIPSHOLM
3. GRIPSHOLMS VOLKSHOCHSCHULE
4. GRIPSNÄS
5. HIRSCHPARK
6. GRIPSHOLMS KÖNIGSGUT
7. KÄRNBO KIRCHENRUINE
8. TÖPFEREI
9. PFLANZENSCHULE
10. MUSEUMSEISENBAHN
11. BUSSBAHNHOF UND TAXI
12. APOTHEKE
13. TELEFON, POST, BANKEN UND KIOSK
14. GÄSTEHAFEN
15. HOTEL
16. HEIMATMUSEUM
17. ANLEGEBRÜCKE FÜR S/S MARIEFRED
18. KIRCHE
19. KUNSTGEWERBE
20. RATHAUSPLATZ
21. KÖNIGSHAUSPLATZ
22. KÖNIGSHÄUSER
23. AUKTIONSHALLE
24. SKOTTVÅNGS GRUBE, LANDWEG 223 (NACH LAXNE)
NACH STALLARHOLMEN, TORESUND, HISTA, HERRESTA, VIGGEBY
NACH E 3 STOCKHOLM, ESKILSTUNA
ÖVERBYVÄGEN
SKOGSBORGSVÄGEN
RYBORGSVÄGEN
SLOTTSBRINKSVÄGEN
EKENSTAVÄGEN
STALLARHOLMSVÄGEN
HAMMARVÄGEN
KÄRNBOGATAN
NYGATAN
STORGATAN
GRIPS
I. P.
HJORTHAGEN
GÄST
P
1
2
3
4
5
6
7
8
9
10
11
12
13
19
24
32
33
35
36

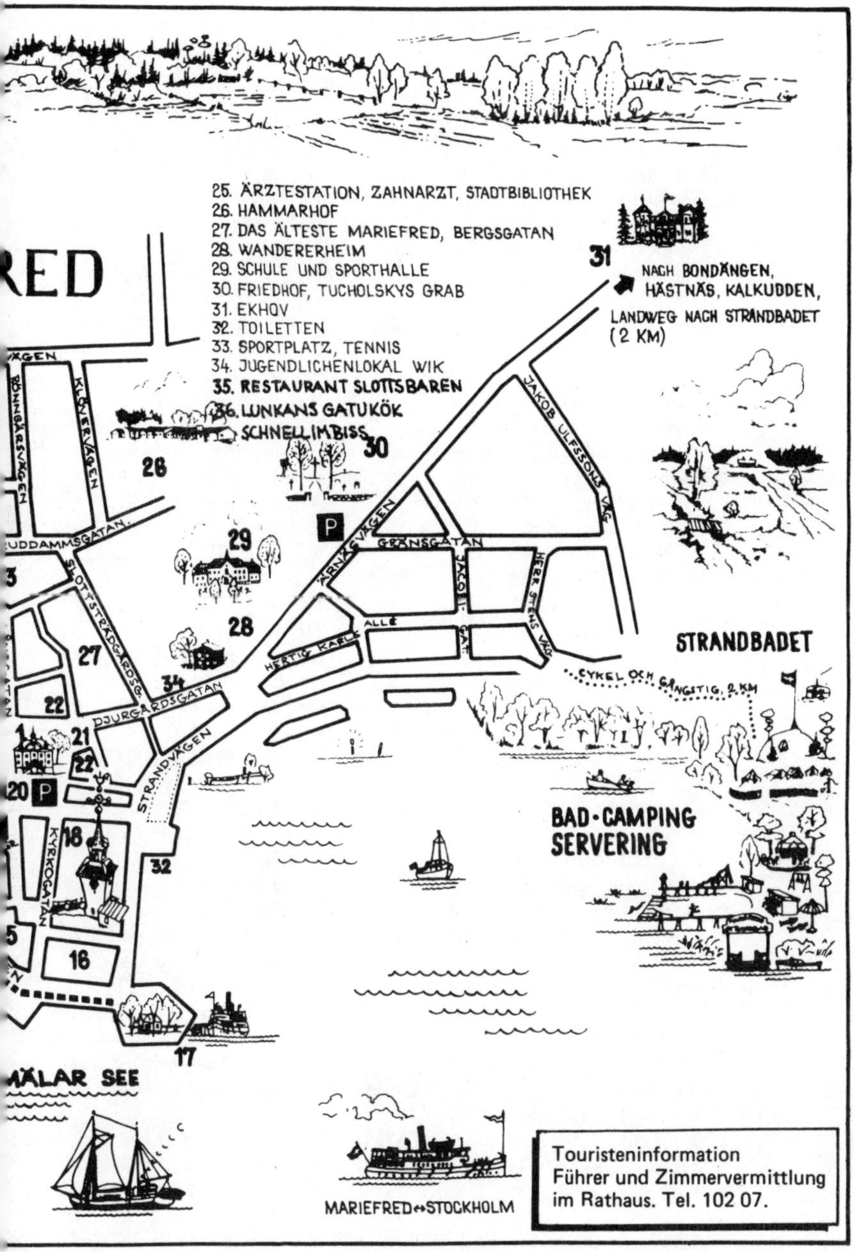

Touristeninformation
Führer und Zimmervermittlung
im Rathaus. Tel. 102 07.

Quellennachweis

Seite	
9	Kurt Tucholsky, AUSGEWÄHLTE BRIEFE 1913-1935, herausgegeben von Mary Gerold-Tucholsky und Fritz J. Raddatz, Rowohlt Verlag, Reinbek bei Hamburg 1962, S. 342/343
14	Fritz J. Raddatz, »Tucholsky, Eine Bildbiographie«, Kindler Verlag, München 1961, S. 6
14	Klaus-Peter Schulz, »Kurt Tucholsky in Selbstzeugnissen und Bilddokumenten«, Rowohlt Taschenbuch Verlag, Hamburg, 1959, S. 8/9
14	Hans Prescher, »Kurt Tucholsky«, Colloquium Verlag, Berlin 1959, S. 12
14/15	Kurt Tucholsky, GESAMMELTE WERKE in 10 Bänden, herausgegeben von Mary Gerold-Tucholsky und Fritz J. Raddatz, Rowohlt Taschenbuch Verlag, Reinbek bei Hamburg 1975, Band 10, S. 29/30
15	Raddatz, a.a.O., S. 7
16	Lisa Matthias, »Ich war Tucholskys Lottchen«, Text und Bilder aus dem Kinntopp meines Lebens. Mit einem Vorwort von Helmut M. Braem und einem Nachwort von Hermann Kesten, Marion von Schröder Verlag, Hamburg 1962, S. 205/206
17	Schulz, a.a.O., S. 10
17	ebendort, S. 12
18/19	Tucholsky, a.a.O., Band 2, S. 60/62/63
19	Raddatz, a.a.O., S. 11/12
20	Tucholsky, a.a.O., Band 4, S. 311
20	Schulz, a.a.O., S. 14/15
21	ebendort, S. 15/16

Seite	
22/23	ebendort, S. 18
24	Tucholsky, a.a.O., Band 1, S. 39
24	Schulz, a.a.O., 24/25
25/26	Tucholsky, a.a.O., Band 7, S. 37/38
27	Heinrich Mann, »Werkauswahl in 10 Bänden«, Claasen Verlag, Düsseldorf 1976, »Im Schlaraffenland«, S. 592
29	Schulz, a.a.O., S. 29
30	Tucholsky, a.a.O., Band 3, S. 307
30	ebendort, Band 9, S. 8
30	ebendort, Band 1, S. 108
31	ebendort, Band 2, S. 94
31	Tucholsky, AUSGEWÄHLTE BRIEFE, a.a.O., S. 367/394
31	Tucholsky, GESAMMELTE WERKE, Band 9, S. 230
31	ebendort, Band 1, S. 167/168
32	ebendort, Band 2, S. 274
32/33	ebendort, Band 1, S. 218/219
33	ebendort, Band 2, S. 47
33	ebendort, Band 1, S. 24
34	ebendort, S. 287
34	ebendort, Band 2, S. 70
34	Tucholsky, AUSGEWÄHLTE BRIEFE, a.a.O., S. 423
34	ebendort, S. 360
34	ebendort, S. 431
35	Tucholsky, GESAMMELTE WERKE, Band 2, S. 341
35	ebendort, Band 4, S. 110
35	ebendort, Band 5, S. 160/161
36	Heinrich Mann, a.a.O. »Zwischen den Rassen«, S. 494
36/37	Tucholsky, a.a.O., Band 4, S. 482
37/38	ebendort, Band 5, S. 155, 157/158
38	ebendort, Band 4, S. 289
38	ebendort, S. 504
39	ebendort, Band 6, S. 121/122
40	ebendort, Band 4, S. 164

Seite	
41	Prescher, a.a.O., S. 5
41	Tucholsky, a.a.O., Band 4, S. 392
41	Band 2, S. 167
41	Band 5, S. 70
42	Kurt Tucholsky, BRIEFE AUS DEM SCHWEIGEN 1932-1935, herausgegeben von Mary Gerold-Tucholsky und Gustav Huonker, Rowohlt Verlag, Reinbek bei Hamburg 1977, S. 14
43	Tucholsky, GESAMMELTE WERKE, a.a.O., Band 4, S. 499
43	ebendort, S. 317
43	»Weimarer Republik«, Elefanten Press, Berlin 1977, S. 640
44	Kurt Tucholsky, DIE Q-TAGEBÜCHER 1934-1935, herausgegeben von Mary Gerold-Tucholsky und Gustav Huonker, Rowohlt Verlag, Reinbek bei Hamburg 1978, S. 74
45	Schulz, a.a.O., S. 32
45	Tucholsky, GESAMMELTE WERKE, a.a.O., Band 4, S. 373
45	ebendort, Band 7, S. 45
46	Tucholsky, AUSGEWÄHLTE BRIEFE, a.a.O., S. 110/111
47	ebendort, S. 446
50	Tucholsky, GESAMMELTE WERKE, a.a.O., Band 5, S. 434/435
50	Tucholsky, AUSGEWÄHLTE BRIEFE, a.a.O., S. 399
52	Tucholsky, GESAMMELTE WERKE, a.a.O., Band 8, S. 202
54	ebendort, Band 5, S. 163/164
54/55	ebendort, S. 220
55	ebendort, S. 164
55	ebendort, Band 3, S. 455
55	ebendort, Band 2, S. 87
55	ebendort, S. 90
55/56	Tucholsky, AUSGEWÄHLTE BRIEFE, a.a.O., S. 178/179
56	ebendort, S. 153/154
56	ebendort, S. 213

Seite	
57	Tucholsky, GESAMMELTE WERKE, Band 4, S. 480
57	Hermann Vinke, »Carl von Ossietzky«, Cecilie Dressler Verlag, Hamburg 1978, S. 100
58	Tucholsky, a.a.O., Band 10 S. 35
59	ebendort, S. 52
59	ebendort, Band 1, S. 238/239
59	ebendort, S. 312/313
59	ebendort, S. 350
60	ebendort, Band 2, S. 7/8
60	ebendort, S. 99
61	ebendort, Band 3, S. 387/388
61	ebendort, Band 5, S. 340
61	William L. Shirer, »Aufstieg und Fall des Dritten Reiches«, Kiepenheuer und Witsch, Köln 1961, S. 34
61	ebendort, S. 116
62	Tucholsky, a.a.O., Band 8, S. 275
62	Shirer, a.a.O., S. 91
62	Tucholsky, a.a.O., Band 8, S. 275
62	ebendort, Band 5, S. 238
63	ebendort, Band 8, S. 276
63	ebendort, Band 5, S. 252
63	ebendort, Band 3, S. 326
63	ebendort, Band 8, S. 277
63	Joachim C. Fest, »Das Gesicht des Dritten Reiches«, Piper Verlag, München 1963, S. 74
63	Tucholsky, a.a.O., Band 2, S. 41
63	Shirer, a.a.O, S. 129
64	Kurt Tucholsky, DIE Q-TAGEBÜCHER 1934-1935, herausgegeben von Mary Gerold-Tucholsky und Gustav Huonker, Rowohlt Verlag, Reinbek bei Hamburg 1978, S. 30
64	ebendort, S. 233/235
65	»Weimarer Republik«, a.a.O., Berlin, S. 892
65	Tucholsky, a.a.O., S. 66
65	ebendort, S. 300/301
65/66	ebendort, S. 182
66	Tucholsky, GESAMMELTE WERKE, Band 7, S. 289

Seite	
67	Schulz, a.a.O., S. 73
67	Tucholsky, a.a.O., Band 2, S. 11
68	Schulz, a.a.O., S. 72
68/69	Tucholsky, GESAMMELTE WERKE, Band 2, S. 56/57
69	Tucholsky, AUSGEWÄHLTE BRIEFE. a.a.O., S. 132/133
69	Schulz, a.a.O., S. 119
70	Matthias, a.a.O., S. 174
71	Tucholsky, a.a.O., S. 266
71	ebendort, S. 212
72	Tucholsky, GESAMMELTE WERKE, Band 4, S. 488
72	ebendort, S. 478
73	ebendort, Band 3, S. 49
73	ebendort, Band 4, S. 483
73	ebendort, Band 8, S. 49
73	ebendort, Band 3, S. 20
74	ebendort, Band 4, S. 26
74	ebendort, S. 321
74	ebendort, Band 7, S. 79
74/75	Shirer, a.a.O., S. 59/60
75	Fest, a.a.O., S. 422
76	Werner Höfer, »Knast oder Galgen«, Verlag R. S. Schulz, Percha am Starnberger See 1975, S. 94
76	Schulz, a.a.O., S. 77
77	Tucholsky, a.a.O., Band 3, S. 229/230
77	Rosenberg, a.a.O., S. 212
77	zu Radbruch siehe Höfer, a.a.O., S. 57
77	Tucholsky, a.a.O., Band 3, S. 140
77/78	ebendort, Band 4, S. 528
78	ebendort, Band 8, S. 77
78	ebendort, Band 9, S. 188
78	»Trauerroben« siehe Höfer, a.a.O., S. 80
78	Tucholsky, a.a.O., Band 4, S. 219
78/79	ebendort, S. 141-144
81	Alf Enseling, »Die Weltbühne, Organ der Intellektuellen Linken«, Verlag C. J. Fahle, Münster (Westf.) 1962, S. 102
82	Tucholsky, a.a.O., Band 4, S. 144

Seite	
82	ebendort, Band 1, S. 103/104
82	Höfer, a.a.O., S. 166
83	Tucholsky, a.a.O., Ungeduld: Band 5, S. 194
83	Unlust: ebendort, S. 194
83	Ungehörigkeit: ebendort, S. 194
83	Unart: ebendort, S. 386
83/84	Ungezogenheit: ebendort, S. 386
84	Unwillen: ebendort, S. 196
84	Unhöflichkeit: ebendort, S. 413
84	Umgangsformen: ebendort, S. 413
84	Unfertigkeit: ebendort, S. 203
84/85	Ungenügende Universitätsausbildung: Band 3, S. 138
85	Ungleichheit: ebendort, S. 137/138
85	Untertanengeist: ebendort, S. 139
85	Ununterbrochenes Stehen: Band 5, S. 223
85	Urteile: Band 3, S. 139
86	Matthias, a.a.O., S. 86
86	Tucholsky, Q-TAGEBÜCHER, a.a.O., S. 34
86	Tucholsky, GESAMMELTE WERKE, Band 5, S. 205
86	Shirer, a.a.O., S. 142
86	Tucholsky, GESAMMELTE WERKE, Band 9, S. 146
86	Rosenberg, a.a.O., S. 675
87	Tucholsky, a.a.O., Band 5, S. 144
87	ebendort, S. 389
87	ebendort, Band 2, S. 129/130
87/88	Tucholsky, AUSGEWÄHLTE BRIEFE, a.a.O., S. 72, 73, 76
88	Tucholsky, GESAMMELTE WERKE, Band 6, S. 33
88	ebendort, Band 2, S. 130
88	ebendort, Band 1, S. 323
88/89	ebendort, Band 9, S. 327
89	ebendort, Band 6, S. 51
89	ebendort, S. 71
89	ebendort, Band 5, S. 185/186
89/90	ebendort, S. 188
90	ebendort, Band 7, S. 78
90/91	ebendort, S. 84/85, 89
91	ebendort, S. 102

Seite	
91	Tucholsky, AUSGEWÄHLTE BRIEFE, a.a.O., S. 164/165
91/92	ebendort, S. 438
92	Tucholsky, GESAMMELTE WERKE, Band 6, S. 70
92	ebendort, Band 6, S. 133
92	ebendort, Band 1, S. 309
93	ebendort, Band 2, S. 351
93	ebendort, S. 350
93	ebendort, S. 352
93	ebendort, S. 353
94	ebendort, S. 349
94	ebendort, S. 351
94/95	Tucholsky, AUSGEWÄHLTE BRIEFE, a.a.O., S. 430/431
95	Tucholsky, GESAMMELTE WERKE, Band 2, S. 353
95	ebendort, Band 4, S. 558
95	»Der große Brockhaus«, 1934
96	Hans Heinrich Welchert, »Theodor Heuss — ein Lebensbild«, Athenäum Verlag, Bonn 1968, S. 46, 47
96/97	Tucholsky, a.a.O., Band 4, S. 557/558
97	Welchert, a.a.O., S. 59
97	Zu Döblin siehe Jürgen Serke, »Die verbrannten Dichter«, Beltz und Gelberg, Weinheim und Basel 1977, S. 206
97/98	Tucholsky, a.a.O., Band 7, S. 182
99	ebendort, S. 298
99	ebendort, S. 183/184
100	ebendort, S. 184/185
100/101	Zu Artikel 48: »Weimarer Verfassung«. Herausgegeben von Hermann Mosler, Reclam, Stuttgart 1972
101/102	Heinrich Mann-Zitat, siehe Rosenberg, a.a.O., S. 449
102	Tucholsky, a.a.O., Band 7, S. 185
102/103	ebendort, Band 5, S. 151
103	ebendort, Band 9, S. 213
103	ebendort, Band 6, S. 15
103	ebendort, Band 10, S. 85/86
103/104	ebendort, Band 6, S. 320
104	ebendort, S. 320
104	ebendort, Band 1, S. 337
104/105	Kurt R. Grossmann, »Ossietzky, Ein deutscher Patriot«, Suhrkamp Taschenbuch 83, Frankfurt 1973, S. 104

Seite	
105	Rosenberg, a.a.O., S. 669
105	ebendort, S. 634
106	Tucholsky, a.a.O., Band 2, S. 216
106/107	ebendort, S. 399/400
107	ebendort, Band 7, S. 192
108	ebendort, S. 193/194
108/109	ebendort, S. 194/195
109	ebendort, Band 3, S. 15
110/111	ebendort, Band 4, S. 433
111	ebendort, S. 114/115
111	Tucholsky, AUSGEWÄHLTE BRIEFE, a.a.O., S. 492
112	Tucholsky, GESAMMELTE WERKE, Band 8, S. 238
113	Tucholsky, AUSGEWÄHLTE BRIEFE, a.a.O., S. 170
113	ebendort, S. 326
114	Serke, a.a.O., S. 140-142
114	Tucholsky, GESAMMELTE WERKE, Band 3, S. 14-16
115	ebendort, Band 4, S. 351
115	ebendort, S. 390
115	ebendort, S. 355
115	ebendort, Band 3, S. 444
115	ebendort, Band 4, S. 470
116	ebendort, Band 5, S. 290
116	ebendort, Band 6, S. 253/254
116	ebendort, S. 238
117	Tucholsky, AUSGEWÄHLTE BRIEFE, a.a.O., S. 545
117	ebendort, S. 333
118	Tucholsky, GESAMMELTE WERKE, Band 3, S. 145-147
119	ebendort, Band 1, S. 159/160
119	ebendort, S. 241
119/120	Prescher, a.a.O., S. 44
120	Tucholsky, a.a.O., Band 10, S. 70
120	Prescher, a.a.O., S. 45
121	Shirer, a.a.O., S. 83
122	Fest, a.a.O., S. 26
122	ebendort, S. 161
122	Shirer, a.a.O., S. 48
123	Ludwig Marcuse, »Mein 20. Jahrhundert«, List Verlag, München 1960, S. 166
123	Shirer, a.a.O., S. 237

Seite	
123	Marcuse, a.a.O., S. 165
123	ebendort, S. 170
124	Tucholsky, a.a.O., Band 2, S. 86
124/125	ebendort, S. 304
125	Prescher, a.a.O., S. 45
125	Tucholsky, a.a.O., Band 2, S. 417/418
126	Tucholsky, AUSGEWÄHLTE BRIEFE, a.a.O., S. 201
126	Matthias, a.a.O., S. 30/31
127	Tucholsky, a.a.O., Band 2, S. 38
128	ebendort, S. 87/89
128/129	Rosenberg, a.a.O., S. 563
129	Tucholsky, a.a.O., Band 8, S. 133
129	ebendort, Band 3, S. 401
130	ebendort, Band 2, S. 132
130	ebendort, Band 3, S. 254
130	Enseling, a.a.O., S. 164
130	Tucholsky, AUSGEWÄHLTE BRIEFE, a.a.O., S. 115
130	Tucholsky, GESAMMELTE WERKE, Band 3, S. 98
130	ebendort, S. 96
131	ebendort, S. 324
131	Vinke, a.a.O., S. 82
131	Tucholsky, AUSGEWÄHLTE BRIEFE, a.a.O., S. 471
132	ebendort, S. 471
132	Tucholsky, GESAMMELTE WERKE, Band 4, S. 161
132/133	ebendort, S. 293, 295/296
133	ebendort, Band 8, S. 108
133/134	ebendort, S. 109/110
135	ebendort, Band 7, S. 69
135	ebendort, S. 71
136	Tucholsky, AUSGEWÄHLTE BRIEFE, a.a.O., S. 484f.
135	ebendort, S. 522
136	Tucholsky, GESAMMELTE WERKE, Band 7, S. 70/71
137	ebendort, Band 10, S. 60
137	Tucholsky, AUSGEWÄHLTE BRIEFE, a.a.O., S. 219
137/138	Robert Neumann, »Vielleicht das Heitere«, Desch-Verlag, München 1968, S. 31
138	Tucholsky, a.a.O., S. 220
139	Tucholsky, GESAMMELTE WERKE, Band 1, S. 97/98

Seite	
139	ebendort, Band 2, S. 238
139	ebendort, Band 8, S. 171/172
140	Tucholsky, AUSGEWÄHLTE BRIEFE, a.a.O., S. 91
140	Tucholsky, GESAMMELTE WERKE, Band 3, S. 336
141	ebendort, Band 6, S. 57
141	ebendort, Band 7, S. 41
141/142	ebendort, Band 4, S. 453
142	ebendort, Band 9, S. 13
142	ebendort, Band 8, S. 186
142	Tucholsky, AUSGEWÄHLTE BRIEFE, a.a.O., S, 483
142	ebendort, S. 488
143	ebendort, S. 468
143	Tucholsky, GESAMMELTE WERKE, Band 5, S. 146
143	ebendort, Band 3, S. 136
143	ebendort, S. 178
143	ebendort, Band 1, S. 305
143	ebendort, Band 10, S. 20
143	ebendort, Band 9, S. 208
143	ebendort, Band 4, S. 349
143	ebendort, Band 10, S. 56
144	ebendort, Band 9, S. 47
144	ebendort, Band 5, S. 378
144	ebendort, Band 8, S. 21
144	ebendort, Band 9, S. 63
145/146	ebendort, Band 8, S. 289/290
146	ebendort, Band 9, S. 135
146	ebendort, S. 36
147	ebendort, Band 4, S. 304/305
147	ebendort, Band 2, S. 187
147	ebendort, Band 9, S. 124
147	ebendort, Band 10, S. 81
147	ebendort, Band 9, S. 213
147	ebendort, S. 212
148	ebendort, Band 7, S. 125/126
148	ebendort, S. 230
148	ebendort, Band 9, S. 183
149	Tabellenzeitung, ebendort, Band 7, S. 231
150	Tucholsky, AUSGEWÄHLTE BRIEFE, a.a.O., S. 500-502
150/151	ebendort, Band 2, S. 71
151	ebendort, Band 3, S. 87
151	ebendort, Band 6, S. 101
151/152	ebendort, Band 3, S. 338/340
152	ebendort, S. 340
152	ebendort, Band 3, S. 338
152	ebendort, Band 9, S. 303

Seite	
152	ebendort, Band 6, S. 162
153	ebendort, Band 7, S. 150/151
153	ebendort, Band 5, S. 271
153	ebendort, Band 8, S. 49
153/154	ebendort, Band 5, S. 297
154	ebendort, Band 10, S. 49
155	ebendort, Band 8, S. 63/64
156	ebendort, S. 306/307
156	ebendort, S. 248/249
157	ebendort, Band 9, S. 275/276
158/159	ebendort, S. 157
159/160	ebendort, S. 138
160	ebendort, S. 290
160	ebendort, Band 10, S. 74
160/161	ebendort, S. 77
161	Tucholsky, AUSGEWÄHLTE BRIEFE, a.a.O., S. 254
161	ebendort, S. 247
162	Tucholsky, GESAMMELTE WERKE, Band 1, S. 165
162	ebendort, S. 172
162	ebendort, Band 2, S. 226
162/163	ebendort, Band 3, S. 73
163	ebendort, S. 316
164	ebendort, S. 323
164	ebendort, S. 369
165	ebendort, Band 4, S. 122/123
165	ebendort, S. 199
165	ebendort, S. 215
165/166	ebendort, S. 396-398
166	ebendort, S. 404
167	ebendort, S. 500
167	ebendort, Band 5, S. 44-47
168	ebendort, Band 10, S. 17
168	Tucholsky, AUSGEWÄHLTE BRIEFE, a.a.O., S. 73
168	Tucholsky, GESAMMELTE WERKE, Band 9, S. 322
168	ebendort, S. 324
169	ebendort, Band 10, S. 98
169	ebendort, Band 8, S. 124
169	ebendort, Band 9, S. 27
172	Marcuse, a.a.O., S. 148
172	Ludwig Marcuse, »Nachruf auf Ludwig Marcuse«, Diogenes Verlag, Zürich 1975, S. 197
172/173	Marcuse, »Mein 20. Jahrhundert«, a.a.O., S. 150
172/173	ebendort, S. 156
174	Vinke, a.a.O., S. 53
175	Shirer, a.a.O., S. 64

Seite	
175	Enseling, a.a.O., S. 34
175	Tucholsky, AUSGEWÄHLTE BRIEFE, a.a.O., S. 477
176	ebendort, S. 478
176	Grossmann, a.a.O., S. 103
177	Tucholsky, a.a.O., S. 479
177	ebendort, S. 480
177	Vinke, a.a.O., S. 71/72
178	Matthias, a.a.O., S. 68
178	ebendort, S. 68
179	Tucholsky, GESAMMELTE WERKE, Band 10, S. 77/78
179	ebendort, Band 6, S. 35
179/180	Grossmann, a.a.O., S. 108
180	Tucholsky, a.a.O., Band 10, S. 75-77
180	Tucholsky, AUSGEWÄHLTE BRIEFE, a.a.O., S. 247/248
180	Lion Feuchtwanger, »Jud Süß«
181	Marcuse, »Mein 20. Jahrhundert«, a.a.O., S. 150
181	Vinke, a.a.O., S. 100
181	Marcuse, a.a.O., S. 157
181/182	Grossmann, a.a.O., S. 273
182	Kurt Tucholsky, BRIEFE AUS DEM SCHWEIGEN 1932-1935, herausgegeben von Mary Gerold-Tucholsky und Gustav Huonker, Rowohlt Verlag, Reinbek bei Hamburg, S. 98
182	Tucholsky, Q-TAGEBÜCHER, a.a.O., S. 349/350
183	Tucholsky, BRIEFE AUS DEM SCHWEIGEN, a.a.O., S. 234
184	Tucholsky, AUSGEWÄHLTE BRIEFE, a.a.O., S. 261
184	Marcuse, a.a.O., S. 216/217
185	Grossmann, a.a.O., S. 381/382
185/186	ebendort, S. 383-386
186/187	ebendort, S. 391, 395, 393
187	Tucholsky, a.a.O., S. 227
187	ebendort, S. 225
187/188	ebendort, S. 229
188	ebendort, S. 229
188	ebendort, S. 227
188	ebendort, S. 227/228
189	ebendort, S. 228
189	ebendort, S. 320
189	ebendort, S. 226
189	ebendort, S. 228

Seite	
190	ebendort, S. 225
190	ebendort, S. 230
191/192	ebendort, S. 230
192	Tucholsky, GESAMMELTE WERKE, Band 1, S. 25
192	Tucholsky, AUSGEWÄHLTE BRIEFE, a.a.O., S. 249
192	ebendort, S. 251
192	ebendort, S. 256
192	ebendort, S. 253
192	ebendort, S. 257-259
193	ebendort, S. 136
195	ebendort, S. 251
196/197	Tucholsky, BRIEFE AUS DEM SCHWEIGEN, a.a.O., S. 9/10
197	Tucholsky, AUSGEWÄHLTE BRIEFE, a.a.O., S. 535
	Robert Neumann in »sprit« Nr. 1 vom Oktober 1973, S. 48
	Tucholsky, a.a.O., S. 256
199	ebendort, S. 300
199	ebendort, S. 309
200	ebendort, S. 315
200	ebendort, S. 306
200	ebendort, S. 304
200	ebendort, S. 293
200	ebendort, S. 288
200	ebendort, S. 281
200	ebendort, S. 275
201	ebendort, S. 290
202	ebendort, S. 328
202	ebendort, S. 329
202/203	ebendort, S. 330
205	ebendort, S. 254
205	ebendort, S. 255
206	ebendort, S. 246
206	ebendort, S. 272/273
206	ebendort, S. 305
206	ebendort, S. 272/273
206	ebendort, S. 305
206	ebendort, S. 272
206	ebendort, S. 273
207	Tucholsky, Q-TAGEBÜCHER, a.a.O., S. 106
207	ebendort, S. 137
209	Raddatz, a.a.O., S. 130
210	Tucholsky, GESAMMELTE WERKE, Band 3, S. 287
211	siehe Enseling, a.a.O., S. 139
212	ebendort

Seite	
212	ebendort
212	Tucholsky, GESAMMELTE WERKE, Band 10, S. 82
217	Vinke, a.a.O., S. 114
218/219	»Frankfurter Rundschau« vom 19. 5. 1978, S. 2
220	»Frankfurter Rundschau« vom 5. u. 6. 6. 1978, S. 6 und 3
224	Marx Krell, »Das alles gab es einmal«, Verlag Heinrich Scheffler, Frankfurt 1961, S. 124
224	Tucholsky, a.a.O., Band 3, S. 98/99
225	Enseling, a.a.O., S. 63
226	Tucholsky, Q-TAGEBÜCHER, a.a.O., S. 40
229/230	Tucholsky, GESAMMELTE WERKE, Band 2, S. 24
231	ebendort, Band 7, S. 47
237	Tucholsky, AUSGEWÄHLTE BRIEFE, a.a.O., S. 256, 267
237/238	Tucholsky, GESAMMELTE WERKE, Band 3, S. 239
238	Golo Mann, »Deutsche Geschichte 1919-1945«, Ausgabe Fischer-Bücherei, April 1961 (Nr. 387)
242/243	Tucholsky, GESAMMELTE WERKE, Band 2, S. 422
243	ebendort, S. 423/424
244	ebendort, S. 423-425
245	ebendort, Band 3, S. 226/227
245	ebendort, S. 428
246	ebendort, Band 2, S. 287
246	ebendort, Band 9, S. 189
246	ebendort, Band 8, S. 219
246	ebendort, Band 3, S. 336
247	ebendort, Band 5, S. 150
247	ebendort, S. 150
247	ebendort, Band 2, S. 376
248	ebendort, Band 7, S. 255
248	ebendort, Band 8, S. 114
249	ebendort, Band 6, S. 105
249/250	ebendort, Band 10, S. 80/81
250	ebendort, S. 58
250	ebendort, Band 9, S. 195/196
251	ebendort, S. 197
251	ebendort, Band 5, S. 387
252	Kurt Tucholsky, AUSGEWÄHLTE WERKE, herausgegeben von Roland Links unter

Seite	
	Mitarbeit von Christa Links, Verlag Volk und Welt, Berlin 1975, Band 6, S. 588
252	Tucholsky, GESAMMELTE WERKE, Band 5, S. 258
253	ebendort, S. 400
253	ebendort, S. 401
253	ebendort, S. 402
254	ebendort, S. 189/190
265	Matthias, a.a.O., S. 11
265/266	ebendort, S. 15
267	ebendort, S. 17

Seite	
267	ebendort, S. 17
268	ebendort, S. 62
270	Tucholsky, AUSGEWÄHLTE BRIEFE, a.a.O., S. 502, 500
270	Matthias, a.a.O., S. 186
271	ebendort, S. 18
271/272	ebendort, S. 19
272	ebendort, S. 36
272	ebendort, S. 65
272	ebendort, S. 66
272	ebendort, S. 21
273	ebendort, S. 24

Danksagung

Als erstes bedanke ich mich bei Ingrid Zwerenz, ohne deren Mitarbeit und jahrelanger Vorarbeit ich das Buch nicht hätte schreiben können.

Mein Dank gilt meinem Lektor Erich Rößler für seine intensive und sachkundige Unterstützung.

Erfreulich waren die Hilfe und Aufgeschlossenheit beim C. Bertelsmann Verlag, der durch Herrn Stecher das Buch förderte. Schließlich habe ich zu danken den Herren Roman Brodmann und Gerhard Konzelmann vom Fernsehen des Süddeutschen Rundfunks Stuttgart, dem Deutschen Literaturarchiv in Marbach, der Königlichen Bibliothek Stockholm und ganz besonders dem Tucholsky-Archiv in Rottach-Egern und Frau Mary Tucholsky sowie Frau Regine Stützner, Hamburg, für die Überprüfung der Zitate und des Quellennachweises. Endlich bedanke ich mich bei Frau Gertrude Prenzlau, Hindås; Axel Eggebrecht, Hamburg; Hermann Orth, Stockholm; Gustav Huonker, Zürich; Ilse Jäger, Köln; Harry Järv, Stockholm; Alfred Kantorowicz, Hamburg; Gustav Korlén, Stockholm; Walter Mehring, Zürich; Wolfgang Neuss, Westberlin; Dieter Pforte, Westberlin; Richard Swartz, Wien.

Nachbemerkung des Verlages

Während der Arbeit an diesem Buch kam es wiederholt zu Diskrepanzen zwischen Frau Mary Tucholsky und dem Autor, die unter anderem dazu führten, daß auf Wunsch von Frau Tucholsky ihre eigenen Stellungnahmen aus dem Text gestrichen werden mußten.

Ein erheblicher Teil dieser Mißhelligkeiten geht auf den natürlichen Interessenkonflikt zwischen dem Biographen und dem von einer Biographie Betroffenen zurück. Der Biograph hat ein legitimes Interesse an einer möglichst detaillierten Rekonstruktion der Vergangenheit, der von einer Biographie Betroffene ein nicht weniger verständliches Interesse an der Wahrung seiner privaten Sphäre.

Unbestritten für den Verlag wie für den Autor bleibt jedoch trotz aller Meinungsverschiedenheiten das Verdienst von Frau Mary Tucholsky um das Werk von Kurt Tucholsky – ein Werk, das in den letzten 60 Jahren kaum an Aktualität verloren hat.

E. R.

Register

G

H

I

J

K

L

M